Gebrochene Modernisierung
Der langsame Wandel proletarischer Milieus

IBL Forschung ist eine wissenschaftliche Publikation des
Instituts für angewandte Biographie- und Lebensweltforschung
der Universität Bremen (IBL)

Herausgeber
Peter Alheit und Annelie Keil

Dr. Dr. Peter Alheit, Soziologe und Erziehungswissenschaftler, ist Professor der Pädagogik an der Georg-August-Universität Göttingen und Leiter des Instituts für angewandte Biographie- und Lebensweltforschung (IBL) an der Universität Bremen. *Dr. habil. Hanna Haack,* Sozialhistorikerin, ist Wissenschaftliche Mitarbeiterin des IBL. *Heinz-Gerd Hofschen,* Historiker, ist Wissenschaftlicher Mitarbeiter des IBL. *Dr. Renate Meyer-Braun,* Historikerin, lehrt als Professorin an der Hochschule Bremen.

Peter Alheit
Hanna Haack
Heinz-Gerd Hofschen
Renate Meyer-Braun

Gebrochene Modernisierung – Der langsame Wandel proletarischer Milieus

Eine empirische Vergleichsstudie ost- und westdeutscher Arbeitermilieus in den 1950er Jahren

Bd. 2: Soziologische Deutungen

Unter Mitarbeit von
Hendrik Bunke, Elke Dierßen, Jutta Friemann-Wille, Heidrun Herzberg, Kathrin Möller, Karin Thomsen-Labahn, Andreas Wagner

Donat Verlag · Bremen

Die Deutsche Bibliothek – CIP-Einheitsaufnahme

Gebrochene Modernisierung : der langsame Wandel proletarischer Milieus ; eine empirische Vergleichsstudie ost- und westdeutscher Arbeitermilieus in den 1950er Jahren / Peter Alheit ... – Bremen : Donat
  ISBN 3-931737-80-2
  Bd. 2. Soziologische Deutungen. – 1999
  (IBL-Forschung ; Bd. 6)

© 1999 by Donat Verlag, Bremen
Borgfelder Heerstraße 29, 28357 Bremen
Alle Rechte vorbehalten
Umschlaggestaltung: Jutta Behling, Bremen
Druck: R & C-Service, Bremen

Inhalt

Band 1

Vorwort vii
Einleitung 1

Teil I:
Methodologische Einführung

Kapitel 1
Geschichten und Strukturen 9

1. Illusion oder Realität 10
2. Das Strukturelle im Narrativen 16
3. Sozialgeschichtliche Untersuchungen als Korrektiv einer narrationsstrukturellen Milieuanalyse 22

Kapitel 2
Die »Entdeckung gegenstandsbezogener Theorien«:
Grounded Theory Methodology 25

1. Abduktive Forschungslogik 26
2. Der Kodierprozeß 28

Kapitel 3
Das sensibilisierende Konzept: Die Modernisierung der »Außenräume« und »Innenräume« des Arbeitermilieus ... 33

1. Milieu als Topos ... 35
2. Milieu als »konjunktiver Erfahrungsraum« ... 42
3. Milieu und Modernisierung ... 45

Teil II:
Das Arbeitermilieu als sozialer Ort: Sozialgeschichtliche Rekonstruktionen zweier Werftarbeitermilieus in West- und Ostdeutschland

Kapitel 4
Quellenlage und sozialgeschichtliche Methoden ... 51

1. Die Quellenlage in Bremen ... 53
2. Die Quellenlage in Rostock ... 59
3. Zu sozialgeschichtlichen Methoden ... 62

Kapitel 5
Die Arbeitswelt der AG »Weser in Bremen ... 66

1. Die Geschichte der AG »Weser« bis 1945 ... 67
2. Umfang und Zusammensetzung der Belegschaft ... 75
3. Qualifikation, Betriebshierarchie und innerbetrieblicher Aufstieg ... 103
4. Technischer Wandel und Arbeitsbedingungen auf der Werft ... 124
5. Löhne und Arbeitszeiten ... 156
6. Gewerkschaft, Politik und Konflikte im Betrieb ... 221

Kapitel 6
Das außerbetriebliche Milieu der AG »Weser«..................263

1. Familial-verwandtschaftliche Netzwerke........................263
2. Geschlechterverhältnisse...280
3. Gesellungsverhalten und Freizeit im
   außerfamilialen Bereich..307
4. Bildungsverhalten...362

Kapitel 7
Die Arbeitswelt der Neptunwerft in Rostock..................386

1. Zur Geschichte der Rostocker Neptunwerft................386
2. Neue betriebliche Machtverhältnisse...........................395
3. Die Belegschaftsentwicklung in der zweiten Hälfte der
   1940er und in den 1950er Jahren..................................421
4. Wirkungen der Belegschaftsaufstockung von 1949 auf
   das Arbeitermilieu..436
5. Hierarchien, Kooperationen und Diskrepanzen im
   Arbeitsalltag..462
6. Arbeitshaltung und Arbeitsabläufe..............................511
7. Arbeiterproteste, politische Diskussionen und Konflikte
   um die Sicherheit des Arbeitsplatzes...........................550

Kapitel 8
Das außerbetriebliche Milieu der Neptunwerft..................582

1. Wohnverhältnisse...582
2. Familie und Geschlechterverhältnisse.........................618
3. Einkommen und Auskommen von Arbeiterfamilien....650
4. Freizeitgestaltung...658

Kapitel 9
Das westdeutsche und ostdeutsche Werftarbeitermilieu im Vergleich 673

1. Arbeitswelt 673
2. Außerbetriebliches Milieu 693

Band 2

Teil III:
Das Arbeitermilieu als Erfahrungsraum: Qualitative Typologien von Milieubiographien in einem westdeutschen und einem ostdeutschen Arbeitermilieu

Kapitel 10
Zur Auswertung narrativer Interviews: Methodische Einführung ... 711

1. Dimensionen biographischer Erzählung ... 712
2. »Schichten« des autobiographischen Gedächtnisses ... 714
3. »Wissensprofile« im sozialen Raum ... 716
4. Praktische Auswertungsschritte ... 718

Kapitel 11
Akteurstypologien im AG »Weser«-Milieu ... 723

1. Die »Protagonisten« ... 727
2. Die »Integrierten« ... 765
3. Die »Networkers« ... 798
4. Die »Randständigen« ... 821
5. Die »Außenseiter« ... 850
6. Bewegungen im Milieuraum ... 892

Kapitel 12
Akteurstypologien im Milieu der Neptun-Werft ... 896

1. Die »neuen Protagonisten« ... 900
2. Die »neuen Integrierten« ... 945
3. Die »Doppel-Arbeiterin« ... 972

4. Die »neuen Randständigen« 994
5. Bewegungen im Milieuraum »Ost« 1007

Schluß

Kapitel 13
Persistenz und Wandel 1023

1. Die »Etatisierung« eines Milieus 1023
2. Die Entstehung eines »autonomen Milieus« 1030
3. »Gebrochene Modernisierung«. Eine Zusammenfassung 1038

Anhang

Quellenübersicht 1045
Literatur 1048
Transkriptionsnotation 1093

Teil III

Das Arbeitermilieu als Erfahrungsraum: Qualitative Typologien von Milieubiographien in einem westdeutschen und einem ostdeutschen Arbeitermilieu

Teil III:

Kapitel 10

Zur Auswertung narrativer Interviews: Methodische Einführung

Erzählungen - dies war ein Ergebnis der methodologischen Eingangsüberlegungen[1] - »meinen« mehr, als sie »sagen«. D.h. sie bringen Hintergrundstrukturen zum Ausdruck, die über den Gegenstand der Erzählung und den individuellen Erzähler selbst hinausweisen. Erzählen ist - nach einer treffenden Formulierung Karl Mannheims - »die auf einen bestimmten Erlebnisraum bezogene Darstellung eines Zusammenhangs«[2]. Aber der Darstellungs*modus* hat darüber hinaus eine eigene Bedeutung. Er besitzt, wie Bettina Dausien[3] im Anschluß an Fritz Schütze[4] überzeugend beschrieben hat, drei Qualitäten kognitiver Rekonstruktion, die ihn von anderen Sachverhaltsdarstellungsschemata unterscheiden: eine bestimmte *Gestalthaftigkeit*, die Dimension der *Prozessualität* und die der *Perspektivität*[5].

---

1 Vgl. Kapitel 1 und 2. Wir sind uns durchaus bewußt, daß der methodologische Diskurs über Disziplingrenzen hinweg zu Mißverständnissen führen kann. Wir müssen freilich dieses Risiko eingehen, weil wir nur dann die Vorteile einer methodisch-interdisziplinären *Triangulation* wirklich nutzen können. Die Nachteile, fehlinterpretiert zu werden, nehmen wir dabei in Kauf.
2 Karl Mannheim, Strukturen des Denkens, hg. von David Kettler, Volker Meja und Nico Stehr, Frankfurt am Main 1980, S. 231.
3 Bettina Dausien, Biographie und Geschlecht. Zur biographischen Konstruktion sozialer Wirklichkeit in Frauenlebensgeschichten, Bremen 1996, bes. S. 107ff. Die folgende knappe Darstellung lehnt sich eng an die von Dausien vorgeschlagene methodisch-methodologische Rahmenreflexion an, die als außergewöhnlich gelungenes Kondensat der methodischen Tradition des *Instituts für angewandte Biographie- und Lebensweltforschung* (IBL) der Universität Bremen und seiner umfangreichen empirischen Vorarbeiten gelten kann.
4 Fritz Schütze, Kognitive Figuren des autobiographischen Stegreiferzählens, in: Martin Kohli und Günther Robert (Hrsg.), Biographie und soziale Wirklichkeit. Neue Beiträge und Forschungsperspektiven, Stuttgart 1984, S. 78-117; Bettina Dausien, Biographie und Geschlecht, a.a.O., bes. S. 107ff.
5 Vgl. noch einmal Dausien, Biographie und Geschlecht, a.a.O., S. 107ff.

1. Dimensionen biographischer Erzählung

Eine lebensgeschichtliche Erzählung ist offensichtlich mehr als die Summe biographischer Erlebnisse. Wie ein Film nicht die schlichte Aneinanderreihung fotographierter Szenen darstellt, sondern der dramaturgische Ausdruck eines unverwechselbaren Gesamtgeschehens ist, so muß jede biographische Erzählung als individuelle Gestaltung einer Vielzahl von Sequenzen erlebten Lebens betrachtet werden.[6] Jedes biographische Einzelerlebnis prägt die Gesamtbiographie nicht durch seine partikulare Besonderheit, sondern durch die Art und Weise, wie es vom Biographieträger *verarbeitet* wird. Erlebnisse sind, so gesehen, keine sozialen »inputs«, die die Gesamtgestalt einer Biographie von außen determinieren. Wir müssen sie vielmehr als »*intakes*« verstehen, als externe Anstöße, die jedoch ihre Bedeutung erst durch die je individuelle Verarbeitungsstruktur des Individuums erhalten. Und die ist bestimmt durch eine bereits entfaltete *Gestalt* biographisch aufgeschichteten Erlebens, eine Art »Erfahrungscode«, in welchen kontingente Erlebnisse erst übersetzt werden müssen.[7]

Mit der Vorstellung des »Intaking« verbindet sich außerdem ein Vorgang, der Zeit braucht. Erlebnisse werden verarbeitet, erinnert und schließlich erzählbar. Das »Biographische« entsteht nicht mechanisch in sozialen Reiz-Reaktionsketten. Es ist ein komplexer *Prozeß* der (Re)Konstruktion sozialer Wirklichkeit.[8] Im lebenszeitlichen Fortgang der Verarbeitung wechseln freilich die »Prozeßstrukturen«

---

6   Vgl. ebenda, S. 107f; vor allem jedoch die grundlegende Arbeit von Gabriele Rosenthal, Erlebte und erzählte Lebensgeschichte. Gestalt und Struktur biographischer Selbstbeschreibungen, Frankfurt a.M. und New York 1995.

7   Vgl. dazu ausführlicher Peter Alheit und Bettina Dausien, Die biographische Konstruktion der Wirklichkeit. Überlegungen zur Biographizität des Sozialen, in: Erika M. Hoerning (Hrsg.), Biographische Sozialisation, Stuttgart 1997 (im Druck); ähnlich bereits Erika M. Hoerning und Peter Alheit, Biographical Socialization, in: *Current Sociology* (Special Volume: Biographical Research), Vol. 43 (1995), H. 2/3, S. 101-114.

8   Die Brechungen zwischen Erleben, Erinnerung und der erzählten »Oberfläche« einer Biographie sind systematisch namentlich in den Arbeiten von Gabriele Rosenthal und Wolfram Fischer-Rosenthal aufgearbeitet worden (vgl. stellvertretend noch einmal Gabriele Rosenthal, Erlebte und erzählte Lebensgeschichte, a.a.O.; Wolfram Fischer-Rosenthal, Wie man sein Leben erlebt. Erleben als biographietheoretischer Fundierungsbegriff, in: *Bios*, Jg. 2 (1989), H. 1, S. 3-13).

(*Fritz Schütze*). Der Charakter der Außeneinflüsse prägt selbstverständlich die Coping-Strategien. Phasen bewußter Steuerung der eigenen Handlungen (autonome Planungen und Entscheidungen) können durch institutionelle Prozeduren (Ausbildungs- und Qualifizierungsprozesse, institutionelle Begleitung und Therapie, rigide soziale Kontrollen etc.) abgelöst oder durch verlaufskurvenähnliche Perioden (Arbeitslosigkeit, Unfall, Krankheit, Sucht) verdrängt werden[9]. Entscheidend ist, daß der Prozeßcharakter durch spezifische »Ereignisverkettungen« zustandekommt, die ihre innere Logik haben und nicht beliebig austauschbar sind. Sie lassen sich wie eher autonome bzw. eher heteronome Dispositionen interpretieren, die der Biographieträger im Verlauf biographischer Erfahrung zu seinem Leben eingenommen hat.

Neben den »damals« eingenommenen Haltungen spielt auch die aktuelle biographische Prozeßstruktur für die narrative Rekapitulation eine Rolle. Sie bildet die *Perspektive*, unter der ein Leben (re)konstruiert wird. Dominiert im Augenblick des Erzählens eine handlungsschematische Prozeßstruktur den Lebensablauf - also das Gefühl, daß man sein Leben in der Hand habe und selber gestalten könne -, werden die biographischen Erinnerungen eher positiv gefärbt sein. Befindet sich ein Erzähler gerade in einer kritischen oder sogar verlaufskurvenähnlichen Lebensphase, wird entsprechend auch die Erinnerung in anderem Licht erscheinen.[10]

Unabhängig von dieser aktuellen Disposition ist aber die »Erfahrungsaufschichtung des Biographieträgers« an allgemeine Ordnungsprinzipien gebunden, die durch »interaktive Einübung [...] in

---

9   Vgl. dazu ausführlich Fritz Schütze, Prozeßstrukturen des Lebensablaufs, in: Joachim Matthes et al. (Hrsg.), Biographie in handlungswissenschaftlicher Perspektive, Nürnberg 1981, S. 67ff.
10 Die Perspektivität der biographischen Rekapitulation wird u.U. auch durch den weiteren sozialen Horizont des Erzählers bestimmt, z.B. durch die tradierte soziale Erfahrung, gewöhnlich eben nicht zu den Gewinnern sozialer Auseinandersetzung zu gehören. Die empirische Beobachtung, daß Arbeiter - im Gegensatz zu Erzählern aus der bürgerlichen Mittelschicht - dazu neigen, »*Betroffenheitsgeschichten*« zu erinnern, also Episoden, in welchen sie auf amüsante oder tragische Weise sozusagen »Opfer« des Geschehens waren (vgl. dazu ausführlich Peter Alheit, Alltag und Biographie. Studien zur gesellschaftlichen Konstitution biographischer Perspektiven, Bremen 1990, S. 25ff, 166ff), macht auf den Zusammenhang von biographischer Perspektive und sozialem Raum aufmerksam.

frühen Phasen der Ontogenese« erworben werden[11] und selbstverständlicher Teil der Alltagskompetenz erwachsener sozialer Akteure geworden sind[12]. Die Darstellungsform Erzählung bleibt auf die Struktur des »ursprünglichen« Handelns und Erlebens bezogen; Erzählstrom und Ereignisstrom weisen eine spezifische »Homologie« auf[13]. Das bedeutet allerdings nicht, daß die Erzählung gleichsam abbildet, 'wie es wirklich war'[14]; es heißt nur, daß Erzähler die gleichen *Konstruktionsregeln* verwenden müssen, die der »ursprünglichen« Handlung zugrundeliegen[15] und daß genau deshalb jenes Darstellungsschema des Erzählens der Erlebens- und Handlungsebene strukturell näher steht als z.B. Berichten oder Argumentieren[16].

2. »Schichten« des autobiographischen Gedächtnisses

Diese Exposition des Erzählens muß freilich in einem entscheidenden Punkt relativiert werden: Lebensgeschichten bestehen durchaus

---

11 Schütze, Kognitive Figuren, a.a.O., S. 80. Schütze knüpft an diese prinzipielle Beobachtung seine in Prozessen empirischer Forschung abduktiv gefundene Entdeckung der »kognitiven Figuren des autobiographischen Stegreiferzählens«: »Die *kognitiven Figuren des Stegreiferzählens* sind die elementarsten Orientierungs- und Darstellungsraster für das, was in der Welt an *Ereignissen und entsprechenden Erfahrungen aus der Sicht des persönlichen Erlebens* der Fall sein kann und was sich die Interaktionspartner als *Plattform gemeinsamen Welterlebens* wechselseitig als selbstverständlich unterstellen. Die retrospektive Erfahrungsrekapitulation kann nicht ohne die Aufordnungsfunktion der kognitiven Figuren auskommen; ohne sie könnte der Erzähler keine Erzählsegmente, die Verkettung dieser und Bezüge auf narrative Gesamtgestalten im aktuellen Erzählvorgang hervorbringen.« (ebd., S. 80/81)
12 Einschränkend muß gesagt werden: in *unserem* Kulturkreis.
13 Vgl. Schütze, Kognitive Figuren, a.a.O., S. 80f.
14 Vgl. die umfangreiche und zumeist mißverständliche Diskussion um Schützes Homologiethese (zur ausführlichen Darstellung und Kritik vgl. etwa Alheit, Alltag und Biographie, a.a.O., S. 125ff; Dausien, Biographie und Geschlecht, a.a.O., S. 111ff).
15 Vgl. dazu das von Alheit entwickelte Konzept der »als-ob-Handlung« (Alltag und Biographie, a.a.O., S. 25ff).
16 Vgl. ausführlich Werner Kallmeyer und Fritz Schütze, Zur Konstruktion von Kommunikationsschemata der Sachverhaltsdarstellung. Exemplifiziert am Beispiel von Erzählungen und Beschreibungen, in: Dirk Wegner (Hrsg.), Gesprächsanalysen, Hamburg 1977, S. 159-274.

nicht nur aus Erzählungen, »sondern ebenso aus erlebnisferneren, beschreibenden oder theoretischen Aussagen, die in Erzählungen eingelagert sind oder aber, als selbständige Einheiten, einem anderen Kommunikationsschema der Sachverhaltsdarstellung (des Berichtens oder Argumentierens) angehören [...] Von besonderem Interesse sind dabei theoretische Passagen, in denen der Erzähler zu sich selbst, seiner Beziehung zur Welt und zu seiner Biographie Stellung nimmt.«[17]

Bildhaft läßt sich das autobiographische Gedächtnis mit einer Gesteinsformation vergleichen, in der sich verschiedene Schichten der Verarbeitung sozialer Wirklichkeit abgelagert haben. Nach einem plausiblen wissenstheoretischen Modell können wir dabei idealtypisch zwei »Klassen« von Wissen unterscheiden: *Erinnerungsschemata* und *Deutungsschemata*[18]. »'Erinnerungsschemata' sind individuelle und kollektive Wissensformen, deren Konstitutionskern die Ereignis- und Erlebnisebene darstellt. Zu den 'untersten' Erinnerungsschemata gehören zweifellos spontane (narrative) Rekapitulationen, also *Stegreiferzählungen* [...] freilich auch Rekapitulationsformen [...], die sich auf der Stufe *beginnender Traditionsbildung* befinden, deren Ereignisbezug [...] deutlich zurückgeht und die mit lebensweltlichem Deutungswissen angereichert werden. Schließlich gehören auch *'feste' Traditionsbildungen* (ästhetische Stilisierung, Gattungsbildung etc.) zu den Erinnerungsschemata [...]«[19] »'Deutungsschemata' sind dagegen relativ selbständige, ereignisunabhängige Verarbeitungsformen sozialer Wirklichkeit [...]. Dabei ist die *alltagsweltliche Deutungspraxis* noch vergleichsweise nah an den konkreten Handlungsorientierungen der Individuen. Es geht um 'Alltagstheorien', um klassen- und schichtspezifische Orientierungen, um Deutungsmuster, [...] die von subkulturellen und milieuspezifischen Erfahrungen geprägt sind. Darüber liegen *organisierte Deutungssysteme* [...]. Schließlich gehören *institutionalisierte Deutungssysteme* in diesen Zu-

---

17 Dausien, Biographie und Geschlecht, a.a.O., S. 116.
18 Vgl. zuerst Peter Alheit, Erzählform und »soziales Gedächtnis«: Beispiel beginnender Traditionsbildung im autobiographischen Erinnerungsprozeß, in: Peter Alheit und Erika M. Hoerning (Hrsg.), Biographisches Wissen. Beiträge zu einer Theorie lebensgeschichtlicher Erfahrung, Frankfurt und New York 1989, S. 123-147.
19 Ebenda, S. 140.

sammenhang [...], das Rechtssystem, das Bildungssystem, die Wissenschaften, die Religionen.«[20]

Biographisch-narrative Interviews aktivieren in weiten Passagen *Erinnerungsschemata* und berühren damit die Ereignis- und Erlebnisebene. Dies gilt insbesondere für in die Gesamterzählung eingelagerte abgeschlossene Erinnerungssequenzen und spontane szenische Darstellungen mit hoher Indexikalität (»Geschichten«), aber auch für narrative Episoden, die offensichtlich nicht zum ersten Mal erzählt werden, sondern sich bereits auf dem Wege zur Traditionsbildung befinden. Daneben stehen jedoch immer auch *Deutungsschemata*, etwa bilanzierende Zusammenfassungen am Ende eines biographischen Suprasegments (z.B. die abschließende Bewertung der Kindheit, einer Berufskarriere oder einer Ehe etc.) oder die »moralische« bzw. »theoretische« Evaluation des gesamten Lebens am Ende einer Erzählung. Gerade die fast regelhaft zu erwartenden Spannungen und Inkonsistenzen zwischen beiden Textebenen[21] geben aufschlußreiche Hinweise für die Interpretation.

3. »Wissensprofile« im sozialen Raum

Die Beziehung von Erinnerungs- und Deutungsschemata im autobiographischen Gedächtnis berührt allerdings noch ein weiteres Phänomen, das wissenssoziologisch außerordentlich interessant ist: »Wie die biographischen Erfahrungen selbst nur in konkreten sozialen Kontexten gemacht werden, sind auch diese 'Wissensprofile' nicht universell, sondern abhängig vom sozialen Raum, in dem sie kollektiv hervorgebracht und reproduziert werden.«[22] D.h. Erinnerungs- und Deutungsschemata sind - zumindest was das »kollektive Gedächtnis« *(Maurice Halbwachs)* sozialer Gruppen angeht - im sozialen Raum womöglich nicht gleich verteilt. Herrschende Wissensprofile haben gewöhnlich einen *Deutungsüberhang*[23], weil ein be-

---

20 Ebenda, S. 142.
21 Vgl. noch einmal Dausien, Biographie und Geschlecht, a.a.O., S. 117f.
22 Ebenda., S. 118.
23 Vgl. Alheit, Erzählform, a.a.O., S. 144.

trächtlicher Teil des sozial relevanten Wissens institutionell organisiert ist. »Gegenwissensprofile« relevanter sozialer Bewegungen und Subkulturen bewegen sich dagegen gewöhnlich auf der Ebene alltagsweltlicher Deutungen und sind ereignis- und aktionsnah ausgerichtet. Institutionalisierungen von Gegenwissen scheinen nur ansatzweise ausgebildet zu sein und bleiben durchsetzungsschwach. Der »Wissenshabitus« in Gegenmilieus weist deshalb in der Regel einen *Erfahrungsüberhang* auf.[24]

Selbstverständlich folgt das autobiographische Gedächtnis nur annäherungsweise solchen idealtypischen Wissensprofilen. Und es erscheint auch hier eher plausibel, auf Inkonsistenzen - z.B. auf die Einflüsse hegemonialer Deutungssysteme auf das biographische Selbstverständnis sozialer Akteure in Kontrastmilieus - zu achten. Unbestreitbar hat aber die Interaktionspraxis eines konkreten lebensweltlichen Kontextes Auswirkungen auf die Art der Rekapitulation sozialer Wirklichkeit. Der beschriebene »Erfahrungsüberhang« in Milieus mit »Gegenwissensprofil«, der sich aus einer vitalen Interaktionspraxis in face-to-face-Situationen speist, verrät habituale Distanz zu jenem »Deutungsüberhang« hegemonialer Kommunikation, der Teilnehmer subkultureller Lebenswelten gewöhnlich zu Außenseitern des herrschenden Diskurses stempelt.

Dieser Hinweis ist freilich auch deshalb nützlich, weil er gerade im Ost-West-Vergleich zu neuen Einsichten in die Dynamik von dominanten und rezessiven Wissensprofilen führen könnte. Aber er hilft auch, das Risiko zu verringern, den analytischen Blick auf die Einzelbiographie derart zu verselbständigen, daß die Prozeßstrukturen eines isolierten Lebensablaufs von ihrem sozialen Umfeld abgeschnitten werden und die Sequenzialität und Linearität einer konkreten Biographie zum einzigen Korrektiv der Rekonstruktion von Sozialität wird.[25] Genau diese Gefahr scheint Bourdieu übrigens im Auge gehabt zu haben, wenn er gegen die »biographische Illusion« polemisiert[26].

---

24 Vgl. ebenda, S. 145.
25 Vgl. die plausiblen Überlegungen bei Dausien, Biographie und Geschlecht, a.a.O., S. 118ff.
26 Vgl. Pierre Bourdieu, Die biographische Illusion, in: *Bios*, Jg. 3 (1990), S. 75-81; vgl. auch Kapitel 1, Anm. 4.

4. Praktische Auswertungsschritte

Dieser Gefahr ist in dem vorliegenden Projekt allerdings durch sorgfältige Samplingstrategien und durch vergleichende Codingprozesse[27] von vornherein vorgebeugt worden. Im folgenden werden wir dieses Vorgehen, den Umgang mit den generierten Daten und die vergleichenden Typologien knapp vorstellen.[28]

Vorläufiges Sampling. Die Auswahl der insgesamt 67 Interviewpartner in beiden Forschungsfeldern (42 in Bremen, 25 in Rostock[29]) war durch eine Anzahl von nicht beeinflußbaren Rahmendaten begrenzt: Die theoriegeleitete Vorstellung, eine möglichst große Vielfalt intergenerationaler Erfahrung, also ältere und jüngere Belegschaftsmitglieder, Vertreter verschiedener Gewerke der Werften, außerdem Kontrastbeispiele innerbetrieblicher Hierarchie, unterschiedliche Funktionsträger und vor allem auch Arbeiterinnen und Arbeiterfrauen im Sample repräsentiert zu haben, schien allenfalls im Bremer Forschungsfeld noch möglich, weil wir auf eine erstaunlich geringe Mobilität der ehemaligen Belegschaftsmitglieder stießen und alle Rekrutierungsstrategien (über die Presse, über einen Verein von ehemaligen AG »Weser«-Angehörigen und über informelle Vermittlung) unerwartet erfolgreich waren. Ähnlich unproblematische Zugänge ergaben sich freilich in Rostock nicht. Lokale Mobilität der Belegschaft seit dem für unsere Forschungen relevanten Zeitraum der 1950er Jahre verhinderte die systematische Rekrutierung eines Samples mit der geplanten Varianz und zwang uns zunächst zur Konzentration auf eine auskunftsbereite Gruppe von ehemaligen Werftarbeitern mit überproportional erfolgreichen »Aufstiegskarrie-

---

27 Vgl. Kapitel 2.
28 Sehr viel ausführlichere Beschreibungen liegen in einer Reihe vorhergehender Analysen des *Instituts für angewandte Biographie- und Lebensweltforschung* (IBL) vor (vgl. stellvertretend nur Alheit und Dausien, Arbeiterbiographien, a.a.O.; Dausien, Biographie und Geschlecht, a.a.O.), so daß wir uns an dieser Stelle auf die notwendigen Hinweise beschränken.
29 Die biographischen Interviews dauerten zwischen 45 Minuten und ca. zwei Stunden. Gut die Hälfte der Interviews wurde vollständig transkribiert. Für alle anderen liegen umfangreiche Verlaufsprotokolle und biographische Porträts vor.

ren«[30] und betrieblichen Leitungsfunktionen. Der *Creaming-off-Effekt*
dieser unfreiwilligen Zugangsstrategie war uns durchaus bewußt
und wurde durch sozialgeschichtliche Quellen weitgehend belegt,
ließ sich jedoch auch durch alternative Rekrutierungsbemühungen
nicht relativieren. Die in der folgenden Analyse diskutierten Fälle
bzw. Fallausschnitte verdanken sich einem erneuten theoretischen
Sampling, dem allerdings eine intensive Bearbeitung des Fallmaterials vorausging.

Formale Textanalyse, Verlaufsprotokoll und biographisches Porträt. In einem ersten Auswertungsschritt wurden alle Interviews textstrukturell analysiert (segmentiert und nach Textsorten unterschieden) und der thematische Verlauf der biographischen Haupterzählung notiert. Die Ergebnisse dieses Analyseschrittes wurden in einem *Verlaufsprotokoll*[31] festgehalten, das Raum auch für erste offene Kodierprozesse bot. Mit Hilfe des Verlaufsprotokolls wurde außerdem zu jedem Interview ein *biographisches Porträt* erstellt, das es Außenstehenden ermöglicht, sich einen raschen Überblick über den biographischen Verlauf eines jeden Falles zu verschaffen.

Theoretisches Sampling. Diese erste Datensichtung war auch die Grundlage für die Auswahl derjenigen Fälle, die in dieser Studie ausführlicher analysiert werden. Dabei stand die theoretische Frage im Mittelpunkt, welche Fallkonstellationen für Beziehungsdynamiken und Wandlungsprozesse innerhalb des Milieus als besonders charakteristisch betrachtet werden könnten. Es ging also nicht um

---

30 Der Terminus »Aufstiegskarriere« mag dabei hochproblematisch sein und wählt gleichsam einen westdeutschen Erfahrungshintergrund. Individuell werden nämlich die funktionalen innerbetrieblichen »Aufstiege« von den ostdeutschen Akteuren u.U. gar nicht als solche ratifiziert (vgl. dazu ausführlich Kap. 12). Die Einführung des Begriffs an dieser Stelle dient gewissermaßen einer naheliegenden Analogiebildung zwischen west- und ostdeutschen Berufsbiographien im Arbeitermilieu, der Begriff wird im Kontext der ausführlichen Interpretationen jedoch relativiert und neu gedeutet.
31 Vgl. Dausien, Biographie und Geschlecht, a.a.O., S. 127f; außerdem Peter Alheit und Bettina Dausien, Arbeiterbiographien. Zur thematischen Relevanz der Arbeit in proletarischen Lebensgeschichten: Exemplarische Untersuchungen im Rahmen der »biographischen Methode«. Dritte, leicht überarbeitete Auflage, Bremen 1990, S. 96ff.

einen *repräsentativen* Querschnitt der beiden Belegschaften, sondern um soziale Akteure und Akteursgruppen, deren Handlungen über längere Zeiträume hinweg für die Entwicklung der beiden Werftmilieus von besonderer Bedeutung zu sein schienen. Die heuristischen Typologien, die für die beiden Forschungsfelder entstanden, waren Ergebnisse erster Kodierprozesse[32].

Typenbildung. Soziale Milieus sind keine homöostatischen Gebilde. Sie sind vielmehr Resultate aktiver Verarbeitungsprozesse von gesellschaftlichen Rahmeneinflüssen. Zugleich müssen sie jedoch als dynamisches Feld vitaler Binnenbeziehungen betrachtet werden, als begrenzter sozialer Raum, der - dem Bourdieuschen *champ social* vergleichbar - seine eigene Binnenspannung zwischen Akteuren mit unterschiedlichen Ressourcen entfaltet.[33] Nur so lassen sich Persistenz und Wandel im Milieu nicht als »Zustände«, sondern als Ergebnisse von bewußten und intuitiven Handlungen konkreter Akteure begreifen. In diesem Prozeß entstehen gleichsam idealtypische Akteursformen und spezifische Ressourcen-Konstellationen, die eine heuristische Typenbildung[34] nahelegen. Es geht dabei um Ak-

---

32 Vgl. Kapitel 2.
33 Vgl. dazu noch einmal Kapitel 3 dieser Studie.
34 Beim methodischen Problem der Typenbildung orientieren wir uns relativ locker an Ralf Bohnsacks mehrfach erprobtem Konzept (vgl. stellvertretend Rekonstruktive Sozialforschung. Einführung in Methodologie und Praxis, 2. Auflage, Opladen 1993), das seinerseits an Webers Idealtypuskonstrukt und an Mannheims Konzept des »konjunktiven Erfahrungsraums« anschließt. Peter Loos hat in seiner anregenden Bremer Dissertation im Anschluß an Bohnsack eine außerordentlich luzide Beschreibung des Typenbildungsprozesses vorgenommen, der wir uns problemlos anschließen können: »Die Typenbildung in dieser Arbeit ist keine Typenbildung der Ergebnisse im Sinne einer Zusammenfassung und Kategorisierung von Aussagen und deren Interpretation, sondern richtet sich nach den der komparativen Analyse zugrundeliegenden Dimensionen des konjunktiven Erfahrungsraumes (...). Diese Dimensionen entstammen zwar prinzipiell zunächst auch wieder dem Vergleichshorizont des Interpreten, deren Relevanz kann aber im Zuge der komparativen Analyse ebenfalls rekonstruiert werden.« (Peter Loos, Zwischen pragmatischer und moralischer Ordnung. Der männliche Blick auf das Geschlechterverhältnis im Milieuvergleich, Diss. phil. Universität Bremen 1996, S. 33f). Und das sensibilisierende Konzept der komparativen Analyse ist in der vorliegenden Studie eine an Bourdieus Überlegungen gewonnene Vorstellung der inneren Relationalität des Milieuraums der Arbeiter (vgl. noch einmal Kapitel 3).

teurstypologien (»in vivo-Typologien«), die eine große Entsprechung mit realen Alltagsakteuren haben. Wenn wir in unserem Bremer Sample beispielsweise von einem *Protagonistentypus* sprechen (s.u.), bezeichnen wir die identifizierbare Führungsgruppe sozialdemokratisch-gewerkschaftlicher Arbeiterelite, keine fiktiven Protagonisten. Wenn wir beim Rostocker Sample den Typus der *neuen Integrierten* identifizieren, dann ist eine hochinteressante Gruppe des Rostocker »Kernmilieus« gemeint, die tatsächlich als »neue« soziale Akteure einer Art Arbeitergegenmilieus in der jungen DDR wirksam waren. Die Identifikation und Ausdifferenzierung solcher »Typen« löst Veränderungsprozesse aus einem undurchdringlichen Wandlungskontinuum und macht Entwicklungsstadien, Binnenkonflikte und soziale Widersprüche erkennbar.

Fallrepräsentation und »dokumentierende Interpretation«. Aus Gründen der Forschungsökonomie werden im folgenden die entdeckten Typen nur an einem biographischen Fallbeispiel (»Ankerfall«) exemplifiziert. Auch das jeweilige Beispiel wird allerdings nicht vollständig dokumentiert, sondern nur durch selektiv kodierte Schlüsselsequenzen (sog. »Kernstellen«) vorgestellt.[35] Die Auswahl solcher Kernstellen ist das Ergebnis eines systematischen Kodierprozesses, der die Kenntnis der Eigenlogik des Falles und den kontrollierten Vergleich zu ähnlich gelagerten Fällen bzw. zu Kontrastfällen voraussetzt.[36] Kernstellen sind gleichsam Schnittmengen zwischen der Präsentation der Konstruktionslogik des Einzelfalls und der übergeordneten Forschungsfrage (nach der Veränderung der Herkunftsmilieus). Die sorgfältige Interpretation solcher Kernstellen führt zur Entwicklung gegenstandsbezogener *Kategorien* (in der Sprache der Grounded Theory: *'core categories'*), die durch dokumentierende Interpretatio-

---

35 Das von Fritz Schütze (vgl. stellvertretend Kognitive Figuren, a.a.O.) für die Auswertung narrativer Interviews vorgeschlagene Interpretationsverfahren der »strukturellen Beschreibung«, das im Prinzip eine detaillierte Line-by-line-Interpretation des gesamten Interviews vorsieht, um die biographische Ereignisverkettung differenziert herauszuarbeiten, wäre für die vorliegende Analyse überkomplex, geht es hier doch zentral um die Rekonstruktion von Milieus, nicht um das Verstehen von Einzelschicksalen.

36 Hier folgen wir konsequent dem in Kapitel 2 vorgestellten methodologischen Rahmenprogramm der *Grounded Theory*.

nen exemplarischer Passagen aus ähnlich gelagerten Fallkonstellationen empirisch noch einmal überprüft werden.[37] Ergebnis dieses Analyseprozesses, in dessen Zentrum die Bildung empirisch fundierter *Typen* steht, ist eine gegenstandsbezogene Theorie der mikrosozialen Binnenbewegungen in den beiden untersuchten Arbeitermilieus.

---

37 Zum Verfahren der *dokumentierenden Interpretation* vgl. die ausführliche Beschreibung in: Peter Alheit und Christian Glaß, Beschädigtes Leben - Soziale Biographien jugendlicher Arbeitsloser, Frankfurt a.M. und New York 1986, S. 15ff.

Kapitel 11

Akteurstypologien im AG »Weser«-Milieu

Der Milieuraum der Bremer Werftbelegschaft ist, wie die sozialgeschichtliche Analyse gezeigt hat[1], durch einige Besonderheiten gekennzeichnet: Die Belegschaftsmitglieder beweisen eine erstaunlich geringe lokale Mobilität. Werftmilieu und Wohnmilieu überschneiden sich. Viele pflegen mehr oder weniger enge persönliche Kontakte auch jenseits der Werfttore. Innerfamiliäre Sukzession spielt für die Belegschaftsrekrutierung eine herausragende Rolle. Söhne und nahe Verwandte von Werftarbeitern werden - von Phasen größerer Arbeitslosigkeit zu Beginn der 1950er Jahre abgesehen - relativ problemlos in die Werftbelegschaft eingegliedert. Das bedeutet aber: die Häufigkeit der face-to-face-Kontakte im Milieu ist relativ hoch. Wiederholte Begegnungen mit wichtigen Interaktionspartnern gehören zur Alltagspraxis.

In einer so konstruierten sozialen Welt ist *soziales Kapital* - also die Dimension »Beziehungen«[2] - keine knappe, aber doch eine äußerst wichtige Ressource der sozialen Plazierung[3]. Akteure mit Einfluß im Milieu sind auf ein gewisses Volumen an sozialem Kapital dringend angewiesen. Teilnehmer mit sehr spärlichen sozialen Kontakten werden kaum zum »Kernmilieu« gerechnet werden können.[4] Anderer-

---

1 Vgl. ausführlich Kapitel 5.
2 Im methodologischen Teil (bes. Kapitel 3) sind wir ausführlich auf die Bedeutung symbolischer Kapitale, wie sie von Bourdieu theoretisch beschrieben worden ist, eingegangen. Im folgenden werden wir den empirischen Aspekt dieser Bedeutung am Interviewmaterial herauszuarbeiten versuchen.
3 Diese Feststellung gilt nachdrücklich *nicht* für die im sozialen Raum der westlichen Bundesrepublik insgesamt außerordentlich zentrale Ressource des *ökonomischen Kapitals*. Diese angesichts der durchaus noch bescheidenen Reproduktionssituation während der gesamten 1950er Jahre knappe Ressource ist nämlich im Arbeitermilieu insgesamt nicht nur selten, sondern auch relativ gleichmäßig verteilt und bevorzugt nicht einmal die »Milieueliten«. D.h. ökonomisches Kapital hat nur sehr geringen distinktiven Wert und bestimmt nicht die sozialen Dynamiken im sozialen Raum des Milieus..
4 Der Begriff des »Kernmilieus« wird hier zunächst heuristisch verwendet und erst im Anschluß an die Typenbildung systematisch definiert. An dieser Stelle weisen

seits reicht allerdings bloße Kontakthäufigkeit im Milieu noch nicht aus, um die Interaktionsdynamik zu gestalten. Frauen z.B. stehen im Zentrum der Vergemeinschaftungsaktivitäten im Milieu, aber sie sind keineswegs die einflußreichsten sozialen Akteure im Sozialraum des Milieus. Das klassische Arbeitermilieu ist ein *Gegenmilieu*; d.h. auch die Beziehung zu den dominanten gesellschaftlichen Milieus spielt eine Rolle. Die aber kann durch dichte Vernetzung im eigenen Milieu allein nicht gewährleistet werden. Die Verarbeitung von Außeneinflüssen auf das Milieu (z.B. technischer Wandel oder politisch-ideologischer Druck) setzt - gleichsam »politisch gefärbtes« - *kulturelles Kapital* (politische, kulturelle und technische Qualifikationsprozesse sowie gegebenenfalls Bildungstitel) voraus - eine Ressource, die neben dem sozialen Kapital die Dynamik im Milieuraum bestimmt. Es erscheint sogar plausibel anzunehmen, daß beide Kapitalressourcen unter dem Aspekt gesellschaftlicher Modernisierung bipolar angelegt sind und soziales Kapital eher für »Traditionalismus« und Milieupersistenz, kulturelles Kapital dagegen eher für »Modernisierung« und Milieuwandel stehen[5]. In dieser Spannung einer Milieuorientierung zwischen vitaler Vergemeinschaftungspraxis und Modernisierungsdruck (s. folgende Skizze[6]) entstehen Mixturen der beiden polaren symbolischen Kapitalressourcen (soziales vs. kulturelles Kapital), die eine Bildung von sozialen *Typen* nahelegen.

---

wir darauf hin, daß er nicht - wie wir zunächst selber vorgeschlagen hatten - dem Modell von Hülle und Kern entlehnt ist, sondern dem eines Kräftefeldes (vergleichbar einem Magnetfeld) im sozialen Raum, das ausdrücklich auch die Vorstellung von Veränderungen und Verschiebungen enthält. »Kern« bedeutet dann soviel wie die Konzentration einer bestimmten Gestaltungsdynamik. Allerdings können wir zeigen, daß auch für das Kernmilieu keineswegs Homogenität der Merkmale entscheidend ist. Auch hier zeigen sich Spannungen und Widersprüche, die Entwicklungen überhaupt erst verständlich machen. Die folgenden Interpretationen der biographischen Interviews und die Entfaltung der Akteurstypen unternehmen den Versuch, solche Dynamiken zu konkretisieren.

5   Vgl. dazu bereits im methodologischen Teil I dieser Studie, besonders Kapitel 3.
6   Vgl. noch einmal ebenda.

Schaubild 13: Spannungsfeld des Milieuraums (AG »Weser«)

Kapitalvolumen +

⇐ **Modernisierungstrend**

kulturelles Kapital + soziales Kapital +
Modernisierung *Traditionalismus*

Beharrungstrend ⇨

Kapitalvolumen -

Nach einer ersten systematischen Durchsicht der biographischen Interviews bietet sich eine Einteilung in fünf Akteurstypen an:
- (1) *der Typus des Protagonisten*: »Protagonisten« sind in der Regel Angehörige der Funktionärseliten im Milieu (Betriebsräte und/oder einflußreiche SPD-Parteiaktivisten). Sie verfügen durchaus über soziales Kapital, aber ihr Einfluß beruht gerade nicht nur auf der hohen Vernetzung innerhalb des Milieus, sondern zusätzlich auf ihrer Fähigkeit, Milieuinteressen auch nach außen zu vertreten. Dazu reicht soziales Kapital im Milieu allein nicht aus. Protagonisten verfügen zusätzlich über *(politisch-)kulturelles Kapital*. Durch gewerkschaftliche Fortbildung, politische Schulung oder durch den Erwerb von Bildungstiteln haben die meisten Protagonisten sich im Laufe ihrer Berufsbiographie spezielle Zusatzqualifikationen erworben, die ihnen einen gewissen Einfluß im Milieu sichern. Unbestreitbar gehören Protagonisten zum Kernmilieu. Interessant für die Interpretation des Ankerfalls ist die Frage, ob gerade sie - bewußt oder unfreiwillig - die Modernisierung des Milieus vorantreiben.
- (2) *der Typus des Integrierten*: »Integrierte« sind hochvernetzte Akteure, die insbesondere auf der Werft anerkannt sind und ihre

eigene Identität sehr stark über Arbeit und Betrieb definieren. Der Prototyp ist männlich, gruppenorientiert und egalitär, mit ausgeprägt proletarischem Habitus. Auch die Integrierten gehören selbstverständlich zum Kernmilieu, repräsentieren allerdings im Vergleich zu den Protagonisten eindeutig den »Beharrungstrend«. Integrierte sind eher Traditionalisten, nicht Modernisierer. Ihre Stellung verdanken sie vor allem dem Besitz an sozialem Kapital im Milieu.

- (3) *der Typus des Networkers:* »Networkers« sind Vergemeinschaftungsspezialisten, die vor allem auch außerhalb des Betriebs in milieutypischen Vereinen und Verbänden und in der Nachbarschaft soziale Netze knüpfen. Der Prototyp des Networkers ist *weiblich*.[7] Auch Networkers sind Teil des Kernmilieus. Im Gegensatz zu den Integrierten sind sie allerdings nicht notwendigerweise Traditionalisten. Ihre Vergemeinschaftungsaktivitäten sind nicht selten Reaktionen auf Modernisierungsprozesse und auf unvermeidliche Erosionserscheinungen des sozialen Lebens im Milieu.

- (4) *der Typus des Randständigen:* Selbstverständlich gibt es soziale Akteure, die zwar eindeutig zum Milieu gehören, aber keine Mitglieder des Kernmilieus sind. Zumeist verfügen sie aus verschiedenen Gründen über weniger soziales Kapital, um problemlos »dazuzugehören«. Da »Randständige« in der Regel das Bedürfnis äußern, stärker integriert zu sein und von ihren zumeist erfolglosen Bemühungen erzählen, von den anderen akzeptiert zu werden, lassen sich an ihrem sozialen Schicksal besonders genau milieutypische Exklusions- und Inklusionsmechanismen identifizieren. Wir verstehen gleichsam »von außen«, wie das Milieu »funktioniert«.

- (5) *der Typus des Außenseiters:* Schließlich gibt es Akteure, die zwar temporär oder sogar längerfristig mit dem Milieu in Kontakt stehen, aber - gewollt oder ungewollt - doch »Außenseiter« bleiben. Ihre Haltung zur Welt, ihre sozialen Orientierungen und ihr Habitus sind milieufremd. Im Milieu bilden sie zugleich eine

---

7 Vgl. dazu bereits Peter Alheit, Zivile Kultur. Verlust und Wiederaneignung der Moderne, Frankfurt und New York 1994, S. 191ff.

Kontrastfolie. Ihr soziales Kapital reicht nicht aus, um im Milieuraum sozial zu »überleben«. Aber auch sie tragen zur Rekonstruktion der Beharrungs- und Modernisierungstendenzen des AG »Weser«-Milieus bei.
Im folgenden werden diese fünf Typen am Beispiel von Ankerfällen und dokumentierenden Zusatzinterpretationen ausführlich vorgestellt.

1. Die »Protagonisten«

Ankerfall: Artur Boranski

Biographisches Porträt. Artur Boranski wird 1915 in Hafenstadt geboren. Seine Eltern stammen aus Polen und wollten ursprünglich nach Amerika auswandern. Sie sind in Hafenstadt *»hängengeblieben«*, weil Arturs Geburt dazwischen kam. Vor seiner Einschulung zieht die Familie nach Bremen. Dort absolviert Artur Boranski die Volksschule und macht dann eine Lehre als Schlosser. Die Eltern waren beide Arbeiter. Der Vater hat auf der Norddeutschen Hütte als Ausstoßmaschinist gearbeitet.

Seine spätere Frau lernt Boranski in Oststadt beim Tanzen kennen. Sie haben, wie er sagt, *»heiraten müssen, wie das so üblich is«*. Boranski muß dann zum Arbeitsdienst nach Pommern für ein Jahr, bevor er für zwei Jahre zum Militär eingezogen wird, zur Flak in Sonningen. Kurz nach der Entlassung bricht der Zweite Weltkrieg aus, und Boranski wird erneut eingezogen. In dieser Zeit kommt seine erste Tochter zur Welt. Artur Boranski macht *»bis zum Ende des Krieges«* mit und kommt in norwegische Gefangenschaft. Seine Frau wird nach Sachsen evakuiert. Während er aus Norwegen entlassen wird, kommt seine Frau erst mit Hilfe des Roten Kreuzes ein Jahr später aus Prag zurück, wohin sie verschleppt worden war.

Boranski baut dann in Eigenarbeit und mit Unterstützung der Verwandtschaft sein *»Häuschen«* auf dem Grundstück seiner Eltern in Oststadt. Die zweite Tochter und der Sohn werden geboren. Auf der Suche nach Arbeit, die *»ja schlecht (war) damals«*, wird Boranski vom Arbeitsamt zur AGW verwiesen. Er nimmt eine Arbeit als Schlosser an, obwohl er anfangs gar nicht zur AGW wollte. Die Arbeiten auf der Werft waren »*verschrien*«, wie er sagt. Er versucht, mit seinen Kollegen die Werft wieder aufzubauen, die völlig zerstört ist. Danach geht das »*Werftleben so richtig erst los*«. Boranski kommt in die Schlosserei. Weil er von seinem Elternhaus als »*Arbeiterjunge*« erzogen worden ist, tritt er sofort in die Gewerkschaft ein und wird auch bald zum Vertrauensmann gewählt. Nach zwei Jahren wählen ihn die Kollegen sogar in den Betriebsrat. Dieses Amt führt er 25 Jahre aus. Als Betriebsrat kann Artur Boranski »*sogar mit Schlips und Kragen rumlaufen*«, wie er betont. Von seinen Kollegen wird er respektvoll behandelt.

In dieser Zeit nimmt er an verschiedenen Gewerkschaftslehrgängen teil, vor allen Dingen über »*Arbeitsstudien*«. Boranski wird Spezialist für Tarifpolitik. Er gehört zu den Protagonisten des »Programmlohns«, der in der Mitte der 1950er Jahre auf der Werft durchgesetzt wird.[8] Politische Differenzen bezüglich der Einführung des neuen Systems gibt es, laut Boranski, nicht. Mit den Kommunisten im Betrieb hat er, selbst Mitglied der SPD, keine Probleme.

Neben den tarifpolitischen Aufgaben hat Artur Boranski die wichtige Funktion, »*für Wohnungen im Betrieb zu sorgen*«. Die AGW hat während des Krieges verschiedene Wohnungen in Nordstadt gekauft, »*und zwar das Wohnrecht erkauft*«. Später wird aufgrund der großen Nachfrage nach Wohnungen auf Antrag des Betriebsrats auch noch das Mietrecht für weitere Wohnungen erworben. Bei den Verhandlungen um die Wohnungen kommen Boranski gute Beziehungen zum staatlichen Wohnungsbauamt und den Gesellschaften des sozialen Wohnungsbaus zugute. Boranski hat als freigestellter Betriebsrat die Entscheidungsgewalt über die Vergabe der Wohnungen. Damit macht er sich viele Freunde, aber naturgemäß auch Feinde, die ihm verübeln, daß er ihren Wohnungswünschen eine Absage erteilt. Artur Boranski spricht von ambivalenten Gefühlen in bezug auf diese Tätigkeit: »*Ja, das war eine schöne Zeit, und ich hatte sehr viel Freude dadran, aber auch viel Kummer, viel Kummer, ja.*«

---

8   Vgl. dazu ausführlich Kapitel 5 im sozialgeschichtlichen Teil der Studie.

Für die Erziehung der drei Kinder ist Frau Boranski zuständig. Denn auch in der Freizeit ist Artur Boranski sportlich aktiv und selten zu Hause. Er turnt, spielt Handball und Faustball. Außerdem spielt er in einem Spielmannszug Flöte. Hin und wieder geht er mit seinen Kollegen in eine Werftarbeiterkneipe. Ansonsten hat Boranski immer viel an seinem Haus zu tun. Schließlich haben er und seine Frau die Parzelle der Eltern übernommen und dort viel Gemüse angebaut. Ins Kino geht er nie. Er liest dann eher *»mal nen schönes Buch«*. Seine Frau handarbeitet viel. Sie sind Mitglieder der Büchergilde Gutenberg. Als junger Mann hat er im Orchester der Niederdeutschen Bühne Geige gespielt und bei *»Theateraufführungen musiziert«*. Außerdem hat er als Sechzehnjähriger Musik gemacht in einem Café in Nordstadt.

Seine jüngste Tochter lernt nach ihrem Volksschulabschluß bei der Konsumgenossenschaft »Vorwärts« und ist heute in einem größeren Supermarkt als Kassiererin angestellt. Die älteste Tochter macht eine kaufmännische Lehre beim »Konsum«, holt später ihre Mittlere Reife nach und arbeitet danach als kaufmännische Angestellte. Sie ist heute Rentnerin. Der Sohn besucht die Volksschule, lernt dann »Kaffeekaufmann« und macht sich später selbständig. Er ist jetzt im Im- und Export von Korbwaren tätig.

Artur Boranski wird 1977 im Alter von 62 Jahren pensioniert. Zu Hause fehlt ihm jedoch etwas. Er verkauft sein Haus in Oststadt und kauft ein anderes Haus. Er verbessert schließlich seinen Wohnstandard noch einmal, indem er erneut ein Eigenheim kauft. Seit dem Tod seiner Frau, den er im Interview nicht erwähnt, lebt er allein im Erdgeschoß dieses Hauses. Er hat das Haus seinem Sohn überschrieben, genießt lebenslängliches Wohnrecht und wird von dessen Familie versorgt. Boranski pflegt intensiv soziale Kontakte, hat eine Partnerin, die offenbar über eine eigene Wohnung verfügt, und ist heute in drei Kegelvereinen aktiv - u.a. in einem, den ehemalige AG »Weser«-Kollegen gegründet haben.

Kernstellen. Im folgenden wird der Ankerfall durch vier ausführliche Kernpassagen vorgestellt. Ziel der detaillierten Interpretation dieser Stellen ist die Herausarbeitung theoretischer *Kategorien* (core categories), die zur dichten Beschreibung des Protagonistentypus notwendig sind und deren Reichweite an weiterem Interviewmaterial überprüft werden soll.

> Ia
> */Ja ((stöhnend))/- - ich hab dann - versucht Arbeit zu bekommen*
> *war ja schlecht damals*
> *wurde vom Arbeitsamt verwiesen zur AG-Weser -*
> *und dann kam ich zur AG-Weser -*
> *als - <u>Schlosser</u>*
> *wir hatten damals die Werft wieder -*
> *versucht wieder aufzubaun*
> *erstmal die Räumung -*
> *war ja viel kaputt -*
> *war alles fast alles kaputt -*
> *dann habn wir die Werft wieder aufgebaut -*
> *dann - kam die ersten Aufträge*
> *mit Schiffen und erste Reparaturen -*
> */ja ((stöhnend))/ und dann ging - das Werftleben - so richtig erst los*
> *dann kam <u>erste</u> Aufträge -*
> *ich kam inne Schlosserei -*
> *hab dort gearbeitet*[9]

Dieses Segment führt Boranski mit dem Bericht über seine Arbeitsplatzsuche ein. Er evaluiert, daß die Chancen auf einen Arbeitsplatz damals, d.h. nach dem Zweiten Weltkrieg, »schlecht« waren. Boranski berichtet, daß er vom Arbeitsamt zur AG »Weser« »*verwiesen*« wurde, was eher eine pejorative Deutung nahelegt. Dieser Eindruck wird unterstrichen durch eine andere Passage im Interview. Boranski erzählt dort, daß er eigentlich gar nicht zur AG »Weser« wollte. Er sagt an dieser Stelle im Interview: »*ich bin hab bein Krauter gelernt - und - da war die Arbeiten auf einer Werft warn verschrien ne da könnt ihr nich arbeiten da - is ganz schlecht*«. Die Arbeit auf der Werft stellte offensichtlich aus der Sicht eines Handwerksbetriebs einen Abstieg dar. Aus diesem Grund scheint Boranski in diesem Segment ausdrücklich zu betonen, daß er als »*Schlosser*« bei der AG »Weser« angestellt war. Darin drückt sich sein Handwerkerstolz aus und das Bewußtsein, daß auch seine berufliche Identität als Arbeiter ent-

---

9   Interview mit Artur Boranski, Transkript.

scheidend von seinen handwerklichen *Skills* abhing. Gleichwohl muß er in der Anfangsphase des Werftaufbaus bei den Räumungsarbeiten mithelfen, denn es war ja »*fast alles kaputt*«. Dieses gemeinsame Anpacken (»*habn wir die Werft wieder aufgebaut*«) hat offensichtlich eine eigene Qualität und trägt zur Identifikation mit dem zunächst ungeliebten Großbetrieb bei. Am Ende des Segments ratifiziert Boranski dann seine Integration in den »*Handwerksbetrieb*«[10] AG »Weser«, indem er sagt: »*dann kam erste Aufträge - ich kam inne Schlosserei - hab dort gearbeitet -*«.

> Ib
> *und da ich - von Hause aus -*
> *so von mein Elternhaus*
> *mehr als Arbeiterjunge erzogen worden bin*
> *kam ich dann zur Gewerkschaft*
> *wurde auch bald als Vertrauensmann gewählt -*
> *nach zwei Jahren wurde ich als Betriebsrat - gewählt*
> *und hab dann 25 Jahre dieses Amt ausgeführt. -*
> *Während dieser Zeit - hatt ich versucht verschiedene Lehrgänge zu machen*
> *von der Gewerkschaft -*
> *vor allen Dingen über Arbeitsstudie -*
> *da - bin ich denn echt eingestiegen*
> *und hab dann die Probleme der Entlohnung -*
> *und der Gestaltung der Arbeitsplätze*
> *mitgeholfen zu gestalten -*
> *außerdem hat ich aber - die Aufgabe bekommen -*
> *für Wohnungen - im Betrieb - zu sorgen*
> *die AG-Weser hatte seinerzeit im Krieg - im Kriege*
> *verschiedene Wohnungen in Gröpelingen gekauft -*
> *und zwar - das Wohnrecht erkauft -*
> *und diese Wohnungen - die warn zum Teil ja -*
> *eh - durch Kriegseinwirkungen beschädigt worden*
> *da warn auch keine - werfteigenen Leute mehr untergebracht*
> *und da hat ich denn - diese Wohnungen*
> *das warn ca. 50 Wohnungen -*
> *die hab ich denn versucht -*
> *unsern Mitarbeitern - anzubieten.*

---

10 Vgl. Kapitel 5.

> *Die Frage nach Wohnungen war ja enorm groß -*
> *und das warn einfache Wohnungen billige Wohnungen*
> *verhältnismäßig billig -*
> *und die warn sehr gefragt -*
> */die ((langgezogen))/ - Geschichte wurde aber immer schlimmer*
> *die Nachfrage nach Wohnungen war immer schlimmer*
> *dann habn wir mal im Betriebsrat beschlossen -*
> *der erste Vorsitzende der gleichzeitig im Aufsichtsrat war*
> *möge doch dort ein Antrag stellen auf ein Miet - ein eine Summe*
> *damit wir Wohnungen das Mietrecht erkaufen können -*
> *wurde auch gemacht*
> *wir bekamen 40.000 Mark - vom Aufsichtsr_rat zugebilligt*
> *und mit diesem Geld -*
> *versuchten wir nun - Wohnungen - äh -*
> *als Wohnrecht zu bekommen -*
> *von dem Amt für Wohnung und Siedlung*
> *wo Herr Heine war*
> *das war der Leiter des - Amt für Wohn und Siedlung*
> *und gleichzeitig mit der damaligen GEWOBA -*
> *und der BREBAU hatten wir dann Verhandlungen geführt*
> *und die sehr - freundschaftlich - zustande kamen*
> *und wir habn dann für diese 40.000 Mark -*
> *Wohnungen von der Neuen Heimat -*
> *als Wohnrecht zu be_bekommen*
> *und gleichzeitig hatte das Amt für Wohnung und Siedlung*
> *uns 20 Wohnungen - als freie Wohnungen zugestanden*
> *natürlich mit -*
> *damaligen war ja de_der äh Berechtigungsschein erforderlich. -*
> *Das warn die Anfänge*
> *die Wohnungen sind sehr schnell weggegangen*
> *die Nachfrage war groß*
> *und ich hatte sehr viel -*
> *sehr viel Freunde - denen ich eine Wohnung gegeben habe*
> *aber auch sehr viel Feinde die ich absagen mußten nich?*
> *Warn sehr viel böse.*

Artur Boranski beginnt seine Selbstpräsentation in diesem Segment zunächst mit dem Hinweis, daß er aus einer Arbeiterfamilie stamme und als »*Arbeiterjunge*« erzogen worden sei. Das Image des Arbeiterjungen scheint für ihn durchaus identitätsstiftend zu sein. Es vermittelt eine doppelte Zugehörigkeit: Er ist Teil jenes Milieus, in dem die Angehörigen *positiv* durch ihre Arbeit definiert sind und ihre Interessen selbstverständlich *gewerkschaftlich* organisieren. Kein Wunder, daß er dann nach kurzer Zeit zum Vertrauensmann und bereits nach zwei Jahren in den Betriebsrat gewählt wird. Boranski präsentiert diese »Karriere« ohne spürbare Prätention. Fast erscheint sie wie eine Selbstverständlichkeit.

Bemerkenswert ist, daß die ursprünglich deutlich auf handwerkliche Skills bezogene Berufsidentität[11] fast problemlos durch eine Funktionärskarriere abgelöst werden kann. Boranski wird durch gewerkschaftliche Schulungen zum Tarifexperten und übernimmt *»außerdem«* das extrem wichtige Amt des betrieblichen Wohnungsverwalters. Allein die unkommentierte Tatsache, daß er nach seiner Wahl praktisch bis zu seinem Ausscheiden aus dem Betrieb dem Betriebsrat angehört - ein *»Amt«*, das er *»dann 25 Jahre [...] ausführt«* -, dokumentiert, daß er völlig problemlos den Status des Arbeiters mit dem des Arbeiterfunktionärs vertauschen kann. Dieser Statuswechsel ist freilich nachhaltiger, als der Protagonist zu erkennen gibt. Implizit scheint dies in der Benennung jenes wahrgenommenen *»Amtes«*, das er für den weitaus größten Teil seiner Erwerbsarbeitszeit *»ausgeführt«* habe, zumindest auf. Die ausführliche Beschreibung seiner Schlüsselstellung als Wohnungsverwalter der Werft - eine politisch hochsensible und keineswegs konfliktfreie Position, die seine zweite wichtige Funktion als Tarifexperte sogar in den Hintergrund treten läßt -, kann als legitimierende Hintergrundkonstruktion für diesen Übergang gelesen werden.

Gewiß ist gerade für die Generation der Nachkriegsbetriebsräte - zumal nach der Phase der politischen Verdrängung kommunistischer Kader, die auch für die AG »Weser«-Geschichte typisch ist[12] - Boranskis Karriere ein Normalfall. Die Wahl in den Betriebsrat war häufig eine Entscheidung auf Dauer. Der notwendige Erwerb von Zusatzqualifikationen und der nicht zu unterschätzende Erfahrungsgewinn im Amt ließen sich durch hohe Fluktuation der Amtsinhaber nicht kompensieren. Dennoch ist diese pragmatische Verstetigung eines Wahlamtes auch das Symptom einer schleichen-

---

11 Siehe die anfängliche Distanz zum Werftbetrieb.
12 Vgl. dazu ausführlicher Kapitel 5.

den Veränderung im Milieu. Die Wahrnehmung vitaler Arbeitnehmerinteressen wird aus dem klassischen Interessengegensatz zwischen Lohnarbeit und Kapital herausgenommen und gewissermaßen »institutionalisiert«. Boranski agiert zunehmend weniger als Betriebsrat für Wohnungsfragen, der partikulare Interessen mit dem Gesamtinteresse der Belegschaft in Einklang zu bringen hat, und zunehmend mehr als betrieblicher Agent für Wohnraumbeschaffung, der Belegschaftsinteressen mit betriebswirtschaftlichen Kalkülen und mit kommunalen Planungen verknüpft. Das Einschalten des Aufsichtsrates über den Betriebsratsvorsitzenden (»*wir bekamen 40.000 Mark [...] zugebilligt*«), die Verhandlungen mit dem Leiter des Amtes für Wohnung, die Einschaltung der regionalen Wohnungsbaugenossenschaften sind deutliche Hinweise für diesen »Institutionalisierungsprozeß«.

Boranski muß dabei seine Aktivitäten deutlich über die Milieugrenzen hinaus ausdehnen. Auch die Kompetenzen, die er sich aneignet, verändern sein Interaktionsprofil. Die namentliche Nennung des Wohnungsamtsleiters (»*Herr Heine*«), während z.B. der Betriebsratsvorsitzende nur in seiner Funktion erwähnt wird, ist ein Symptom für die implizite Hochwertung dieser neuen Interaktionskreise. Das funktional zweifellos nützliche neue *kulturelle Kapital* (das hinzugekommene Fachwissen und die Erfahrung in neuen Verkehrskreisen) verändert schließlich auch die innerbetriebliche Position Boranskis. Das wichtige »Amt« hat ambivalente Folgen: Die Verteilungsmacht verschafft zweifelhafte Freunde (»*denen ich eine Wohnung gegeben habe*«), aber eben auch eine Fülle von Feinden (»*Warn sehr viel böse*«). Boranski evaluiert diesen schleichenden Wandel mit sachlicher Distanz, aber nicht ohne emotionale Betroffenheit.

II

Ja also ich bin - nachdem ich ausm Kriege gekommen bin
un meine Frau wieder - aus=e Evakuierung zurückgekommen sind
mit den Kindern -
hat ich in Oststadt
hatten meine Eltern - ein Haus mit Grundstück
und da hab ich dieses Grundstück -
bekommen von meine Eltern
und da hab ich dann - gebaut - selbst gebaut -

und äh - das war ganz ulkig war das -
das war ja ganz schlechte Zeiten
war ja nichts - gar nichts zu kriegen gar nichts
I: Das war jetzt direkt nach dem Krieg?
E: Gleich nachm Kriege
und dann äh - hatt ich n Fahrrad gehabt
das war war kaputt (keine Bereifung drauf)
da hört ich denn - Schüsselkorb Nummero 2
da is eine Stelle vom - vom Bremen
da kann man einen Antrag stellen auf Bereifung -
ich denn da hin -
und erwisch die fal_falsche Tür -
sagt er »Was wollen Sie?«
Ich sag »Ich möcht ein Antrag stellen auf eine Fahrradbereifung«
»Ja das ist hier falsch
hier werden nur Behelfsheime
Anträge für Be_Behelfsheime werden
von wo kommen Sie denn?«
Ich sag »Ja ich komm von Oststadt -«
»Ja wie heißen Sie?«
Ich sag »Boranski«
»Ach Boranski dann wohnen Sie am«
»Ja -«
»Ja - ich hab doch mal - den Bunker« - Da is n Bunker steht (...)
»Ich hab damals den Hochbunker damals gebaut
und=e - ich wurde von ihren Eltern -
so - fürsorglich behandelt ich kriegte immer Kart<u>off</u>el
und <u>Brat</u>kartoffeln mit Spiegeleier«
Wir hatten n paar Hühner und so weiter -
Mensch sagt er »Da is doch n Bauplatz da können se doch bauen -
hier habn se Unterlagen
suchn sich aus - am Dienstag komm ich her
dann besprechn wir das erstmal«
Und so bin ich zu - zu einem Antrag gekommen
auf ein - Eigentumshaus
das hab ich denn gebaut - mit Selbsthilfe
aus den Trümmern - der alten Häuser
Steine rausgesucht Träger rausgesucht -
alles selbstgemacht -
von unten von Ausschachten bis oben zum Dach -
n Herd selbst gebaut -

un dann das (Gossenstein) (...) selbst gemacht
Formen und dann mit Terrazzo ausgegossen - alles -
und dann hatten wir ein - schönes Häuschen - ja
und warn stolz dadrauf
meine Frau und - die Kinder hatten ein Zuhause -
da war es - ja auch notwendig -
naja und da hatten wir denn - so recht und schlecht gelebt -

Boranski beginnt die Erzählung seiner erstaunlichen »Nachkriegskarriere« mit der Erwähnung des Hausbaus (*»und da hab ich dann - gebaut - selbst gebaut«*). Einerseits ist dieser frühe Zeitpunkt durchaus ungewöhnlich. Boranski ist gerade aus dem Krieg zurück und seine Frau aus der Evakuierung, es fehlt an fast allem, was zum Hausbau notwendig ist. Andererseits gehört aber der Hausbau ganz offensichtlich zum erwartbaren Plan der Arbeiterfamilie. Bereits seine Eltern besitzen Haus und Grundstück, und genau dieses Grundstück ist auch die Basis für den Entschluß, in Selbsthilfe ein eigenes Haus zu bauen.

Freilich, die Umstände unmittelbar nach dem Krieg, die dramatische Ressourcenknappheit (*»das war ja ganz schlechte Zeiten war ja nichts - gar nichts zu kriegen gar nichts«*) verlangen nun doch eine Rechtfertigung des frühen Bautermins. Boranski erinnert eine Beleggeschichte, die sich nachvollziehbar schon auf dem Weg zur Traditionsbildung[13] befindet: Der Erzähler hat sie offenbar schon mehrfach mit Erfolg präsentiert und leitet sie deshalb mit einem evaluierenden Kommentar (*»und äh - das war ganz ulkig war das«*) ein. Der Knalleffekt der hochnarrativen Episode besteht darin, daß Boranski eines Fahrradschlauchs wegen zur Behörde geht, sich in der Tür irrt und sozusagen »mit einem Haus« zurückkommt. Der Witz der »Story« liegt in dem Kontrast, daß man in jenen Nachkriegszeiten einerseits sogar wegen der Fahrradbereifung die Ämter bemühen mußte, andererseits aber ganz nebenbei auch zu einem Haus kommen konnte.

Der Gang der Geschichte zeigt dann freilich, daß hinter dem vermeintlichen Zufall durchaus eine »*Logik*« steckt: Der hilfreiche Amtsvertreter, in dessen Zimmer sich Boranski verirrt hat, entpuppt sich nicht nur als zuständiger Sachbearbeiter für die Bewilligung von

---

13 Vgl. noch einmal Alheit, Erzählform und »soziales Gedächtnis«, a.a.O., S. 123ff.

»*Behelfsheimen*«; es zeigt sich auch, daß er die Familie Boranski kennt und sich für deren Gastfreundschaft während des Krieges dankbar zeigen möchte. Boranski verweist hier implizit auf eine »moralische Ökonomie« im proletarischen Milieu, die sich langfristig auszahlt: Großzügigkeit, Gastfreundschaft und das solidarische Teilen des Verfügbaren mit anderen, die es ebenfalls brauchen.

In dieser Episode der Kriegsbewirtung mit »*Bratkartoffeln und Spiegelei*«, die sich bei dem überraschenden Nachkriegshausbau auszahlt, macht Boranski auf sehr anschauliche Weise deutlich, wie man sich *soziales Kapital* vorzustellen hat. Gleichzeitig enthält die Episode ein Motiv, das für die Aktionen des *Protagonistentypus* charakteristisch ist: Er wird auch jenseits der Milieugrenzen aktiv und bewirkt dadurch wichtige Entwicklungen und Veränderungen im Milieu. Freilich, er bleibt dem Milieu verhaftet. Der Hausbau selbst, bei dem die große Materialknappheit durch Selbsthilfe und Organisationsphantasie ausgeglichen werden muß (»*alles selbstgemacht*«), hat nicht das geringste mit frühem »Luxus« zu tun, sondern ist schlicht »*notwendig*« (»*meine Frau und - die Kinder hatten ein Zuhause*«); und bei allem Stolz über die große Eigenleistung ist doch die abschließende Evaluation über die »neue Lebensform« einigermaßen ernüchternd und führt in die Grenzen der klassischen »Proletarität« *(Josef Mooser)* zurück: »*naja und da hatten wir denn - so recht und schlecht gelebt*«.

III
I: *Was haben denn Ihre Kinder gelernt oder gemacht?*
E: *Meine beiden Töchter -*
/die ((langgezogen))/ Jüngste - Helga die is Verkäuferin -
und - damals Vorwärts - die - ne
I: *Ach vonner vonner Genossenschaft*
E: *Genossenschaft Vorwärts ja - ((hustet))*
I: *ja ja*
E: *un meine älteste Tochter -*
die hat n kaufmännischen - auch von som Vorwärts äh
Genossenschaft Vorwärts - gelernt
I: *aha*
E: *und - der Udo - das is der Jüngste -*
der hat Kaffeekaufmann gelernt
I: *mhm*

E: und - hat - jetzt hat er sich selbständig gemacht -
Im- und Export von Korbwaren und so weiter macht er nech
I: mhm - ahja - mhm
E: meine älteste Tochter die is auch Rentnerin geworden -
und die zweite die is hier bei Supermarkt D als Kassiererin
I: ah ja - ah ja wo sind die denn damals zur Schule gegangen?
Wenn - in Oststadt haben die gewohnt und -
welche Schule sind die gegangen die Kinder ihre Kinder?
E: Ja äh - - bei der Kirche
I: Ach so ich kenn mich besser in Nordstadt aus als in - hier
E: bei der Kirche - da is die Schule
I: ach so - ach so also ne Volksschule Grundschule oder wie?
E: Hauptschule
I: Ah ja
E: Die Elisabeth die hat - die hat noch - ihr Abitur gemacht -
I: mhm
E: und der Jung nich - war an sich falsch
wir hätten den Jung lieber Abitur machen sollen
aber der is auch ganz gut durchs Leben gekommen
I: mhm - hat die Elisabeth erst=e sie hat erst diese Lehre gemacht
beim=e beim Konsum?
E: Ja
I: Und später dann - is sie nochmal zur Schule gegangen oder wie?
E: Ja ja ja ja
I: Wollte sie das gern ja offenbar nich?
E: Sie hat das Zeuch gehabt nech
I: Mhm
E: und=e hat auch das -
I: Wissen Sie auf welche Schule wo sie das Abitur gemacht hat - Elfenstraße?
E: Elfenstraße
I: Ja ne?
E: Elfenstraße
I: Elfenstraße das war ja die Schule - die muß ja so mein Jahrgang sein
also ich bin Jahrgang ja was bin ich denn Jahrgang 38
E: Ja genau
I: Ihre Älteste - nee wann is die geboren?
E: 36
I: Ja ja so etwa ja ja
E: ja ja

> I: Ja Elfenstraße das war damals die -
> das war die Schule auch für die äh
> sogenannten Arbeiterkinder die dann Abitur machen wollten
> E: ja ja ja
> I: als Mädchen ja
> E: ja
> I: und dann hat sie aber nicht=e - nachm Abitur hat sie -
> was hat sie denn da gemacht? Hat sie eine eine Arbeit gefunden
> die ihrer Qualifikation dann entsprach?
> E: Kauf_kaufmännischen
> I: Weiter im kaufmännischen Bereich
> E: war sie - wo war sie da denn? - -
> Ich komm jetzt nich drauf - -
> I: naja is ja egal sie hat also als kaufmännische Angestellte
> E: kaufmännische Angestellte.
> Sie wollte - sie wollte so vieles machen -
> aber das klappte alles nich nech?

Auf die Eingangsfrage der Interviewerin antwortet Boranski, daß seine beiden Töchter, ganz in der Tradition der Arbeiterbewegung, bei der Konsumgenossenschaft *Vorwärts* ihre Lehre gemacht haben.[14] Die jüngere Tochter erlernt einen frauentypischen Beruf, sie wird Verkäuferin. Die ältere Tochter geht in eine kaufmännische Lehre, wobei im Interview offen bleibt, welchen Beruf sie tatsächlich erlernt. Der Sohn wird »*Kaffeekaufmann*«, wie sich Boranski ausdrückt - offensichtlich als Aufwertung des Kaufmännischen gedacht. In der Tat ist der Sohn auch erfolgreicher als die Töchter, weil er sich selbständig macht und jetzt im »*Im- und Export von Korbwaren*« tätig ist. Gleichwohl macht keines der Kinder einen dramatischen sozialen Aufstieg. Sie bewegen sich alle aus dem Arbeitermilieu in das Milieu der kleinen Angestellten.

Boranskis älteste Tochter ist mittlerweile Rentnerin, und die jüngste Tochter ist Verkäuferin in einem großen Kaufhaus in Bremen. Boranski scheint im übrigen auch keine großen Aufstiegsaspirationen für seine Kinder gehabt zu haben. Völlig ohne Prätention beschreibt er die Ausbildungen, Berufe und Tätigkeiten seiner Kinder

---

14 Es sei an dieser Stelle nur ergänzt, daß bereits Boranskis Eltern Mitglieder in der Konsumgenossenschaft waren.

(»*und die zweite die is hier bei Supermarkt D als Kassiererin*«). Ebenso unprätentiös berichtet er über die Schullaufbahnen. Auf die den Schultypus anzielende Frage der Interviewerin antwortet er charakteristischerweise mit einer Beschreibung des Schulstandorts: »*bei der Kirche - da is die Schule*«. Für ihn erscheint die Tatsache, daß alle Kinder die Hauptschule besucht haben, so selbstverständlich, daß er das gar nicht extra erwähnen muß. Erst auf die wiederholte Nachfrage der Interviewerin gibt er eine differenzierte Antwort. Immerhin hat nämlich seine älteste Tochter, zumindest nach Boranskis Meinung, »*noch - ihr Abitur*« gemacht. Tatsächlich hat sie allerdings nur die Mittlere Reife nachgeholt. Die Verwechslung läßt sich aber durchaus nicht als Versuch deuten, die Bildungskarriere der Tochter großartiger darzustellen, als sie tatsächlich war. Sie zeigt vielmehr, wie wenig konkret Boranski über die weiterführenden Bildungswege seiner Kinder informiert ist. Er verbindet die Erwähnung des vermeintlichen »Abiturs« der Tochter ausschließlich mit dem pragmatischen Hinweis, sie habe »*das Zeuch gehabt*«. Besser wäre es wohl gewesen, der »*Jung*« hätte stattdessen »Abitur« gemacht: »*wir hätten den Jung lieber Abitur machen sollen*«, formuliert Boranski und macht damit sein instrumentelles Verhältnis zur Bildung deutlich. Denn der Sohn hat im Gegensatz zur ältesten Tochter, die mit ihrem höheren Bildungsabschluß keine angemessene Karriere machen kann (»*das klappte alles nich nech*«), bewiesen, daß er seine Ressourcen zu nutzen versteht (»*der is auch (so) ganz gut durchs Leben gekommen*«).

Boranski spricht in diesem Segment nicht über Entwicklungen, die seine Kinder gemacht haben, sondern nur über deren Status. Diese statusorientierten und geschlechtstypischen Vorstellungen lassen auf ein eher konservatives, traditionelles Denken schließen. Die Motivation der ältesten Tochter, die ihr »Abitur« nach der Lehre nachgeholt hat, bleibt trotz heftigen Interesses der Interviewerin unkommentiert. Boranski erzählt nichts über verbesserte Bildungsmöglichkeiten für Arbeiterkinder zu jener Zeit. Erst als die Interviewerin ihm die sozialen Vorzüge der Schule an der Elfenstraße geradezu in den Mund legt (»*Schule auch für die äh sogenannten Arbeiterkinder die dann Abitur machen wollten*«), pflichtet er notgedrungen bei.

Immerhin scheint das innerfamiliale Milieu so anregend zu sein, daß weiterführende Bildungswege für die Kinder im Bereich der

Vorstellungen waren. Und die institutionellen Anregungen der Bildungsreform können hier noch nicht gegriffen haben. Die Tochter, die schließlich die Mittlere Reife nachholt, ist 1936 geboren und kommt nicht mehr in den Genuß der Bildungsreform. Da im übrigen Boranskis Äußerungen deutlich machen, daß die sozialen Erwartungen der Familie keinerlei Aufstiegsaspirationen enthalten, ist zu vermuten, daß das soziale Klima im engeren Milieu der Protagonisten Bildungsanregungen enthalten hat.

IV
E: *Fernsehn kam zuerst*
I: *Ach interessant ja*
E: *ja - und dann kam ne lang lange Zeit gar nichts*
I: *((lacht))*
E: *und dann=e - -*
habn wir in Oststadt eine Waschmaschine gehabt?
Nee - -
I: *Waschbrett -*
E: *mhm - wie wir in Weststadt warn*
da hatten wir dann n Kühlschrank un Waschmaschine -
I: *Ja das war dann ja schon in den 70er Jahren ne?*
E: *Ja ja - und ich hatte - mein erster Wagen war n Ford -*
auch n Gebrauchswagen
I: *mhm*
E: *(...) »Können wir das machen*
oder können wir das nich machen auf=e Abzahlung?«
I: *Mhm*
E: *Aber ich war auch - ganz scharf auf son Wagen*
mal selbst einen zu haben.
I: *Mhm*
E: *Ich hab meinen Führerschein*
beim Militär gemacht 1936
I: *mhm*
E: *und dann wollt ich ja mal selbst mal n Wagen habn nech?*
I: *Mh*
E: *Na ja - ging aber alles denn auch -*
I: *Und wann haben Sie den gekauft wissen Sie das noch - den Ford?*
- -
E: *65*
I: *65 - na ja - na ja das war denn schon ne große Umstellung.*

> *Die Fahrräder verschwanden allmählich*
> E: *ja ja*
> I: *und alle kamen dann (...) mit dem Wagen und dann gabs n Parkplatzproblem offenbar nich*
> E: *ja da gabs n Parkplatzproblem aber auf der AG-Weser auch sehr viel Parkplätze gebaut*

Private »Modernisierungsprozesse« im Nachkriegsdeutschland lassen sich in der Regel an zentralen Anschaffungen ablesen: Kühlschrank und Waschmaschine, der private PKW, auch der erste Fernseher. Das Erzählsegment, in dem Boranksi auf solche Anschaffungen zu sprechen kommt, ist in doppelter Hinsicht bemerkenswert: Es belegt, daß in Arbeiterhaushalten dieser Prozeß erst nach den 1950er Jahren wirklich in Gang kommt; und es zeigt, daß die statistisch übliche Anschaffungsabfolge (Waschmaschine, Kühlschrank, Auto, Fernseher) durchbrochen wird. »*Fernsehen kam zuerst*«, betont Boranski, »*... und dann kam ne lange Zeit gar nichts*«. Nun könnte diese Entscheidung zufällig sein, dem familiär ausgeprägten Fernsehbedürfnis entsprochen haben. Aber das Fernsehprogramm der späten 1950er Jahre war - verglichen mit dem aktuellen Angebot - äußerst unattraktiv, ein einziges Programm der ARD, vergleichsweise pädagogisisierend und im wesentlichen für die frühen Abendstunden konzipiert. Highlights waren neben verstreuten Krimiserien und abgestandenen amerikanischen Kindersendungen (»Fury«) Fußball-Liveübertragungen (z.B. die Weltmeisterschaft in Schweden 1958). Unbestrittener »Quotenrenner« blieb indessen die *Tagesschau*. Und gerade diese Sendung stand für das Image des 1950er Jahre-TV. Wenn also Boranskis Entscheidung für die Anschaffung eines Fernsehers mit derartiger Priorität (»*... und dann kam ne lange Zeit gar nichts*«) gefällt wird, steht sie im Zusammenhang mit diesem Image des Fernsehens: das neue Informationsmedium, in welchem vor allem Politik live zu erleben ist, und zwar jeden Abend. Für einen, der als Betriebsrat mit wichtigen Funktionen mitten im politischen Leben steht, ist die Tagesschau ein »Muß«. Die Partizipation an dieser neuen Form politischer Öffentlichkeit ist schon deshalb notwendig, um zu wissen, welche politischen Argumente hohen Verbreitungs- und Bekanntheitsgrad haben.

Kapitel 11: Akteurstypologien im AG »Weser«-Milieu

Mit dem Kauf des Fernsehers, der offensichtlich den Boranskischen Familienetat so belastete, daß in unmittelbarer Folge an keine weitere größere Anschaffung zu denken war, sind allerdings auch die »Gender-Präferenzen« deutlich markiert. Nicht Waschmaschine und Kühlschrank zur Entlastung der Hausfrau - deren Anschaffung fällt erst in die 1970er Jahre -, sondern TV und PKW (»... *ich war ... ganz scharf auf son Wagen*«) sind die Ausweise familiärer Modernisierung.

Und erwartungsgemäß nimmt das Thema Auto auch einen sehr viel breiteren Raum ein als Kühlschrank und Waschmaschine. Außerdem wird Boranskis Antwortstil in dieser Passage wesentlich narrativer. Er erinnert genau die Automarke (»*mein erster Wagen war n Ford*«). Interessanterweise verspricht er sich an dieser Stelle. Er bezeichnet den erworbenen PKW nicht als *Gebraucht-*, sondern als *Gebrauchs*wagen. Er scheint die frühe Anschaffung des Autos unterbewußt damit legitimieren zu wollen, daß er es als Gebrauchsgegenstand darstellt. Der Autokauf ist also für B. durchaus erklärungsbedürftig und keineswegs selbstverständlich. Fast entschuldigend erzählt er: »*Ich hab meinen Führerschein beim Militär gemacht 1936 [...] und dann wollt ich ja mal selbst mal n Wagen haben nech?*« Außerdem wird die Entscheidung im Familienkalkül intensiv erwogen: »*können wir das machen oder können wir das nicht machen auf=e Abzahlung?*« Aber der sehr individuelle »Traum« des Familienoberhauptes gibt den Ausschlag: »*aber ich war auch - ganz scharf auf son Wagen mal selbst zu haben*«. Die entlastenden Überlegungen der Interviewerin über die Umstellung bei der Benutzung der Fortbewegungsmittel zu dieser Zeit, vom Fahrrad zum Auto, teilt Boranski. Auch das Parkplatzproblem, das es zu dieser Zeit gab, ist ihm nicht unbekannt. Er erwidert der Interviewerin allerdings, daß die AG »Weser« auf dieses Problem reagiert habe, indem »*sehr viele Parkplätze*« gebaut worden seien.

Zusammenfassung. Boranski gehört zweifellos zur »Milieuelite«. Er bekleidet über lange Jahre eine außergewöhnlich einflußreiche und wichtige Position im Betrieb, die ihm hohe Anerkennung verschafft. Diese Position bringt allerdings weder materielle Vorteile, noch veranlaßt sie Boranski, sich seinen Kollegen gegenüber im Vorteil zu wähnen. Das Herkunftsbewußtsein als »Arbeiterjunge« behält seine Prägewirkung auch für den innerbetrieblichen Aufstieg. Selbst für seine drei Kinder hegt Boranski keine Aufstiegsambitionen. Er akzeptiert ihre Berufswege und kommentiert etwa auch den vorsichtigen Bildungsaufstieg der ältesten Tochter ohne jede Prätention. Freilich, die Tatsache allein, daß die Tochter ihrerseits den Wunsch entwickelt, die Mittlere Reife nachzuholen, deutet durchaus auf ein familiäres Anregungsklima, das möglicherweise mit Boranskis gewerkschaftlicher und politischer Tätigkeit zusammenhängt und mit der explizit niemals kommentierten Tatsache, daß dabei auch Verkehrskreise und Anstöße außerhalb des Milieus auf die Familienatmosphäre eingewirkt haben. Tatsächlich ist allerdings Frau Boranski die Person gewesen, die bestimmte Bildungsambitionen an ihre Kinder weitergegeben hat[15].

Kernkategorien. Aus dem Interview mit Artur Boranski, das wir als Ankerfall des »Protagonistentypus« betrachten, haben wir folgende *Kategorien* entwickelt:
- unprätentiöser beruflicher Aufstieg im Betrieb;
- leitende, verantwortungsvolle Tätigkeiten in- und außerhalb des Betriebes;
- soziale Vernetzung, die auch über das Arbeitermilieu hinausgeht;
- verhaltene Aufstiegsaspirationen für die Kinder.

Nachfolgend sollen dokumentierende Interpretationen von Passagen aus anderen Interviews diese Annahmen durch Minimalvergleiche[16] belegen.

---

15 Diese Information stammt aus dem Interview mit der ältesten Tochter.
16 Vgl. ausführlich Barney Glaser und Anselm Strauss, Die Entdeckung gegenstandsbezogener Theorie: Eine Grundstrategie qualitativer Sozialforschung, in: Christel Hopf und Elmar Weingarten (Hrsg.), Qualitative Sozialforschung, Stuttgart 1979, S. 91-111.

Unprätentiöser beruflicher Aufstieg im Betrieb

und äh - der dann 66 hab ich dann -
schon mein 25jähriges Jubiläum aufer Werft gefeiert -
und - gleichzeitig bin ich dann=e wurd ich Werkführer
und hab die=e mein Vorgesetzter
den ich mit den ich lange zusammengearbeitet hat
der war 1963 also d_is drei Jahre vor_
vor mein Ju_vor mein 25. Ju_ 63 verstorben
und dann äh m_ha_m_hab ich das übernommen
bin so ins kalte Wasser gesprungen
und hab diese Gruppe für die=e
also die Bord- und E-Versorgung - übernommen
und=e bin dann äh also Werkführer
und nachher auch Werkmeister geworden[17]

Feldmann macht ebenso wie Boranski einen beruflichen Aufstieg im Betrieb. Zum Zeitpunkt seines 25jährigen Jubiläums, das bereits 1966 stattfindet (F. hat seine Ausbildung als Betriebselektriker bei der AG-Weser schon 1941 begonnen), steigt er zum Werkführer auf. Die Beförderung auf den Posten des verstorbenen, vorgesetzten Werkführers ist offensichtlich nicht an eine formelle Zusatzqualifikation gebunden, die Feldmann erwerben muß. »Bewährungsaufstiege« waren durchaus die Regel. Interessant erscheint allerdings, daß Feldmanns Beförderung als bereits getroffene Sukzessionsregelung seines Vorgängers interpretiert werden kann, mit dem er *»lange zusammengearbeitet«* und dessen Leitungsfunktion er *»übernommen«* habe. Die Formulierung, er sei *»so ins kalte Wasser gesprungen«*, klingt angesichts dieser seit längerem vorbereiteten Nachfolgeregelung wie strategisches Understatement und ist allenfalls durch den unerwarteten Tod des Vorgängers gedeckt. Die unprätentiöse Erwähnung des nachfolgenden Aufstiegs zum Meister belegt jedenfalls die »Normalität« der erfolgreichen Übernahme der Leitungsfunktion. Und nicht das expositive, sondern das integrative Motiv qualifiziert Feldmann für die neuen Funktionen.

---

17 Interview mit Hans Feldmann, Transkript.

Auch Gustav Brandt hat einen beruflichen Aufstieg im Betrieb gemacht, allerdings nicht im Arbeitsprozeß, sondern als prominenter Interessenvertreter und langjähriger Betriebsratsvorsitzender. Er hat nur kurze Zeit (1½ Jahre) als Arbeiter im Betrieb gearbeitet und ist dann zum Betriebsratsvorsitzenden gewählt worden:

> I: *Ja - ich wollt sagen*
> *wie lange hast Du eigentlich malocht richtig als Arbeiter da?*
> E1: *Ja - irgendwie nur n Jahr*
> I: *((lacht/1sec.))*
> E1: *na denn stimmt das doch*
> E2: *Betriebsratsvorsitzender bist du 55 geworden*
> E1: *und 53 bin ich da angefangen - 1½ Jahr (...)*
> *na ja*[18]

Die Hintergrundinformationen für diesen schnellen Aufstieg liefert das folgende Interviewsegment:

> *und dann hab ich ne Betriebsgruppe aufgebaut -*
> I: *Wann war das?*
> E: *Das war - 52 53*
> *und da hatt ich denn so - feste Gruppe -*
> *vielleicht von 40 Mann -*
> *das is ja merkwürdig -*
> *daß sich eine ganze Reihe Leute -*
> *auf der Arbeit nich bekennen -*
> *das hab ich oft festgestellt*
> I: *ach*
> E: *und dann war mal Betriebsversammlung*
> *aber habn wir den Betriebsrat /gestürzt ((geheimnisvoll))/*[19]

Brandt hat sich in den 1½ Jahren seiner Tätigkeit als Arbeiter auf der AG »Weser« eine SPD-Betriebsgruppe aufgebaut. Das erscheint ungewöhnlich und läßt sich nur dadurch plausibel machen, daß er mit dem expliziten Parteiauftrag seine »Werftkarriere« beginnt, den zu diesem Zeitpunkt nicht unbedeutenden Einfluß der KPD im Be-

---

18 Interview mit Ehepaar Brandt, Transkript. E1: Gustav Brandt. E2: Gertrud Brandt.
19 Interview mit Ehepaar Brandt, Transkript. E: Gustav Brandt.

triebsrat einzudämmen. Das gelingt ihm trotz der Schwierigkeit, die SPD-Kollegen zur offensiver Wahrnehmung ihrer parteipolitischen Interessen zu motivieren. Parteipolitik schien am Arbeitsplatz nicht die naheliegende Form der Interessenvertretung gewesen zu sein. Mit einer starken SPD-Betriebsgruppe trägt er dazu bei, daß der kommunistisch dominierte Betriebsrat gestürzt wird und er selbst bei den Folgewahlen zum Betriebsratsvorsitzenden gewählt werden kann.

Dieser vergleichsweise rasche und dramatische innerbetriebliche Aufstieg führt aber durchaus nicht zu einer Entfremdung von den Kollegen. Am symbolischen Beispiel der Kleidung zeigt Brandt, wie wichtig ihm die »Bodenhaftung« war und welche Bedeutung seine erfolgreiche Politik als Interessenvertreter gerade für die Kollegen hatte:

Ich ging immer durchn Betrieb
die letzten Jahre ja nimmer
hab ich ja nie mehr Zeit gehabt -
ging immer jeden Tag - durchn Betrieb
zieh ich ne Blaujacke über -
Arbeitsjacke über
[...]
ja und denn habn die
/ja denn habn die ((erhebt die Stimme))/
paar ältere Kollegen angesprochen
habn gesagt »Gustav -
erstens wenn du dich mit den da inne Wolle hast«
Und das war son Riesenkerl
das war der technische Vorstand -
I: Scheren_ Scherenberg oder?
E: Ja - Scherenhagen
I: Scherenhagen ja
E: (...)
und dann - - habn se gesagt »Und außerdem -
zieh deine Blaujacke aus«
[...]
E: Ja ja die habn einfach gesagt
»Wir wollen du bist unser Aushängeschild
und wir wollen daß du so aussiehst (...)

> *Aus Ende Schluß«*
> *I: Mit mit Schlips und alles so?*
> *E: Mit Schlips und alles so -*
> *und da - und da hab ich gesagt*
> *»Das kost mir aber n Haufen Anzüge -«*
> *»Denn hättst dich nich wählen lassen müssen -*
> */jetzt habn wir dich gewählt ((mit bestimmten Tonfall))/*
> *und jetzt wollen wir so - vertreten werden«*[20]

Der Beginn des Segments enthält eine Reihe von durchaus widersprüchlichen Informationen: Brandt *»ging immer durchn Betrieb«*, wie er sagt, *»immer jeden Tag - durchn Betrieb«*. Die persönliche Anwesenheit, das face-to-face-Gespräch, ist ein wichtiger Teil der Vernetzung im Milieu, eine Verpflichtung gerade auch für die Arbeiterfunktionäre. Daß er dabei zunächst *»ne Blaujacke«* überzieht, um sich auch symbolisch als primus inter pares zu erkennen zu geben, unterstreicht seine Bereitschaft, die Nähe der Kollegen zu suchen. Freilich, er *»ging«* durch den Betrieb - ein Privileg, das gewöhnlich nur dem freigestellten Betriebsrat gewährt wird. Mit diesem Akt zeigt er nicht nur seine Nähe, sondern auch seine herausgehobene Stellung im Betrieb. Der tägliche Durchgang ist auch eine zurückhaltende *»Dominanzgeste«* vergleichbar der Visite des Chefarztes, der Pressekonferenz der Politiker oder - um den Genotypus dieser Geste zu erwähnen - dem *Hofhalten*. Brandts regelmäßiger Gang durch den Betrieb kann durchaus auch als eine proletarische Variante des *»Hofhaltens«* betrachtet werden.

Die Geste verfehlt übrigens ihre Wirkung nicht. Die Assoziation - so unbewußt sie auch agiert wird - findet Verständnis: Die Kollegen verlangen in ihrem eigenen Interesse repräsentativere Garderobe (*»und außerdem zieh deine Blaujacke aus«*). Sie ziehen bewußt den Vergleich zum Vertreter des Kapitals und wollen ein angemessenes Gegenüber (*»... du bist unser Aushängeschild und wir wollen daß du so aussiehst«*). Brandts Einwand, daß ihn diese Forderung in materielle Schwierigkeiten bringe (*»das kost mir aber n Haufen Anzüge«*), zählt nicht (*»denn hättst dich nich wählen lassen müssen«*).

---

20 Interview mit Ehepaar Brandt, Transkript. E: Gustav Brandt.

Hinter dieser beinahe amüsanten Auseinandersetzung um die Symbolik von »Arbeitermacht« innerhalb und außerhalb des Betriebes läßt sich eine Entwicklung erkennen, die bereits zu Beginn des Segments sehr klar angesprochen wird: Der regelmäßige Rundgang durch den Betrieb, täglich zu Beginn der 1950er Jahre, im Blaumann damals noch, ist selten geworden (»*die letzten Jahre ja nimmer hab ich ja nie mehr Zeit gehabt...*«). Der prominente Funktionär in Anzug und Schlips, vom Kapitalvertreter äußerlich nicht mehr zu unterscheiden, hat nur noch hier und da Gelegenheit, sich im Betrieb zu zeigen. Aus face-to-face-Gesprächen mit den Kollegen sind wichtige Verhandlungen geworden auf höchster politischer Ebene. Die Kollegen akzeptieren das und vertrauen dem langgedienten und außerordentlich erfolgreichen Betriebsratsvorsitzenden. Sie mögen sich sogar mit ihm identifizieren. Aber mit der Modernisierung der äußeren Abläufe haben sich auch die Konstitutionsbedingungen des Milieus verändert. Der »konjunktive Erfahrungsraum« hat sich ausgeweitet und dabei natürlich einen beträchtlichen Teil seiner inneren Kohärenz eingebüßt.

Brandt kann freilich - subjektiv - an den Eingangsbedingungen festhalten, und es klingt durchaus glaubwürdig, wenn er resümiert:

Ja ich hab immer die Arbeitnehmer vertreten -
bin also immer Arbeiter geblieben -
ich hab mich ja auch nie verändert -
weder persönlich - in meiner persönlichen -
Struk_in mein_ in meiner Struktur - (...)
ich habe - - - wir wir habn uns - äh
auch äußerlich -
abgesehen davon daß ich mal n Anzug mehr brauchte -
nich verändert -
wir habn unser ganzes Leben -
im Grunde genommen nur (...)
so weiter geführt -
wie es vorher auch war
das heißt also - -
/ich - fühl mich heute auch noch als Arbeiter ((sehr leise))/[21]

---

21 Interview mit Ehepaar Brandt, Transkript. E: Gustav Brandt.

Der bekennende Charakter dieses Evaluationssegments präsentiert ganz fraglos eine Art persönlichen Mythos des erfolgreichen Arbeiterfunktionärs (»*ich hab mich ja auch nie verändert* ...«). Natürlich hat ihn die erstaunliche Karriere geprägt, seine Funktion als langjähriger Betriebsratsvorsitzender und später sogar als SPD-Fraktionsvorsitzender im Landesparlament. Gewiß haben die Verhandlungen mit den Kapitalvertretern und die Begegnung mit politischen Freunden und Gegnern aus ganz anderen sozialen Schichten seine Erfahrungen als Arbeiter beeinflußt und völlig andere Lebensperspektiven hervorgebracht, als sie im Milieu selbstverständlich waren. Und doch hat sich Brandt in aufrichtiger Selbsteinschätzung nicht vom Milieu entfernt, hat den Wohnsitz nicht gewechselt, hat keinen sozialen Aufstieg im klassischen Sinn vollzogen. Die Modernisierungsprozesse, die seine Biographie begleiten, sind zugleich Modernisierungsprozesse, die das gesamte Milieu betreffen. Ob sie das Milieu bedrohen, ist vorläufig noch nicht entscheidbar. Brandt freilich ist der idealtypische Protagonist dieser Entwicklung.

Dennoch kann Brandts außergewöhnlicher Aufstieg nicht überdecken, daß er seinem Milieu verhaftet bleibt. Diese mentale Verwurzelung hat womöglich auch damit zu tun, daß der Aufstiegsprozeß zumal in den 1950er Jahren nicht im geringsten mit nennenswerten materiellen Vorteilen verknüpft ist, sondern auch für die »Protagonisten« mit z.T. bemerkenswerter finanzieller Enge zu tun hat. Artur Boranski erinnert sich:

> *meine Frau und - die Kinder hatten ein Zuhause -*
> *da war es - ja auch notwendig -*
> *naja und da hatten wir denn - so recht und schlecht gelebt -*[22]

Obwohl Boranski im Betrieb einen enorm raschen Aufstieg macht (er wird bereits nach zwei Jahren in den Betriebsrat gewählt), lebt er mit seiner Familie in den 1950er Jahren unter äußerst bescheidenen finanziellen Bedingungen. Abgesehen davon, daß er ein Haus (exakter: ein »Behelfsheim«) auf dem Grundstück seiner Eltern in Eigen-

---

22 Interview mit Artur Boranski, Transkript.

arbeit gebaut hat, kann die Familie allenfalls »*so recht und schlecht*« existieren.

Auch Frau Brandt spricht im Interview implizit die finanzielle Enge an. Sie macht dies, indem sie verdeutlicht, daß sie »*unwahrscheinlich sparen*« konnten. Konsumgüter wie z.B. das Auto haben sie erst relativ spät angeschafft:

> *ja wir konnten ja sparen -*
> *I: aha*
> *E: wir konnten unwahrscheinlich sparen -*
> *wann habn wir das Auto gekriegt? - 56 oder 57*[23]

Die finanzielle Enge wird kompensiert durch eine außergewöhnliche Arbeitsmoral:

> *ja diese Tätigkeit hab ich dann ausgeübt -*
> *äh immer im vollen Einsatz*
> *es war kaum n Achtstundentag -*
> *es warn immer es war immer mit Überstunden verbunden*
> *auch sonnabends und sonntags Arbeit*
> *und auch an Feiertage -*
> *denn=e die Schiffe ob Neubau oder auch Reparatur*
> *das warn immer Terminarbeiten*
> *I: mh*
> *E: nech?*[24]

Feldmann beschreibt seinen Arbeitsalltag, und es wird deutlich, daß er immer im »*vollen Einsatz*« stand. Geregelte Arbeitszeit war die Ausnahme, Überstunden die Regel, auch Wochenend- und Feiertagsarbeit waren selbstverständlich. Und diese Praxis war keineswegs ungewöhnlich im Betrieb, sie richtete sich natürlich nach der Auftragslage und war teilweise auch notwendig für die Erreichung eines ausreichenden Wochenverdienstes. Daß der Betrieb so auch in zeitlicher Hinsicht dominierender Lebensmittelpunkt war, ist unmittelbar einsichtig. Bei diesem Arbeitstag blieb zweifellos wenig Zeit für Freizeit- und Familienaktivitäten.

---

23 Interview mit Ehepaar Brandt, Transkript. E: Gertrud Brandt.
24 Interview mit Hans Feldmann, Transkript.

Auch Brandts Arbeitsalltag war ausgesprochen straff organisiert und durch eine enorme Doppelbelastung über die Tätigkeit als Betriebsratsvorsitzender einerseits und die Stellung als Gewerkschafts- und Bürgerschaftsabgeordneter andererseits gekennzeichnet:

> *Ich war jeden Morgen um sieben aufer Werft -*
> *um neun war ich eventuell inner Stadt -*
> *zu ner Fraktionsvorstandssitzung*
> *der Teufel was auch immer -*
> *um elf war ich dann vielleicht wieder aufer Werft -*
> *um drei inner Stadt -*
> *I: Beides nebenander - Betriebsratsvorsitzender und*
> *E: Gewerkschaftsabgeordneter is ja wahnsinnig ne?*[25]

Jeder Arbeitstag von Gustav Brandt begann morgens um sieben auf der Werft. Aus diesem Grund stellt Brandts Sohn in seinem Interview die Arbeitsmoral seines Vaters als »*etwas ungeheuer Preußisches*« dar. Er ergänzt die Ausführungen seines Vaters insofern, als er darauf hinweist, daß sein Vater auch noch zu Abendveranstaltungen ging, von denen er in der Regel erst um 23 Uhr nach Hause kam. Daß dieser Arbeitsalltag Auswirkungen auf das Familienleben hatte, muß kaum gesondert erwähnt werden. Brandt evaluiert seine Doppelbelastung in diesem Segment selber im nachhinein als »*wahnsinnig*«.

Diese - im klassischen Sinn - proletarischen Erfahrungen von großer Arbeitsbelastung und finanzieller Enge führen schließlich bei den »Protagonisten« auch zu einem ausgeprägten *Traditionsbewußtsein*. Wie bereits erwähnt, machen beide Töchter von Boranski entsprechend der Arbeitertradition eine Lehre bei der »*Genossenschaft Vorwärts*«:

> *E: Meine beiden Töchter -*
> */die ((langgezogen))/ Jüngste - Helga*
> *die is Verkäuferin -*
> *und - damals Vorwärts - die - ne*
> *I: Ach vonner vonner Genossenschaft*
> *E: Genossenschaft Vorwärts ja - ((hustet))*

---

25 Interview mit Ehepaar Brandt, Transkript. E: Gustav Brandt.

> I: ja ja
> E: un meine älteste Tochter -
> die hat n kaufmännischen - auch von som Vorwärts äh
> Genossenschaft Vorwärts - gelernt[26]

Auch Frau Brandt hält mit ihren Einkäufen bei Konsum bewußt an bestimmten Traditionen fest:

> I: Wo kauft man denn ein?
> Gabs da wieder so Konsumgenossenschaften Vorwärts?
> Gabs das eigentlich wieder nachm Krieg?
> E: Ja - und zwar -
> an der Ecke Zeppelinstraße -
> I: Aha - ja bin ich ja vorhin vorbeigekommen -
> da war so ne Verteilungsstelle hieß das ja nech?
> Man sagte ja nich Laden
> E: nee - da sagte man - Konsum
> I: Konsum - habt ihr da hast du da eingekauft?
> E: Ja hab ich immer /ich bin doch Mitglied ((bestimmt))/
> I: Aha - immer noch?
> E: Mhm
> I: Aber die gibs ja nich mehr so -
> ich mein die Coop is das ja später geworden
> und das is ja nich mehr so die alte
> E: da krieg ich 5 Mark im Jahr ((lacht/3sec.))
> I: aha ((lacht/3sec.))
> ja - das war ja auch so ne alte Arbeiter - bewegungstradition
> E: ja ja - ja ja da warn meine Eltern schon drin nech[27]

Es scheint für Frau Brandt ganz selbstverständlich zu sein, daß sie beim Konsum eingekauft hat. Auf die Frage der Interviewerin reagiert sie außerordentlich bestimmt und antwortet, daß sie sogar Mitglied sei. Sie setzt damit selbstverständlich eine Arbeiterbewegungstradition fort, die auch ihre Eltern schon gepflegt haben. Ihrem Bescheidenheitshabitus kann Frau Brandt auch heute noch nachgehen, wenn sie bei Coop (Nachfolger der Konsumkette) im Jahr fünf

---

26 Interview mit Artur Boranski, Transkript.
27 Interview mit Ehepaar Brandt, Transkript. E: Gertrud Brandt.

Mark Rabatt erhält. Früher, als es die Konsumkette noch gab, hat sie, nach Aussagen des Sohnes, Bons gesammelt und addiert, um dann zweimal im Jahr umsonst einkaufen zu können.

Gerade im Fall von Frau Brandt ist diese traditionsbewußte Sparsamkeit und Bescheidenheit bemerkenswert. Sie hält daran fest, obgleich ihr Mann eine bedeutende Figur der regionalen Politikszene wird und ihre Söhne einen erstaunlichen Bildungsaufstieg machen. Bescheidenheit *und* Ambition scheinen für die RepräsentantInnen des Protagonistentypus charakteristisch zu sein.

Leitende, verantwortungsvolle Tätigkeiten in- und außerhalb des Betriebes

> *außerdem hat ich aber - die Aufgabe bekommen -*
> *für Wohnungen - im Betrieb - zu sorgen*[28]

Während *Artur* Boranski, um die Wichtigkeit seiner Tätigkeit im Betrieb zu verdeutlichen, gesondert in einer Hintergrundkonstruktion über seine Aufgabe als »Wohnagent der Werft« berichtet, erwähnt Feldmann nur en passant seine immerhin 17jährige Betriebsratsmitgliedschaft.

> *Nebenbei - muß ich noch sagen*
> *bin ich äh - rund 17 Jahre im Betriebsrat gewesen*
> *mit Gustav Brandt zusammen*
> *als Betriebsratsvorsitzender*
> *der ja auch Fraktionsführer der SPD in der Bürgerschaft war*
> *I: mh*
> *E: und=e - weiter bin ich äh auch über Jahrzehnte*
> *Vertreter in der Vertreterversammlung -*
> *der ne ne Krankenkasse*
> *unser Betriebskrankenkasse tätig gewesen*
> *und auf auch äh - einige viele einige Jahre*
> *äh ne also ne Vorsitzender stellvertretender Vorsitzender*
> *des Vorstandes dieser - Betriebskrankenkasse -*
> *ja auch auch Vertreter für die Werft in der ne ne Landes_äh*

---

28 Interview mit Artur Boranski, Transkript.

*ne fach der - /ah ((seufzt))/ - ne
des Landesverbandes der Betriebskranken gewesen und so weiter*[29]

Die beiläufige Einführung der Betriebsratstätigkeit bedeutet in Feldmanns Fall weder zurückhaltende Bescheidenheit noch eine Entwertung seiner Vertreterfunktionen. Sie soll vielmehr deutlich machen, daß sie der Hintergrund, vielleicht die Basis einer erfolgreichen Karriere als *Multifunktionär* in der Ära des Betriebsratsvorsitzenden Brandt gewesen ist. Feldmann ist Experte für das Krankenversicherungswesen der Werft, was ihn auch regional und auf Landesebene funktional vernetzt und ihm weit über das Milieu hinaus Einfluß und Anerkennung einbringt. An Feldmanns Aktivitäten ähnlich wie an Brandts persönlichem und politischem Engagement läßt sich ein Prozeß der Institutionalisierung, fast der »Etatisierung«[30] vitaler Interessen der Arbeiterschaft plausibel machen, der gewiß auch Auswirkungen auf das Milieu hat.

*also seit äh - 1985 bin ich erster Vorsitzender
des Bürgervereins der Westlichen Vorstadt
I: mhm
E: auch=e der damalige erste Vorsitzende
starb äh 85 im Januar und ähm ähm
durch mein äh viele Leute hier im Westen kennen mich
und weil ich auch äh mich politisch immer n bißchen äh äh
betätige und also un_wiederum n altes SPD-Mitglied bin
äh seit 1957 - durch Brandt aufgenommen damals aufer Werft
und überhaupt unsere Familie war immer in dieser Richtung
äh is in dieser Richtung immer gelaufen -
ne und ich mich immer auch für kommunalpolitische Dinge
immer interessiert habe und -
auch immer hier
früher auch schon
ganz kurz bin ich auch mal im Beirat tätig gewesen -
hab das aber aufgegeben weil äh -
diese Sitzungen und so weiter
immer bis sehr spät abends gingen*[31]

---

29 Interview mit Hans Feldmann, Transkript.
30 Vgl. dazu ausführlich noch einmal Kapitel 5; außerdem Kapitel 13.
31 Interview mit Hans Feldmann, Transkript.

Feldmanns Funktionen außerhalb des Milieus vergrößern freilich auch seine Attraktivität für Ämter auf lokaler Ebene. Daß er seinen Vorsitz im *Bürgerverein* dabei vordringlich erwähnt und seine Wahl mit dem Einfluß in der lokalen SPD begründet, liegt in dem angedeuteten »Etatisierungstrend«. Vom Arbeiter zum »Bürger«, vom Betriebsrat zum Bürgervereinsvorsitzenden vollzieht sich ein Prozeß der Integration und »Normalisierung« der Arbeiterklasse. Diese Entwicklung hat allerdings Auswirkungen auf das Milieu. Die Außenorientierung führt naturgemäß zu Erosionserscheinungen.

Soziale Vernetzung, die auch über das Arbeitermilieu hinausgeht

> und gleichzeitig mit der damaligen GEWOBA -
> und der BREBAU hatten wir dann Verhandlungen geführt
> und die sehr - freundschaftlich - zustande kamen[32]

Boranski macht mit seinen knappen Hinweisen deutlich, daß die innerbetriebliche Wohnungspolitik längst die Grenzen des Betriebsmilieus überschritten hat und - schon im landespolitischen Interesse - in die regionale Wohnungsbaupolitik übergeht. Das stärkt selbstverständlich seine Position und macht ihn zu einem wichtigen Verhandlungspartner. Auch Gustav Brandts Beziehungen gehen durch seine Tätigkeit als Betriebsratsvorsitzender über das Arbeitermilieu hinaus:

> und da kam - Pfeiffenberg mit Schleswig-
> un - dann hat er -
> die sich über die Werft unterhalten -
> und da hatte der Pfeiffenberg zu ihm gesagt
> »Hörn sie mehr kann ich ihnen nich erzählen
> wenn se mehr wissen wollen
> gehn se zu Herrn Brandt den Betriebsratsvorsitzenden
> da werdn se alles gewahr«
> Und denn hab ich mich ja auch zwei Mal mit den getroffen

---

32 Interview mit Artur Boranski, Transkript.

das wurde (...)
einmal in Frankfurt und einmal in Hamburg glaub ich
ja is egal -
und das war so so n großer Kerl
so und nun fing er an -
und nach ner Weile merkte er
daß da so n Kleiner is -
/an den er immer nich vorbeikommt ((hebt die Stimme))/ -
da k_sag ich dir da was zu meiner Grundeinstellung (...)
und - da hat er versucht über mein Stellvertreter
mich son büschen -
I: an die Seite zu drängen
E: anne Seite zu drängen[33]

Gustav Brandt hat Kontakt zu den Vorstandsvorsitzenden der AG »Weser« und gilt aus deren Sicht als geschätzter »Insider«. Freilich, die ersten Treffen mit dem späteren Vorstandsvorsitzenden werden von Brandt symbolisch reinszeniert. Der körperlich große Kapitalvertreter ignoriert zunächst den kleinen Betriebsratsvorsitzenden (*»an dem er immer nich vorbeikommt«*). Aber die Strategie des imposanten Vorstandsvertreters, ihn *»son büschen (...) anne Seite zu drängen«*, schlägt offensichtlich fehl. Die Metapher von David und Goliath drängt sich auf: der kleine Clevere, der noch dazu die »kleinen Leute« vertritt, hat wenig Respekt vor dem *»großen Kerl«* und bleibt in letzter Instanz erfolgreich.

Gustav Brandts Funktionärskarriere ist ein Paradebeispiel für eine »Drehpunktexistenz« zwischen lebensweltlichem Engagement im Arbeitermilieu und funktionalen Aktivitäten auf staatlicher, organisatorischer und politischer Ebene jenseits des Milieus. Auch Boranski und Feldmann bekleiden durch ihre Expertenfunktionen eine Fülle von Aufgaben jenseits des Milieus. Als »Protagonisten« übernehmen sie *Stellvertreterrollen*, die einerseits die Lebensbedingungen im Milieu zu stabilisieren und zu verbessern helfen, andererseits jedoch auch die Rahmenbedingungen des Milieus als klassisches Gegenmilieu bedrohen.

---

33 Interview mit Ehepaar Brandt. E: Gustav Brandt.

Im Gegensatz zu Feldmann sieht beispielsweise Frau Brandt die privaten Kontakte bzw. den Zusammenhalt innerhalb des Milieus in Auflösung begriffen:

> I: *Sag mal noch mal so zu Deiner zu der Zeit wo ne -*
> *in Oststadt gabs sowas wie oder auch hier sowas wie eben - unter*
> *den AG-Weser Leuten so ne Zusammengehörigkeit*
> *auch so der der Frauen so n AG-Weser Gefühl - mehr wir Familie*
> *oder so?*
> E: *Nee überhaupt nich*
> I: *Ach sieh da - hab ich immer gedacht*
> E: *überhaupt nich*
> *und da hab hab ich mal zu Gustav gesagt ich sach*
> *»eigentlich is das ja schade - daß - da kein Zusammenhang war*
> *[...]*
> *aber auch jetzt und das tut mir irgendwie für Gustav so leid -*
> */von seinen Kollegen kommt keiner -*
> *und das tut mir irgendwie leid ((in leisem, verbittertem Tonfall))/*
> I: *ja*
> E: *nech?*[34]

Frau Brandt mag aus verschiedenen Gründen eine gewisse Distanz zum »Kernmilieu« entwickelt haben: Es hat ihren Mann während seiner aktiven Berufs- und Funktionärszeit praktisch der Familie entzogen. Für ihre Söhne entwirft sie daher andere Perspektiven. Aber diese Distanz ermöglicht ihr u.U. auch einen schärferen Blick auf die Wandlungen des Milieus, den der »Arbeitermythos« Gustav Brandts gewiß verstellt (s.o.). Der häufig beschworene »Zusammenhang« scheint weder für die Vergangenheit noch vollends heute den Tatsachen zu entsprechen: »*und das tut mir irgendwie für Gustav so leid - von seinen Kollegen kommt keiner ...*« Für Auflösungserscheinungen gibt es also biographisch relevante Symptome.

Dieser Beobachtung widerspricht durchaus nicht die erstaunliche lokale Immobilität vieler Belegschaftsmitglieder:

> *wir wohn ja nun 40 Jahr 41 Jahre jetzt hier inner*
> *Dokaustraße 16*[35]

---

34 Interview mit Ehepaar Brandt, Transkript. E: Gertrud Brandt.

Feldmann lebt mit seiner Familie seit 41 Jahren in der Dokaustraße in Südstadt. Dieser Zeitraum ist aber keineswegs überdurchschnittlich lang. Die Seßhaftigkeit ist bei vielen Werftarbeitern und ihren Frauen enorm groß.

> *Ja also ich bin - nachdem ich ausm Kriege gekommen bin*
> *un meine Frau wieder - aus=e Evakuierung zurückgekommen sind*
> *mit den Kindern -*
> *hat ich in Oststadt*
> *hatten meine Eltern - ein Haus mit Grundstück*
> *und da hab ich dieses Grundstück -*
> *bekommen von meine Eltern*
> *und da hab ich dann - gebaut - selbst gebaut -*[36]

Auch Boranski lebt mit seiner Familie seit Kriegsende in Oststadt (s.o.). Er baut ein Haus auf dem Grundstück seiner Eltern. Boranski verhält sich wie viele andere Werftarbeiter, er bleibt in dem Quartier wohnen, in dem er auch groß geworden ist.

Die Immobilität hat freilich noch eine andere Seite. Die ökonomische und soziale Stabilisierung des Milieus, die erst in den späten 1950er Jahren wirklich spürbar wird, zwingt nicht zur Suche nach räumlichen Alternativen. Sie garantiert eine Periode der sozialen Stabilität, die über drei Dekaden andauert und erst von der Werftschließung 1983 beendet wird. Diese Stabilitätsphase ist jedoch auch von Auflösungs- und Individualisierungserfahrungen begleitet und nicht per se ein Indikator für die Persistenz des Bremer Arbeitermilieus. Diese Tendenz zeigt sich durchaus auch bei den Perspektiven der »Protagonisten« für ihre Nachfolgegeneration.

Verhaltene Aufstiegsaspirationen für die Kinder

Während Boranski für seine Kinder nur geringe Aufstiegserwartungen hegt (s.o.) und Töchter und Sohn allenfalls den begrenzten sozialen Aufstieg vom Arbeitermilieu in das Milieu der kleinen Ange-

---

35 Interview mit Hans Feldmann, Transkript.
36 Interview mit Artur Boranski, Transkript.

stellten gemacht haben, deuten sich bei Feldmanns Kindern markantere Aufstiegstendenzen an:

> Ja die Kinder die Kinder also unser unser Tochter is äh -
> hier 19 äh 55 geboren -
> im großen Krankenhaus -
> is 55 also wir habn ja 54 geheiratet
> und=e wir habn Ende August geheiratet
> und die Tochter is geboren am 16. Juni - äh 55
> I: mh
> E: die Tochter is hier in Südstadt zur Schule gegangen -
> und=e hat dann ne - ne Ausbildung als=e Sozialpädago_gogin
> äh angetreten - ne is hier ne zur äh am am Seemannsplatz
> is da diese ach ich komm nich auf diese Schule da
> für Sozialpädagogik hat sie besucht
> und dann=e is sie äh - hat sie dann ja ihren Lebenspartner
> also ihren Ehemann die habn sich ja schon
> durch Tanzschule habn die sich kennengelernt -
> und der äh der ne ne unser Schwiegersohn
> der hat ja ne ne ne Zahnarztstudium absolviert äh in Werne
> I: mhm
> an der W_ Uni äh Zahn äh äh klinik
> neue Zahnklinik war das damals -
> äh und da is unsere Tochter ja auch nach Werne gegangen
> und da die hat dann ihren Abschluß da gemacht
> als=e äh ne Diplomsozialpädagogin -
> und der Schwiegersohn hat sein Zahnarzt äh diplom
> da_dort gemacht nech wahr?[37]

Feldmanns Tochter wird 1955 geboren - im »angemessenen« Abstand zum Hochzeitstermin, was er exakt rekonstruiert. Seiner Darstellung ist zu entnehmen, daß sie nach der Schule eine Erzieherinnenausbildung und im Anschluß ein Fachhochschulstudium in Sozialpädagogik gemacht hat. Diese Ausbildung scheint freilich aus Feldmanns Sicht den sozialen Aufstieg nur zu »rahmen«. Ihre eigentliche Karriere besteht darin, daß sie ihre Tanzstundenliebe, einen späteren Zahnarzt, heiratet. Feldmann liegt allerdings daran, zumindest die »Bildungsparität« von Tochter und Schwiegersohn zu

---

37 Interview mit Hans Feldmann, Transkript.

betonen: »... *die hat dann ihren Abschluß da gemacht als=e äh ne Diplomsozialpädagogin - und der Schwiegersohn hat sein Zahnarzt äh diplom da_dort gemacht* ...« Was immer »Diplom« in diesem Kontext bedeutet, es weist darauf hin, daß Feldmanns Tochter ihrem Zahnarzt eine angemessene Partnerin ist. - Auch Feldmanns Sohn macht einen bemerkenswerten sozialen Aufstieg:

> *ja äh und der Sohn unser Sohn der is äh mh*
> *der is 59 geboren -*
> *äh is hier Schule anner äh Zeppelinstraße gewesen -*
> *is anner Xaverstraße gewesen*
> *hat Mittlere Reife gemacht*
> *is denn noch ne Zeit anner N-stra_Neuriedstraße gegangen*
> *I: mhm*
> *E: und der is inner Aus_Berufsausbildung hat er dann auch*
> *als Betriebselektriker ne und Anlagenelektriker gemacht bei Klöckner*
> *-*
> *ich hätte ihn damals auffer Werft unterbringen können*
> *aber das wollte ich nich*
> *dann hätte man gesagt »Sieh das is ne Pulek_Protektion*
> *I: mhm*
> *E: nech?«*
> *Aber der - der macht hat sich auch gut entwickelt*
> *[...]*
> *der hat jedenfalls seine Lehre da abgeschlossen*
> *und so weiter -*
> *[...]*
> *er hat dann noch ne kaufmännische Lehre nachgemacht*
> *nach dieser Berufsausbildung in unserer Fachrichtung als Elektriker*
> *und so weiter*
> *hat er ne kaufmännische Lehre gemacht*
> *hat die Prüfung dafür bestanden und hat auch äh ne*
> *eine ne ne noch eine Prüfung gemacht*
> *äh um äh also Lehrlinge auszubilden und so weiter nech wahr*
> *äh und der und denn is er in in der Firma Meyer da in Randstadt*
> *is er als Geschäftsführer tätig gewesen -*
> *ungefähr tja - acht Jahre -*
> *acht Jahre glaub ich ungefähr is das gewesen*
> *und - dann hat er - hat er sich verändert -*
> *und is heute bei der Firma*

> *äh Sonnenhut in Uferstadt*
> I: *mhm*
> E: *Sonnenhut Uferstadt - da is er jetzt ja auch schon wieder -*
> *sieben Jahre is er da ja auch schon wieder glaub ich jetzt sieben*
> *ne jedenfalls hat die die Firma die=e äh hat ihn dann äh eingesetzt*
> *in ne da hat er den ganzen - Markt aufgebaut für Sonnenhut*
> *zwischen Luisenstadt und Neutlingen*[38]

Zunächst setzt Feldmanns Sohn nach der Mittleren Reife die Berufstradition seines Vaters fort und macht eine Berufsausbildung als Betriebselektriker bei Großbau. Er macht die Lehre nicht bei der AG »Weser«, weil der Vater vermutet, daß das nach Protektion aussehen könnte. Interessanterweise sagt Feldmann, daß sich sein Sohn »aber« auch gut entwickelt hat. Hiermit leitet er offensichtlich die Weiterqualifikationen seines Sohnes nach der abgeschlossenen Lehre zum Elektriker ein. Für Feldmann scheint eine gute Entwicklung zu implizieren, daß der Sohn einen sozialen Aufstieg macht. Der Sohn macht im Anschluß an seine handwerkliche noch eine kaufmännische Lehre und hiermit einen Aufstieg ins Angestelltenmilieu. Darüber hinaus legt er eine Ausbilderprüfung ab. Man könnte von einer Kumulation von Qualifikationen sprechen. Sein Aufstieg erfolgt in vielen kleinen Schritten, zeugt aber von einer immensen Aufstiegsenergie. Beruflich nimmt Feldmanns Sohn ebenso wie sein Vater leitende Positionen ein, er ist zunächst über acht Jahre Geschäftsleiter bei einer Firma in Randstadt, danach übernimmt er das Management bei einer Firma in Uferstadt und baut den Markt für diese Firma zwischen Luisenstadt und Neutlingen auf. Bei dieser Firma arbeitet er bereits seit sieben Jahren.

Die bemerkenswertesten sozialen Aufstiege machen die Söhne der Familie Brandt. Eine entscheidende Mitbeteiligung an diesen Aufstiegen trägt Frau Brandt:[39]

> I: *Wann sind die Kinder geboren?*
> E: *Der Älteste is 49 geboren - im Juni*
> *und der Jüngste is im August 55 geboren*

---

38 Interview mit Hans Feldmann, Transkript.
39 Vgl. dazu ausführlich Kapitel 6.

> *I: mhm*
> *E: und äh da bin ich ganz ehrlich -*
> *das wissen die Kinder auch*
> *das gebn sie ja auch zu -*
> *ich war streng -*
> *[...]*
> *ich weiß nich ob das für mich n schlechtes Zeugnis is*
> *aber - äh ich hab immer gesagt*
> *»Sie sollen was werden« Und äh -*
> *ich war - Klassensprecherin -*
> *in der Grundschule -*
> *ich war Klassensprecherin im Gymnasium -*
> *und äh - ja da hab ich mich -*
> *da hab ich mich eigentlich durchgesetzt*[40]

Es wirkt fast wie ein Geständnis, wenn Frau Brandt im Interview bekundet, daß sie *»streng«* war in der Erziehung der Kinder. In einer anderen Interviewstelle wird deutlich, daß sie sich der Kritik der Verwandtschaft stellen mußte aufgrund ihrer Strenge. Dies scheint der Anlaß zu sein, ihr Verhalten selbst in Frage zu stellen: *»ich weiß nich ob das für mich n schlechtes Zeugnis is«*. Gleichwohl verfolgt sie zielstrebig ihre Bildungsambitionen für die Söhne: *»Sie sollen was werden«*. Frau Brandt investiert viel Zeit und Energie in die Schullaufbahn ihrer Kinder. Sie ist *»Klassensprecherin«* (gemeint ist wohl: *»Elternsprecherin«*) in der Grundschule und im Gymnasium der Kinder und setzt sich dort durch. Sie übernimmt im familialen Bereich also auch nach außen hin Funktionen, die ihr Mann im beruflichen und politischen Bereich innehat.

> *Die [Söhne] sind beide hier in ne -*
> *äh in Weststadt zur Schule gegangen*
> *I: Ach so - ja dann wart ihr ja 55 schon hier ja ja klar -*
> *ach in Weststadt gar nich in Nordstadt*
> *E: sind beide in Weststadt zur Schule gegangen - nech?*
> *I: Und du sagtest vorhin »Ich wollte gern daß die was werden« - Die Jungs*
> *E: /Ja ((betont))/ ich wollte - daß sie -*

---

40 Interview mit Ehepaar Brandt. E: Gertrud Brandt.

> *naja Gott daß sie was werden nich aber*
> *äh - ich hab immer aufgepaßt -*
> *daß sie gelernt habn -*
> *und sie habn gelernt*
> *I: mhm - wolltest du von vornherein daß sie aufs Gymnasium gehn?*
> *Wolltest du das ganz gern - ja will man ja nech - ja*
> *E: Ich hätte - ich hätte das gerne gewollt natürlich*
> *und ich habn auch immer aufgepaßt -*
> *daß sie wirklich gelernt habn*
> *und sie habn gelernt alle beide*
> *[...]*
> *[...]*
> *I: Und habn da irgendwie weil du sagtest*
> *ausgerechnet die SPD hat das ja eingeführt*
> *mit der 6 jährigen Grundschule*
> *und und ihr habt euch nich dran gehalten - andere auch nich*
> *E: /nein - nein ((in forschem Tonfall))/*
> *das will ich dir sagen - äh -*
> *die warn - beide begabt -*
> *und - da hab ich gesagt -*
> *ich kann doch meine Kinder nich -*
> *da zur Schule schicken -*
> *die da praktisch das alles - können -*
> *also das sah ich nich ein -*
> *und da gab das die Möglichkeit -*
> *daß sie die Prüfung machen konnten -*
> *und da bin ich natürlich hingegangen*
> *und=e - naja ich hab n - ja wenn weißt de ja*
> *wenn Gustav nie da war*
> *ich hab ja alles gemacht nech?*[41]

Frau Brandts Ambitionen sind unbestreitbar prätentiös: Die Zeit und die Konsequenz, die sie aufwendet, um den Bildungsaufstieg ihrer Söhne zu ermöglichen, ist bemerkenswert. Dabei durchbricht sie bewußt eine regional hart umkämpfte bildungspolitische Zielsetzung ihrer Partei, die sechsjährige Grundschule: »*ich kann doch meine Kinder nich - da zur Schule schicken - die da praktisch das alles - können - also das sah ich nich ein*«. Sie ist sich dieses »Sakrilegs« durchaus be-

---

41 Interview mit Ehepaar Brandt, Transkript. E: Gertrud Brandt.

wußt, denn sie erinnert an dieser Stelle ihren Mann als politische »Instanz«, verweist freilich zugleich auf seine ständige Abwesenheit und das damit erworbene »Recht«, selber zu entscheiden.

Diese Autonomie, die Frau Brandt sowohl ihrem Mann als auch der SPD gegenüber praktiziert, deren aktives Mitglied sie im übrigen ist, weist nicht nur auf ausgeprägte Bildungsaspirationen für ihre Söhne, die später beide erfolgreiche Juristen werden, sondern auch auf eine erstaunlich moderne Partnerschaftsbeziehung. Erfolgreiche Bildungsaufstiege der Kinder setzen in aller Regel großes Engagement der Mutter voraus. Davon ist beispielsweise bei Boranski oder Feldmann weniger die Rede. Aber Frau Brandts Engagement hat einen sozialen Kontext: Erinnern wir uns an ihre arbeitertraditionsverbundene Sparsamkeit. Die scheint mit den Bildungsambitionen für ihre Söhne durchaus vereinbar zu sein. Damit dokumentiert sie noch einmal exemplarisch die spannungsreichen Strebungen, die für den Protagonistentypus charakteristisch zu sein scheinen: die hohe Identität mit dem Milieu und seiner Tradition einerseits und die bildungs- und qualifikationsbezogenen Ambitionen für eine soziale Veränderung und Verbesserung der Milieusituation andererseits. Gerade die zweite Disposition läßt freilich das Milieu nicht unberührt und bewirkt einen schleichenden Wandel, dessen ungewollte Begleiterscheinungen als beginnende Auflösungstendenzen gelesen werden können.

2. Die »Integrierten«

Ankerfall: Werner Hitzacker

Biographisches Porträt. Werner Hitzacker wird 1937 in Bremen als Sohn eines AG »Weser«-Arbeiters geboren. Er hat zwei jüngere Geschwister. Die Mutter lebt mit den Kindern wegen der Bombenangriffe auf Bremen von 1943 bis 1954 im Südharz, der Heimat ihres Mannes. Hitzacker geht dort ein Jahr länger als üblich zur Schule, weil er keine Lehrstelle bekommt. Der Vater kehrt 1947 aus der Gefangenschaft zurück, und die Familie zieht anfang der 1950er Jahre wieder nach Bremen. Werner Hitzacker bleibt allein im Südharz und macht von 1953 bis 1956 eine »*ungeliebte*« Lehre als Bergmann in Ruhrort, weil es sonst keine Lehrstellen gibt, im Bergbau aber dringend Leute gesucht werden und seine Eltern nicht wollen, daß er »*auf der Straße rumlungert*«.

1956 zieht Hitzacker zu seiner Familie nach Bremen, kommt nach einigen Schwierigkeiten bei der AG »Weser« unter, wo sein Vater inzwischen auch wieder Arbeit gefunden hat, macht dort eine Umschulung zum Schweißer und arbeitet dann 14 Jahre bei der AGW als Schweißer. Die Anfangszeit auf der Werft ist für ihn »*schon hart*«, weil die Wochenarbeitszeit hoch ist, er darüber hinaus viele Überstunden macht und immer der Witterung ausgesetzt ist. Trotzdem bleibt er auf der Werft und bilanziert: »*wer da so drei bis fünf Jahre überwunden hat der is auch nich weggegangen*«. Hitzacker ist engagierter Gewerkschafter und wird mit 21 Jahren zum Vertrauensmann gewählt. Er steht in dieser Zeit in engem Kontakt zu den Mitgliedern der Gewerkschaft. 1957 tritt er der SPD bei und ist gleichzeitig aktiv in der Partei-Betriebsgruppe - wie schon sein Vater. In diesem Zeitraum heiratet er, zwei Söhne werden geboren. Ihre Freizeit verbringt die junge Familie Hitzacker ab 1966 auf einer Parzelle.

Seit 1966 ist Werner Hitzacker Mitglied des Betriebsrats im Akkord-, später im Prämienausschuß. Er übernimmt dadurch eine wichtige Position im Betrieb und wertet es selber als »*eigenartig*«, daß er als Angelernter mit geringem innerbetrieblichem Prestige in der Funktion als Betriebsrat sogar die Schiffbauer vertritt, die erstaunlicherweise »*keine Bedeutung*« hatten. 1970 bis 1976 macht Hitzacker einen Aufstieg - als »*Meister*« - zum Verbindungsmann zwischen Betrieb und Personalbüro, über den er im Interview völlig unprätentiös und sehr zurückhaltend berichtet. Er ist in dieser Position zuständig für die Abwicklung der Personalangelegenheiten im Schiffbau. Diese Arbeit verrichtet Werner Hitzacker bis Juni 1984.

Unter dem Konkurs der AG »Weser« leidet Hitzacker sehr. Er wird arbeitslos und für längere Zeit krank, die »*Nerven*«, wie seine Frau es beschreibt. Sein Gesundheitszustand bessert sich erst zu dem Zeitpunkt, als er eine neue Anstellung in einer Parkgarage findet und die Probezeit überstanden hat. Nachwirkungen sind allerdings auch heute noch zu spüren, wie seine Frau später in ihrem Interview erzählt. Der berufliche Wechsel Hitzackers bedeutet subjektiv - vom Selbstwertgefühl her - und objektiv - vom Finanziellen her - einen erheblichen Abstieg. Man könnte pointiert sagen, daß der Untergang der AG »Weser« aus ihm einen gebrochenen Mann gemacht hat, der beim Erzählen von alten AGW-Zeiten geradezu auflebt. Bei der Bewältigung seines Alltags spielen die Energie, der Lebensmut und die liebevolle Fürsorge seiner Frau eine große Rolle.

Kernstellen. In den folgenden vier Schlüsselpassagen des Interviews sollen die entscheidenden Kategorien, die den Integriertentypus kennzeichnen, herausgearbeitet werden. Im Anschluß werden diese Kategorien durch *dokumentierende Interpretationsprozesse* an parallelen Interviews überprüft und entfaltet.

I
I: Warn Sie auch in der Gewerkschaft aktiv?
E: Ja ich war mit=e.
Ja .. ungefähr kann man sagen
mit=e 20 21 21 so wurde ich Vertrauensmann.
I: So jung?
E: Hmmm und denn wurde ja noch eh kassiert jede Woche.
Da war der Kontakt auch zwischen Gewerkschaften
also Gewerkschaft und Mitgliedern der war ja noch da nech.
Wir gingen je_ da gabs ja jede Woche Geld.
Wir gingen einmal in der Mittagspause denn
in der Woche einmal durch
durch die Abteilung die man hatte.
Und denn hat man kassiert.
Hat die Zeitung verteilt ja.
Und=e so und der Kontakt der war noch da.
Und wir hatten ja auch n den Vertrauenskörpergremium
was sehr stark war ja.
Ohne dem spielte sich gar nichts ab.
Das da irgendwie Betriebsrat
also Betriebsratswahl der Betriebsrat aufgestellt worden is.
Ohne dem Vertrauenskörpergremium spielte sich gar nix ab gar nix.
Da wurde das entschieden wer
eh eh eh auf die Liste kommt
auf welche Stelle er kommt usw. und so fort

> *in diesem Gremium.*
> *Und das=e doch das muß man schon sagen*
> *die sind schon ne Macht.*[42]

In diesem Segment wird deutlich, daß die Interaktion und Kommunikation, die Hitzacker in seiner Funktion als Vertrauensmann der Gewerkschaft pflegt, identitätsstiftend ist. Die alltäglichen face-to-face Kontakte, die in diesem Segment anhand der wöchentlichen Erhebung der Mitgliedsbeiträge für die Gewerkschaft beschrieben werden (»*Wir gingen einmal in der Mittagspause (...) durch die Abteilung die man hatte*«), waren allerdings nicht nur für Hitzackers Identität, sondern offensichtlich auch für die Erhaltung des Kernmilieus relevant. Daß die Art und Häufigkeit dieser Kontakte später zurückgehen, wird implizit an dem eingeschobenen »*noch*« erkennbar, das Hitzacker bei der Beschreibung der »damaligen« Situation gebraucht (»*wurde ja noch eh kassiert jede Woche ... war der Kontakt ... der war ja noch da nech*«). In der Erinnerung steckt also schon ein Stück Bilanz. Das hintergründige »*noch*« verrät eine entromantisierende Antizipation der Folgeentwicklung: Später wird der unmittelbare Kontakt eingeschränkt werden, Instanzen treten an die Stelle der face-to-face-Kommunikation.

Konsequent führt Hitzacker an dieser Stelle das Vertrauensleutegremium in den Erinnerungsfluß ein - die »basisnächste« Instanz, wenn man so will. Seine Mitgliedschaft in diesem Gremium läßt sich nur implizit erschließen, da das Segment mit dem Hinweis auf seine frühe Wahl zum Vertrauensmann beginnt. Es ist typisch für H.s Erzählweise, daß er beinahe im gesamten Interview die »Ichform« vermeidet, also von sich selbst als Akteur absieht, und stattdessen eine kollektivierende Redeweise (häufig das »*wir*«) bevorzugt, das auf ein intaktes Zusammengehörigkeitsempfinden im Milieu deutet (»*Und wir hatten ja auch n den Vertrauenskörpergremium*«). Das »wir-Gefühl« liegt offenbar auf der Ebene des »praktischen Bewußtseins« *(Anthony Giddens)*, denn Werner Hitzacker reflektiert diesen »wir«-Begriff nicht im Interview. Folgerichtig hebt er auch nicht seinen persönlichen Einfluß als Mitglied der Vertrauensleuteversammlung,

---

42 Interview mit Werner Hitzacker, Transkript.

sondern die kollektive Machtposition des Gremiums zumal in bezug auf die Betriebsratswahlen hervor. Allerdings bleibt der versteckte Stolz auf die »*Macht*« der Basisinstanz gebrochen. In seiner Erinnerung distanziert er sich unbewußt: »*die sind schon ne Macht*«. Das kollektive Wir ist durch ein »*die*« ersetzt worden - auch dies ein Symptom für die Verschiebung des Akteurgefühls von der Unmittelbarkeit der Alltagskommunikation hin zur Organisation, zur Instanz.

II
Hmm da wurde auch das Geld ausgezahlt.
Da gabs ja noch kein Konto.
Das war ja noch nich.
I: Wann wurde das denn so eingeführt? In den 60ern?
E: Ja 60er ja ja.
Ich war schon im Betriebsrat da wurde das eingeführt.
I: Fanden Sie das besser oder fanden Sie das wöchentliche
Auszahlen bar auf die Hand besser?
E: Ach so das lief sich ja ab
wöchentliche Auszahlen.
Denn kam die monatliche Auszahlung im Betrieb ja
die wurde denn im Betrieb gemacht.
Und der Meister mit seinen ganzen
von seinen ganzen Leuten die ganzen Lohntüten da
und mußte die denn auszahlen.
Und war jedes Mal fix und fertig.
Na ja die hatten Angst
daß da eh nech irgendwas passiert und so weiter nech
ja ich mein klar eh ich fand das ganz gut auch=e
die die Sparkasse und denn.
Die Sparkasse hat uns denn eingeladen und so und denn.
Hat uns das denn schmackhaft gemacht als Betriebsräte und=e nech
wollt uns das schmackhaft machen
damit=e da mußte ja der Betriebsrat auch zustimmen und so weiter.
Und=e na ja kosten tats ja nix für uns nech.
Das war ja klar.
Das hat ja nich lange gedauert
wie wir unsere Konten alle hatten
denn kamen die ersten nech ja.
Und=e ja wir hatten auch welche

> die=e ließen sich ihr Geld nich auf n Konto überweisen.
> I: Ach das war noch freiwillig? Konnten (...)
> E: Ja die ja ja das war freiwillig nech
> mußten se jeden Monat den Lohn so auszahlen ja.
> Na ja was ich sagen wollte krieg ich schon ne ne
> und denn spielte sich ja auch eh denn=e beim Lohntag
> viel draußen auch ab nech.
> Kneipen warn ja ringsum Kneipen
> I: Bernd Sänger?
> E: Bernd Sänger nech.
> Ja und denn so weiter.
> Der hat denn morgens wenn Nachtschicht war
> denn ne hatten die ja um fünf Feierabend
> denn stand er er hat n riesen Tresen da gehabt.
> Denn stand der ganze Tresen schon eingeschenkt
> mit Gläsern Halbe Liter.
> Halbvollso
> dann kamen die Leute ja reingestürmt.
> Er brauchte nur immer nachschenken nech.
> Ging das ja ruck zuck nech
> I: hmmm
> E: denn=e standen denn Frauen draußen
> und warten denn auf ihre Männer
> kannten wir sie ja auch schon
> und »Ihr Mann der is schon weg.
> Der hat schon zwei Stunden eher Feierabend gemacht.«
> Da machten se denn zwei Stunden eher Feierabend
> bloß damit se den Frauen nich in die Hände fielen.
> I: Hmm
> E: Ja doch da spielte sich doch allerhand ab da draußen

Werner Hitzacker will in diesem Segment offensichtlich über eine Milieueigenart erzählen, wird aber von der Interviewerin unterbrochen. Sie fragt ihn nach seiner Einschätzung über den neue Lohnauszahlungsmodus (Überweisung statt direkte Auszahlung). Er bezieht hierzu keine klare Position, sondern gibt eine ausweichende Antwort (»Ach so das lief sich ja ab wöchentliche Auszahlen«), und es wirkt deshalb so, als ob Hitzacker damals nicht als Akteur für oder gegen das neue System agiert hätte. Durch seine nachfolgenden Erläuterungen wird jedoch deutlich, daß auch der veränderte Auszahlungsmodus einen Modernisierungsprozeß nach sich zieht, der das Milieu verändern wird. Dabei sieht Hitzacker durchaus die Vorteile, die die Einführung des neuen Lohnzahlungssystems mit sich bringt (Entlastung der Meister, Kostenfreiheit der Konten), aber er steht nicht voll hinter der monatlichen Zahlung auf das Konto (*»ja...ich mein klar eh ich fand das ganz gut auch=e...«*), obwohl die Sparkasse es ihm bzw. dem Betriebsrat insgesamt *»schmackhaft gemacht«* hat. Hitzacker antizipiert erneut, was er in einem nachfolgenden Segment explizit erläutert, nämlich den Zerfall des außerbetrieblichen Milieus[43].

Implizit wird dies durch den beinahe romantisierenden Charakter der narrativen Folgesequenz deutlich, in der Hitzacker eine Art »Brauch« beschreibt, der an Zahltagen der Werft in den frühen 1950er Jahren üblich ist: Schon am frühen Morgen war die frequentierte Kneipe gegenüber der Werft auf das Ende der Nachtschicht vorbereitet (*»Dann kamen die Leute ja reingestürmt...«*). Zahltag war Zechtag. Nur die Frauen, die oft die Männer bereits an den Werkto-

---

43 *Na ja und das Leben draußen*
das ging ja denn allmählich so
wie wir denn die eh eh monatliche Zahlung kriegten
dann ging das ja noch erst nicht übers Konto
sondern auf die Lohntüte
und=e damit eh war auch=e so=e
draußen das Leben wurde immer weniger in den Kneipen nech. Ja.
Die Leute kriegten denn kein Geld mehr in die Hände.
Viele hatten denn auch schon n Auto.
Und fuhrn denn nach Hause
weil sie denn ja nich Trinken konnten.
Und damit war denn
ham zusammen gearbeitet
Feierabend aus Ende.
Nich mal mehr getroffen in der Kneipe nech
und so nich n Glas Bier getrunken.
Das war auch alles allmählich wurde das immer weniger.
Das konnte man richtig merken. Richtig merken.
Da machte schon die eine Kneipe dicht
die andere Kneipe dicht und so weiter nech. Ja.
I: Das is ja eigentlich schade nech. In gewisser Weise nech?
E: Ja ja das aber.
Der Zusammenhalt war denn nich mehr da nech.
Das war eigentlich eigentlich schade nech.
Das ganze Milieu so das war alles dadurch zerstört da draußen.

ren abfingen, verhinderten, daß der Lohn »versoffen« wurde. Aber auch dagegen gab es Strategien (»*Da machten se denn zwei Stunden eher Feierabend*«).

Die Modernisierung schreitet voran. Mit den Zahltagen verschwinden die Zechtage, die wegen der zunehmenden Motorisierung ohnedies problematisch geworden sind. Damit zerfällt aber ein klassisches Merkmal des Milieus: der homosoziale (sozusagen »innermännliche«) Klönsnack bei einem Bier nach der Arbeit. Für Werner Hitzacker geht damit etwas verloren, was zum Milieu hinzugehört: »*Der Zusammenhalt war denn nich mehr da nech. Das war eigentlich schade nech. Das ganze Milieu so das war alles zerstört da draußen.*«

IIIa
Und das war auch so ne Story
da hatten wir denn beim Vorstand zusammen gesessen.
Da war das so der Vertrag war fertig.
Nun gings um die Einführung.
Und denn sagt der der=e damalige Vorstandsvorsitzende
der Pahlke sagt »Ja«
Die hatten auch son Bammel überhaupt
ob das klappen würde.
Sie müssen sich vorstellen
das war ne Sache
der Jäger der hat den den Präses vom von ne Arbeitgeberverband rausgeschmissen.
Der mußte raus von de Werft.
Weil die dagegen warn.
Ja natürlich. Die warn dagegen.
Die ham och was warn die dagegen.
Ja der hat ihn rausgeschmissen.
Und denn sagt er
»Ja können wir das so
diese Gruppen jetz so die Harmonisierung
können wir das denn machen?«
»Tja« Ich sach
»Ja klar können wir das machen.
Klar geht das.«
Och da hatt ich aber was gesacht.
»Na ja« sagt der
»Herr Hitzacker wenn sie das meinen

Kapitel 11: Akteurstypologien im AG »Weser«-Milieu

dann machen sie das man«.
»Kriegen sie ne Gruppe.
Sie bekommen ne Stelle«.
Der Betriebsleiter der war ja auch dabei meiner
und denn
»Herr Lankenau geben se dem n Arbeitsplatz
und denn sprechen se darüber
die Leute die er braucht die kriegt er«.
Und denn ham wir das versucht so zu machen.
Und ich weiß nich nach m halben Jahr oder was
oder viertel Jahr
»denn=e kommen wer wieder zusammen.
Und denn=e kann er ja Bericht erstatten«
und denn fertig nech«.
Und denn ham wer das gemacht.
Und denn klappte das auch einigermaßen ganz gut
und na ja daraufhin wurde das denn eingeführt.

In diesem Interviewsegment erinnert Hitzacker, wie an mehreren Stellen im Interview, eine *»Story«* aus der AG »Weser«-Zeit, die er bildhaft, d.h. mit großen narrativen Anteilen und wörtlicher Rede ausschmückt. Es geht in seiner Erzählung um die Einführung des Prämienlohns. Um die Brisanz der Situation bzw. der Entscheidung für das Prämienlohn-System zu verdeutlichen, fügt er in einer Hintergrundkonstruktion ein, daß der damalige Vorstandsvorsitzende den Präses des Arbeitgeberverbandes *»rausgeschmissen«* hatte, weil der Arbeitgeberverband *»natürlich«* gegen das neue, arbeitnehmerfreundliche Lohnsystem war.

Hitzacker tritt nun in der Sitzung mit dem Betriebsrat überzeugt für das neue Lohnsystem ein, obwohl der Vorstand *»Bammel«* hatte, daß es nicht funktioniert. Er ist überzeugt: *»ja klar können wir das machen. Klar geht das«.* Werner Hitzacker übernimmt hier, im Gegensatz zu anderen Stellen im Interview, eindeutig die Rolle des Protagonisten. Ihm wird aufgrund seiner Äußerung die Verantwortung für die Einführung des neuen Systems übertragen. Daß dieser Aufstieg zum Verbindungsmann zwischen Betriebsrat und Personalbüro von ihm freilich nicht intendiert war, läßt sich an seinem Erschrecken über die Konsequenzen ablesen: *»Och da hatt ich aber was gesacht«.*

Er bilanziert allerdings die Leistung, die er mit der Übernahme dieses erfolgreichen Projektes erbracht hat, charakteristischerweise nicht für sich, sondern verschwindet im kollektiven »Wir«: »*Und denn ham wer das gemacht. Und denn klappte das auch einigermaßen ganz gut und na ja daraufhin wurde das denn eingeführt.*« Er wird gleichsam nicht zum Protagonisten, sondern »tritt ins Glied« zurück. Hitzakkers soziale Identität ist auf Integration angelegt. Das bedeutet durchaus nicht Anpassung um jeden Preis. Die präsentierte Episode zeigt, daß er notfalls exponierte Funktionen übernehmen kann, wenn es dem Kollektiv nützt. Aber er münzt diese Initiative niemals zur Selbststilisierung um, sondern deutet sie als notwendigen Schritt des Kollektivs.

IIIb
I: Hmm. Hatten Sie denn so ne wichtige Funktion da im Betriebsrat? Sie, daß Sie da so
E: Ja na ja ich war damals in in=e
in dem Ausschuß mit drin mit dem Akkord
oder nachher im Prämienausschuß nech.
Und=e na ja. Na ja das=e das=e eigenartige war ja
der die Schiffbauer als solches
die hatten eh eh im Betriebsrat und so weiter
keine Bedeutung nech.
Die jetz da gelernt ham und so weiter
die hatten keine Bedeutung.
Die ham sich gar nich irgendwie
um die Sache gekümmert die die=e
gucken Sie mal an
ich als Angelernter hab denn nachher
als Betriebsrat die Schiffbauer mit vertreten nech.
Die hatten keine Bedeutung.
I: Die hatten kein Interesse oder wie meinen Sie keine Bedeutung?
E: Nein also kein Interesse na ja
eben weil sie kein Interesse hatten
hatten sie auch keine Bedeutung nech. Ja
das ham=e das ham das Sagen
innerhalb des Schiffbaus
aus diesen Gruppen Zimmerleute und so weiter
das Sagen im Schiffbau
hatte der Schweißer und der Zimmermann zur damaligen Zeit. Ja.

> I: *Das sollte man gar nich denken nech?*
> E: *Ja soll man sich nich.*
> *Ich sag damals schon auf der AG Weser*
> *»Wie kann das vorstellen daß ihr als Schiffbauer eh*
> *euch von von Schweißer oder von Zimmerleuten was sagen lassen*
> *müßt wie das gemacht wird hier« nech.*
> *Ja so war das.*

Die Zurückhaltung in Hitzackers Selbstpräsentation spielt auch in diesem Segment eine entscheidende Rolle. Er ratifiziert noch einmal seine Mitgliedschaft im Ausschuß für den Akkord- und später für den Prämienlohn. Als *»eigenartig«* evaluiert er die Tatsache, daß die gelernten Schiffbauer im Betriebsrat *»keine Bedeutung«* hatten. Für ihn besteht ein Widerspruch darin, daß die, die *»gelernt ham«*, offensichtlich wenig zu sagen haben. In seiner eigenen Wertehierarchie scheinen die Faktoren »Aufstieg« und »Ausbildung« eng miteinander verwoben zu sein, deshalb ist er auch verwundert darüber, daß er als Angelernter *»denn als Betriebsrat«* die Schiffbauer vertreten muß.

Hieran wird deutlich, daß bei der AG »Weser« zu dieser Zeit betriebliche Aufstiegsprozesse innerhalb und außerhalb des Produktionsprozesses offensichtlich nicht formal geregelt waren. Bei aller Hochwertung von Ausbildungsstandards waren sie als solche keine speziellen Voraussetzungen für »Betriebskarrieren«. Interessant ist freilich auch die bei Hitzacker zu beobachtende »Rückseite« dieser Informalität: Er ist sich seines Aufstiegs und seiner Machtposition durchaus bewußt, bleibt aber außerordentlich bescheiden. Er hat offenbar Respekt vor den gelernten Schiffbauern, zeigt allerdings wenig Verständnis dafür, daß sie sich von den Schweißern und Zimmerleuten erklären lassen, was zu tun ist. Diesen Widerspruch zwischen formaler Fachqualifikation und Einfluß im Betrieb erklärt sich Hitzacker mit mangelndem Interesse auf der Seite der Schiffbauer. Die eigenartige Mischung zwischen Fachkompetenz und erfolgreicher Interessenwahrnehmung scheint für Hitzacker typisch zu sein.

IV

> I: *So jetzt haben Sie mir ganz viel über Ihr Arbeitsleben erzählt und über Ihre Freizeit.*

Wie haben Sie die verbracht? Als junger Mann?
Also 56 ham Sie da angefangen
da waren Sie neun nee
wie alt waren Sie da neunzehn nech?
Neunzehn ja
E: Tja na ja was heißt. Freizeit klar.
I: Was machte man denn da so als junger Mann?
E: Na ja wir ham auch früh geheiratet.
Und denn wie wir hier herzogen.
Na ja denn=e
wann war das 61 63 ist der zweite Junge geboren.
Das muß ungefähr 66 gewesen sein ja 66.
Dann hatt ich das satt hier
immer auf dem Balkon zu sitzen oder zum Werdersee zu fahrn.
Und dann ham wir uns ne Parzelle angeschafft.
I: Hmm hmm
E: So denn hatt ich ne Parzelle.
I: Hier wo denn hier aufm=e Pe_ Pe
I: In Kattenturm aha.
E: In Kattenturm. Jo die Freizeit auch

Während Hitzacker von seinen AG »Weser«-Zeiten durchaus emphatisch berichtet und eine Reihe von Geschichten erinnert, die er bildhaft schildert, sind seine Ausführungen über das Privatleben ausgesprochen zurückhaltend, fast einsilbig. Zweifellos wird deutlich, daß die Freizeit rar war. Das Engagement für den Betrieb nahm einen breiten Raum ein, aber das Zurücktreten des außerbetrieblichen Feldes bedarf einer ergänzenden Interpretation.

Hitzacker hat jung geheiratet, die Vier-Personen-Familie ist 1963 vollständig. Fokus der Freizeitaktivitäten ist zumindest seit 1966 die »Parzelle«. Das sind die einzigen Informationen, die Werner Hitzakker im gesamten Interview über sein Familienleben gibt. Und in diesem Erinnerungskontext wechselt er überraschenderweise sogar vom »wir« zum »ich«: »*Dann hatt ich das satt hier immer auf dem Balkon zu sitzen oder zum Werdersee zu fahrn. Und dann ham wir uns ne Parzelle angeschafft. [...] So denn hatt ich ne Parzelle.*« Gegenüber der Familie kann er als exponiertes Individuum erscheinen, weil er es ist, der die betriebliche Seite des Milieus vertritt. Milieu bedeutet für ihn die vorwiegend männliche Welt der betrieblichen Arbeitsprozesse und die in ihrem Gefüge entstehenden kollektiven Interessen. Es handelt sich gleichsam um einen *ouvristischen Blick* aufs Milieu, der den außerbetrieblichen Kontext allenfalls intuitiv miteinbezieht.

Nach einer weiteren Nachfrage der Interviewerin spricht Hitzakker noch knapp über seine Freizeitaktivitäten als Jugendlicher und kehrt dann aber thematisch zur AG »Weser« zurück. Sein spontanes Milieu ist offensichtlich die AG »Weser«. Der Betrieb stellt die »paramount reality« *(William James)* für ihn dar.

Zusammenfassung. Der Weg zur AG »Weser« führt bei Hitzacker über den Vater, der ebenfalls bei der Werft beschäftigt ist. Familiär wird von ihm erwartet, daß er einen Beruf erlernt, auch wenn es nicht der richtige für die Arbeit auf der Werft ist. Er besitzt dadurch mehr soziales Kapital, als wenn er nur als Angelernter bei der AG-Weser beschäftigt wäre. Hitzacker hat durch seine gewerkschaftliche Tätigkeit zahlreiche Kontakte im Betrieb, er ist anerkannt und integriert. Gleichzeitig wird er (wie sein Vater, der zu diesem Zeitpunkt nicht mehr bei der AG »Weser« beschäftigt ist) Mitglied im Betriebsrat und engagiert sich aktiv in der SPD-Betriebsgruppe. Dennoch läßt sich Hitzacker nicht zu den »Protagonisten« rechnen. Auch an Stellen, wo er temporär wichtige Funktionen übernimmt, tritt er in der biographischen Rekapitulation als Akteur zurück. Er spricht im gesamten Verlauf des Interviews nur selten in der »Ichform«. Stattdessen benutzt er häufig das kollektive »Wir«, das auf das Zusammengehörigkeitsempfinden einer »Gruppe« hinweist. Über seinen Aufstieg zum Verbindungsmann zwischen Betrieb und Personalbüro berichtet Hitzacker völlig unprätentiös. Sein primäres Lebensmilieu ist zweifellos der Betrieb, d.h. der Betrieb stellt für ihn die »herausgehobene Realitätsebene« dar, was sich u.a. auch darin dokumentiert, daß er kaum über sein Privat- bzw. Familienleben im Interview berichtet, während er ausschweifend Geschichten über die AGW erzählen kann.

Kernkategorien. Aus dem Interview mit Werner Hitzacker haben wir folgende Kategorien entwickelt, die uns relevant für den Typus des »Integrierten« erscheinen:

- »natürliche Sukzession«: der Weg zur AG »Weser« über den Vater oder einen Verwandten
- Basisorientierung im betrieblichen Alltag
- der Betrieb als *»paramount reality«*
- keine Aufstiegsambitionen
- Notwendigkeitshabitus ohne Prätention.

Darüber hinaus haben wir aus dem Interview mit Hitzackers Ehefrau eine weitere Kategorie gebildet, die wir am Schluß der dokumentierenden Interpretation aufführen wollen. Sie lautet

- familiale Solidarität.

Im folgenden wollen wir diese Kategorien wie in der ersten Fallpräsentation durch eine dokumentierende Interpretation überprüfen und gegebenenfalls belegen.

»Natürliche Sukzession«: Der Weg zur AG »Weser«
über den Vater oder einen Verwandten

Und=e na ja denn
damit konnte ich auf der AG-Weser anfangen zur Umschulung.
Dann haben wir eine sechswöchige Umschulung gemacht zum
Schweißer. Tja und dann=e wurden wir im=e.
Das lief dann aber übers Arbeitsamt nech.
Das hat die AG-Weser
die hat nur die Ausbildung gemacht die Leute gestellt.
Aber das Bezahlen und so das ging übers Arbeitsamt.
Na ja und denn=e war das erledigt
und denn wurden wir im Betrieb intregiert.
I: Hmmm
E: Tja denn fingen wer denn ganz oben unten an
wie das so is.[44]

Ebenso wie sein Vater kann Hitzacker nach einigen Schwierigkeiten eine Tätigkeit bei der AG »Weser« aufnehmen. Er ist also bereits zu Beginn seiner Beschäftigung vernetzt im Betrieb. Er muß keine neue

---

44 Interview mit Werner Hitzacker, Transkript.

Ausbildung beginnen, sondern kann eine sechswöchige Umschulung zum Schweißer absolvieren. D.h. seine erste Ausbildung zum Bergmann spielt keine zentrale Rolle mehr. Wie viele Neuzugänge wird er angelernt und relativ schnell im Kollegenkreis akzeptiert. Hitzackers Aussage: »*und denn wurden wir im Betrieb intregiert*«, betont nicht nur die Integration in den Betrieb, sondern auch das starke Zusammengehörigkeitsgefühl von ihm selbst zu seinen Arbeitskollegen, das durch das »*wir*« zum Ausdruck kommt.

Gustav Ratjen macht auch seine Ausbildung bei der AG »Weser«. Sein Vater war ebenfalls bei der AG »Weser« beschäftigt und ist dort tödlich verunglückt:

Also geboren bin ich 1930 hier in Nordstadt.
Und eh mein Vater
is 1930 im Frühjahr
auf der AGW tödlich verunglückt.
[...]
[...]
1944 ne 45 Anfang 45
bin ich noch als=e Lehrling auf der AGW angefangen.
Das war noch Kriegszeit
als Schiffsschlosserlehrling.
Ich wußte natürlich nich was das war
denn so etwas wurde einem früher nich erzählt.
Wie schon das so is kein Papa
was man so weiß weiß man
von Opa und Onkels
und sonst hat einem ja keiner
irgendwelche Hinweise geben können.
Man lebte einfach so dahin.
Du wirst rangezogen zum Arbeiten
und somit erfüllt sich denn wohl dein Leben.
Und das war hier in Nordstadt so
wenn irgendeiner arbeiten wollte
wo ging er hin? Zu der Akschen. So
und so gibt es sehr sehr viele Kollegen
hier auf der AGW die da
ich sagte immer mit dem Kinderwagen
hinterm Pfeiler abgestellt wurden

und mit dem Leichenwagen wieder rausgefahrn wurden.[45]

Der Weg zur AG »Weser« geht bei Ratjen ebenfalls über den Vater. Obwohl er seinen Vater nicht mehr erlebt hat, scheint er sich in seiner Berufswahl trotzdem an ihm zu orientieren. Die väterliche Orientierungsfunktion übernehmen *»Opa und Onkels«*. Er beginnt eine Lehre als Schiffsschlosser. Für ihn stand offenbar außer Frage, daß er Arbeiter wird (*»Du wirst rangezogen zum Arbeiten«*) und einer Moral folgt, die das Arbeiten in den Mittelpunkt des Lebens stellt: *»und somit erfüllt sich denn wohl dein Leben«*. Die Auswahl seines Arbeitsplatzes wird zudem dadurch gestützt, daß die Mehrheit der männlichen Bevölkerung in seinem Stadtteil bei der AG »Weser« zu arbeiten scheint. Die Übergabe des Arbeitsplatzes vom Vater an den Sohn und die symbolische Dominanz der *»Akschen«* im Leben der Mitarbeiter macht Ratjen am Ende des Segments noch einmal durch eine Alltagsmetapher deutlich: *»hier auf der AGW die da ich sagte immer mit dem Kinderwagen hinterm Pfeiler abgestellt wurden und mit dem Leichenwagen wieder rausgefahrn wurden«*. Die Verbindung von Betrieb und Lebensschicksal ist, wie es scheint, unauflöslich. Wenn Ratjen sozusagen ex post diese Verflechtung zumindest ironisch infragestellt (die Formulierung *»denn wohl«* in der Sequenz von der »Erfüllung des Lebens« läßt diese Interpretation zu), dann tut er dies vor dem Erfahrungshintergrund der Werftschließung, nicht weil er die Verknüpfung als solche für fragwürdig hält.

Wenn es nicht der Vater war, dann war es oft ein älterer Verwandter oder, wie im Fall Weimar, der Schwiegervater, der bereits bei der AG »Weser« gearbeitet hat:

Also mein Mann
erstmal mein Vater hat auch auf der Werft gearbeitet.
Der war Meister eh war Tischlermeister
und hat da Lehrlinge ausgebildet.[46]

---

45 Interview mit Heinz Ratjen, Transkript.
46 Interview mit Elly Weimar, Transkript.

Etwas anders als in den vorangegangenen Beispielen war es bei Gerken. Sein Vater war nicht bei der AG-Weser beschäftigt, aber sein Onkel hat früh ein Interesse für den Hafen bei ihm geweckt:

> *ich hab n Onkel gehabt ((räuspert sich))*
> *der hat mich immer als Kind - -*
> *mit in den Hafen genommen*
> *so um - 47 war das 46 47*
> *wir hatten noch kein eigenes Radio da*
> *da bin ich da immer hingegangen*
> *und hab da - äh <u>Kinderfunk</u> gehört*
> *und der hat dann nach dem Kinderfunk immer gesagt*
> *»Mh - komm gehn ma in Hafen«*
> *Und denn äh - hat er mir <u>Schiffe</u> gezeigt*
> *ob das <u>daher</u> kommt weiß ich nich*
> *jedenfalls immer so ne Sehnsucht nach Wasser und Schiff*
> *das war immer schon drin*[47]

Gerken stellt in diesem Segment selber die Vermutung auf, daß seine »*Sehnsucht nach Wasser und Schiff*« geschürt worden ist durch die für ihn bedeutsamen Besuche bei seinem Onkel und den anschließenden Ausflügen in den Hafen. Darüber hinaus scheinen aber auch die Beziehungen der Schwester zur AG »Weser« (Gerken erzählt später im Interview, daß seine Schwester bei der AG »Weser« beschäftigt war und dort ein gutes Wort für ihn eingelegt habe) von Bedeutung gewesen zu sein.

Basisorientierung im betrieblichen Alltag

> *I: Warn Sie auch in der Gewerkschaft aktiv?*
> *E: Ja ich war mit=e.*
> *Ja ungefähr kann man sagen.*
> *Mit=e 20 21 21 so wurde ich Vertrauensmann.*
> *I: So jung?*
> *E: Hmmm und denn wurde ja noch eh kassiert jede Woche.*

---

[47] Interview mit Jürgen Gerken, Transkript.

> *Da war der Kontakt auch zwischen Gewerkschaften*
> *also Gewerkschaft und Mitgliedern der war ja noch da nech.*[48]

Werner Hitzacker spricht die bestehenden »face-to-face-Kontakte« zwischen der Gewerkschaft und den Mitgliedern explizit an. Er hat als Vertrauensmann die wöchentlichen Gewerkschaftsbeiträge von den Mitgliedern kassiert. Dadurch hatte er enge Kontakte zu den Kollegen und war in das Milieu integriert. Ebenso wie Hitzacker war auch Ratjen aktiver Gewerkschafter und hat die persönlichen Kontakte auf seine Art gepflegt.

> *Ich bin dann in die IG-Metall eingetreten gleich*
> *wo ich heute auch noch drin bin*
> *und habe mich dann glaube ich*
> *zu einem starken Gewerkschaftler entwickelt.*
> *Aber nich zu einem Funktionärstyp*
> *sondern ich habe von Anfang an*
> *die Funktionäre durch die Bude gejagt.*
> *Und hab gesagt*
> *»Wenn du was machen willst*
> *denn tu es auch*
> *oder sonst verschwinde hier«.*
> *In dieser Form*
> *hab ich mich immer verhalten.*[49]

Für Ratjen ist die Mitgliedschaft in der Gewerkschaft nichts Äußerliches. Er engagiert sich intensiv. Seine eigene Formulierung, er habe sich »*zu einem starken Gewerkschafter entwickelt*«, wird nur verständlich, wenn man sie vor der Antifolie »*Funktionärstyp*« liest. »Stark« ist in Ratjens Verständnis ein Gewerkschafter nämlich dann, wenn er Basisbezug hat, die Kollegen und ihre Nöte kennt und einer von ihnen bleibt. Der Funktionärstyp hebt leicht ab und entfernt sich von den Kollegen. Sein Engagement ist nur dann gerechtfertigt, »*wenn er was macht*«. Andernfalls ist er überflüssig.

An dieser Stelle wird die Differenz zwischen »Integrierten« und »Protagonisten« besonders deutlich sichtbar. Während diese auch

---

48 Interview mit Werner Hitzacker, Transkript.
49 Interview mit Heinz Ratjen, Transkript.

um den Preis möglicher Entwicklungsverzögerungen an einem unmittelbaren Basisbezug und an dem ständigen Austausch mit den Kollegen festhalten, sind jene durchaus bereit, Funktionen zu übernehmen, die den face-to-face-Kontakt mit den Kollegen spürbar einschränken (s.o.). Beide Interessenprofile gehören zum Kernmilieu, aber die Differenz erzeugt offensichtlich auch Dynamiken, die Wandlungsprozesse nach sich ziehen können.

Anders als bei Ratjen scheint die Mitgliedschaft von Hinrich Weimar in Gewerkschaft und Partei eher äußerlich gewesen zu sein:

I: *War er denn irgendwie gewerkschaftlich organisiert, Ihr Mann?*
E: *Ja der is*
I: *In der IG-Metall?*
E: *Von Anfang an war er seit seinem 14. Lebensjahr*
war er da drin bis er bis zuletzt.
Er hat immer weiter gezahlt und nachher.
I: *Ja da gabs ja auch so. War er auch in der SPD?*
E: *Ja. Auch.*
Der is der is noch mehr.
Der is jetz schon 50 Jahre drin
wäre er jetz drin gewesen.
Und ich bin dann ne 47 na ja durch die Familie.
Mein Vater war auch von der SPD.
Aber ich war denn wann bin ich eingetreten? 47.
I: *Ach Mensch toll.*
E: *Na ja ich bin jetz bald 50 Jahre drin nech.*
Aber wir ham uns nie
er hat sich auch nie so betätigt in der Partei.
Wollt er auch nich.
Er war er is denn wohl ma zu Versammlungen
sind wir denn schon mal gegangen
Hinrich sein Vadder der hat ihn denn praktisch auch dazu gezwungen nech.
Aber er war kein Mensch
der sich mal meldete oder mal zu Wort
na ja mit dem konnten se nich so viel.
I: *Na muß man ja auch nich.*[50]

---

50 Interview mit Elly Weimar, Transkript.

Die Mitgliedschaft bei der Gewerkschaft ist für Hinrich Weimar offenbar selbstverständlich gewesen (»*Von Anfang an war er seit seinem 14. Lebensjahr war er da drin bis er...bis zuletzt.*«), aber u.U. eher äußerlich. Seine Frau sagt: »*Er hat immer weiter gezahlt und nachher...*«. Auch die Mitgliedschaft bei der SPD, die bei Herrn und Frau Weimar innerfamiliär weitergegeben wurde, scheint eher äußerlich gewesen zu sein. Beide haben sich nicht betätigt in der Partei, besonders Weimar scheint dies auch nicht gewollt zu haben. Nur auf Zwang seines Vaters ist er zu den Versammlungen gegangen und verhielt sich dort ausgesprochen zurückhaltend, d.h. keineswegs als Protagonist: »*Aber er war kein Mensch der sich mal meldete oder mal zu Wort... na ja mit dem konnten se nich so viel....*«. Mitgliedschaft hieß also nicht notwendigerweise Engagement. Sie war ein Aspekt der Integration ins Milieu, wurde gewissermaßen sogar »vererbt«. Ihre Übernahme *en passant* zum frühestmöglichen Zeitpunkt bis zum Tode kann als Integrationsindikator gelten.

Der Betrieb als »paramount reality«

Für Werner Hitzacker stellt die AG »Weser« unbestreitbar das dar, was William James *»paramount reality«* genannt hat. Seine biographische Erzählung handelt zu weit über 80% vom Betriebsalltag und nur am Rande vom Privat- bzw. Familienleben (s.o.). Auch die bereits zitierte Äußerung von Ratjen macht unmittelbar evident, wie realitätsdominant die betriebliche Erfahrung im Leben der »Integrierten« war:

> *und so gibt es sehr sehr viele Kollegen*
> *hier auf der AGW die da*
> *ich sagte immer mit dem Kinderwagen*
> *hinterm Pfeiler abgestellt wurden*
> *und mit dem Leichenwagen wieder rausgefahrn wurden.*[51]

Das Bild zeigt allerdings auch den Gender-Bias der sozialen Orientierung: Es geht um das männliche Schicksal im Milieu. Das Leben

---

51   Interview mit Heinz Ratjen, Transkript.

der Frauen und ihre große Bedeutung für die Familie wird gewiß nicht ausgegrenzt, aber es übernimmt doch die Funktion der *Rahmung* des männlich geprägten Arbeitslebens im Milieu. Aus der weiblichen Perspektive macht dies Frau Weimar besonders deutlich:

> *Aber mein Mann war auch nirgends drin*
> *im Kegelverein oder was.*
> *Wollte er alles nich.*
> *Ich wollte denn immer gerne mal so in Tanzclub irgendwo rein.*
> *Daß wir mal rauskamen. Aber*
> *mein Mann hat viel gearbeitet*
> *und war immer froh wenn er Feierabend hatte.*
> *Und wie gesagt eben sein Garten das war sein Hobby.*
> *Und ich hab das halt mitgemacht nech.*[52]

Die Präferenzen sind eindeutig verteilt. Die Bedürfnisse der Frau werden in doppelter Hinsicht der des Mannes untergeordnet: Die Prädominanz der Arbeit (»*mein Mann hat viel gearbeitet*«) kann gar nicht infragegestellt werden, weil sie das Auskommen der Familie sichert und deshalb zur Reproduktion unmittelbar notwendig ist. Aber selbst die entlastende Freizeitbetätigung richtet sich ganz nach dem Mann (»*Und wie gesagt eben sein Garten das war sein Hobby*«), dessen Bedeutung als 'bread winner' hier gewissermaßen ein zweites Mal zu Buche schlägt (»*Und ich hab das halt mitgemacht nech*«). Frau Weimar nimmt »ihr« Schicksal - nicht ohne inneren Widerstand - auf sich, aber es ist in Wahrheit eben nicht *ihr* Schicksal, sondern das des erwerbstätigen Mannes.

Die betriebliche Erfahrungswelt ist männlich konnotiert. Auch deshalb dominiert sie die Mentalität des Arbeitermilieus. Die »Integrierten« können gleichsam als heimliche Protagonisten dieser sozialen Weltsicht betrachtet werden. Deshalb wirken sie auch als Stabilisatoren der Milieurealität, nicht - wie die Repräsentanten des Protagonistentypus - als unfreiwillige »Modernisierer«.

---

52 Interview mit Elly Weimar, Transkript.

Keine Aufstiegsambitionen

*Entlassungen Entlohnung Umgruppierung
und die ganze Kurzarbeitgeschichte eh.
Damals da ham wir ja jahrelang abgewickelt
und und und und nech.
I: Hmm hmm. Ich dachte sowas läuft immer im Personalbüro.
E: Nein das war so der Verbindungsmann
zwischen Betrieb und Personalbüro.
Ja. Nech. Wenn wir jemand entlassen haben
was ja auch vorkam
dann mußte ich das alles zusammentragen
und und eh der Personalabteilung geben.
Aufgrund dessen hat sie denn die Entlassung fertiggemacht.
Nech. So. Ja Umgruppierungen
<u>wir</u> ham die Umgruppierung beantragt
und=e Betriebsrat und Personalabteilung
ham denn noch ihr Ja-Wort dazu geben müssen nech.
I: Ach so. War das son son Aufstieg in gewisser Weise? Oder ham
Sie das so empfunden als Aufstieg?
E: Na ja das is schon son Aufstieg war das schon nech.
I: Ja nech? Auch finanziell?
E: Nö das das das Entlohnung das lief so weiter.
I: Aha. Aber das is ja auch so ne Vertrauenstellung nech? Klar.
E: Ja natürlich das das.
Mich da einzustellen
da starb einer und den sein
das dauerte aber ein viertel Jahr
das das war ne Vorstandsentscheidung.
Da konnte noch nich mal der Be_ Betriebsleiter entscheiden
was der der hat wohl gesagt
»Ich will den haben«
Aber das muß der Vorstand entscheiden.*[53]

Hitzacker muß als Verbindungsmann zwischen Betrieb und Personalbüro mit der Abwicklung der gesamten Personalangelegenheiten einer verantwortungsvollen Tätigkeit nachgehen. Er thematisiert den damit verbundenen Aufstieg allerdings nicht. Erst als die Inter-

---

53 Interview mit Werner Hitzacker, Transkript.

viewerin ihn danach fragt, antwortet er zögerlich und weil ihm gar keine Möglichkeit bleibt: »*Na ja das is schon son Aufstieg war das schon nech.*« Über den finanziellen Aufstieg sagt er bezeichnenderweise: »*Nö das das das Entlohnung das lief so weiter.*« Hitzacker scheint, im Gegensatz zu den Vertretern des Protagonistentypus, über gar keine Aufstiegsambitionen zu verfügen. Ihm scheint das Vertrauen, das ihm bei der Übertragung dieser Tätigkeit entgegengebracht wird, wesentlich bedeutsamer zu sein. Die Frage, ob seine Stelle eine Vertrauensstellung war beantwortet er mit: »*Ja natürlich...*«. Und die Bedeutung der Vertrauensstellung wird auch von H. selbst noch einmal dadurch hervorgehoben, daß er das ausschließliche Entscheidungsrecht des Vorstandes ins Feld führt (»*das das war ne Vorstandsentscheidung. Da konnte noch nich mal der Be_Betriebsleiter entscheiden*«).

Ähnlich wie Hitzacker mißt auch Ratjen seinem Aufstieg wenig Bedeutung bei:

> *Ja eh die=e*
> *Ende der 60er Jahre*
> *ging das denn bei mir los*
> *denn wurde ich bedrängt*
> *von meinem Vorgesetzten*
> *ich sollte doch Vorarbeiterstelle sowas übernehmen.*
> *Das wollt ich eigentlich gar nich.*
> *Weil als Geselle*
> *war immer so als Stoßgeselle*
> *und denn Fähigkeiten*
> *die ich hatte*
> *man brauch ja sein Licht nich unter den Scheffel stellen*
> *war ich n Spitzengeselle.*
> *Und hatte somit auch Spitzenlohn.*
> *Und mit meinen Überstunden und all den Zuschlägen*
> *hatte ich mehr wie n Vorarbeiter.*
> *Das nannte man damals Wochenlöhner.*
> *Dann wurde aber mein Meister krank*
> *und dann ham die mich bedrängt*
> *nun mußt du Meister werden.*
> *Und da hab ich gesagt*
> *»Nee das kommt doch für mich gar nich in Frage.*
> *Für den Hungerlohn arbeite ich doch gar nich*«.

> *Dann hatten se auch noch so ne Masche*
> *daß sie sagten*
> *»Ja denn fängst du mit Werkführer an«*
> *Und denn gab es bei Verschiedenen*
> *ne Überstundenpauschale und sowas.*
> *Ich sag »Das kommt für mich <u>überhaupt</u> nich in Frage*
> *weil ich ja jeden Tag Überstunden mache*
> *und dann will ich auch die Brötchen sehn«.*
> *[...]*
> *[...]*
> *Na ja jedenfalls wurde ich dann*
> *ich glaube 68 69*
> *wurde ich Werkführer*
> *mit 1.200 Mark Grundgehalt.*
> *Dafür durfte ich n weißen Helm aufsetzen*
> *und mein Name stand da dran.*
> *Und die andern hatten dann einen gelben Helm.*
> *Und das warn die*
> *wo ich dann früher auch schon zugehörte*
> *das warn dann die (Titels).*
> *Aber ich bin anfangs*
> *da auch nich glücklich mit gewesen.*
> *Denn so aus den eigenen Reihen heraus*
> *das war sehr schwer.*[54]

Ratjen forciert seinen Aufstieg keineswegs, sondern wird von seinem Vorgesetzten zur Übernahme der Vorarbeiterstelle gedrängt. Er hat nicht das geringste Interesse an einer innerbetrieblichen »Karriere«. Und dafür scheint es sehr plausible Gründe zu geben: Ratjen ist stolz auf seine Fähigkeiten als *»Spitzengeselle«* und vor allen Dingen zufrieden mit dem aus dieser Stellung folgenden *»Spitzenlohn«*, den er zumal durch Überstunden und Zuschläge erzielen kann - mehr als ein Vorarbeiter oder ein Meister (*»für den Hungerlohn arbeite ich doch gar nich«*). Wenn er dann 1969 doch eine Position als Werkführer übernimmt, so scheint er sich dabei nicht nur dem Drängen der Vorgesetzten, sondern auch der symbolischen Anerkennung der Kollegen zu beugen und die finanzielle Einbuße in Kauf zu nehmen - nach dem Motto 'Einer muß den Job ja machen'. Voller Selbstironie kom-

---

54 Interview mit Heinz Ratjen, Transkript.

mentiert er die »unvermeidliche« Entwicklung: »*Dafür durfte ich n weißen Helm aufsetzen und mein Name stand dran.*«
Die Übernahme der verantwortlichen Stellung ist für ihn kein Aufstieg, sondern die Veränderung einer Position im *Anciennitäts-Ranking* der Gruppe, die ihm sozial wichtig ist: Er wechselt gleichsam den Status vom (jugendlichen) »*Stoßgesellen*« - extrem belastbar, fachlich kompetent und Spitzenlöhner (»*und dann will ich auch die Brötchen sehn*«) - zum Gruppenmanager und Arbeitsorganisator, dem nun nicht allein der Spaß mit den Kollegen und die Lohntüte, sondern auch das Wohl der Arbeitsgruppe am Herzen liegt. Dieser Reifeprozeß fällt ihm durchaus nicht leicht: »*... ich bin anfangs da auch nich glücklich mit gewesen. Denn so aus den eigenen Reihen heraus das war sehr schwer.*« Das einleitende »*anfangs*« läßt freilich vermuten, daß er nach einer gewissen Eingewöhnungszeit mit Erfolg und kollegialer Akzeptanz als Werkführer tätig war. Selbstverständlich ist dieses Verhalten absolut milieuadäquat und nur ein positiver Gradmesser seines Integrationsstatus.

Auch Frau Weimar glaubt nicht, daß der berufliche Aufstieg ihren Mann mit Stolz erfüllt habe:

> *I: Er is ja nun Angestellter geworden.*
> *War ursprünglich ja Arbeiter. Und dann Angestellter.*
> *Wie fanden Sie das?*
> *Hat Sie das mit Stolz erfüllt?*
> *Hat ihn das mit Stolz erfüllt?*
> *Fanden Sie das war das besser?*
> *E: Nö das glaub ich nich.*
> *Das war an sich kein Unterschied.*
> *Nur er hat sich vielleicht dadurch finanziell besser*
> *war besser gestellt nech.*
> *Aber nee.*
> *I: War sonst kein Unterschied?*
> *E: Nee nee.*
> *I: Daß man mit andern Leuten verkehrt oder so?*
> *E: Nein nein nein überhaupt nich überhaupt nich.*
> *Nee nee das hatte*
> *wir hatten zwar Verwandte.*

*Mein Schwager war Angestellter.
Aber das hat damit nichts zu tun.*[55]

Völlig unprätentiös antwortet Frau Weimar auf die Frage der Interviewerin, ob ihr Mann stolz auf seinen Aufstieg gewesen sei: »*Nö das glaub ich nich*«. Für ihren Mann scheint allenfalls der finanzielle Aspekt bedeutsam gewesen zu sein. Er konnte mit seinem Aufstieg einen finanziellen Zugewinn erzielen. Das soziale Netzwerk jedoch hat sich für ihren Mann nicht verändert (»*nein nein nein überhaupt nich überhaupt nich*«). Die starke Abwehr auf die Frage der Interviewerin (»*War sonst kein Unterschied? [...] Daß man mit andern Leuten verkehrt oder so?*«) zeigt im übrigen, daß auch für das familiale Umfeld, also für sie selbst, mit dem Aufstieg des Mannes zum Angestellten keine einschneidende Veränderung verbunden war. »Aufstiege« in diesem Sinn waren bei langjähriger Betriebszugehörigkeit eher die Regel und beschädigten den Kontakt zum Milieu in keiner Weise.

Notwendigkeitshabitus

*Na ja und denn hatt ich ja 56 ausgelernt.
Ich konnte die Lehre nicht abbrechen
weil ich ich hätte gern die Lehre abgebrochen.
Ich hätte gerne so n Metallberuf gelernt
Schlosser oder Dreher oder na ja in der Richtung.
Oder auch Elektriker
und=e weil eh
unsere Finanzierung wir mußten da ja leben.
Wir warn im Heim.
Mußten da leben.
Und da kriegten wir ja ne Ausbildungsbeihilfe vom Staat.
Und=e wenn ich die Lehre a_ hätte abgebrochen
dann hätte ich alles zurückzahlen müssen
was wir nicht konnten.
Also war ich gezwungen eh auszulernen.*[56]

---

55 Interview mit Elly Weimar, Transkript.
56 Interview mit Werner Hitzacker, Transkript.

Werner Hitzacker kann seine ungeliebte Lehre als Bergmann nicht abbrechen, obwohl er lieber einen Metallberuf erlernt hätte oder Elektriker geworden wäre. Seine persönlichen Wünsche sind nur zweitrangig, denn im Vordergrund steht die finanzielle Knappheit der Eltern, die es nicht erlaubt, den eigenen Berufswünschen nachzugehen und die begonnene Lehre unter erheblichen Kosten abzubrechen. Es dominiert also die *Notwendigkeit*, überhaupt eine Berufsausbildung zu beenden, gleichgültig welche. Diese Orientierung ist Teil eines »Basishabitus« im Arbeitermilieu, den Bourdieu als *Habitus der Notwendigkeit* beschreibt[57]. Unprätentiös übernimmt Hitzacker auch die Arbeit als Angelernter auf der AG »Weser«, obwohl er nach seiner Erstausbildung sozusagen »unter Wert« eingestuft wird:

> *Tja denn fingen wer denn ganz oben unten an*
> *wie das so is.* [58]

Auch die habituelle Orientierung im Milieuraum bei Ratjen läßt sich mit dem Notwendigkeitshabitus beschreiben:

> *Man lebte einfach so dahin.*
> *Du wirst rangezogen zum Arbeiten*
> *somit erfüllt sich denn wohl dein Leben.*[59]

Für Ratjen gab es gar keine Auswahlmöglichkeiten oder Selbstverwirklichungs- bzw. Aufstiegswünsche. Für ihn stand es außer Frage, daß er Arbeiter wird und daß sich damit sein Leben erfüllt. Gerade die oben angedeutete Selbstironie, die in diesem Fatalismus steckt, ist die Voraussetzung für ein durchaus souveränes Umgehen mit dieser Einschränkung. Daß der Werftkonkurs auch diese Normalerwartung noch infragestellt, rechtfertigt nur die Ironie, widerspricht aber keineswegs dem Notwendigkeitshabitus.

---

57 Vgl. dazu ausführlich Pierre Bourdieu, Die feinen Unterschiede. Kritik der gesellschaftlichen Urteilskraft, Frankfurt a.M. 1987.
58 Interview mit Werner Hitzacker, Transkript.
59 Interview mit Heinz Ratjen, Transkript.

Aber nicht nur in beruflicher Hinsicht, sondern auch in bezug auf die privaten Wohnverhältnisse waren die Bedürfnisse der Befragten oft auf das Notwendigste begrenzt:

> *Ja als wir die Wohnung bekamen*
> *warn wir natürlich glücklich*
> *auch mit diesen kleinen wenigen und armseligen Sachen.*
> *Von allen ham wir denn so n Stück gekriegt.*[60]

Frau Weimar erhebt nicht den Anspruch auf eine perfekt eingerichtete Wohnung, sondern gibt sich zufrieden mit der Tatsache, überhaupt eine Wohnung zu haben, wenn auch nur mit den notwendigsten (»*mit wenigen und armseligen*«) Dingen. Diese Bescheidenheit, das zeigt eine Passage aus Gerkens Interview, ist durchaus nicht identisch mit einem Verzicht auf alle Bedürfnisse. Im Gegenteil: das Einrichten aufs Notwendige machte gewisse Vergnügungen möglich:

> *Geld hatte man wenig - aber -*
> *aber das Tanzvergnügen nachher*
> *das konnt man sich gerade - noch so leisten*
> *oder im Roland n Kinobesuch denn -*
> *weiß nich kostete 75 Pfennig*
> *die erste Reihe oder ersten zwei Reihen oder drei Reihen*
> *Rasiersitzer - da hat man zwar so hoch gucken müssen*
> *aber - aber - man hat den Film wenigstens gesehen*
> *und konnte denn /so n bißchen mitreden ((lachend))/*[61]

Im Gegensatz zur Tendenz im klassischen Kleinbürgertum, Bedürfnisse aufzuschieben um eines längerfristig angelegten sozialen Aufstiegs willen[62], ist im Notwendigkeitshabitus dieses Kalkül nicht vorgesehen. Was im Rahmen des schmalen Budgets übrig bleibt, kann dann unmittelbar für - wenn auch bescheidene - Vergnügun-

---

60 Interview mit Elly Weimar, Transkript.
61 Interview mit Jürgen Gerken, Transkript.
62 Vgl. dazu ausführlich Pierre Bourdieu, Klassenschicksal, individuelles Handeln und das Gesetz der Wahrscheinlichkeit, in: Pierre Bourdieu, u.a. (Hrsg.), Titel und Stelle. Über die Reproduktion sozialer Macht, Frankfurt 1978, S. 169-226.

gen verwendet werden: Tanzen und Kinobesuche gehören zu beliebten Freizeitaktivitäten der Arbeiter in den 1950er Jahren.

Familiale Solidarität (Einblick der Frau in die Männerwelt)

I: Oh eine Sache fällt mir ein.
Das hat im Moment zu den Fotos kein Bezug.
Ende der AG-Weser.
Wie ham Sie das denn erlebt?
E: Schlimm
I: 83
E: Schlimm
mein Mann erzählte denn immer
»Die machen uns kaputt. Die machen die AG-Weser dicht.
Und die Arbeitskollegen sagen alle
'Das können die nich'
Und die können das doch« sagt mein Mann immer.
Und die ham das alle nich geglaubt.
Und denn sagte die eine Gartennachbarin
»Können die das denn wirklich?«
»Ja« sagt mein Mann
»Die machen mit uns was sie wolln«.
Und denn ging das ja los.
Denn abends da hin.
Wache geschoben und besetzt und alles.
Denn ham die da übernachtet und alles
und oh das war nich schön.
Das war ne schreckliche Zeit.
Und denn fing das ja mit seinen Nerven an nech.
Der kriegte das so mit den Nerven.
Das war sowas von schlimm.
Der wurde so krank als der dann arbeitslos war.
Das ging dann erst los.
Da ham wir noch Urlaub gemacht in Südtirol.
Da hatten wir ein Ehepaar
die standen neben uns.
Die kannten wir schon.
Die fuhrn da auch immer hin.
Und zwar warn das Luxemburger.

Die sprachen sehr gut deutsch.
Die warn älter als wir
und die hatten uns den letzten Abend
da noch eingeladen zu sich ins Vorzelt.
Und da ham wir noch n kleinen Cognak getrunken
den hatte er noch ausgegeben.
Und dann sagte er »Wann fangen Sie wieder an zu arbeiten?
Müssen Sie Montag gleich wieder anfangen?«
»Nee« sagt mein Mann
»Ich bin seit ab Montag arbeitslos.«
»Was?« »Ja die AG »Weser« hat zu gemacht«.
»Ohh ja« sagte er dann
»Hab ich in der Zeitung gelesen.«
Und als wir dann wieder zu Hause warn
dann fing das an.
Dann wurde er immer unruhiger und eh
also seine Nerven die warn total im Eimer.
Die Hände fingen an zu zittern
und er mochte nirgends mehr hingehn.
Wenn er in Menschenmengen kam
fing er an zu schwitzen.
Die Knie zitterten.
Er konnt nich mehr laufen.
Denn warn wer einmal
weil er arbeitslos war
sind wer denn auch mal
da hatte grade in Habenhausen
das Möbella_ geschäft Unger aufgemacht.
Denn sind wir da ma hin
und wollten uns das angucken.
Er mußte sich da hinsetzen.
Dann konnt er nich mehr weiter vor Aufregung.
Denn traf er da noch irgendn Kollegen oder Bekannten oder was
und die sprachen ihn denn noch an
das konnt er alles nich ab.
Ich sag »Komm nach Hause.
Hat keinen Zweck.«
Das war ganz schlimm.
Das wurde immer schlimmer.
Also ich muß ehrlich sagen
die AG »Weser« die hat ihn richtig fertig gemacht.

Von da an gings dann immer mehr bergab.
Denn hatten wir zu der Zeit auch noch
dieses Ehepaarkegeln mit meiner Schwägerin.
Denn wenn das denn
alle vier Wochen war das ja denn sonntags abends
und die hier im Hause das eine Ehepaar
die gingen dann mit uns mit.
Dann ham die Männer immer abwechselnd gefahrn
daß einer denn auch mal was trinken konnte
weil das auswärts war.
Und denn sagte er schon nachmittags immer
»Ich geh aber heute nich mit Kegeln.
Ich kann das nich ab.«
Ich sag »Ja was soll ich denn machen?
Soll ich da nun alleine hin
oder soll ich lieber bei dir hier sitzen bleiben?«
»Nein fahr du man ruhig mit«.
Und denn wenn mir das aber zu schlimm erschien
bin ich auch nich Kegeln gefahrn.
Denn hab ich mich hier bei ihm hingesetzt
und denn ham wir dadrüber geredet und alles.
Und denn hat er geweint und alles mögliche.
Also man konnte überhaupt nichts mit ihm anfangen.
Bis er denn Arbeit bekam.
Da wurde das etwas besser.
Und dann hatte er vier Wochen Probezeit da.
Und als die vier Wochen rum warn
und er wußte daß er fest angestellt war
dann gings bergauf mit ihm.
Dann wurds wieder besser.
Das war ne fürchterliche Zeit.[63]

Frau Hitzacker bilanziert die Schließungsphase der AG »Weser« als »ne schreckliche Zeit«. Die Lebenswelt AG »Weser« bricht zusammen und mit ihr Werner Hitzacker, für den der Betrieb eben jene absolut dominante Realitätsebene war. Frau Hitzacker erkennt den Zusammenhang zwischen dem Zerfall der Werft und dem »Nervenleiden« ihres Mannes: »*Und denn fing das ja mit seinen Nerven an nech?...Der*

---

63   Interview mit Elsa Hitzacker, Transkript.

wurde so krank als der dann arbeitslos war«. Hitzacker gerät mit dem Tag, an dem seine Arbeitslosigkeit beginnt, in eine Verlaufskurve, die sich während eines vorangegangenen Urlaubs mit seiner Frau (in dem er bereits von seiner Kündigung wußte) noch aufhalten ließ. Seine *»Nerven ... warn total im Eimer«.* Er kann seinen Lebensalltag nicht mehr aktiv und handlungsschematisch verarbeiten, verliert einen Teil seines Selbstbewußtseins und des Vertrauens in die gewohnte »Interaktionsordnung« (*Erving Goffman*) und schließt sich zunehmend nach außen ab. Frau Hitzacker hilft ihrem Mann dabei, mit diesem Bruch in seinem Leben fertig zu werden: *»Denn hab ich mich hier bei ihm hingesetzt und denn ham wir dadrüber geredet und alles. Und denn hat er geweint und alles mögliche«.*

Die konkrete Praxis dieser familiären Solidarität, nicht die Tatsache als solche, verweist in der Tendenz auf eine intergenerationelle Modernisierung der sozialen Nahkontakte im Milieu. Während die Beziehung der Schwiegereltern von Frau Hitzacker noch stark patriarchalisch geprägt war[64], ist die Beziehung zwischen Frau Hitzacker und ihrem Mann eher partnerschaftlich. Sie hilft ihm mit großem Einfühlungsvermögen, seine Lebenskrise zu überwinden. Dabei zeigt sich, daß sie erhebliche Einsichten in die Orientierungsfunktion hat, die die Arbeit im Leben ihres Mannes besitzt. Auch in der selbstverständlichen Übernahme der modernisierten Partnerinnen-Rolle trägt sie noch zur Stabilisierung milieutypischer Haltungen und Orientierungen bei. Hitzackers Gesundheitszustand bessert sich erst, als er mit Unterstützung seiner Frau eine neue Anstellung findet und die Probezeit vorbei ist. Nachwirkungen sind allerdings noch heute zu spüren, wie seine Frau anschließend im Interview erwähnt.

Die Tatsache, daß Frau Hitzacker Einblick in die »Milieuwelt der Männer« bekommt und souverän und sensibel mit diesem Wissen umgeht, ist aber offenbar nicht stellvertretend für die Beziehungskonstellationen ihrer Generation. Ein anderes Beispiel gibt Frau Weimar in ihrem Bericht über die Beziehung zu ihrem Mann:

---

64 Auch mit der Schwiegermutter haben wir ein biographisches Interview geführt.

Aber auf der Werft hat er glaub ich ne
denn ich weiß daß eh mh
aber er hat von der Werft nie was erzählt.
Wenn er nach Hause kam und ich fragte
dann sagte er immer »Ich bin jetz zu Hause.
Die Werft is für mich tabu«.
Er hat nie was von der Werft erzählt.
Auch nie Ärger oder was und=e
er hat sich auch nie=e geär_ wenn er sich geärgert hatte
dann hab ich das nie so gemerkt.
Bis zuletzt da wurde er wohl n bißchen
eben weil er sagte »Ich ich muß jetz vonner Werft gehn
weil die jetz bankrott geht.
Und ich seh nich ein
daß ich jetz mit nichts weg geh«.
Und da hat er sich wirklich mal
auf de auf de Hinterbeine
er hat sich da wirklich mal dafür gesorgt
daß er eben wirklich noch ne Abfindung kriegte.
Kriegte dann 40.000 Mark.
Und das is das Geld was ich jetz auch bis jetz in Rückhalt hab.[65]

Wie Frau Weimar berichtet, konstruiert ihr Mann das lebensweltliche Milieu, das beide teilen, sozusagen »dichotomisch«. Es gibt die Welt des Betriebes, die strikt von der Familienwelt abgeschottet bleibt, und die Welt der Familie (»*ich bin jetz zu Hause*«), in der *Feierabend* herrscht und die Werft »*tabu*« ist. Ihr Bemühen, die Grenze durch interessierte Nachfragen zu überwinden, scheitert regelmäßig. Die einzige Berührung zwischen beiden Ebenen wird auch hier erst durch den Werftkonkurs hergestellt: Weimar setzt eine Abfindung von 40.000 DM durch, von der Frau Weimar noch heute - nach dem lange zurückliegenden Tode ihres Mannes - profitiert.

Im Vergleich der beiden Paarbeziehungen werden zwei Dynamiken sichtbar, die das Submilieu der »Integrierten« kennzeichnet: Im Gegensatz zu den Protagonisten sind die Integrierten *strukturkonservativ*, wenn man so will: »traditionell«. Die sozialen Welten und die gesellschaftlichen Rollen von Frau und Mann sind strikt getrennt.

---

65   Interview mit Elly Weimar, Transkript.

Der orientierende Fokus dieses wichtigen Teilmilieus im Kernmilieu der Arbeiterschaft ist der *Betrieb* und der männlich-proletarische Arbeitshabitus. Modernisierungsprozesse innerhalb und außerhalb des Betriebes gefährden den »konjunktiven Erfahrungsraum« der Integrierten. Deshalb werden individuelle Aufstiegsprozesse emotional abgelehnt oder zumindest evaluativ entwertet. Auch Veränderung auf der privaten Ebene wird - besonders von den Männern - eher blockiert.

Gerade im familiären Bereich sind aber sanfte Modernisierungsprozesse nicht zu verhindern: der Zugewinn an partnerschaftlicher Kompetenz durch eigene Berufstätigkeit bei den Ehefrauen oder die durch äußere Instanzen (z.B. die beginnende Bildungsreform) angestoßenen Bildungsaufstiege der Kinder[66] bewirken eine Wandlung des Privatraums. Zweifellos sind die 1950er Jahre eine Phase, in der sich allenfalls Vorboten dieser Dynamiken zeigen. Der Widerspruch zwischen Beharrung und Modernisierung berührt aber auch das Submilieu der Integrierten, das freilich - im Kontrast zu den Protagonisten - eher den *Beharrungstrend* stabilisiert.

3. Die »Networkers«

Ankerfall: Hilde Dröhler

Biographisches Porträt. Hilde Dröhler wird 1919 in Bremen, in Südstadt geboren. Dort verbringt sie ihre Kindheit und frühe Jugend. 1926 wird sie eingeschult. 1933 zieht sie mit ihren Eltern und ihrem Bruder in einen Stadtteil in Bremen-Nord. Während ihrer Grundschuljahre ist ihre Mutter, die beruflich als Putzfrau oder in einer Schlachterei als Aushilfe arbeitet, häufig krank und muß regelmäßig ins Krankenhaus. Ihr Vater arbeitet vor dem Krieg »aufer Atlas« als Maschinenschlosser, nach dem Krieg ist er beim Wohnungsamt angestellt.

---

66 Dieser Hinweis ist durch zusätzliche Daten (intergenerationelle Interviews) gedeckt, die wir gerade auch im Milieu der »Integrierten« erhoben haben (vgl. dazu die Arbeit von Friemann-Wille und Dierßen, a.a.O.).

Kapitel 11: Akteurstypologien im AG »Weser«-Milieu

In der Grundschulzeit wird Hilde Dröhler von der Lehrerin für den Besuch des Gymnasiums vorgeschlagen. Ihr Vater, der zu dieser Zeit arbeitslos ist, hält nichts von dem Vorschlag der Lehrerin. Er sagt: »*Was bildst de dir überhaupt ein? Wer soll das bezahlen?*«. Hilde Dröhler besucht deshalb nicht das Gymnasium, sondern wechselt zu einer anderen Volksschule. In ihrer Freizeit ist sie in einem Turnverein. Nach der Beendigung der Schulzeit (1930) absolviert sie ein Haushaltsjahr in einem evangelischen Stift in Südstadt. Danach besucht sie für ein Jahr die staatliche Fachschule und macht dort eine Ausbildung als Kinderpflegerin. Im Anschluß daran arbeitet sie für ein weiteres Jahr im Säuglingsheim in Vorstadt. Zwischendurch ist sie in einem Kindergarten in Altstadt beschäftigt.

Nach dem Abschluß der Ausbildung bekommt Hilde Dröhler mit 17 Jahren eine Anstellung in einem Haushalt in einem bürgerlichen Wohnviertel. Sie kümmert sich dort um die beiden Kinder der Familie. Nach einem Jahr gibt sie diese Arbeit auf, weil sie dort auch über Nacht bleiben muß und nur 20,- DM im Monat verdient. Anschließend wird sie in einem Kindergarten in Nordstadt tätig, dort bleibt sie bis zum »*Ausbomben*«. Danach übernimmt sie die Haushaltsarbeiten im elterlichen Haushalt, ihr Bruder war zu dieser Zeit »*im Krieg*«.

1942 heiratet Frau Dröhler, weil ein damaliger Freund im Krieg als Soldat Heiratsurlaub eingereicht hat und nicht unverrichteter Dinge zurückkehren durfte. Von diesem ersten Mann freilich hört sie dann nicht mehr. Als sie ihren späteren Mann, den sie bereits seit ihrer Jugend kennt, heiraten muß, »*wie das denn so is*«, läßt sie ihren ersten Mann »*für tot erklären*«.

1949 nimmt Frau Dröhler eine Arbeit bei einer Kaffeefirma im Versand an. Sie arbeitet dort zehn Jahre. Die Arbeit in dieser Firma war, wie Hilde Dröhler sagt, »*wirklich gut*« - »*war ne schöne Zeit*«. Sie gibt ihre Erwerbsarbeit deshalb auch nicht auf, als der erste Sohn (1952) geboren wird. Ausschlaggebend hierfür sind allerdings vor allen Dingen Geldgründe. Die Versorgung des Sohnes übernimmt die Schwiegermutter. 1958 wird der zweite Sohn geboren. Zu diesem Zeitpunkt gibt Frau Dröhler ihre Arbeit bei der Kaffeefirma auf, weil »*Oma ja nich mehr*« konnte. 1972 nimmt sie wieder eine Berufstätigkeit auf, und zwar als (ungelernte) Verkäuferin in einem großen

Bremer Kaufhaus. Sie arbeitet 2½ Tage pro Woche. 1981 beendet sie das Arbeitsverhältnis.

Das Zusammenleben mit der Schwiegermutter in einem Haus beschreibt Frau Dröhler als »*ganz schön*«, obwohl die Wohnverhältnisse sehr beengt waren. Nach Feierabend muß sich Frau Dröhler regelmäßig um den Haushalt kümmern, den Garten bestellen, die Kindererziehung übernehmen sowie das Finanzielle regeln. Das Kochen übernimmt die Schwiegermutter. Herr Dröhler, der im Betriebsrat der AG-Weser ist, kommt pünktlich von den abendlichen Sitzungen nach Hause. Er macht keine Überstunden. Nach Feierabend kümmert er sich jedoch nicht um die Erziehung der Kinder. Hilde Dröhler erzählt, daß er »*nich einmal die Schularbeiten nachgeguckt*« habe.

In ihrer Freizeit sind die Dröhlers viel unterwegs »*allein schon (durch) den Sport*«. Frau Dröhler ist einem lokalen Sportverein schon als Kind durch ihren Vater beigetreten, und ihr Mann spielt ebenfalls in diesem Verein Handball. Mit den Sportlern wird viel gefeiert. Nach den Worten von Frau Dröhler war »*jedes Wochende (...) ja wat los*«, man habe »*viel gefeiert*«. Außerhäusliche Treffen, ausschließlich mit Freundinnen, gab es, wie Frau Dröhler sagt, früher nicht. Erst seitdem sie Rentnerin ist, trifft sie sich mit zwei Kolleginnen aus ihrer Kaufhauszeit einmal monatlich zum Kaffeetrinken in der Stadt. Hilde Dröhler hat in ihrer Berufstätigkeitsphase allerdings oft Feste »*von der Firma aus*« gehabt »*ohne Männer*«. Das war »*immer ganz lustig*«. Ihr Mann konnte »*das nich haben*«, wenn sie später nach Hause kam. Bei den Fahrten (Kohl- und Pinkeltouren), die vom Kaufhaus organisiert wurden, kamen auch die Ehemänner mit.

Der älteste Sohn von Frau Dröhler hat die Realschule besucht und danach eine Ausbildung als Sozialversicherungskaufmann gemacht. Anschließend ist er zur Polizei (Grenzschutz) gegangen. Hierzu mußte er wiederum eine dreijährige Lehre absolvieren. Er ist jetzt Hauptwachtmeister bei der Polizei. Außerdem ist er Mitglied in der SPD, beteiligt sich aber nicht aktiv. Der jüngere Sohn hat eine Ausbildung als Fernsehtechniker gemacht. Anschließend ist auch er zur Polizei gewechselt. Zusätzlich macht er jetzt eine dreijährige Ausbildung zum Kommissar. Er ist nicht politisch organisiert. Der Kontakt zu den Familien der Söhne ist sehr eng.

Kernstellen. Die folgenden Schlüsselpassagen dienen zur Herausarbeitung relevanter Kategorien für den »Networker-Typus«.

I
ich wurde 30
mein 30ten Geburtstag
ich wohnte ja
das vergess ich nie wieder
da hab ich eine die äh die saß vorne in -
in Glaskasten will ich mal sagen
die hat immer
was die geschriebn hat weiß nich
die hat nur immer gegessen
gegessen und was se geschriebn hat weiß ich nich
über so (...) aber war immer ganz lustig
äh Heike Schulz
und denn sag ich so mein Geburtstag -
und denn hatt ich schon son paar eingeladen ich sag
»Heike du kannst ja auch mitkommen hier Nummer 12«
Vergess ich nie war mein 30ten
da habn wir son Spaß gehabt
denn warn wir warn ja früher auch
ich war ja immer in=e in SGO in Sportverein nech?
Ich mein das muß ich mal eben sagen
als Kind war ich schon im Turnverein
I: mhm
E: hab ich erst vergessen
wie wir in Südstadt wohnten nech?
Als ich zur zur Schule kam
*hat mein Vadder mich gleich an_uns gleich an_*
mein Bruder nech? Und mich uns gleich einge_tse angemeldet
Turnverein - und - -
dann war einer von äh Hei_mein Mann
der hat ja damals Handball gespielt im Dings
warn wir ja auch so inne Clique
und da hat ich auch welche eingeladen zu meinen Geburtstag nech?
Ah mein Vadder der hat sich so amüsiert
wir hatten früher gabs doch so Lampen
so mit vielleicht gibts die jetzt noch
wo so Teller - die so rum
und wo die Teller da so oben drauf liegen so Leuchter nech?

> I: Ja
> E: Da habn wir so rumgesprungen
> daß die immer /hochflogen - die Teller ((lachend))/
> was hat mein Vadder immer gesagt
> »Son Fest wollen wir immer machen - /sagt er ((lachend))/«
> Nee das war richtig doll[67]

Bezeichnend für die biographische Erzählung von Hilde Dröhler ist, daß die wichtigen Stationen in ihrem Leben durch Erinnerungen an Feste und Feiern gekennzeichnet sind. Die »Ereignis- und Erfahrungsverkettung« *(Fritz Schütze)* scheint also besonders geprägt durch eine Orientierung an Spaß und Genuß im Leben.[68] Diese Beobachtung ist auch deshalb interessant, weil Solidarität und Kollektivität im Arbeitermilieu nicht notwendig mit dem Aspekt des Mangels und der Ressourcenknappheit verknüpft werden müssen, sondern durchaus auch Dimensionen des selbstverständlichen Genusses einschließen.

Im vorliegenden Segment erinnert Hilde Dröhler offensichtlich ihren 30. Geburtstag. Die Pointe ist, daß sie sich spontan auch zur Einladung einer etwas merkwürdigen Kollegin *»im Glaskasten«*, vermutlich an der Pforte ihres damaligen Betriebes, entschließt, die immer nur *»gegessen«* und *»was geschrieben«* habe. Gerade die unorthodoxe Zusammensetzung der Geburtstagsgesellschaft führt offensichtlich zu einem unvergeßlichen Erfolg: man schien getanzt zu haben und ausgelassen gewesen zu sein, daß die Lampenteller nur so flogen. Bemerkenswert ist, daß auch dem Vater das Fest im Gedächtnis geliebt ist (*»son Fest wollen wir immer machen«*). D.h. Hilde Dröhler stammt aus einer Familie, in der das Festefeiern und das Zusammensein mit anderen eine lange Tradition hat.

Genau dies wird durch eine Hintergrundkonstruktion auch plausibilisiert, die belegt, daß sie und ihr Bruder, kaum daß sie in die Schule gekommen waren, vom Vater beim örtlichen Arbeitersportverein angemeldet worden seien und daß auch ihr späterer Mann diesem Verein angehört habe. Geselligkeit ist sozusagen von früher Kindheit an Teil ihres sozialen Lebens.

---

67 Interview mit Hilde Dröhler, Transkript.
68 Vgl. dazu die Studie von Friemann-Wille und Dierßen, a.a.O.

Symptomatisch erscheint, daß auch die Erinnerungsstruktur in dem vorliegenden Segment eine Art »Patchwork« darstellt. Hilde Dröhlers 30. Geburtstag ist gleichsam nur ein Aufhänger. Sie selbst ist gar nicht so wichtig. Interessanter sind die Ebenen und Protagonisten, die sie mit ihrer Rekapitulation *vernetzt*: die seltsame Kollegin, den Vater, den Ehemann, die Clique, den Bruder, die Kindheit, den Beruf, das Erwachsenwerden und - als zentrale Hintergrundstruktur - den *Verein*. Alles läuft darauf hinaus, zusammenzusein, Spaß zu haben, niemanden auszuschließen. Hilde Dröhler ist sich ihres *sozialen Kapitals* durchaus bewußt, aber sie nutzt es auch zur Integration anderer. Gerade die spontane, also unerwartet neue Zusammensetzung der Geburtstagsgesellschaft führt zu dem Resultat: »*nee das war richtig toll*«. Neues und Erwartbares gehen in diesen Arrangements des Zusammenseins und der Festlichkeit eine Verbindung ein, die überrascht.

II
I: Ja sind Sie denn mal ausgegangen -
so - mit ihrem Mann mal ins Kino Tanzen und sowas?
E: Ja wir sind oft weggegangen -
wir sind oft - wir sind oft weggewesen
I: Ja?
E: Mhm - sehr oft allein schon durch Sport -
jedes Wochenende war ja wat los -
I: ah ja
wir warn viel weg -
warn immer äh unterwegs -
warn viel unterwegs
doch wir habn viel unternommen -
und denn sind wir auch immer -
von Südstadt aus zu Fuß gekommen warum wohl?
Fuhr der Bus dann die Bahn nich?
Da fuhr ja ne Straßenbahn früher -
oder war das schon zu spät
ich weiß das auch gar nich mehr
wir habn viel gefeiert
wir hatten immer Be_unsere Bekannten in L-Dorf da
*I: mhm - das war jetzt in der Jer_wie heißt se noch SG_*
E: SGO

> I: SGO ne? Ah ja
> [...]
> I: Und was warn da so die die andern Mitglieder?
> Warn das auch so viele Werftarbeiter auch - mit ihrn - Frauen?
> E: Warn auch ja ja da warn auch allerlei Werftarbeiter bei -
> das stimmt - aber ei_eigentlich gemischt -
> I: mhm
> E: beier Strafanstalt warn also einige
> und und - wo warn die eigentlich alle?
> Bei Werft warn auch n paar - tjo -
> war alles gemischt so
> I: mhm - mhm[69]

Auch in ihrer Ehe genießt Frau Dröhler Freizeitaktivitäten. Sie und ihr Mann »*sind oft weggegangen*«. Für eine Feier ist Herrn und Frau Dröhler anscheinend kein Weg zu beschwerlich, hierfür gehen sie auch weite Strecken u.U. sogar »*zu Fuß*«. Der Sport bzw. der Sportverein dient auch hier wieder als Quelle der Geselligkeit, über den Sportverein sind die Dröhlers vernetzt, hierüber haben sie ihre Bekanntschaften entwickelt. Im Sportverein sind allerdings nicht nur Werftarbeiter, sondern auch Beschäftigte der Strafanstalt z.B., d.h. das Werftmilieu verliert seinen unmittelbaren Einfluß, der außerbetriebliche Bereich gewinnt an Bedeutung.

Interessanterweise spricht Hilde Dröhler in diesem Segment nicht über ihr aktives »*networking*«; es bleibt offen, ob sie die treibende Kraft für die erstaunlichen Vergemeinschaftungsinitiativen war oder nicht. Sicher ist, daß sie dabei auf bestehende Strukturen zurückgreifen kann, die auch als »Zeitgeber« der geselligen (Sport-)Aktivitäten fungieren (»*jedes Wochenende war ja wat los*«). Freilich, die Freiheit, »*viel unterwegs*« zu sein, können sich die Dröhlers nur nehmen, weil sie auf großfamiliäre Ressourcen zurückgreifen können. Die Schwiegermutter wohnt im Haus und kann auf die Kinder aufpassen.

Dabei entsteht ein Vergemeinschaftungsmuster neuer Art, das sowohl auf klassische Milieustrukturen als auch auf familiale Ressourcen, allerdings zusätzlich auf funktionale Gesellungsinteressen (Sportverein) Bezug nimmt: Der Sportverein ist eben nicht mehr der

---

69 Interview mit Hilde Dröhler, Transkript.

klassische Arbeitersportverein[70]. Er ist »milieuoffener« geworden. Organisierende Prinzipien sind der Sport selbst und das wiederholbare Gemeinschaftserlebnis.

III

I: *Auch so früher als junge Frau - sind sie immer mit*
mit ihrem - Heinz losgezogen oder wie?
E: *Ja /ja ((langgezogen))/*
wi_ich ich mit äh wir habn ja oft äh
vonner Firma aus ohne Männer Feste gehabt ja <u>klar</u> -
I: *ach so - aha*
E: *jo Jubiläum und so das war immer /schön ((lachend))/*
war ganz gut - war schön -
jo - da warn die Männer unsere Männer ja nich zu eingeladen
da war ja nun - da warn wir so alleine
wenn eine Jubiläum hatte- und so nech?
I: *Mhm*
E: *Jo - - war immer ganz ganz war immer ganz lustig -*
I: *Und die Männer warn auch nich eifersüchtig oder so?*
E: *Nö weiß ich nich*
na er kann das nich habn
wenn ich mal so später
wenn ich ma -
einmal bin ich morgens nach Hause gekommen nech? Und so
das hab ich mach ich auch
hab ich auch gemacht
jetzt nich mehr
aber das konnt er konnt er auch nich habn
nee aber das war immer ganz ganz lustig
[...]
[...]
E: *Nee aber damals von - von <u>Kaufhaus</u> aus*
äh da habn wir ja auch äh Fahrten gemacht
da kam ja unsere Ehemänner mit
I: *mhm*
E: *nech? So*
I: *Richtige <u>Fahrten</u>?*
E: *Ja nee was heißt Fahrten so Kohlessen*
Kohlfahrten so nach Hohldorf raus oder so nech?

---

70 Vgl. dazu ausführlich bereits Kapitel 6.

I: Ah ja ja
E: So da habn habn wir die Männer mitgehabt die kam denn mit

Frau Dröhler amüsiert sich, wie sich an diesem Segment zeigen läßt, nicht nur mit ihrem Ehemann, sondern offensichtlich auch autonom bei Unternehmungen mit ihren Arbeitskollegen (Feste, Jubiläen etc.), bei denen die Ehemänner nicht anwesend sind (»*da warn die Männer unsere Männer ja nich zu eingeladen*«). Sie scheint diesen Freiraum selbstbewußt für sich in Anspruch zu nehmen (»*wir habn ja oft äh vonner Firma aus ohne Männer Feste gehabt ja <u>klar</u>*«). Die Zwischenfrage der Interviewerin, ob die Männer darüber nicht eifersüchtig gewesen seien, deckt allerdings doch eher Hintergrundkonflikte dieser »Freiheit« auf: »*na er kann das nich habn*«. Der verwendete Präsens in der Rekapitulation macht die Brisanz noch deutlicher. Als Beleg fällt ihr auch spontan ein, daß sie einmal erst »*morgens nach Hause gekommen*« sei. Und obwohl sie ihres Mannes wegen längst darauf verzichtet (»*jetzt nich mehr ... konnt er auch nich habn*«), bilanziert sie die innerbetrieblichen Festivitäten keineswegs moralisierend, sondern ausgesprochen positiv: »*nee aber das war immer ganz lustig*«. So, als habe diese durchaus angenehm erinnerte Phase ihre Zeit gehabt, »heilt« die biographische Erzählerin das nur subtil angedeutete »Über-die-Stränge-Schlagen« mit einer Bemerkung über ihre spätere Berufstätigkeit: »*nee aber damals von - von Kaufhaus aus äh da habn wir ja auch Fahrten gemacht da kam ja unsere Ehemänner mit*«.

Bemerkenswerterweise geht es in der Schilderung der Arbeitswelt von Frau Dröhler hauptsächlich um soziale Beziehungen in Verbindung mit Vergnügungen. Von der Arbeit an sich erzählt sie nur bei konkreter Nachfrage. So sehr ihre Familiensituation auch durch ihre eigene Berufstätigkeit bestimmt wird, ihre soziale Identität gewinnt sie als »*Vergemeinschaftungsvirtuosin*«. In geselligen Situationen fühlt sie sich wohl. Für derartige Vergemeinschaftungsprozesse übernimmt sie Verantwortung. Die damit verbundenen Reize und Genüsse rechtfertigen sogar gewisse Risiken in der Partnerschaft. Allerdings bleiben die Prioritäten eindeutig. Familie und Partnerschaft stehen vor dem selbständigen Vergnügen, zumal auch diese Sphäre mit aktiver Geselligkeit verknüpft ist.

Zusammenfassung. Hilde Dröhler erweist sich als Vergemeinschaftungsspezialistin auf ganz neue Weise. Sie knüpft nicht nur an die Bereitschaft in traditionellen Arbeitermilieus an, »Feste zu feiern, wie sie fallen« und damit einen Ausgleich zu finden für die prinzipiell knappen Ressourcen im Milieu[71]. Sie nutzt darüber hinaus auch zwei Modernisierungstrends, die ihr neue Gesellungserfahrungen erschließen: ihre eigene *Berufstätigkeit*, die für ihre Generation durchaus nicht den Normalfall darstellt, und den *Verein* als primär funktionale und zunehmend milieuoffene Vergemeinschaftungsinstanz. Beide Aspekte kompensieren Erosionserfahrungen der Vergemeinschaftungskapazität des Arbeitermilieus. Die AG »Weser« ist zumindest für viele Arbeiterfrauen nicht selbstverständlich die *»paramount reality«*. Leben passiert auch außerhalb der Werft. In Hilde Dröhlers Fall führt das eben keineswegs zur »Individualisierung«, sondern zu neuen, lustvollen Vernetzungen.

Kernkategorien. Bei der Rekonstruktion ihres biographischen Interviews bieten sich folgende Kategorien an, die durch dokumentierende Interpretationen überprüft werden müssen:

- Ansätze neuer Vergemeinschaftungsmuster
- individuelle Vernetzungsstrategien
- Modernisierung der Gesellungspraxis im Milieu.

Ansätze neuer Vergemeinschaftungsmuster

Die Bedeutung, die der Verein in Hilde Dröhlers Leben einzunehmen beginnt, ist bemerkenswert. Er organisiert längst nicht mehr ein bestimmtes Interesse - hier den Sport - im Horizont des traditionellen Arbeitermilieus. In gewisser Weise wird er selbst zum »Milieu« und bietet über die sportlichen Aktivitäten hinaus eine Fülle von Integrationsmöglichkeiten. Interessant erscheint auch, daß der Verein so etwas wie eine *biographische Rahmung* darstellt: schon in der Kindheit sorgt der Vater für die Anmeldung; der spätere Ehemann begegnet ihr im Verein, und selbstverständlich werden auch die eige-

---

71 Vgl. dazu Alheit, Erzählform und »soziales Gedächtnis«, a.a.O.

nen Kinder ins Vereinsleben eingeführt. Ein ähnliches Motiv begegnet uns bei Herrn Förster:

> ja also - wolln mal so anfangen -
> also - mein Hobby is es heute noch
> Parz_Parzellist Kleingarten
> und ich bin mit fünf Jahren - bin ich raus
> heute nennt man das in den <u>Flüssen</u> - nech?
> Beziehungsweise die andern sagen Torfland
> I: mhm
> E: da bin ich äh mit fünf Jahren <u>hin</u> - 1935 -
> da habn wir die übernommen
> und denn bin ich praktisch in Torfland groß geworden
> [...]
> Ich bin nämlich im Grunde genommen bin ich Südstadt'ler
> I: mhm
> E: stamm aus Südstadt
> na und äh - na un Vadder hat die 35 gepachtet -
> kurz bevor ich zur Schule kam -
> un denn bin ich praktisch inne Torfland groß geworden[72]

Auch in diesem Segment ist das Motiv der biographischen Rahmung deutlich zu erkennen. Förster definiert sozusagen seine lokale Herkunft über die Parzelle neu: er sei »*praktisch inne Torfland groß geworden*«, also in der Gegend, in der sein Vater noch vor seiner Einschulung eine Parzelle gemietet und ihn selbstverständlich mitgenommen habe (»*und ich bin mit fünf Jahren - bin ich raus*«). Südstadt ist ein Bremer Arbeiterstadtteil, und der Erzähler betont seine (sekundäre) Zugehörigkeit nachdrücklich (»*ich bin nämlich im Grunde genommen bin ich Südstadt'ler (...) stamm aus Südstadt*«). Freilich bezeichnet er sich - heute noch im Besitz des Gartengrundstücks - nicht als Arbeiter, sondern als »*Parzellist*«. Was ihn geprägt hat, ist in seiner Rekonstruktion also weder das Wohn- noch das Betriebsmilieu, sondern die *Parzelle*. Das wird durch die folgenden Ausführungen noch deutlicher:

---

72 Interview mit Gerhard Förster, Transkript.

so und jetzt äh - hab ich mein Kleingarten noch -
den geb ich
was ich auch nich aufgeben werde
solange ich kann
I: *mhm*
E: *nech Winter über sind wir hier* [gemeint ist: zu Hause] *- nech*
aber - Sie müssen rechnen ab März -
sind wir beide wieder verschwunden - nech
dann gehts wieder ra_raus in nen Garten
und dann bl_ich hab alles da - nech
Fernseher - also Strom sowieso Fernseher
ich kann heizen nech
ich hab alles da
is ja praktisch n zweiter Haushalt da
I: *mhm*
E: *und=e w_wir warten schon -*
wenn das bald wieder so is
daß wir beide wieder verschwinden können -
na das is ja auch so -
wenn man da großgeworden is
in der freien Natur -
man kennt jeden Baum und Strauch - nech
wie das heute aussieht da im Torfland
das is is gar kein Verhältnis - wie früher war
I: *mhm*
E: *wie wir da inne inne - wir warn der letzte Kamp -*
da gabs keine keine Asphaltwege und so weiter
wir warn der letzte Kamp
ganz nach Fluß_ heut sagt man Flußweg
früher sagten wir ja Bachweg
I: *ja*
E: *nech und=e - - ja*
wenn man da wohnt
weil man kennt ja jeden Baum und Strauch - nech
was kreucht und fleucht - nech
Mudder hat mitunter gesagt
»Vadder was is das fürn Vogel«
Ich sag: »Das und das«
»Was is das?«
»Das und das« nech?
Ich kannt bald jeden Vogel in Flug -nech

> *das lernt man dann mit ner Zeit -*
> *lernt man das nech?*
> I: *Mhm*
> E: *Und das äh kann ich heute auch nich* missen *- nech*
> *also das - - das* muß *so sein ((zieht an seiner Zigarette/2sec.))*
> *auch heute noch - da raus gucken da raus gucken -*
> *immer hin und her da is nix los /hier hinten is nix los ((lachend))/*
> *und so ne - in Torfland is das aber ganz ganz anders -*
> *dann kann_habn Platz genug für uns beide -*
> *dann könn wir morgens schön frühstücken - nech*
> *dann sitzen wir draußen - nech?*
> *Und guckst da hin guckst da hin*
> *da sind die Meisen da is dies da is das da is das*
> *Fasan läuft dann vore Füße rum - nech*
> *ja und - wenn man da*
> *s_s_da wird man groß mit*
> *und d_das fehlt denn*
> I: *mhm*
> E: *nech das fehlt einen* -[73]

Die Parzelle bleibt Försters Lebensthema. Nach einem langen Arbeitsleben verbringt er nun die größere Zeit des Jahres mit seiner Frau im Kleingarten. Der Grund ist nicht allein die perfekte Ausstattung des Gartenhauses (»*ich hab alles da is ja praktisch n zweiter Haushalt da*«). Das Hauptmotiv ist die »*freie Natur*«, gleichsam eine andere Qualität des Lebens. Die alljährlich wiederkehrende Freude des Ehepaars auf den Gartenaufenthalt (»*wir warten schon - wenn das bald wieder so ist daß wir beide wieder verschwinden können*«) drückt das Bedürfnis nach einer alternativen Art zu leben aus. Förster verwendet das Verb »*verschwinden*« im Sinne des sich Davonstehlens aus dem gewöhnlichen Alltag: »*man kennt ja jeden Baum und Strauch - nech was kreucht und fleucht - nech ... dann sitzen wir draußen - nech und guckst da hin guckst da hin da sind die Meisen da is dies da is das da is das Fasan läuft dann vore rum Füße nech*«. Aber nicht nur das Bild der paradiesischen Idylle dient als Rechtfertigung dieses Bedürfnisses nach dem anderen Leben, auch das sozialisatorische Motiv der lebenslangen Prägung ist für Förster entscheidend: »*ja und - wenn man da*

---

[73] Interview mit Gerhard Förster, Transkript.

s_s_da wird man groß mit und d_das fehlt denn«. Bemerkenswert erscheint, daß dieser Aspekt des Lebens in »freier Natur« die Geselligkeitsdimension des Parzellenlebens deutlich dominiert:

> *ja unser Vereinsheim is äh Morgentau*
> *kennen Se vielleicht?*
> *I: Ja*
> *E: Kennen Se nech*
> *das kennen wir von Anfang an kennen wir das nech*
> *das sind wir habn wir auch viel verkehrt*
> *I: mhm*
> *E: das sind äh -*
> *hin und wieder mach ich mal n Frühschoppen nech?*
> *Seit <u>Monaten</u> hab ich gestern den ersten mal wieder gemacht*
> *ich hab da keine Lust mehr zu - wie <u>früher</u>*
> *I: mhm*
> *E: nech früher Kohlfahrten und te_de_<u>Pfingstball</u> <u>Ostern</u>*
> *oder <u>Weihnachten</u> und <u>Sylvester</u>*
> *ja denn - warn wir <u>unterwegs</u> -*
> *Kinder warn groß - nech?*
> *Warn wir unterwegs*[74]

Das Parzellenleben schließt also den Geselligkeitsaspekt keineswegs aus. Trotz der eigenständigen Dimension und explizit biographischen Bedeutung, die die Parzelle als Metapher für die »freie Natur« bekommt, sind die Försters selbstverständlich im Kleingarten*verein* aktiv, also kollektiv vernetzt. Es gibt ein Vereinsheim, regelmäßige Frühschoppen, Kohlfahrten und zu bestimmten Anlässen im Jahr auch wiederkehrende Feste. Symptomatisch ist vielleicht, daß im Laufe des Lebens die gesellige Seite ein wenig zurücktritt (*»ich hab da keine Lust mehr zu - wie früher«*). Förster stellt - offenbar selber überrascht - fest, daß er *»seit Monaten«* keinen Frühschoppen mehr besucht habe (*»gestern den ersten mal wieder«*).

Die Parzelle ist gewiß kein neues Element im Arbeitermilieu. Sie war lange Zeit ein entscheidender Faktor der Familienökonomie, sorgte für preiswerten Nachschub an Grundnahrungsmitteln, der die Reproduktionskosten senkte. Erst in den 1950er Jahren löst sich die

---

74 Interview mit Gerhard Förster, Transkript.

Parzellenbewegung von dieser Subsistenzökonomie und wird zum selbständigen Faktor aktiver Lebensgestaltung im proletarischen Milieu. Försters »Parzellenbiographie«, seine keineswegs ironisch präsentierte Identität als »*Parzellist*«, ist dafür ein erstaunliches Beispiel.

Daß solche Ansätze »neuer Vergemeinschaftungsformen« aber nicht einfach identisch sind mit einer Verkleinbürgerlichung des Arbeitermilieus oder - plakativer noch - mit der unaufhaltsamen Tendenz zur *Individualisierung*, zeigt eine andere Passage aus dem Interview mit Herrn und Frau Förster:

> *E2: hier im Haus warn äh hatten wir [Frau Förster zählt nach]*
> *[...]*
> *drei und unten [...]*
> *sind zwei ja fünf sechs sind noch hier*
> *I: mhm*
> *E2: aber die machen manchmal Krach für zehn - - nech*
> *sind also Türken aber*
> *E1: wir kommen da gut mit aus*
> *E2: also wir kommen <u>sehr</u> gut mit aus*
> *E1: mit nebenan nech (...)*
> *E2: Wenn - - die was hat*
> *oder ich was habe also -*
> *»Ja Oma du brauchst bloß sagen ich mach« - nech*
> *E1: Auch die Kinder sagen Oma und Opa zu uns*
> *I: mhm*
> *E2: ich brauch auch kein Hausflur machen*
> *das macht sie alles*
> *E1: das macht sie nech*
> *E2: dann kriegt se mal ne Schachtel Zigaretten*
> *und denn oder - die Kinder kriegen mal ne Tafel Schokolade -*
> *na ja dann freun se sich*
> *I: mhm*
> *E2: nech also das is - - ganz*
> *E1: und wenn sie was sagt*
> *er hat zwei verkehrte Hände - -*
> */nu auf deutsch gesagt ((Frau Förster lacht))/*
> *wenn was is*
> *»Opa hast du Zeit Opa kannst du mal?«*
> *Ja Löcher bohren*

Schränke aufhängen
und n_n_Gardinenbretter anbringen
und n_n_da muß ich denn machen
I: mhm
E1: nech?[75]

Frau Förster eröffnet eine Sequenz über das Zusammenleben mit den Hausnachbarn, einer türkischen Familie mit vielen Kindern. Bemerkenswert ist, daß sie nicht mit dem Hinweis auf die fremde Herkunft beginnt, sondern mit liebenswerter Ironie von der Vitalität der Familie erzählt (»*die machen manchmal Krach für zehn*«). Statt aber diese Feststellung zum Anlaß einer Beschreibung kultureller Differenzen zu nehmen, schließt sich eine Passage an, in der beide, Herr und Frau Förster, sehr praktisch belegen, wie gut das Zusammenleben im Haus funktioniert. Es hat beinahe familiären Charakter (»*auch die Kinder sagen Oma und Opa zu uns*«), wie sich die Generationen einander helfen: Die Türkin übernimmt beschwerliche Arbeiten im Haus (»*ich brauch kein Hausflur machen*«). Herr Förster hilft (»*Opa kannst du mal?*«) umgekehrt bei Reparaturen, denn der Hausnachbar »*hat zwei linke Hände*«.

»Networkers« sind vielfältig aktiv. Sie betätigen sich auf allen Vergemeinschaftungsebenen. Auch im Betrieb:

I: Damals als sie auf der AG-Weser waren
wie war das - Verhältnis so mit den Kollegen?
Hat man auch nach Feierabend was gemeinsam gemacht
sich getroffen?
E: Au ja sicher sicher - das blieb doch
das blieb ja gar nich aus - nech
mal n Rund_äh Umtrunk gemacht
nach Feierabend und so weiter nech
I: mhm
E: na das äh - oder aufer Arbeit selbst nech
wenn - so Festlichkeiten warn
Jubiläum und und und nech
da wurde sich immer ganz schön einer genommen nech
I: mhm

---

75 Interview mit Gerhard Förster. E1: Gerhard Förster. E2: Frau Förster.

> E: das bleibt ja nich aus nech
> also - da wurde immer einer genommen
> n <u>Grund</u> fa_fand man immer nech
> ob das an <u>Bord</u> war oder nich - nech
> man fand al_al_irgend n Grund fand man da nech - -
> heute bist du dran mitn Buddel
> denn bist du dran mitn Buddel
> und denn bist du dran mitn Buddel
> nech und[76]

Diese Episode dokumentiert noch einmal, daß sich die Försters - trotz ihrer »Parzellenleidenschaft« - nicht im geringsten aus den normalen Geselligkeitsriten ausnehmen. Das gibt der beschriebenen *eigenwilligen* Vergemeinschaftungsdimension eine wichtige Konnotation: die Herausbildung anderer Vergemeinschaftungsmuster, die sich in diesem Zusammenhang zumindest andeuten, lösen nicht einfach traditionelle Geselligkeitsformen ab, sondern ergänzen sie. Modernisierung verläuft hier nicht im Kontrast zum traditionell Erwartbaren, sondern reichert es mit neuen Möglichkeiten und Bedürfnissen an.

Individuelle Vernetzungsstrategien

Diese Entwicklung schafft einen gewissen Raum für die Etablierung individueller Geselligkeitsformen, die gleichsam in der Sache gerechtfertigt sind, ohne den Milieubezug explizit herstellen zu müssen. Georg Rixdorf, ein kriegsbeschädigter AG »Weser«-Kollege, ist dafür ein wichtiges Beispiel:

> *ich bin damals - äh*
> *kurz - das war 48 -*
> *bin ich äh zum Behindertensport gestoßen -*
> *und da warn wir mit - 10 10 Leute oder was -*
> *und fingen dann äh im Behindertensport an -*
> *und das sind <u>alles</u> - ehemalige Leute gewesen*
> *die Sport gemacht <u>früher</u> Sport gemacht haben*

---

76 Interview mit Gerhard Förster, Transkript.

und die sich da zusammengefunden habn
und das wurde dann
so langsam gewachsen nech? -
Da warn wir ich weiß noch inner inner Erlenstraße -
da is heute doch äh - da war früher ne <u>Mädchen</u>schule -
<u>da</u> in der Turnhalle sind wir gewesen -
und da machten wir denn - <u>Gymnastik</u>
wir machten <u>Spiele</u> -
und da habn wir <u>Prellball</u> gespielt das erste Mal -
auf <u>einem</u> Bein -
so schlau - daß wir mit ner Prothese auch spielen konnten
warn wir gar nich
diese Erkenntnis oder diese /Erleuchtung ((lachend))/
die kam erst später -
jedenfalls habn wir da wunderbaren Sport gemacht
das war a_eine tolle Sache -
warmes Wasser gab es nich
<u>Duschen</u> gab es nich -
da warn diese langen Waschtröge da diese diese Becken -
so aus aus wie diesen Waschbeton -
kaltes Wasser gabs da nur sonst - nich
und dann äh - aber - wir warn frisch fröhlich fromm und frei -
und denn kam wir nachher auf die Idee
Menschenskind wir könn das doch auch mal mit Prothese versuchen
wir laufen doch so auch -
und denn ging das - wunderschön
und denn äh - habn wir uns nachher -
auch bei den Turnern an den Rundenspielen beteiligt
die Prellballrundenspiele die im Winter warn -
in den Hallen im Sommer spielten die meisten Leute ja
Faustball oder was draußen nech -
und im Winter kamen die alle inne Halle
und dann habn wir diese diese Rundenspiele mitgemacht
bei den bei den bei den <u>Gesunden</u> -
wohlgemerkt bei den Gesunden
und habn es da geschafft -
dreimal Bremer Landesmeister zu werden -
in der in der Altersgruppe - die da warn nech
also das war n sch_das war schon tolles Erlebnis
für für Behinderte -
und das war <u>auch</u> eine wunderbare Sportkameradschaft

> *auch mit den andern Leuten zusammen -*
> *das war natürlich was was uns immer wieder aufgebaut hat -*
> *vor allen Dingen - man hatte durch den Sport -*
> *s_seine ganzen <u>Hemmungen</u> - das hatte*
> *ich habe sowieso nie Hemmungen gehabt -*
> *auch mit meiner Behinderung nich -*
> *und=e - man is auch viel <u>sicherer</u> geworden im ganzen Umgang -*
> *im Laufen s_überhaupt in der ganzen Bewegung -*
> *man konnte <u>fallen</u> oder was das is alles*
> *[...]*
> *und der Sport der hat uns natürlich ne ganze Menge gegeben*
> *Selbstbewußtsein - und Freude -*
> *<u>sehr viel</u> Freude*
> *ich bin nachher viermal die Woche zum Sport gewesen -*
> *ich hab also ja ich hab einen freien Tag in der Woche gehabt -*
> *und das schöne war*
> *meine Frau die hat da mitgezogen -*
> *unsere <u>Kinder</u> sind - mit dabei großgeworden*
> *im Behindertensport -*
> *also für die war ein Behinderter n ganz normaler Mensch -*
> *die habn das gar nich mehr gesehn ob der Oberschenkel amputiert war*
> *oder ob der n Arm ad_ab hatte -*[77]

In Georg Rixdorfs Erzählung schwingt berechtigter Stolz mit: über die Aufbauarbeit im Verein, neue Entdeckungen und Einsichten (»*diese Erkenntnis oder diese Erleuchtung die kam erst später*«) und erstaunliche Erfolge (»*und dann habn wir diese diese Rundenspiele mitgemacht bei den bei den bei den Gesunden - wohlgemerkt bei den Gesunden und habn es da geschafft - dreimal Bremer Landesmeister zu werden -*«). Gleichzeitig wird aber auch das Grundthema seines Engagements entfaltet, der aktive und kollektive Umgang mit der Kriegsbehinderung. Die Tatsache, daß die Anfangsgruppe durchgängig aus ehemaligen Sportlern bestand (»*und das sind alles - ehemalige Leute gewesen die Sport gemacht früher Sport gemacht haben*«), vereinfacht das Problem keineswegs. Gerade ehemals aktive Sportler mußten ihre Behinderung ja als besonders einschneidende Beeinträchtigung er-

---

77 Interview mit Georg Rixdorf, Transkript.

fahren. Gerade ihre Geschichte mit dem eigenen Körper mußte ein dramatisches Erlebnis, die zumeist kaum kaschierbare Kriegsbehinderung, verarbeiten, die häufig mit Schamgefühlen (»*Hemmungen*«) verbunden war. Hier das gemeinschaftliche Erlebnis der Ebenbürtigkeit zu machen, muß eine persönliche und gruppenbildende Stabilisierung bewirkt haben (»*tolles Erlebnis [...] wunderbare Sportkameradschaft [...] Selbstbewußtsein und Freude*«).

Dieser »Normalisierungseffekt« erfaßt auch die Familie (»*meine Frau hat da mitgezogen ... unsere Kinder sind - mit dabei groß geworden*«), prägt den Alltag (»*die habn das gar nich mehr gesehn ob der Oberschenkel amputiert war*«) und wird zur Lebensleistung. Kein Wunder, daß er zum organisierenden Zentrum nicht nur der Freizeit wird, sondern soziale Aktionen bestimmt, wie dies gewöhnlich nur die Arbeit tut. Rixdorf berichtet von einer Art »Karriere«, einem Qualifikationsaufstieg in seinem Submilieu:

und dann äh sagte unser unser Sportlehrer sagte
»Wie is das hättst du nich Lust Georg Übungsleiter zu werden?«
»Jo sag ich Lust hab ich da schon zu«
»Ja« sagt er »Dann machste nen Lehrgang mit
anner Sporthochschule in Merleburg -«
Da bin ich denn 14 Tage Sporthochschule Merleburg -
[...]
das war natürlich jetzt der Anfang -
von einem Funktionärsdasein -
was sich bis zum heutigen Tag erhalten hat -
ich hab insgesamt sechs Bundeslehrgänge mitgemacht -
also die ersten drei waren jeweils immer 14 Tage -
da mußte man dann unbezahlten Urlaub nehmen -
Geld gabs da nich für nech?
Also es es war da_damals war das noch nich so weit
mit dem äh /Kulturangebot ((lachend))/-
na aber - das das war Idealismus -
das war I_wirklich Idealismus
und das hat mir unwahrscheinlich viel gebracht
[...]
das warn Lehrgänge wo man unwahrscheinlich viel gelernt hat -
und es mußte auch viel gelernt werdn -
das richtige Lernen ging praktisch erst abends los -

alles wieder aufschreiben -
[...]
und das - jetzt alles weitergeben -
das war natürlich n P_Problem
bisher hat man immer hinter der Front gestanden -
in dem großen Kreis und jetzt mußte <u>vorne</u> stehen -
und das is natürlich ne <u>unwahrscheinliche</u> Überwindung gewesen nech?
Und unser Sportlehrer sagt sagte mir -
von dem hab ich natürlich unwahrscheinlich viel gelernt -
und aber n bißchen auf_ wir habn uns der hat mir viel beigebracht
[...]
ja so bin ich da so langsam reingewachsen nech? -
Hab den meine meine Sportabende gemacht -
[...]
der hat nachher 74 hat der (der andere Sportlehrer) aufgehört -
aus Altersgründen -
und denn hab ich das seit 74 alleine gemacht -
bin Sportwart des Vereins gewesen -
hab also sämtliche Veranstaltungen
wie Sommerfeste Sportsommerfeste mit hundert Beteiligten -
<u>Prellball</u>turniere mit 18 Mannschaften -
was wir regelmäßig gemacht habn äh
wir habn ja 36 38 Himmelfahrtsturniere durchgeführt -
<u>regelmäßig</u> das war Standard[78]

Georg Rixdorf macht einen Qualifikationsaufstieg und wird zum Funktionär (»*das war der Anfang von meinem Funktionärsdasein ...*«). Die Bildungs- und Qualifikationsprozesse, die er beschreibt, erinnern an die »Protagonisten« in unserem Sample und ihre Funktionärskarrieren. Wie sie hat sich Rixdorf nicht zu den neuen Positionen gedrängt, sondern ist »*da so langsam reingewachsen*« - im Habitus also ganz dem klassischen Arbeitermilieu verpflichtet. Symptomatisch ist, daß er seinen Weg mit der Kriegsmetapher des Überwechselns von der Stellung »*hinter der Front*« in eine Position in vorderster Linie beschreibt. Noch immer bleibt der kausale Zusammenhang seiner Normalisierungsanstrengungen symbolisch sichtbar: der Krieg, der das selbstverständliche Eintauchen in den Alltag unmöglich

---

[78] Interview mit Georg Rixdorf, Transkript

machte. Aber der Erfolg ist unbestreitbar; er wird Sportwart des Vereins und ein bedeutender Organisator großer Prellballturniere. Auch Rixdorf dokumentiert - durch ein individuelles Lebensschicksal gezwungen -, daß neue Vernetzungen möglich sind, die die Milieugrenzen überspringen. Aber auch sein Beispiel zeigt gleichzeitig, daß er dabei die generativen Strukturen des Milieus, den Habitus, bestimmte Vergemeinschaftungs- und Organisationsprinzipien nicht einfach hinter sich läßt, sondern in neuem Kontext wiederbelebt.

Modernisierung der Gesellungspraxis im Milieu

Die für den Typus des Networkers ausgewählten Fallbeispiele zeigen eine hochinteressante Dynamik: Sie deuten durchaus auf eine Verwurzelung im Arbeitermilieu. Gesellungspraktiken, soziale Offenheit, der Bescheidenheitshabitus weisen darauf hin, daß die Networkers zum Kernmilieu gerechnet werden können. Andererseits reagieren ihre Vernetzungspraktiken gleichsam auf neue Herausforderungen und neue Möglichkeiten, die im klassischen Arbeitermilieu üblicherweise nicht zur Verfügung stehen. Sie deuten auf neue, vielleicht »modernere« Konstellationen im Vergemeinschaftungsprozeß der Arbeiterschaft. Die Dynamik zwischen diesen beiden Polen wird in dem Interview mit dem Ehepaar Dröhler besonders greifbar:

> *E1: Sind beide*
> *E2: /nen Bekanntenkreis haben wir auch sehr groß - ((in forschem Tonfall))/*
> *will ich eben von ma eben vonner AG »Weser« anfangen -*
> *hatten wir auch immer viel mitm Betriebsrat*
> *warn wir viel unterwegs nech*
> *E1: jo*
> *E2: wir warn da viel*
> *Turnverein - ich hab früher Handball gespielt*
> *Heinz auch*
> *I: In welchem? TURA?*
> *E1: SGO*
> *E2: SGO*

E1: nich hier im Stadtteil
[...]
[...]
E2: und denn kegeln wir schon über 20 Jahre
I: aha - auch in dem Verein oder in E_
E2: nee nee is extra so zusammengewürfelt
E1: das war
E2: von der AG »Weser« habn wir den ge_
also - Leute von der AG »Weser« da habn wir den gegründet
E1: wir habn ja AG »Weser« Leute
wir habn den wir habn das schon - immer mal so getroffen
einmal im Monat oder wie wir gerade Lust hatten
I: ja
E1: und dann hatten wir ja - hier am (...) Bahnhof
gegenüber - da habn die AG »Weser« -
ein na Rattenlager is nich der richtige Ausdruck
Wohnheime gebaut
I: mhm
E1: Wohnheime - für Türken
I: mhm
E1: /ach sowas muß man auch erzählen
das habn auch n Haufen Ärger gekostet((laut))/
I: mhm
E1: n Haufen Ärger da hat die AG »Weser« da
das schon äh - ne Baracke hingebaut und das is ja
Überschwemmungsgebiet
I: mhm
E1: das Über_die sind die sind ja auch einmal restlos abgesoffen da
I: ach so aha
E1: und=e dann is das da - sind die da aufgebaut worden -
ja in äh - und dann habn wir da ja ne Turnhalle gebaut und ne Kegelbahn -
I: mhm
E1: alles AG »Weser«
I: mhm
E1: und das Gelände das gehörte damals (...)
die Verhandlungen da war ich mit bei - das gehörte der Oberfinanz
in Hamburg
I: mhm
E1: und wurde von nem Bremer - Oberfinanz nur verwaltet hier
und da mußten wir ja auch ganz schön für bezahlen

*nee wir na ja AG »Weser« is ja egal und die <u>Türken</u> -
die da hinkamen - die wurden wir hatten ja mehrere Häuser*[79]

Interessant an diesem inhaltlich weniger aussagekräftigen Gespräch ist die Konkurrenz um den *thematischen Horizont:* während Frau Dröhler die Vernetzung mit dem Turnverein zum Thema macht, versucht Herr Dröhler - scheinbar mit Erfolg - immer wieder die AG »Weser« zum Thema zu machen. Obgleich es nur um die Kegelaktivität geht, die beide seit 20 Jahre betreiben. Dröhler rekurriert sehr weitläufig auf ihren sozialpolitischen Entstehungszusammenhang, bezieht sich auf seine Betriebsratsfunktion. Am Ende kommt heraus, daß sich der Kegelkreis erweitert hat und mit der AG »Weser« nur noch sehr mittelbar verbunden ist. Frau Dröhler setzt sich also durch.

Symbolisch konkurrieren hier also die beiden Ebenen: der Betrieb und der außerbetriebliche Bereich. Frau Dröhler als Prototyp des »Networkers«, steht selbstverständlich für den Bereich jenseits des Betriebes, Herr Dröhler tendiert zum Protagonistentyp. Die Modernisierungsperspektive ist eindeutig der »weibliche Pol« der Auseinandersetzung.

4. Die »Randständigen«

Ankerfall: Herta Becker

Biographisches Porträt. Herta Becker wird 1925 in einem kleinen Dorf in Pommern geboren. Ihr Vater war Arbeiter, und die Familie betrieb eine kleine Nebenerwerbslandwirtschaft. Herta Becker arbeitet nach der Schulentlassung zunächst in einem kleinen Laden in ihrem Dorf, anschließend ist sie drei Jahre in Berlin als Hausangestellte beschäftigt. Außerdem arbeitet sie für einige Zeit auf einer Ostseeinsel. In den letzten Kriegsjahren wird sie zur Luftwaffe »*eingezogen*«. 1945 gerät sie in englische Kriegsgefangenschaft, kommt nach Schleswig-

---

79 Interview mit Ehepaar Dröhler, Transkript. E1: Heinz Dröhler. E2: Hilde Dröhler.

Holstein in ein Entlassungslager und wird nach Bremen entlassen, weil sie jemand dahin mitnimmt und sie selber nicht weiß, »*wohin*«.

Zunächst ist sie dort Trümmerfrau, bevor sie für drei Jahre eine Stelle als ungelernte Fabrikarbeiterin bei Borgward annimmt. 1952 bekommt sie eine Tochter, deren Vater, einen Alkoholiker, sie später heiratet. Herta Becker erhält in dieser Zeit ungefähr 58 Mark Fürsorgehilfe und arbeitet gleichzeitig als Putzfrau. Ihren Mann muß sie finanziell mit »*durchschleppen*«. Seinetwegen wird ihnen eine kleine Souterrainwohnung in Freistadt gekündigt. Sie gelten als »*unzumutbare Mieter*«. Die Familie erhält schließlich eine »*Wohnung*« in einer Barackensiedlung an der Baumstraße in Südstadt.

1959 nimmt Herta Becker für ein dreiviertel Jahr eine halbe, später eine ganze Stelle bei der AG-Weser an. Sie wird dort als Schweißerin ausgebildet. Ihr Mann stirbt 1961; »*da wurde es besser*«, wie sie lakonisch resümiert. Herta Becker nutzt in dieser Zeit jede Arbeitspause und die Mittagszeit, um nach Hause zu fahren. Sie kümmert sich dort um den Haushalt, stellt ihrer Tochter etwas zu essen bereit und besucht sie in ihren Pausen in der Schule.

Insgesamt arbeitet sie 23 Jahre auf der AG-Weser und die Arbeit macht ihr Spaß. Das Arbeitsverhältnis zu den Kollegen war, nach den Worten von Herta Becker, »*immer gut*«. Sie schildert sich selber als »*anpassungsfähig*« und »*friedlich*«. Sie habe stets getan, was man ihr gesagt habe. Alle hätten sich immer gewundert, wie klein und dünn sie sei. Dabei muß sie von erstaunlicher Zähigkeit und Durchhaltekraft gewesen sein, denn die Arbeit war, wie sie selber sagt, »*schwer*«.

Herta Becker ist aufgrund ihres Geschlechts Benachteiligungen im Betrieb ausgesetzt, sie muß z.B. die körperlich anstrengenden Nacharbeiten für die alteingesessenen Mitarbeiter übernehmen. Darüber hinaus erhält Herta Becker weniger Geld als ihre Kollegen und hat praktisch keine Aufstiegschancen, obwohl sie die gleiche Qualifikation besitzt und sogar über bessere handwerkliche Fähigkeiten verfügt. Gewerkschaftlich ist Herta Becker nicht engagiert. Im Alter von 57 Jahren bricht sie auf der AG »Weser« zusammen. Sie erleidet einen Schlaganfall und wird dadurch arbeitsunfähig. Diesen Zusammenbruch will sie aber keinesfalls mit ihrer harten Arbeit in

Zusammenhang gebracht wissen. 1983 geht Herta Becker nach ihrer Genesung - kurz vor der Schließung der AG »Weser« - in Rente.

Seit etwa zwölf Jahren wohnt sie mit ihrem Lebensgefährten, dem ehemaligen Ausbilder auf der AGW, in einem zweistöckigen Haus zusammen. Ihr gesundheitlicher Zustand ist nicht besonders gut. Sie ist herzkrank und hat bereits mehrere Bypässe bekommen. Trotzdem wirkte sie auf die Interviewerin ausgesprochen agil und munter.

Die Tochter von Herta Becker hat die Mittelschule besucht. Sie hat dann bei der AG »Weser« im Büro gearbeitet, früh ihr erstes Kind bekommen und geheiratet. Herta Becker hat das junge Paar finanziell unterstützt und oft auf das Enkelkind aufgepaßt.

Kernstellen. Die folgenden Kernstelleninterpretationen sollen am Ankerfall Dimensionen der »Randständigkeit« im Milieu herausarbeiten.

I

I: Erzählen Sie doch noch mal n bißchen von Ihrer Arbeit so
von dem Verhältnis zu den
E: Arbeitskollegen?
I: Ja Arbeitkollegen auch den männlichen.
E: Ach das war das war immer gut.
Also selten Schwierigkeiten nech.
Nun bin ich aber sehr anpassungsfähig
und sehr friedlich.
Außer wenns zu dicke kommt nech.
Dann is ja keiner mehr ruhig nech.
Aber im Verhältnis bin ich sehr ruhig.
Ich halt mich dann schon lieber im Hintergrund
und hör mir das an
und und ich nick immer.
Da ham die sich schon drüber geärgert.
Wie ich draußen gearbeitet hab
da warn wir praktisch mit unser Arbeit fertig.
Da war unsere ganze Kolonne draußen Containerführung
und nachher kam noch nach
was irgendwie nich stimmte
da mußten noch paar Dinger nachgemacht werden.
Da sagt der Kolonnenschieber zu mir

»Ach Herta willst du rausgehn?«
Ich sag »Ja ich geh raus«.
Es war zwar im Winter nech
also Herbst Spätherbst naß und kalt und so.
»Ja« sag ich »Ich geh raus«.
Und dann ließ mich eines Tages der Ingenieur rufen
»Herta Becker wenn Sie sich beschweren ha_wollten
beschwert haben
warum kommen Sie nich zu mir
und sagen Sie wollen nich draußen arbeiten?«
Ich sag »Aber ich will doch gar nich
ich hab mich doch nich beschwert«.
»Ja Sie warn beim Betriebsrat«.
Ich sag »Ich war in meinem ganzen Leben
noch nich beim Betriebsrat
und hab mich über irgendwas beschwert«.
Ich sag »Im Gegenteil« sag ich.
»Ich bin nich mal in der Gewerkschaft drin.
Dann werd ich ja auch nich da hingehen
und mich beschweren nech«.
Das hätte ich ja sagen können wenn ich nich wollte.
»Doch« sag ich
»Ich will das wohl draußen fertig machen.
Ich hab das angefangen.
Und ich war von Anfang an dabei
dann mach ich das auch zu Ende«.
Ich brauchte dann eben nur immer von
von drinnen Leute
die mir das große Stück gekantet haben nech.
Das konnte ich nich alleine
weil das och ich weiß nich wie lang
aber der so denn den Kopf alles heiß machen
mit ner Pistole und alles anwärmen
das konnt ich alles selber nech.
Und=e ich sag »Nein« sag ich.
»Ich will nich«
»Hätten wir doch jemand rausschicken können«.
»Nein« sag ich »So is das nich.
Ich hab mich weder beschwert noch sonstwas«.
Aber ich schätze
die konnten mich von der Feinplanung immer beobachten.

> *Die ham gedacht »Die kleinste Herta der ganzen Werft ((lacht))*
> *die bringt sich da um nech«.*
> *Daß die da irgendwas gesagt ham nech aber*
> *von Beschwerde wollt ich glaub ich nich mal nech.*
> *Aber sonst ich hab immer ges_*
> *wenn einer gesagt hat*
> *»Herta gehst du jetz nach*
> *bei Jupp in die Kolonne machst das und das?«*
> *Ich habs so gemacht dann bin ich gegangen nech*
> *ohne Kommentar nech ((lacht)).*
> *Ja ich war immer überall gern willkommen*
> *weil ich eben ruhig war.*[80]

Herta Becker evaluiert das Verhältnis zu ihren Arbeitskollegen als »*gut*«, sie hatte »*selten Schwierigkeiten*«. Für dieses vordergründig gute Verhältnis mußte sie allerdings eine immense Anpassungsleistung erbringen, wie sie selber explizit erläutert: »*Nun bin ich aber sehr anpassungsfähig und sehr friedlich [...] und und ich nick immer*«. Durch diese Aussage wird deutlich, daß Herta Becker die Integration in den »Männerbetrieb« AG »Weser« angestrebt hat. Ihre überaus starke Anpassungsbereitschaft erfreut die Kollegen allerdings nicht nur, wie sie in diesem Segment anhand einer Erzählung verdeutlicht, sie stößt auch auf Ablehnung: »*Da ham die sich schon drüber geärgert*«. Möglicherweise ist diese Ambivalenz der Grund, daß Kollegen einer anderen Abteilung dem Betriebsrat über ihre besonders harten Arbeitsbedingungen Mitteilung gemacht haben: »*...ich schätze die konnten mich von der Feinplanung immer beobachten ... daß die da irgendwas gesagt haben*«.

Herta Becker muß, wie sie in einer hochnarrativen Episode rekapituliert, ihr Verhalten jedenfalls gegenüber dem Ingenieur rechtfertigen, der davon auszugehen scheint, daß sie sich selbst beim Betriebsrat beschwert habe. In ihrem vehementen Apologieversuch (»*im Gegenteil ... ich bin nicht mal in der Gewerkschaft drin*«) beweist sie gleich mehrfach, daß sie die »Interaktionslogik« innerbetrieblicher Kommunikation nicht wirklich verstanden hat. Die deutliche Distanzierung von Betriebsrat und Gewerkschaft (»*ich war in meinem*

---

80 Interview mit Herta Becker, Transkript.

ganzen Leben noch nich beim Betriebsrat«), zumal gegenüber einem Vertreter der Betriebsleitung, stellt sie symbolisch gewissermaßen auf die falsche Seite. Ihre Überangepaßtheit bekommt dadurch eine zweifelhafte Konnotation. Sie geht die zusätzlichen Belastungen nicht ein, um Kollegen zu entlasten, sondern um sich selbst zu schützen[81]. Eine Entlastung der Kollegen wäre à la longue nur dann nützlich, wenn die Mehrleistung paritätisch verteilt würde. Die Selbstverständlichkeit jedoch, mit der sie jederzeit »*ohne Kommentar*« die unangenehmen Arbeiten zu übernehmen scheint, ist in doppeltem Sinne kontraproduktiv: Sie verstößt dabei - unfreiwillig und unbewußt - gegen eine stillschweigende Norm, den Belastungsstandard der Gruppe ohne Not in die Höhe zu treiben. Die Mentalität der »Akkordbrecherin« widerspricht freilich der *moral economy* des Milieus[82]. Gleichzeitig macht sie sich zum »Gruppendepp«, indem sie ohne jeden Widerstand (»*'Ach Herta willst du rausgehn?' Ich sag 'ja ich geh raus'*«) die unangenehmsten Tätigkeiten übernimmt, was ihren Status nur negativ beeinflussen kann.

Die zierliche Schweißerin (»*die kleinste Frau der ganzen Werft...*«), für sich schon eine Karikatur des klassischen Bildes vom »starken Arbeitsmann«, die noch dazu bereitwillig jede Dreckarbeit übernimmt und »*immer nickt*«, ist eine subtile Provokation für das Arbeitsmilieu der Werft. Erstaunlich genug, daß sie über 20 Jahre dort tätig ist. Marginalisiert ist sie allemal.

II
Also ich hatts nich weit zur Arbeit.
Ich hatte mein Fahrrad immer
vorne beim Pförtner liegen.
In der Mittagszeit bin ich nach Hause gefahrn.
Hab den Ofen angemacht.
Hab wie er schon tot war nech

---

81 Dieser Selbstschutz hat freilich einen Hintergrund. Sie braucht den relativ gut bezahlten Job, um sich und ihre Tochter zu ernähren. Die Doppelfunktion als Arbeiterin und alleinerziehende Mutter läßt ihr keinen Raum für Verhaltensalternativen.

82 Zu dieser Dimension von milieuspezifischer Moralökonomie vgl. ausführlicher Peter Alheit, Zivile Kultur. Verlust und Wiederaneignung der Moderne, Frankfurt und New York 1994, S. 59ff.

> *die erste Zeit wie wir noch da gewohnt ham*
> *bis ich die Wohnung kriegte.*
> *Hab Feuer im Herd gemacht*
> *und hab ihr was zu Essen hingestellt nech*
> *und war gleich*
> *gerade rüber war die Schule.*
> *Da ging se zur Schule.*
> *Und wenn se grade Pause hatte*
> *hab ich mit ihr gesprochen und so nech.*
> *Da hat der Vorarbeiter schon immer gesagt*
> *»Mein Gott Herta du bringst dich um.*
> *Setz dich selber hin*
> *und mach mal Mittagspause.*
> *Aber <u>nein</u> dann schwingst du dich aufs Fahrrad*
> *fährst nach Hause nech«.*
> *Und da hatten wir auch noch*
> *war da hinten son Holzplatz von der AG-Weser.*
> *Und da hab ich den Sack morgens schon rübergeschmissen.*
> *Da hatten se mir*
> *dann kleines Holz schon reingemacht nech.*
> *Und da hab ich dann mittags*
> *I: Was ham se da reingemacht? Holt?*
> *E: Holz*
> *I: Holz. Ach so. Zum*
> *E: Wir hatten ja ne richtige noch n Kohleherd nech.*
> *Und dann ham se mir da Holz reingemacht.*
> *Den hab ich denn da mittags*
> *auch da noch erst abgeholt nech.*
> *Das war ja schräg rüber nur.*
> *Ja ich hab mich da bald umgebracht nech.*
> *Aber ich ich hab auch immer nur*
> *Größe 34 getragen nech ((lacht)).*
> *Und jetzt ja jetz bin ich dick und fett.*
> *Also im Verhältnis zu früher.*

Herta Becker verbringt die Mittagszeit im Betrieb nicht mit ihren Kollegen, d.h. sie nutzt ihre Zeit nicht für soziale Kontakte, sondern fährt nach Hause, besorgt Holz auf dem Holzplatz der AG »Weser« für ihren Kohleherd, kümmert sich ums Feuermachen, das Essen für ihre Tochter und Gespräche mit ihr in der Schulpause. Schon diese

Tatsache distanziert sie von ihren Arbeitskollegen und reduziert ihr *soziales Kapital* auf drastische Weise.

Herta Becker will beides, sie möchte einerseits integriert sein im Betrieb, präziser: nicht unangenehm auffallen, gleichzeitig will sie eine »gute Mutter« sein - um so verständlicher, als ihre Arbeitszeit die Zuwendung zu ihrer Tochter naturgemäß drastisch einschränkt. Sie ist damit einer vehementen Doppelbelastung ausgesetzt. Ihr Vorarbeiter kann ihr Verhalten aus männlicher Sicht kaum verstehen und macht sich Sorgen um sie. Herta Becker erkennt ihre erbrachte Leistung selber an und ist zumindest implizit stolz darauf, daß sie dies gerade bei ihrer Zerbrechlichkeit geschafft hat, auch wenn sie sich damit, wie sie sich ausdrückt, »*bald umgebracht*« habe.

Das Mitleid des Vorarbeiters (der charakteristischerweise ihr späterer Lebenspartner wird), in dem durchaus eine gewisse Bewunderung mitschwingt, bezieht sich nicht eigentlich auf ihre Belastung als Kollegin, sondern auf die fast unmenschliche Leistung als *Frau*, die bis an die Grenzen des körperlichen Zusammenbruchs neben der schweren Arbeit eben auch die Rolle als Mutter noch bravourös bewältigt. Herta Beckers außergewöhnliche Lebensleistung bringt sie dem Arbeitermilieu freilich nicht näher, sondern gefährdet eher ihre Integration. Daß sie selbst hier auch nur sehr geringe strategische Spielräume besitzt, zeigt der Beginn des Segments. In der *unpersönlichen* Einführung der entscheidenden biographischen Koakteure (»*er*«, der früh verstorbene Mann, und »*se*«, die schulpflichtige Tochter) dokumentiert sie den Kern ihrer sozialen Identität als Frau in der Rolle der sorgenden Mutter. Diese Funktion hat gleichsam einen »überindividuellen« Status - wie immer Mann und Tochter heißen mögen. Sie ist auch unabhängig von ihr selbst und ihren persönlichen Bedürfnissen. Und wenn die Wahrnehmung dieser Funktion die Übernahme schwerster körperlicher Arbeit erfordert, muß auch diese Anforderung bewältigt werden. Frau Becker übernimmt die schwere Arbeit als Schweißerin also um ihrer Mutterfunktion willen; und die Überanpassung hat mit der Angst zu tun, ihren Job, der auch die materielle Versorgung der Tochter sichert, zu verlieren.

III
Wir kamen mit drei Frauen
zuerst in die Halle
die schon einigermaßen
das wurde ja immer einzeln beigebracht.
Einmal Flachnähte und einmal Steigennähte und so
das kam alles nacheinander in der Ausbildung.
I: Flachnähte und dann Steigen
E: und dann Steigennähte
I: Steigennähte ach so.
E: Hochmachen so alles nech.
Wie wir flach schon so
einigermaßen konnten mit drei Mann
wir kamen schon gleich in den Betrieb nech.
I: Hmm hmm
E: Und dann kam ich wieder zurück.
Dann mußt ich das nächste üben nech lernen
und die andern beiden auch.
Ja und so die andern hatten n guten Lenz
die saßen Weihnachten schön drin im Warmen
und wir ham die draußen.
Das warn aber Hallen nech.
Ach du lieber Gott.
Wenn ich heute so dan denke nech.
Seiten alles auf
weil sie ja rein und rausfahrn die Kräne nech.
Und kalt und es schneite rein und alles nech ((lacht)).
Das letzte vom letzten nech.
Das is die erste Halle
alte Zulage auch nich.
Dann ham se immer noch
um unsern Akkord betrogen nech
kriegten wir noch n Vorarbeiter
weil der andere
ach der war ma krank oder was.
Da kam jemand anders.
Dann machte der Akkordscheine
guckt er nach sagt er
»Sag bloß du kriegst kein Akkord?«
Ich sag »Nee ich krieg kein Akkord.
Höchstens mal n paar Prozente«.

»Na das werden wir aber ändern«.
Der hat das in den Büchern ja gesehn nech.
»Ja« sag ich »Aber dafür mach ich
für die alten Schweißer
die hier schon seit hundert Jahren arbeiten«
sag ich »Mach ich die Nacharbeiten nech.
Weil alles nich in Ordnung is«.
Ich sag »Aber die kriegen den Akkord
und kommen sonnabends her
und bummeln die Stunden ab
die wir rausgeholt haben«.
Ich sag »Ja wir kriegen keinen Akkord.
Ja die andern Frauen auch nich nech.
Nich nur ich.«
I: Ach nur die Frauen nicht?
E: Nee die ham uns erst schwer betrogen.
Aber nur der eine Vorarbeiter.
Nachher hat das aufgehört nech.
I: Und die Männer ham sie nicht betrogen meinen Sie?
E: Nein.
Die warn doch schon seit hundert Jahren Schweißer.
Dann hieß es immer.
»Ach« wenn ich gesagt hab
»Mensch guck mal warum soll ich
immer für denen das alles nacharbeiten« nech.
»Das seh ich eigentlich nich ein«.
Und denn vor allen Dingen
man kriecht den ganzen Tag auf den Knien rum nech.
Ich hatte immer Schleimbeutelentzündung in den Knien.
Ich konnte mitunter kaum laufen nech
Und=e »Ja Herta das mußt du verstehn.
Das war früher n guter Schweißer.
Der is sogar von Bord und alles.«
Ich sag »Was interessiert mich das?«
Ich sag »Der kriegt das dicke Geld« sag ich
»Und ich muß immer seine Arbeit hinterher machen«.
Ich sag »Da hab ich aber auch keine Lust zu« nech.
Aber was hilfts nech.
I: Wurde das denn geändert?
E: Ja nöö nein das is so geblieben.
Aber ich kriegte dann mehr Geld nech ((lacht)).

> Wir kriegten unsere Prozente nech.
> Das war ja damals noch Akkord alles nech.
> Oder wenn wir dann neue Männer dazukriegten
> auch die auch umgeler_ auch umgeschult hatten.
> Die kamen denn da rein
> und denn konnten sie dies und jenes nich.
> »Ach geh man eben nach Herta
> die zeigt dir das nech«.
> Ach und denn ham sie die
> dann warn se Steig_ Stöße schweißen nech
> also zwei Platten aneinander
> und denn die Decklagen.
> Also _das_ konnt ich gleich.
> Das muß ich ehrlich sagen.
> Da muß ich mich selber loben.
> Und dann ich sag
> »Halt die Zange mal fest.
> Ich zeig dir das«.
> Und _ach_ der hat das dann _festgehalten_
> wie so ne alte Forke nech.
> Warn meist welche von draußen nech
> »Nee« sag ich »Dann mach es alleine«
> Die konnt die Härt_
> man konnte denen die Hand nich dirigieren irgendwie nech
> die das halten sollte oder machen sollte.
> I: War zu zu steif oder wie?
> E: Ja ja der hat das so krampfhaft festgehalten
> daß ich da nich gegen an konnte
> und seine Hand führen nech
> Aber das warn nachher die bestbezahlten Leute.
> Aber nich mehr nach n
> diese Halle kam denn woanders hin nech.
> Nachher ham se viel mehr Geld verdient wie wir ((lacht)).
> I: Aha. Warn auch Schweißer? Oder warn die
> E: Ja aber auch Angelernte. Ja ja.

In diesem Segment werden Benachteiligungen angesprochen, die Herta Becker und ihre Kolleginnen aufgrund ihres Geschlechts erfahren. Zum einen müssen sie in ihrer Ausbildung unter harten Arbeits- und Wetterbedingungen draußen arbeiten, während ihre männlichen Kollegen »*schön drin*« sitzen »*im Warmen*«, zum anderen werden sie von dem Vorarbeiter gewissermaßen um ihren Akkord betrogen. Erst als der Vorarbeiter krank ist, deckt ein zusätzlicher Vorarbeiter diese Unregelmäßigkeit auf. Herta Becker weiß um den Betrug, scheint sich aber unter dem alten Vorarbeiter nicht zur Wehr gesetzt zu haben (was wiederum ihrer Überanpassungsstrategie entspricht). Ihr ist klar, daß sie die Nacharbeiten für die älteren Schweißer (»*Schweißer ... schon seit hundert Jahren*«) macht, die dafür den Akkord einstreichen. Sie tröstet sich damit, daß es den anderen Frauen ebenso ergeht.

Interessanterweise schiebt sie die Schuld für den Betrug aber nur auf den einen Vorarbeiter, während sie im Interview verneint, daß die anderen Männer sie auch betrogen hätten. Sie erkennt zwar die herrschenden Ungerechtigkeiten und erkrankt sogar aufgrund der körperlich anstrengenden Arbeiten (»*Schleimbeutelentzündung in den Knien*«), die sie für die Männer übernehmen muß, aber sie scheint das Privileg, das den »*alteingesessenen*« Mitarbeitern eingeräumt wird (denen, die »*seit hundert Jahren*« Schweißer sind, die zum Kernmilieu gehören und denen die Tätigkeit innerfamiliär weitergegeben worden ist), hingenommen und akzeptiert zu haben, weil sie gar keine andere Wahl hat. An der Situation ändert sich, bis auf die bessere Bezahlung, nichts für sie.

Eine weitere Benachteiligung, die in diesem Segment angesprochen wird, besteht darin, daß Herta Becker trotz gleicher Qualifikation und besseren handwerklichen Fähigkeiten im Vergleich zu ihren männlichen Kollegen weniger Aufstiegschancen hat und weniger Geld verdient als die Männer. Sie verdeutlicht dies am Beispiel der Männer im Betrieb, die neu hinzukommen, wie sie selbst nur Angelernte sind und sich außerordentlich ungeschickt anstellen. Genau diese männlichen Kollegen waren später nicht selten »*die bestbezahlten Leute*«.

Zusammenfassung. Herta Becker, die allein aufgrund ihres Geschlechts eine randständige Position bei der AG »Weser« hat, erbringt eine enorme Überanpassungsleistung, um überhaupt noch zum Milieu zu gehören und nicht Außenseiterin zu sein. Sie muß sich dabei viele Benachteiligungen gefallen lassen. Neben der »Gender-Schwelle«, die sie vermutlich daran gehindert hat, an Gemeinschaftsaktionen im Betrieb (z.B. am gemeinsamen Trinken in der Pause oder nach Feierabend) zu partizipieren, hatte sie in ihrer Doppelrolle als Erwerbstätige und Hausfrau und Mutter keine Gelegenheit, soziale Kontakte mit Kollegen innerhalb und außerhalb des Betriebs zu pflegen, weil sie jede freie Minute nutzten mußte, um nach Hause zu fahren.

Die mangelhafte Integration in das Milieu scheint Herta Becker damit zu kompensieren, daß sie einerseits ein ausgeprägtes Selbstbewußtsein in bezug auf ihre handwerklichen Leistungen entwickelt. Diese besonderen Fähigkeiten werden aber keineswegs honoriert, Herta Becker wird weder finanziell höhergestuft, noch kann sie einen beruflichen Aufstieg machen. Anderseits ist die Präferenz ihrer Mutterrolle für sie selbst so eindeutig, daß sie dafür Zusatzbelastungen und ungerechte Entlohnung im Betrieb in Kauf nimmt, um die Sicherheit der Erwerbsquelle nicht zu gefährden. Das Frauenschicksal bestimmt also nicht allein ihre Marginalisierung im Milieu, sondern begrenzt (z.B. über den Mangel an Zeit für soziale Kontakte) auch ihre aktiven biographischen Handlungschancen.

Kernkategorien. Aus der Kernstelleninterpretation lassen sich zweifellos Kategorien entwickeln, die sich allerdings nicht pauschal auf die Angehörigen des Typus *Randständige* übertragen lassen. Die Gruppe der Randständigen ist nämlich wesentlich heterogener, als die zuvor untersuchten Gruppen. Ausschließlich die Kategorie *»mangelnde soziale Vernetzung«* durchzieht alle aus dieser Gruppe untersuchten Interviews. Diese Kategorie werden wir, wie bereits zuvor bei den anderen Interviews, durch eine dokumentierende Interpretation belegen und ausdifferenzieren. Im Anschluß daran wollen wir die unterschiedlichen Aspekte der Randständigkeit, die sich anhand der ausgewählten Kernstellen zur Kategorie: »mangelnde soziale Vernetzung« aufzeigen lassen, noch einmal zusammenfassen. Zum Schluß sollen die einzelnen Interviews miteinander konfrontiert werden.

Mangelnde soziale Vernetzung

Herr Bauer ist durchaus ein Werftarbeiter »mit Funktion«, dennoch läßt seine biographische Erzählung durchblicken, daß er offensichtlich nicht zum Kernmilieu gehört:

> und dann hab ich von - von ne - 4_64
> also bis 74 die gesamte Hausverwaltung gemacht vonner AG »Weser«
> da hat ich mit allen zu tun mitm Bremerhavenhaus Columbus
> hier Hotel Columbus und Norddeutsche Lloyd und so
> das war alles meine ganze Arbeit war das
> sie - und da hat ich mit <u>jeden</u> hat ich da zu tun -
> da mit Bremerhaven nachher
> mitte Seebeckwerft steh ich heute noch in Verbindung
> und Franz Huber das war der Chef vonner AG »Weser«
> der ging nachher nache Howaldt-Werke hin
> hat er das da übernommen
> und=e und und Starke Herr Starke vom Verkauf
> der is ja noch in Bremerhaven jetzt inne Seebeckwerft is da noch
> sie - da steh ich noch überall so mit
> so ab und zu noch mal in Verbindung mit
> lange - mit=e Wilhelm Stöver hab ich lange nich gesprochen
> der lebt aber noch
> hab ich vorn paar Tage noch gehört durchn Bekannten nich?
> Der wohnt auch im bürgerlichen Wohnviertel wohnt der
> sehn se und so is man durche ganze Gegend gekommen[83]

In diesem Segment wie im gesamten Interview »inszeniert« Bauer seine zahlreichen Bekanntschaften. Nach seinen Worten hatte er mit »jeden« zu tun. Bauer betreibt ein regelrechtes »name-dropping«, er nennt Namen und unterstreicht die Bedeutung der jeweiligen Person (»... *das war der Chef vonner AG »Weser« [...] der is ja noch in Bremerhaven jetzt inne Seebeckwerft [...] der wohnt auch im bürgerlichen Wohnviertel*« etc.). Interessanterweise füllt Bauer diese Bekanntschaften aber überhaupt nicht mit Erzählungen über gemeinsame Begegnungen und Gespräche, sondern er beläßt es bei der einfachen Namens- und Positionsbenennung, so daß der Eindruck entsteht, daß er mit der

---

83 Interview mit Johann Bauer, Transkript.

Namenstirade nicht seine herausragende Stellung im Milieu dokumentiert, sondern eher umgekehrt seine Marginalisierung kompensieren muß. Der prätentiöse Charakter des Sich-selbst-ins-Zentrum-Rückens wäre im übrigen kontraproduktiv. Eine vergleichbare »Überstilisierung« ist unter Kollegen unüblich und paßt nicht zum Milieu-Habitus. Bauer scheint also eher eine randständige Figur im AG-Weser Milieu gewesen zu sein. Auch in seiner Freizeit pflegt er offensichtlich keine wirklichen Kontakte zu Kollegen, sondern geht einer »unseriösen« Musikertätigkeit nach:

> *und ich hab in der Jugend Musik gemacht -*
> *Musik war mein Hobby das lag in der Familie*
> *[...]*
> *und wie ich 24 Jahre alt war*
> *dann hat ich=e schon äh -*
> *dann nahm der mich schon mit*
> *Clasens hieß der der Kapellmeister*
> *Clasens hieß der der Geiger*
> *und dann nahm der mich schon mit in*
> *hab ich schon in Dardorf un Bergedorf gespielt*
> *ich kenn alles auswendig hier*
> *I: Was haben Sie gespielt?*
> *E: Geige und nachher hab ich Cello gespielt*
> *das hab ich aber aufgegeben*
> *dann hab ich Saxophon gespielt -*
> *und=e für Marschmusik Topfposaune*
> *das war mein Hobby war das*
> *trotzdem ich mein Beruf hatte nech*
> *[...]*
> *so hab ich überall gespielt*
> *in Haldorf (...) in ganze Umgebung*
> *bis nach Lerdorf runter*
> *wo der große Sandberg da is nech?*
> *Und oben wo das Erntefest da war -*
> *dann oben aufm Berg -*
> *da war ne große Halle*
> *da war Erntefest*
> *dann kam die Künstler und denn immer*

> *die habn nebenbei uns*
> *bei uns gesessen*[84]

In bezug auf seine Musikertätigkeit stellt sich Bauer ebenfalls als erstaunlich kompetent dar. Er kennt alle Dörfer der Umgebung »auswendig« und stilisiert seine musikalischen Fähigkeiten ebenso wie seine zahlreichen einflußreichen Bekanntschaften (die er auch in diesem Zusammenhang wieder erwähnt - hier sind es »*die Künstler*«). Bei der Anzahl an Instrumenten, die er neben seiner beruflichen Tätigkeit gespielt hat (»*Geige*«, »*Cello*«, »*Saxophon*« und »*Topfposaune*«) kann er eigentlich kein Instrument wirklich gut beherrscht haben. Bauer präsentiert sich gewissermaßen als »Hans Dampf in allen Gassen«. Um überhaupt noch zum Milieu zu gehören und nicht als definitiver Außenseiter zu gelten, muß er symptomatischerweise die unseriöse Musikertätigkeit bei der Übernahme seiner Verpflichtungen in der Hausverwaltung der AG »Weser« beenden:

> *65 wie ich das übernahm* [die Tätigkeit in der Hausverwaltung]
> *dann hab ich die Musik aufgegeben*
> *weil das nich mehr -*
> *erlauben konnte da von wegen denn nachts spielen*
> *und andern Morgen denn mit der Direktion*
> *und sprechen und dies und jenes das ging nich mehr*[85]

Zusammenfassend läßt sich Bauer als eine Art »Hofnarr des Milieus« beschreiben, der zwar oberflächliche Kontakte zu vielen Kollegen im Betrieb hat, aber wohl eher als Unikum geduldet wird. Bauer scheint in dieser Position durchaus ins Milieu integriert zu sein und sich auch seinerseits aktiv um Integration zu bemühen (z.B. durch die Aufgabe seiner Musikertätigkeit), aber über den Status eines akzeptierten Individualisten nicht hinauszukommen. Deshalb wäre er - trotz seiner »pseudoprotagonistischen« Attitüden niemals zu den Protagonisten zu zählen, aber eben auch nicht zu den Integrierten oder den »Networkers«. Sein soziales Kapital im Milieu ist zu gering.

---

84 Interview mit Johann Bauer, Transkript.
85 Interview mit Johann Bauer, Transkript.

Auch Herr Scholz läßt sich, wenngleich aus völlig anderen Gründen, als randständig im Milieu bezeichnen. Er grenzt sich zunehmend mit seinen Interessen und Wertehaltungen von den Kollegen ab:

> *und dann ach so dann war das so auch*
> *daß wir eigentlich so unter Kollegen*
> *der eine mit dem andern n bißchen mehr oder so*
> *auch=e zusammen dann=e*
> *die einen kamen mal hier her*
> *oder wir gingen denn dort hin und so nech?*
> *Und das war eigentlich immer schön*
> *dann is man so abends äh*
> *auch später dageblieben und so*
> *Bahnen fuhrn nich dann is man auch zu Fuß gelaufen*
> *also wieder nach Hause und das nech?*
> *Aber das äh veblieb nachher alles mit -*
> *zunehmender Konjunktur is das alles verblieben nech?*
> *Da is jeder nur noch für sich und dann hat*
> *habn ne die meisten also bei uns aus der Abteilung*
> *hatten dann nachher schon Fahrzeuge -*
> *und ich war eigentlich so ich hab gesagt*
> *»Wenn ich mir n Auto kauf*
> *dann muß ich mir das auch leisten können*
> *und auch bezahlen können - nich auf Kredit«*
> *Und=e da verblieb das dann schon*
> *der Kontakt dann mit solchen Leuten nech?*
> *Die habn dann so Mensch denn hab ich hab ich*
> *die sind nich so -*
> *eingestellt die könn nich mit nach Bremerhaven*
> *oder nach Duhnen fahrn oder wat weiß ich nach Jugoslawien*
> *wo die schon alle hingefahrn sind*
> *und wir habn uns dann 19hundert und äh 59 - 60*
> *habn wir uns dann einen Kleingarten gekauft nech?*
> *Und habn unsere Freizeit praktisch dort in dem Garten -*
> I: mhm
> E: *und verbracht und den wir auch heute noch habn*
> *und wo ich auch sehr dran hänge*[86]

---

86 Interview mit Hans Scholz, Transkript.

Scholz beklagt in diesem Segment den Zerfall des außerbetrieblichen Milieus, den er mit der zunehmenden Konjunktur erklärt. Gleichzeitig scheint er das Verlassen dieses Milieus auch zu intendieren, denn er grenzt sich in seiner Lebensführung von seinen Kollegen ab. Er schafft sich kein Auto an, was er damit erklärt, daß er sich das nicht »*leisten*« konnte. Er grenzt sich auch verbal von denen ab, die ihr Auto »*auf Kredit*« kaufen. Er spricht von »*solchen Leuten*«, mit denen er dann keinen Kontakt mehr hatte. Es ist anzunehmen, daß Scholz das Geld für ein Auto durchaus hätte aufbringen können, zumal seine Frau ebenfalls berufstätig war und er das Geld für die Anschaffung eines Kleingartens hatte. Scholz scheint aber andere Prioritäten zu setzen als seine Kollegen. Er verfolgt eher eine kleinbürgerliche Lebensweise, was sich auch in anderen Erzählsegmenten aufzeigen läßt, z.B. anhand der expliziten Aufstiegsaspirationen für seinen Sohn:

> *ich hab gesagt »Alles was wir dem ermöglichen können*
> *oder nicht ich« also meine Frau und ich*
> *»Das ermöglichen wir ihm - also an Schulbildung*
> *daß er wenn er auf höhere Schule oder Mittelschule gehen konnte*
> *oder das Wissen hat*
> *dann soll der das auch machen«*
> *Ja und der is dann auf -*
> *nachher vonner vierten Klasse is der auf Oberschule*
> *also auf die Oberschule gekommen*
> *und hat dort auch dann sein Abitur gemacht -*
> *[...]*
> *unser hatte dann äh Betriebswirtschaft*
> *beziehungsweise das Wirtschaftsfach gewählt*
> *und hat dann eine Lehre nachher bei einer Bremer Bank begonnen*
> *und hat auch dort diese Lehre zuende gemacht*
> *und auch gearbeitet dort noch -*
> *ja und das dann nachher nach der Lehre -*
> *hat er ne zeitlang dort noch gearbeitet*
> *und wollte dann aber auch studieren*
> *und w_d_wir habn gesagt »Wir habn nur den einen«*[87]

---

[87] Interview mit Hans Scholz, Transkript.

Bildung scheint ein zentraler Wert für Scholz zu sein. Seinem Sohn will er in bezug auf seine Ausbildung alles ermöglichen. Die Aufstiegsaspirationen gehen in Erfüllung; der Sohn macht sein Abitur, durchläuft eine Lehre und absoviert ein Studium. Aber nicht nur in bezug auf den Sohn, sondern auch in seinem eigenen Leben nimmt Bildung einen wichtigen Stellenwert ein und dürfte mitverantwortlich dafür sein, daß er kaum Zeit für außerbetriebliche Kontakte hatte:

> *ja und dann nachher 1968 wurde der Schnürboden -*
> *in seiner alten Form ganz und gar aufgelöst*
> *und wir wurden vom Konstruktionsbüro übernommen*
> *und kamen ins Verwaltungsgebäude*
> *und da warn wir dann 27 Leute*
> *die übernommen worden sind*
> *also im=e für die Konstruktion mit unserm Optikbüro*
> *und habn dann nur noch eins zu zehn gearbeitet also*
> *I: mhm*
> *E: alles gefertigt also -*
> *den Aufriss den Längsschnitt und*
> *alle äh Konturen und so*
> *auf Zeichenfolie erstellt -*
> *und dann äh - ging das auch immer wieder -*
> *so Schritt für Schritt weiter -*
> *und dann äh fing es an mit der Datenverarbeitung*
> *und wurde alles auf EDV gemacht*
> *also wurde nich mehr alles gezeichnet sondern -*
> *ein Teil schon mit der Datenverarbeitung gefertigt*
> *mit einem besondern Programm -*
> *das hieß damals Autocon -*
> *weil - die Werft existiert ja nich mehr*
> *kann man das ja ruhig sagen*
> *und äh da mit Lochbändern gearbeitet*
> *I: mhm*
> *E: ja und das war eigentlich nachher so*
> *daß wir 19hundert - ja ich sag mal 75 76*
> *eigentlich nur noch damit gearbeitet habn*
> *außer bestimmte Teile wo se sich nich gelohnt hat*
> *da wo der Aufwand dann mehr war mit dem Rechner zu arbeiten*
> *als daß man das zeichnete so Kleinteile und so*

> und die nich äh öfter gebraucht wurden
> die denn nur einmal gemacht wurden nech?
> Dann hat sich das mit der Dings nich gelohnt
> ja und das war eigentlich bis zum Schluß sag ich mal[88]

Für Scholz bedeutet der berufliche Aufstieg die Übernahme einer verantwortungsvollen Tätigkeit, die ständig neue technische Anforderungen an ihn stellt. »*Schritt für Schritt*« muß er sich in die neuen Datenverarbeitungsformen einarbeiten. Da bei der AG »Weser« keine innerbetriebliche Weiterbildung angeboten wurde, muß Scholz viel Freizeit für den Erwerb des neuen Wissens geopfert haben. Diese Form des Aufstiegs, die mit einer Kumulation von kulturellem Kapital einhergeht, läßt sich mit den Aufstiegen der Rostocker Werftarbeiter vergleichen. Auf jeden Fall wird die ständige Weiterbildung Scholz daran gehindert haben, rege Kontakte zu den Kollegen zu pflegen.

Auch bei der Arbeit auf der Werft scheinen Scholz' soziale Kontakte zu seinen Kollegen später spürbar zurückgegangen zu sein:

> *ja und zu der Zeit war das eigentlich auch alles so*
> *sag ich mal während meine Lehrzeit*
> *und auch noch kurz nach der Lehre*
> *daß das alles sehr kollegial war -*
> *äh so von den Gesellen und Meistern*
> *wurde man so richtig wie äh -*
> *na so in väterlicher Obhut genommen*
> *und dann auch - daß man was lernt da also -*
> *den Beruf auch richtig voll - begriff -*
> *und - je weiter das aber nachher fortschritt*
> *so die Technik und die äh die Bauweisen und so*
> *und je mehr Leute wir wurden -*
> *je mehr nahm das auch ab nech?*[89]

Scholz beschreibt den Rückgang der Kollegialität allerdings nicht als individuelles Problem, sondern als kollektives. Er bringt dieses Problem u.a. mit dem technischen Fortschritt, dem er selber zunehmend

---

88 Interview mit Hans Scholz, Transkript.
89 Interview mit Hans Scholz, Transkript.

ausgesetzt war, in Zusammenhang. Charakteristisch ist allerdings, daß dem kollegialen Ideal, das sich zu verflüchtigen scheint, nicht die Idee des kollektiven Lohnarbeiterinteresses zugrundeliegt, sondern eher die patriarchale Harmonie der Handwerkerzunft. Scholz' Randständigkeit hat mit abweichenden *sozialstrukturellen* Orientierungen zu tun. In gewisser Weise könnte seine biographische Erzählung auch als Dokument für die Tatsache gewertet werden, daß das Werftmilieu und die spezifische Produktionsorganisation einer Großwerft auf die Teilintegration kleinbürgerlich-handwerklicher Akteure angewiesen ist.

Als eine Form erzwungener Randständigkeit läßt sich die Lebensweise von Herrn Reich bezeichnen. Für ihn steht das Projekt »Hausbau« im Mittelpunkt seines Lebens. Die massive Eigenarbeit läßt ihm kaum Zeit, sich um soziale Beziehungen zu Werftmitarbeitern außerhalb der Arbeit zu kümmern:

> *E1: Und wie wir da auf=e Werft warn nachher auch*
> *bei=e Zentrale da wurde auch Verschiedenes.*
> *Türen wurden dichtgemauert.*
> *Auch da hab ich viel da immer mit de Augen gestohlen ja.*
> *Und denn hab ich doch tatsächlich*
> *meinen Schuppen und das da alles*
> *fertiggekriegt nech ohne Mauermann nech.*
> *Sehen Se und denn hab ich nachher auch*
> *das war jetzt=e jo das war die Zeit*
> *kurz vor ja Ende 40er Jahre*
> *wo wir den Schweinestall gemauert haben da.*
> *Hatten wer auch etwas Viehzeug hier.*
> *[...]*
> *Und denn warn wer*
> *ham wer 52 ham wer denn gebaut den Anbau.*
> *Das war dieses hier und das hier.*
> *Das warn sonst zwei Zimmer hier.*
> *Das ham wir eingebaut aber mit n flachen Dach.*
> *[...]*
> *[...]*
> *I: Auch das Dach selber gemacht?*
> *E1: Ja. Da da das Pappdach ja.*
> *Das warn ((lacht)) das das Dach selber*

das Holz also die Balken oben die jetz drin drauf warn
E2: Nich so wies jetz is
E1: Das warn nee nee das Flachdach.
Das warn Schiffsplanken warn das.
Das war Pitchpineholz.
Gebraucht natürlich nech die warn
wie lang warn die Mensch? Sechs Meter?
Die ham wir beiden
die haben wir beiden mit n Handwagen
mit n zweirädrigen Handwagen von der AG »Weser« hierher gefahrn.
Konnten wir uns doch nich erlauben
das Geld war doch nich da.
E2: Alles mit n Handwagen
E1: Wir ham wir ham Sand fürs Fundament hier
von der Wienstraße kenn Se die Wienstraße?
Is ja damals aufgeschwemmt worden.
Da ham wir pazellenwagenweise Sand weggeholt fürs Fundament.
E2: Und Steine und Steine aus m Feld gesucht.
E1: Wer würd heut sowas machen?
Feldsteine gesucht um Zement zu sparn nech. Darein.
Nun mußt ich bei der Heizung legen
mußten da wieder durch nech.
Das war nun schwierig nech ((lacht)).
Na ja wie gesagt und denn warn wir mit n Zeug
wir warn ja sowieso runter
weil wir ausgebombt warn.
Aber wir jetz warn wir <u>ganz</u> so Rest.
Da sagt Mudder »Also so geht das nich weiter.
Ich such mir Arbeit«.
Also wir weil wir konnten nirgends mehr hingehn
weil wir mit n Zeug total zerschlissen warn
auf Deutsch gesagt nech.[90]

Reich beginnt 1952 mit dem Ausbau der Baracke[91], in die er 1944 mit seiner Frau gezogen ist. Die handwerklichen Fähigkeiten hat er u.a. durch das Abgucken von Werftmitarbeitern erworben. Er ist offen-

---

90   Interview mit Johann Reich. E1: Johann Reich. E2: Frieda Reich.
91   Solche Baracken wurden von der AG »Weser« als Behelfsheim für die Mitarbeiter gebaut.

sichtlich stolz auf die Eigenarbeit, mit der er den Schuppen und den Schweinestall gebaut hat. Gleichzeitig wird nachvollziehbar, daß Reich in seiner Freizeit völlig ausgelastet war mit diesen Hausbauaktivitäten, außerdem hatten er und seine Frau auch noch »*Viehzeug*«. Wieviel Zeit und Kraft für den Hausbau beansprucht wurde, verdeutlicht Reich bildlich an der Materialbeschaffung für den Bau des Daches. Er und seine Frau haben gebrauchte Schiffsplanken ca. fünf Kilometer mit dem Handwagen von der AG »Weser« bis nach Hause geschafft, weil das Geld für eine andere Form des Transportes fehlte. Ebenso wurde Sand für das Fundament herangekarrt und Steine aus dem Feld gesucht, um Zement zu sparen. Daß nebenbei kaum Zeit für soziale Kontakte blieb, ist wohl nicht erklärungsbedürftig. Hinzu kam, daß sie »*nirgends mehr hingehn*« konnten, weil ihre Kleidung »*total zerschlissen*« war und kein Geld übrig war, um neue Kleidung anzuschaffen. Aus diesem Grund nimmt Frau Reich ihre Berufstätigkeit auf. Im folgenden Segment weist Reich selber darauf hin, daß er sich kaum aus seiner Siedlung fortbewegt hat:

> I: *Aber Sie habn so in den 50er Jahrn praktisch eh doch hauptsächlich hier gelebt?*
> E.: *Hier gelebt ja ja ja. Hmm.*
> *Wir sind selten weggekommen nech also*
> *die Kneipen die wir hatten*
> *da hier unten da war Niedersachsen*
> *und auch hier oben war wohl eine also.*
> *Die kennen uns gar nich.*[92]

In der Siedlung, in der Herr und Frau Reich leben, wohnen außer ihnen andere AG »Weser«-Mitarbeiter, die allerdings keine direkten Kollegen von Reich sind. Der Kontakt zu ihnen war, wie er in einem anderen Interviewsegment sagt, gut. Reich hat die Siedlung in den 1950er Jahren kaum verlassen, d.h. er hat wenig außerbetriebliche Kontakte zu seinen direkten Arbeitskollegen gepflegt. Obwohl die Kontakte zu den Kollegen eingeschränkt waren, bezeichnet Reich sie als »*sehr gut*«:

---

92   Interview mit Johann Reich.

> I: Und wie war das Verhältnis so zu den Kollegen? In in auf der AG
> »Weser«?
> E: Ja das war sehr gut.
> Da ham wer heut noch Kontakt mit nech.
> Also Geburtstage rufen wer uns noch gegenseitig an gratuliern uns.
> Wir kommen auch noch zusammen.
> Also ich hatte mit mein Kollegen wie soll ich sagen
> wir hatten ne im Maschinenbau die Halle 7
> die große Reihe hatten wir da vorgestellt.
> Da war mein Kollege hatte die Bohrwerke
> die kleinen und großen Bohrwerke.
> Und ich hatte die Bohrmaschinen
> und die Karusselbänke nech und.
> Wir sind auch _so_ Geburtstage auch ma so zusammen gekomm
> Karten Spielen gemacht usw. nech.
> Und kommen auch heut noch zusammen.
> Zwar is die eine Frau verstorben.
> Die andere is jetz erst verstorben.
> Die ham wir auch noch beerdigt.
> Und trotzdem wir kommen mit denen zusammen nech.
> Auch so Gesellen rufen also viele die anrufen nech.
> Also wenn ich Geburtstag habe
> ich kann mein Telefon um Hals hängen nech.
> Das=e is n guter Kontakt noch da nech.[93]

Die Kontakte zu den Arbeitskollegen bestehen auch noch heute, obwohl in diesem Segment deutlich wird, daß sie nicht besonders intensiv gepflegt werden bzw. auch aus Altersgründen nicht mehr wahrgenommen werden können. Sie beziehen sich auf Geburtstagsanrufe und gelegentliche Treffen (»*Wir kommen auch noch zusammen*«). In einer Rekapitulation des Verhältnisses zu seinen Kollegen während der AG »Weser«-Zeit erinnert Reich zuerst die gemeinsame Arbeit und dann die privaten Treffen »*ma*« zum Geburtstag. Hier spiegelt sich die Beziehung Reichs zu seinen Kollegen deutlich wider. Er hat sie bei der Arbeit gesehen und sich offensichtlich gut mit ihnen verstanden und darüber hinaus aber nur selten privat getroffen. Trotz alledem scheint Reich beliebt gewesen zu sein im Betrieb, denn auch heute noch erhält er zahlreiche Anrufe. Die Formulie-

---

93 Interview mit Johann Reich.

rung, »*Also wenn ich Geburtstag habe ich kann mein Telefon um Hals hängen nech*«, zeugt einerseits von dem Stolz über die bleibende Anerkennung der ehemaligen Kollegen, die seinen Ehrentag nicht vergessen haben, aber auch von einem Stück Selbstironie. Die Anrufe haben etwas Selbstverständliches und beruhen offensichtlich auf Gegenseitigkeit; sie rücken nicht den Erzähler in den Mittelpunkt.

Dieser Gestus zeigt die nach wie vor existente *innere Bindung* zum Milieu bei Reich. Wenn er nicht mehr zum Kernmilieu gerechnet werden kann, so hat das äußerliche Gründe und ist mit dem Nachkriegsschicksal zu erklären. Wohnraum- und Ressourcenknappheit haben einen beträchtlichen Teil der sozialen Energie auf das Naheliegende (Hausausbau) konzentriert, die räumliche Distanz zum Arbeiterstadtteil hat die außerbetrieblichen Kontakte reduziert. Besonders durch die betriebliche Position ist aber die Integration ins Milieu nicht im geringsten gefährdet.

Zusammenfassung. Wie die dokumentierende Interpretation plausibel zeigt, verfügen die »Randständigen« über deutlich weniger soziales Kapital als z.B. Integrierte oder Networkers. Die Gründe hierfür sind durchaus unterschiedlich. Anhand der einzelnen Fallbeispiele lassen sich verschiedene Exklusionsmechanismen sowie z.T. auch Inklusionsbemühungen aufzeigen, die hier kurz zusammengefaßt werden sollen. Im Anschluß daran werden die einzelnen Fälle noch einmal miteinander verglichen.

Bauer kompensiert seine mangelhafte Integration in das Kernmilieu damit, daß er vorgibt, Bekanntschaften zu einflußreichen Personen zu haben, die er zahlreich im Interview benennt. Letztendlich erweist sich diese Strategie jedoch als kontraproduktiv: Er wird nicht wirklich ernst genommen im Betrieb, weil viele seiner Kontakte und Aktivitäten fadenscheinigen Charakter haben. Es »steckt nichts dahinter«, ist nicht »seriös« genug. Die Bekanntschaften sind offensichtlich keine realen Beziehungen, und Bauer scheint keine wirklichen Vernetzungen im Betrieb zustandezubekommen. Hieran dürfte auch sein Integrationsbestreben, das er mit der Aufgabe der nebenberuflichen Musikertätigkeit zeigt, nichts geändert haben. Die kompensatorischen Prahlereien sind hier unfreiwillige Selbstexklusionen. Sie zeigen, daß Bauer die »Semantik« des Milieus, die auf egalitärer

Kommunikation und wirklicher Vernetzung beruht, nicht beherrscht.

Scholz bewegt sich tendenziell - allerdings ebenso ungewollt wie zwangsläufig - aus dem Milieu hinaus. Obgleich er keinerlei distinktive Interessen hat (wie die »Außenseiter«, s.u.), sich nicht »besser« fühlt oder stilisieren will als die Kollegen (wie Bauer), zeigt sich, daß seine sozialen Basisorientierungen sehr viel selbstverständlicher an kleinbürgerlich-handwerklichen Idealen haften als an klassisch proletarischen Werten. Er hat eindeutig andere Lebensziele als seine Kollegen und bevorzugt eher eine kleinbürgerliche Lebensweise. Der Mangel an sozialen Kontakten ist aber auch darauf zurückzuführen, daß Scholz viel Zeit mit beruflicher Fortbildung verbringen muß. Diese Gründe machen ihn nicht nur zum Randständigen im Milieu, sondern fast schon zum »Außenseiter«. Allerdings unterscheidet Scholz vom typischen Außenseiter, daß er sich eben nicht vom Milieu distanziert, sondern den Entfremdungsprozeß sogar als herben Verlust erlebt (»*aber das verblieb nachher alles mit - zunehmender Konjunktur is das alles verblieben nech da is jeder nur noch für sich...*«). Die zunehmende Mobilisierung wird von ihm als Individualisierung gedeutet, als Verlust erfahrener Kollektivität. Dieses Motiv ist keineswegs »kleinbürgerlich«.

Reich schließlich stellt in seinem Leben das Projekt »Hausbau« in den Mittelpunkt. Bei ihm läßt sich von einer durch die historischen Bedingungen erzwungenen Randständigkeit sprechen. Er selbst bleibt zumal in das betriebliche Milieu integriert, muß allerdings die außerbetrieblichen Milieukontakte auf symbolische Rahmenanlässe (Geburtstage, Beerdigungen etc.) reduzieren und kann nicht mehr aktiv an der Gestaltung des Milieus teilnehmen.

Erstaunlicherweise machen alle Männer dieses Typus trotz ihrer unterschiedlich motivierten Randständigkeit im Milieu der AG »Weser« einen *beruflichen Aufstieg*. Selbst die Randfigur Bauer exponiert sich noch in der Hausverwaltung der Werft. Das verhindert die Qualifizierung zum Nichtdazugehörenden. Nur *Herta Becker*, die einzige Frau dieser Gruppe, kann symptomatischerweise keine innerbetriebliche Karriere vorweisen. Bauer, der eine Lehre als Tischler gemacht hat und zunächst in der Tischlerei der AG »Weser«, dann in der Kalkulation für den Holzbau arbeitet, bekleidet ab 1964 bis zu seiner Pensionierung 1974 die Position des stellvertretenden Leiters der Hausverwaltung der AG »Weser«:

> *un dann bin ich aufer Werft gewesen*
> *und denn bin ich - 41 ja bis 4_74*
> *da bin ich erstmal Tischler gewesen*
> *dann hab ich 39 meine Meisterprüfung gemacht*
> *und dann war ich 25 Jahr inne Kalkulation -*
> *und vonner Kalkulation hab ich dann*
> *war ich sogar noch mal hab ich Dockverwaltung gemacht*
> *[...]*
> *[...]*
> *und dann hab ich von - von ne - 4_64*
> *also bis 74 die gesamte Hausverwaltung gemacht vonner AG-Weser*[94]

Scholz absolviert eine Lehre als Schiffbauer bei der AG »Weser«, arbeitet dann als Geselle und bekommt sehr schnell Leistungszulagen. Nach fünf Jahren wird er bereits Kolonnenführer. 1968 übernimmt ihn der Betrieb ins Angestelltenverhältnis; schließlich steigt Scholz auf durch seine systematischen Fortbildungen:

> *und äh hab dann nach zwei Jahren Gesellentätigkeit*
> *fünf Pfennig Leistungszulage bekommen*
> *das war aber - als Junggeselle also sehr <u>selten</u>*
> *also weil eigentlich nur immer <u>Altgesellen</u>*
> *diesen Zuschlag bekommen haben*
> *I: mhm*
> *E: also mußte man schon Jahre gedient habn*
> *oder gearbeitet habn*
> *und äh - dann äh nach ich weiß nich*
> *nach 5 Jahren glaub ich hab ich dann äh*
> *n Groschen bekommen und das war schon also wie ein Vorarbeiter*
> *also der hat auch nich mehr gehabt an äh Leistungszulage*
> *und das war aber eben das Privileg*
> *weil man aufm Schnürboden gearbeitet hat*
> *aber da habn ja mehr Leute gearbeitet*
> *aber wie gesagt ich war dort als Kolonnenführer*

---

94 Interview mit Johann Bauer, Transkript.

> *oder Kolonnen_ja Kolonnenführer und hatte mehrere Leute*
> *bei mir in der Gruppe -*
> *und äh dadurch war das eben ne Anerkennung*
> *[...]*
> *[...]*
> *ja und dann nachher 1968 wurde der Schnürboden -*
> *in seiner alten Form ganz und gar aufgelöst*
> *und wir wurden vom Konstruktionsbüro übernommen*
> *und kamen ins Verwaltungsgebäude*
> *und da warn wir dann 27 Leute*
> *die übernommen worden sind*
> *also im=e für die Konstruktion mit unserm Optikbüro*
> *und habn dann nur noch eins zu zehn gearbeitet also*
> *[...]*
> *und dann äh - ging das auch immer wieder -*
> *so Schritt für Schritt weiter -*
> *und dann äh fing es an mit der Datenverarbeitung*
> *und wurde alles auf EDV gemacht*[95]

Scholz' Qualifikationsaufstieg erscheint zwar nicht ungewöhnlich, kann aber gleichwohl als Aspekt seiner Randständigkeit gewertet werden. Reich macht dagegen eine milieutypische »Karriere«: zunächst schließt er eine Lehre als Dreher bei der AG »Weser« ab; nach unterschiedlichen Berufsstationen, die er im Auftrag der AG »Weser« durchläuft, kehrt er auf die Werft zurück, ist dort an Aufräum- und Bergungsarbeiten beteiligt und arbeitet schließlich nach der Wiederaufnahme des Schiffsbaus als Dreher im Maschinenbau. 1967 wird er Werkmeister im Maschinenbau II:

> *67 glaub ich das war schon weiter.*
> *Da hab ich erst*
> *hatt ich ne Schicht übernommen eine Nachtschicht*
> *da hatt ich zwei Jahre Spätschicht gemacht als Schichtführer.*
> *Und dann=e kamen die aus unsere Behelfsdreherei*
> *in in=e Schiffbauhalle raus*
> *nach n richtigen Maschinenbau wieder hin*
> *und denn wurd ich da Werkmeister da nech.*
> *Bis zuletzt nech.*[96]

---

95 Interview mit Hans Scholz, Transkript.

Herta Becker indessen, die einzige Frau der Gruppe, macht *keinen* beruflichen Aufstieg. Sie wird als Schweißerin bei der AG »Weser« angelernt und arbeitet bis zu ihrem Zusammenbruch im Alter von 57 Jahren als Schweißerin auf der Werft. Sie wird, im Gegensatz zu den männlichen Kollegen, die die gleiche Qualifikation hatten wie sie, nicht einmal finanziell höhergestuft:

> *Oder wenn wir dann neue Männer dazukriegten*
> *auch die auch umgeler_ auch umgeschult hatten.*
> *Die kamen denn da rein*
> *und denn konnten sie dies und jenes nich.*
> *[...]*
> *Aber das warn nachher die bestbezahlten Leute.*
> *Aber nich mehr nach n*
> *diese Halle kam denn woanders hin nech.*
> *Nachher ham se viel mehr Geld verdient wie wir ((lacht)).*
> *I: Aha. Warn auch Schweißer? Oder warn die*
> *E: Ja aber auch Angelernte. Ja ja.*[97]

Auch wenn die Männer dieser Gruppe alle eine längere Ausbildung gemacht haben als Herta Becker, so scheint dies kein Argument gegen ihren Aufstieg zu sein. Sie vergleicht sich in diesem Erzählsegment nicht mit qualifizierter ausgebildeten Mitarbeitern, sondern mit anderen (männlichen) Angelernten, die viel besser bezahlt wurden als sie. Aus anderen Fallpräsentationen wissen wir, daß zu einem Aufstieg bei der AG »Weser« zu dieser Zeit nicht unbedingt eine Lehre nötig war. D.h. im Vergleich der AG »Weser«-Mitarbeiter dieses Typus wird der *Gender-Bias* als härtestes Exklusionskriterium sichtbar. Gerade das Betriebsmilieu scheint derart ungebrochen am männlichen Arbeitshabitus orientiert zu sein, daß die Integration einer zu Schwerstarbeit und Überanpassung bereiten Schweißerin mit beträchtlichen Hindernissen verbunden war. Ein »normaler« betrieblicher Aufstieg wurde ihr jedenfalls verwehrt. Hier zeigt sich unbestreitbar eine Art verdeckte *Modernisierungsblockade* im Milieu,

---

96 Interview mit Johann Reich.
97 Interview mit Herta Becker, Transkript.

an der offensichtlich unterschiedlichste (männliche) Akteure ebenso unreflektiert wie bereitwillig mitwirken.

Aber auch die übrigen Dimensionen der Randständigkeit geben Aufschlüsse über Entwicklungstendenzen im Milieu: Die klassische Voraussetzung der Ortsgebundenheit wird durch die Nachkriegsentwicklung poröser, obgleich die AG »Weser«-Belegschaft noch immer eine erstaunlich geringe Mobilität aufweist. Auch die Sozialstruktur der Mitarbeiter zeigt vorsichtige Öffnungstendenzen. Belegschaftsmitglieder mit kleinbürgerlich-handwerklichem Hintergrund, die zur Übernahme herkunftsfremder Erwerbstätigkeiten bereit oder gezwungen sind, nehmen in der schwierigen Nachkriegssituation zu und bewirken eine Ausdifferenzierung und Modernisierung des Bremer Werftmilieus - eine Entwicklung, die durchaus qualitativen Wandel möglich macht.

5. Die »Außenseiter«

Ankerfall: Rudolf Giesecke

Biographisches Porträt. Rudolf Giesecke wird 1925 in einem Dorf in Schlesien geboren. Sein Vater betreibt dort eine große Gastwirtschaft. Als NSDAP-Mitglied wird dieser 1945 eingesperrt. 1946 werden die Eltern und eine Schwester aus Schlesien vertrieben und kommen nach Sudhagen (ein Ort in der Nähe Bremens).

Rudolf Giesecke besucht in Schlesien die Mittelschule. Er ist Mitglied bei der HJ und seit seinem 18. Lebensjahr auch Mitglied der NSDAP. Nach der Mittleren Reife meldet er sich 1943 als Kriegsfreiwilliger. Er kommt an die Westfront und gerät im März 1945 in britisch-kanadische Gefangenschaft. Als Kriegsgefangener wird er an Frankreich weitergegeben, wo er zunächst drei Jahre in Gefangenschaft und anschließend eineinhalb Jahre als Zivilarbeiter im Bergbau bei Lille eingesetzt ist. 1948 trifft er auf Heimaturlaub in Sudhagen seine Familie wieder. 1949 kehrt er aus Frankreich zurück. Er ist dort Mitglied der CGT geworden und kommt so wieder »*als überzeugter Kommunist*«, ohne allerdings in eine Partei einzutreten. Über

Kapitel 11: Akteurstypologien im AG »Weser«-Milieu

private Kontakte erhält er Arbeit als Maurer und arbeitet zwei Jahre in einer Baufirma in Walddorf. Aufgrund der weiten Fahrt zur Arbeit (er fährt mit dem Fahrrad) und der Schwere der Arbeit entscheidet sich Giesecke 1952 für die Teilnahme an einem Schweißerlehrgang in Bremen. Ab August arbeitet er als E-Schweißer auf der AG »Weser«, zunächst bei der Reparatur von Werftanlagen und nach einem Jahr dann in der Kesselschmiede. Neben dem Schiffbau wird er auch zu Schiffsreparaturen sowie zu Schweißarbeiten bei Klöckner und beim E-Werk eingesetzt. Nach sechs Jahren steigt er zum »Kolonnenschieber« (Vorarbeiter einer Kolonne von 10-15 Mann) auf. Giesecke bezeichnet diese Jahre als Schweißer und Vorarbeiter als die schönste Zeit. Zwar sei die Arbeit schwer gewesen, doch die Kameradschaft und Hilfsbereitschaft unter den Kollegen und auch die wichtige Rolle, die sie im Betrieb hatten, sei bemerkenswert gewesen. In seiner Rolle als Vorgesetzter habe er sich immer stark für seine Leute eingesetzt. Mitte der 1960er Jahre - nach einem Arbeitsunfall - bemüht er sich um eine Stelle im Büro und kommt als angestellter Sachbearbeiter ins Lohnbüro, wo er u.a. für die Akkordberechnung zuständig ist. Dort vertritt er die Interessen des Unternehmens so, wie er vorher die Interessen seiner Kollegen vertreten hat. Die Bürotätigkeit ist zunächst mit einer erheblichen Einkommenseinbuße verbunden, aber im Laufe von zwei Jahren hat er seinen früheren Vorarbeiterlohn übertroffen und ein Meistergehalt erreicht.

Politisch wird er »*vom ganz Roten im Laufe der Jahre über FDP, SPD zum ganz Schwarzen*«. Mit dem Betriebsrat liegt Giesecke deshalb in steter Auseinandersetzung, weil er auch die Argumente des Unternehmens für richtig hält. Bei einer Betriebsversammlung im Zusammenhang mit der Auseinandersetzung um die Schließung der Werft hält er als einziger eine scharfe Rede gegen den Betriebsrat und erklärt bei dieser Gelegenheit auch seinen Austritt aus der IG Metall, die er für mitschuldig am Niedergang der AGW ansieht. Nach der Schließung der Werft geht Rudolf Giesecke 58jährig mit einer Abfindung in den Vorruhestand und mit 60 Jahren in Rente.

1949 hatte Giesecke kurz nach seiner Rückkehr aus Frankreich in einem Flüchtlingssportverein in Sudhagen seine Frau kennengelernt. Sie wird schwanger, und 1950 wird geheiratet. Das erste Kind, ein

Sohn, wird ebenfalls 1950 geboren. 1955 wird das zweite Kind, eine Tochter, geboren. Frau Giesecke, eine gelernte Näherin, ist die überwiegende Zeit berufstätig. Nach verschiedenen, zu engen Wohnungen wird 1960 das eigene Haus gebaut. Dieser Hausbau, der nach Gieseckes Worten damals für einen Arbeiter ungewöhnlich gewesen ist, spielt eine sehr wichtige Rolle in der Biographie. Besonders stolz ist Giesecke auf die Finanzierung (man hatte nur 200 DM Eigenmittel), die er bei den Behörden und auf der AG »Weser« durchgesetzt hat.

Gieseckes Sohn besucht die Mittelschule und anschließend das Gymnasium. Da er studieren will, wird er von seinem Vater gezwungen, sich vorher als Zeitsoldat zu verpflichten, um einen Teil seines Studiums dadurch zu finanzieren. Der Sohn, zu dem Giesecke zeitweilig wegen politischer und anderer Meinungsverschiedenheiten »*einen ganz schlechten Draht*« hat, studiert Mathematik und Sozialwissenschaften und nach dem Staatsexamen Psychologie in Hannover. Er arbeitet heute als Schulpsychologe in Ladenfurt, ist verheiratet und hat zwei Kinder. Die Tochter besucht die Mittelschule und anschließend ein Wirtschaftsgymnasium. Obwohl beide Eltern zunächst dagegen waren, studiert auch sie. Sie absolviert ein Lehrerstudium in Anglistik und Sozialwissenschaft und ist heute Sozialarbeiterin in einer Behindertenwerkstatt in Himmelsstadt.

Freizeit hat es in Gieseckes Leben nicht gegeben, da er - auch an den Wochenenden - viele Überstunden gemacht und anschließend der Hausbau viel Zeit gekostet hat. Zudem ist es, nach Gieseckes Worten, finanziell eng gewesen. Er berichtet von gemeinsamen Kneipenbesuchen mit den Kollegen (auch von erheblichem Alkoholkonsum auf der Werft) sowie von Wochenendverabredungen mit einem befreundeten Paar, bei dem sehr viel getrunken wurde. Seit den 1960er Jahren nimmt Giesecke mit seiner Frau an einem regelmäßigen Stammtisch teil. In den 1950er Jahren hat es nur Kurzurlaube in den Harz und in die Alpen gegeben. Nach dem Kauf eines gebrauchten Lloyd in der Mitte der 1960er Jahre fährt die Familie dann auch ins Ausland (Südfrankreich). In den 1970er Jahren unternehmen die Gieseckes Fernreisen. Giesecke erwähnt besonders Reisen in die Sowjetunion und andere östliche Länder, wo er sich auch den Sozialismus anschauen wollte.

Giesecke betont überraschenderweise, daß er sich immer mit Stolz als Arbeiter verstanden habe. Er schildert seinen Weg als Erfüllung eines vorgefaßten Lebensplans, den er sich schon nach der Gefangenschaft zurechtgelegt habe und demzufolge er mit 40 ein Haus besitzen, mit 45 nicht mehr körperlich arbeiten und mit 58 in den Ruhestand gehen wollte. Mit Glück und viel Energie habe er diesen Lebensplan auch verwirklicht.

Kernstellen. Die folgenden Schlüsselpassagen dienen zur Herausarbeitung zentraler Kategorien, die den Außenseitertypus charakterisieren sollen.

I
Ich kam zur AG Weser
wie gesagt
52 im August
und hab da gearbeitet.
Man mußte als Flüchtling
damals war ich ja noch nicht lange hier ne
man mußte Plattdeutsch verstehen lernen.
Die Alten sprachen Plattdeutsch.
Und damit wars dann.
Man mußte es einfach lernen zu verstehen.
Wenn man_s auch nicht sprechen konnte
aber die
die sprachen nicht Hochdeutsch
damit man_s verstehen konnte.
Man mußte Plattdeutsch verstehen lernen.
Die Alten.
Zumal dann
ha
die Schimpf- die Schimpfwörter und so.
[...]
[...]
Also man mußte da lernen
und äh ja wie gesagt
wenn man dann sein Bierchen mit trank und so weiter
ergab sich das recht schnell
daß man anerkannt wurde

*wenn man eben der entsprechende Kumpel war.
Nicht da irgendwelche Dinge herausspielte ne.*[98]

Giesecke nimmt seine Arbeit bei der AG »Weser« 1952 auf, zu einem Zeitpunkt, als die Arbeitsplätze rar sind. Er hat als Flüchtling keine andere Wahl, als sich durch Anpassung in das Milieu der Werftarbeiter zu integrieren. Dabei muß G. die plattdeutsche Sprache, zumindest rudimentär (*»die Schimpf- die Schimpfwörter und so«*), lernen, da die *»Alten«* auf der Werft offenbar keinerlei Bereitschaft zeigen, ihn als Neuen in ihren Kreis aufzunehmen und deshalb Hochdeutsch zu sprechen. Zur Integration gehört außerdem offensichtlich das gemeinsame Alkoholtrinken, das eine kumpelhafte Ebene symbolisiert. Es war, wie Herr Giesecke sagt, wichtig, nicht *»irgendwelche Dinge«* herauszuspielen bzw. sich querzustellen, wie er es im späteren Verlauf seiner Arbeit auf der AG-Weser getan hat.

Giesecke nähert sich dem Milieu als Beobachter. Seine Integrationsbemühungen sind nicht spontan, sondern äußerst reflektiert. Er empfindet das Werftmilieu zunächst auch als abweisend. Die Sprache ist dafür nur ein Symptom. Dabei werden ihm im alltäglichen Umgang wichtige Basisregeln klar: sich als *»Kumpel«* zu verhalten und sich nicht hervorzutun. Offenbar ist dieser »Bescheidenheitshabitus« für ihn durchaus nicht selbstverständlich. Daß er ihn übernimmt, hat strategische Gründe. Als Flüchtling kann er nicht wählerisch sein.

II
*Sie sagten äh
ob ich jemals mit den Leuten Kontakt hatte.
Hab ich nicht gehabt
aber ich hab meine Meinung vertreten
und das ist dann später mal herausgekommen.
Ich habe äh vor der Betriebsversammlung
in der AG »Weser«
so zweieinhalbtausend Menschen waren das wohl noch
eine Rede gehalten.
In dieser wüsten letzten Zeit.*

---

98 Interview mit Rudolf Giesecke, Transkript.

Die ist so entstanden die Rede
der Klaus hat mal - Stüber -
der hat mal gesagt in einer Versammlung
ähhh ((lacht)) steht hier drin übrigens.
Ich hab hab ihm mal gesagt
»Ich gehöre zur schweigenden Mehrheit«.
((Pause/7 sec)) ((lacht))
Wobei er kein Recht hat.
Ich hab ja meinen Kopf gezeigt
ich hab ja ich bin ja auf das Podium gegangen.
I: Hmm
E: So.
Hab ich nun die schweigende Mehrheit
und denn äh hat er dann immer losgezogen
in der Versammlung
die schweigende Mehrheit lächerlich gemacht
<u>obgleich es ja stimmt.</u>
[...]
So.
Und dann äh
*in einer Versa_*
da hab ich mich irgendwann hier mal hingesetzt
und hab das mal aufgeschrieben
was denn der für einen Unsinn erzählt.
Was doch eigentlich gar nicht stimmt.
Wenn ein Praktiker mal
die Dinge von der anderen Seite betrachtet.
Der kann sich auch täuschen.
Eben.
Aber es muß doch mal möglich sein
die Dinge mal aus der <u>anderen</u> Perspektive zu beleuchten.
Stimmt das eigentlich
was diese Seite sagt.
<u>Ist</u> denn dieser <u>bööse</u> Vorstand
an <u>allem</u> hier Schuld?
Und dann hab ich mich hingesetzt
und geschrieben
und hab das dann meiner Frau vorgelesen abends
und dann sagt sie
»(Vati) das kannste nicht machen.
Die stecken dich in die (Reifenkammer).

Die bringen dich um.
Kannst du nicht sagen«.
Und zufällig geht die Tür auf
mein Sohn kommt nach Hause.
Mein Sohn
beide Kinder haben studiert
und mein Sohn ist in Hannover
die letzten zwei Jahre der 68er gewesen.
Und ist da wirklich voll drauf abgefahren.
Aber wir haben
viele viele harte Diskussionen geführt hier
wenn er mir dann von der
Unter- Unterjochung der Arbeiterklasse kam
und ich sitz da
und rechne Akkordscheine und Lohn aus
für die Arbeiterklasse.
Da da konnt_ ich also viel zu sagen.
Na.
Er kam nach Hause
und dann sag ich
»Junge hier
les es dir durch«.
Hat ers durchgelesen
und dann sagt er
»Vati wenn das alles stimmt
was du hier sagen willst
dann <u>muß</u> das tatsächlich mal einer sagen.«
Ja.
Dann bin ich dahin.
Am nächsten Tag war Betriebsversammlung
und mein Zettel in der Tasche
und äh ich wollts nicht.
Ich hätt_ ich hätts nicht geschafft.
Ich war ich war völlig fertig aufgeregt
vor so vielen Menschen ne.
Und irgendwann sagt der Klaus oben
in seiner Rede
»Ja da gibt es hier ja auch schon Leute
die für ein paar für paar für ein paar
äh äh Silberlinge
ihre äh Kollegen verkaufen«

Oder so was nech.
Da war nu ich mit gemeint.
Und dann konnt_ ich nicht.
Bin ich aufgesprungen
nach vorne gegangen
meine Kollegen (dann die Mädchen)
die haben gedacht
»Rudi« die haben gedacht
»Du kommst vorne gar nicht an.
Du hast ne ganz weiße Nase gehabt«.
So aufgeregt ne.
Und vorne saß der äh äh
(Seeberg) nech
[...]
saß da
[...]
Und dann äh
bin ich zu Horst Schulz
[...]
»Sag an?«
»Horst ich möchte reden.«
»Klar o.k.
kommst dann äh kommst dann dran.«
Ich sag »Nix Horst
ich will direkt nach diesem Betriebsrat reden
und ich will genau so lange reden wie er redet.
Dreiviertel Stunden«.
»Nee das geht nicht«.
Ich sag
»Guck hier ist mein Zettel
20 Minuten brauch_ ich dazu
hab ich gesehen
wenn ihr wollt
daß ich rede
dann jetzt.
Oder nie.
Nach ihm.«
Dann hör ich
wie der Seeberg sagte
»Laßt den Mann reden.«
(Hat er wohl) irgendwas interessant gefunden ne.

Hach nu hörn se aber auf
<u>*Ein Geschrei.*</u>
Ein Geschrei.
Ich kam gar nicht zu Wort.
Immer immer wenn ich was sagte
<u>*brüllten*</u> *die nech.*
Der ei_ ((lacht)) eine sagte dann
ich sag
»Heute nacht hab ich nachgedacht
und da ist mir so nun das eingefallen.«
Da brüllte wieder einer
»Hättste wohl lieber geschlafen.«
Ja und so ging das nech.
Und dann brüllten se
und dann haben se mir hinterher erzählt
jetzt komm ich auf die alten Kollegen wieder
von früher ne.
Da brüllten sie
»Du Schweinehund (...)«
Und dann kamen sofort wieder zwei von den Alten
und schnappten den
und sagten
»Setz dich hin!
Laß den Rudi reden
der hat seine Meinung schon.«
Ham se mich wieder beschützt nech
so komm ich wieder zu Wort.
Und jedesmal wenn ich die Treppe runterkam
die drei Stufen
<u>*mehrmals*</u>
was sollt ich machen
ich kam nicht zu Wort
jedesmal wenn ich runter kam
da stand der Sauter da.
»<u>*Los*</u> <u>*rauf*</u> <u>*weiter*</u>*«*
Ja ich hab
das hat lange gedauert
und die ham dann später erzählt
so ne Versammlung
hätte es in der ganzen Zeit noch nicht gegeben
bei der AG »Weser«.

> *Aber ich wollte jetzt*
> *um um auf das Kommunisten kommen.*
> *Da wurd_ ich wieder dran erinnert.*
> *Zwei drei Tage später oder so was*
> *kommt ein alter Kollege rein*
> *setzt sich gegenüber an den Schreibtisch*
> *((lacht)) ich seh_ ihn noch wie heute*
> *sagte nun »Was willst Du denn?«*
> *Da sagt der*
> *»Rudi <u>du warst doch mal unser roter Rudi.</u>*
> <u>*Und jetzt diese Rede.*</u>
> <u>*Das werd_ ich nie verstehen.«*</u>
> *Da sehen Sie_s.*
> *Ich muß wohl Kommunist gewesen sein.*

Zu Beginn dieses langen Erzählsegments beantwortet Giesecke eine Frage, die der Interviewer einige Zeit zuvor im Interview gestellt hatte: ob er nämlich jemals mit den hiesigen Kommunisten zusammengearbeitet habe. Diese Frage bildet tatsächlich die Rahmung der hochnarrativen Folgepassage. Giesecke verneint die Zusammenarbeit, und im Anschluß wird deutlich, daß er gleichsam auf »der anderen Seite« steht. Mit »*den Leuten*«, deren Parteigänger er in Frankreich vorgeblich gewesen war, hat er keinen Kontakt. Er scheut sich indessen nicht, seine Position als Individuum öffentlich zu machen (»*aber ich hab meine Meinung vertreten*«). Diese Haltung exponiert ihn im Milieu und verstößt gewissermaßen gegen jenen Habitus, den er zu Beginn seiner Werftzeit noch zu imitieren versucht (»*Nicht da irgendwelche Dinge herausspiel(en)*«). Genau dies tut er mit seiner Rede, in der er sich zum Querdenker, fast schon zu einer Art »Märtyrer« stilisiert.

Symptomatisch erscheint, daß Giesecke allenfalls vage Andeutungen über den Inhalt seiner provokanten Rede macht. Seine Erzählung bezieht sich vielmehr auf den Entstehungsprozeß und den Ablauf. Er erwähnt seinen besonderen Kontrahenten »*Stüber*«, den langjährigen Betriebsratsvorsitzenden, und inszeniert sich gleich doppelt zum Widersacher: Er macht sich zum idealtypischen Repräsentanten der »*schweigenden Mehrheit*«, die der Betriebsrat nicht nur ignoriere, sondern gegen die er regelmäßig »*loszieht*«, und er tritt als couragierter Exponent der Gegenseite (*»Aber es muß doch mal möglich sein die Dinge mal aus der anderen Perspektive zu beleuchten«*) gegen den Betriebsrat an (*»Kopf gezeigt«*). Die Rede läßt sich in gewisser Weise als symbolischer Höhepunkt seiner Distanzierung vom Milieu interpretieren. Denn im Grunde vertritt er mit seiner Position niemanden außer sich selbst. Nicht nur der Betriebsrat fühlt sich brüskiert, die große Masse der Kollegen versucht ihn aggressiv am Reden zu hindern (*»Du Schweinehund...«*). Daß er überhaupt unbeschädigt die Bühne verlassen kann, im Prinzip sogar, daß er an das Rednerpult gelassen wird, verdankt er offenbar den alten Kollegen der Anfangszeit (*»Setz dich hin laß den Rudi reden der hat seine Meinung schon«*). Aber auch sie sind enttäuscht (*»Rudi Du warst doch mal unser roter Rudi. Und jetzt diese Rede. Das werd_ ich nie verstehen«*). Giesecke hat sich von ihnen weg entwickelt und sich symbolisch distanziert.

Und dieser Akt ist keineswegs spontan, sondern hat eine Vorgeschichte. Giesecke hat seine Rede zu Hause aufgeschrieben und liest sie seiner Frau vor. Es macht nicht den Eindruck, als sei er ernsthaft an ihrer Meinung interessiert, auch das Vorlesen wirkt bereits wie eine Selbstinszenierung. Ihre plausiblen Einwände, auf die Rede zu verzichten, weil er sich u.U. damit gefährde, werden von ihm nicht aufgenommen, stattdessen dient der unerwartet eintretende Sohn als Rechtfertigung, an ihr festzuhalten. Gerade mit dem Sohn - dies plausibilisiert eine Hintergrundkonstruktion - hat Giesecke aber heftige politische Debatten geführt. Sein Engagement als *»68er«* hat den Vater oft zum Widerspruch gereizt (*»viele viele harte Diskussionen geführt hier«*). Wenn er ihm zustimmt (*»Vati wenn das alles stimmt was du hier sagen willst dann muß das tatsächlich mal einer sagen.«*), dann scheint seine Absicht legitimiert. Ist er nicht ein »Linker« und außerdem Akademiker?

Freilich, souverän ist Gieseckes Vorstellung bei der Betriebsversammlung keineswegs. Er ist offensichtlich sehr aufgeregt und will die Rede zunächst auch gar nicht halten. Erst als sein Kontrahent Stüber ihn in seiner Rede, wenn auch verschlüsselt, aufgrund seiner arbeitgeberfreundlichen Position angreift, überwindet Giesecke seine Angst vor der Rede und fordert selbstbewußt beim Versammlungsleiter sein Rederecht direkt nach Stüber ein.

Rudolf Giesecke ist offensichtlich stolz auf seinen Auftritt, auch wenn die Kollegen ihn ständig unterbrochen und beschimpft haben. Ihm scheint ein Querdenker-Image ausgesprochen wichtig zu sein. Seine Rede hat Diskussionen in Gang gebracht. Stolz erzählt Giesekke, daß Kollegen später festgestellt haben, daß es »*so ne Versammlung* [...] *in der ganzen Zeit noch nicht gegeben*« habe. Seine Inszenierung hat sich gelohnt. Der Weg »*vom ganz Roten im Laufe der Jahre über FDP SPD zum ganz Schwarzen*« erscheint damit auch symbolisch abgeschlossen.

III
Jetzt kam das Häuschen.
[...]
[...]
Wir hatten nur 200 Mark.
Jo ((lacht)) (...)
»Weiß ich auch nicht«
Aber ich sag
»Mädchen wir kriegen im Leben <u>nie wieder</u> eine Chance
für drei Mark so_n Stück hier«
Drei Mark n Quadratmeter
»So_n Stück Land zu kaufen«.
(Ja).
Probieren wir einfach mal ne.
Ja. Hin
die Stadt hat das hat das geplant
wieviel wie wir (...) bezahlen mußten.
Ich hab immer gesagt
»O.k. ich bau_.
Wenn ich hundert Mark Abtrag habe
dann bau_ ich.«
»Ja wird klar gemacht«.
Dann kann einer von uns mal krank sein
die Hundert Mark
die schaffen wir dann immer.
[...]
[...]
Jetzt kriegt ich aber von der AG »Weser« Geld.
Kredit. Ja.
Aber zu der Zeit wurden 2000 Leute entlassen.

Der erste Schub.
I: 1955 gewesen
E: Nee gebaut haben wir 60
Ja ja 60 ham wir gebaut.
Nee etwas später
58 schätz ich ne.
I: Hmm
E: Und dann kam mit einem Mal die Prämisse raus
»Au wir können nur noch Bremer fördern
weil die Auswärtigen äh
können wir nicht mehr fördern« nech.
Weil sowieso welche entlassen werden.
<u>*Und da bin ich dann nach vorne*</u>
<u>*zu Herrn (Schle..).*</u>
Angerufen.
Da war (schon)
da kann ich ja gar nicht
doch da war ich schon Vorarbeiter.
Naja ich bin ja 5 6 Jahre
war ich Schweißer nech.
Angerufen da
war eine Fräulein Reseberg
die die erst später hab ich se dann kennengelernt
die war immer
die hieß der Schloßhund.
Da kam keiner rein.
Über ihren Schreibtisch kam keiner.
»Ja der ist nicht da«.
Gut o.k.
wieder an Bord meine Arbeit
meine Leute besi- beaufsichtigt.
Drei Tage später wieder
»Ja der ist nicht da.
Der macht das und das«.
Und als ich dann das
ein paar Tage später das dritte Mal anruf
»Der ist nicht da«.
Und dann bin ich ausgeflippt nech.
<u>*»Sofort.*</u>
<u>*Jetzt.*</u>
<u>*In der Sitzung.*</u>

<u>Ich</u>«
Und so weiter ne.
Und auf einmal hör ich ne Männerstimme am Telefon.
»Was ist denn los?«
Stimme weg
und auf einmal hat er den Hörer genommen.
(Direktor Schle_).
»Herr Giesecke was ist denn los«.
»Ich möcht Sie sprechen
und zwar sofort«.
»Kommen Sie sofort her«.
Hat er wohl an meiner Stimme gehört nech
da is was
und dann bin ich nach vorne
und hab ihm gesagt
»Wenn Sie jetzt
die Flüchtlinge von Auswärts
nicht mehr fördern wollen
dann mach ich alle Flüchtlinge mobil.
Wir rennen den ganzen Tag
mit Bauchladen hier durch die Gegend
und ich mach Rabatz
daß Sie uns nicht mehr wollen.
Dann sehen Sie doch zu
mit wem Sie Schiffe bauen.
<u>Wir</u> nicht mehr
wenn Sie uns nicht fördern wollen.«
»Donnerwetter. Donnerwetter.
Hm (...). Sehen Sie.«
Und somit hat er die Flüchtlinge weiter gefördert.
Ich kriegte meine 4000 Mark
das war so im
also August September
aber die reichten noch nicht ganz nech.
Und äh Anfang Dezember November
Telefon
ich war an Bord
ich komm in die Schreibstube
»Rudi du sollst sofort nach Direktor (Schle_) kommen«.
Jo ich da hin.
((lacht)) Das Schlimme war immer

> *die Frau Fräulein Reseberg*
> *der Schloßhund*
> *mußte dann immer einen Ledersessel reinschieben*
> *und Kaffee kochen*
> *und er gab mir ne Zigarre.*
> *((lacht)) Und ich hab dann mit ihm gemütlich geschnackt*
> *und die ist draußen geplatzt vor Wut.*
> *Da sagt er*
> *»Wissen Sie da ist einer*
> *dem hab ich 4000 Mark zugesprochen*
> *der kann nicht mehr bauen.*
> *Ich will das aber nicht zurückbuchen.*
> *Wollen Sie die auch noch haben?«*
> *Da kriegt ich doppelte Ration.*

Auch in diesem Erzählsegment stellt Herr Giesecke sich wieder als mutigen Querulanten dar, der für seine Interessen eintritt. Obwohl er zunächst unsicher war, ob er bauen will oder nicht, entscheidet er sich schließlich doch dafür, nachdem ihm die Stadt einen guten Finanzierungsplan vorgelegt hat. So als ob er sich selber von dem guten Angebot überzeugen müßte, beruhigt er seine Frau, daß sie »*nie wieder*« so ein gutes Angebot bekommen würden. Daß Giesecke aber längst nicht so mutig war, wie er hier vorgibt, läßt sich daran ablesen, daß er ängstlich und vorausschauend kalkuliert, daß sie mit dem Abtrag von »*Hundert Mark*« auch zurecht kämen, wenn »*einer*« mal krank würde. Als der Kredit, den er von der AG »Weser« bekommen hat, bedroht ist durch Entlassung und die Begrenzung der Förderung von Auswärtigen setzt sich Giesecke willensstark für seinen Kredit ein. Mit Nachdruck sagt er im Interview, daß er schließlich »*nach vorne*« zum Chef vorgedrungen sei.

Interessant erscheint hier, daß Giesecke sein Interesse wiederum allein und nicht gemeinsam mit anderen betroffenen auswärtigen Kollegen vortragen will. Er überlegt einen Moment, ob er zu diesem Zeitpunkt überhaupt schon Vorarbeiter war, was ihm das Anrecht geben könnte, direkt bei der Geschäftsleitung zu intervenieren. D.h. seine Rekapitulation hat eine Rahmung: Sie steht im Kontext seines beruflichen Aufstiegs. Haus und Vorarbeiterstatus sind Insignien einer erfolgreichen Biographie. In dieser »gestalteten Rekapitulation«

spielt das soziale Milieu auch als Hintergrundstruktur keine zentrale Rolle mehr. Es geht um die prätentiöse Inszenierung des aufsteigenden Kleinbürgers.

Giesecke wird freilich in seinem ambitionierten Vorhaben behindert. Die Sekretärin, die im Betrieb den Spitznamen »*Schloßhund*« hat, verleugnet notorisch die Anwesenheit des Chefs. Mit ungeheurer Beharrlichkeit verfolgt Giesecke allerdings sein Interesse, und nachdem er zum dritten Mal abgewimmelt werden soll, »*...flippt*« er aus, was Folgen hat. Auf einmal hat der Direktor Zeit für ihn und hört ihn an. Giesecke tritt ihm mutig und selbstbewußt entgegen und droht ihm in dieser Situation überraschenderweise damit, daß er die Auswärtigen im Falle des Kreditentzugs kollektiv mobil machen werde. Seine Exposition ist erneut erfolgreich (»*Und somit hat er die Flüchtlinge weiter gefördert. Ich kriegte meine 4000 Mark...*«). Er erhält sogar die »*doppelte Ration*«. Der Direktor hofiert ihn geradezu.

Die Figur des für die eigenen Interessen kämpfenden Aufsteigers, der dabei das Wohlwollen der Elite erntet, ist in der Tat der Prototyp des Bourdieuschen Kleinbürgerhabitus. In Gieseckes Fall erscheint besonders »klassisch«, daß sich dieses Aufstiegsprojekt nicht nur auf den äußeren Rahmen richtet, also auf den Bau des Eigenheims, sondern gleichzeitig auf die Bildungsprätentionen für die beiden Kinder:

> IV
> *Also die Kinder gingen dann zur Schule*
> *und irgendwann kam die Entscheidung*
> *mein Sohn ja (was macht er nu)*
> *»Gymnasium« ham wir gesagt*
> *»Fangen wir erst mal Mittelschule an« nech.*
> *Und dann hat er in der Hohlbeinstraße*
> *in der Mittelschule angefangen.*
> *Muß dazu sagen*
> *er hatte erstklassige Zeugnisse*
> *[...]*
> *Und äh ja Mensch.*
> *Mittelschule war zu Ende*
> *und dann hieß es*
> *»Ja was nun?«*

»Ja. Er macht Abitur«.
Gut. Dann ist er also zum Abi gegangen
[...]
hat Abitur gemacht
und danach hieß es
»ja was machen wir denn nun« nech.
»ja eigentlich muß er studieren«
ham wir gesagt nech.
[...]
Aber was?
Solange er hier zur Schule ging
Oberschule Mittelschule
da konnt_ ich ja alles reden.
Da konnt_ ich zu jedem hin.
Hab auch damals schon
äh bei mir ist es eigentlich im Leben immer gewesen
daß ich nie vor der Obrigkeit
äh irgendwelche Diener gemacht hab
[...]
aber Uni
da hab ich ja nun überhaupt keinen Bezug zu ne.
Da bin ich dann äh
hört_ ich in Bremen war
damals zu der Zeit
Studententest
gab_s beim Arbeitsamt.
Und da ist er hingegangen.
Und es war eigentlich klar für mich.
Mathematik hatten mir die Lehrer gesagt.
Der müßte eigentlich Mathematik studieren.
[...]
Das war also zu hoch für mich.
Aber er fing dann in Hannover an
kriegte auch nen Platz
und äh ne Studentenbude
und studierte die ganzen sechs Jahre durch.
Physik hat er gleich abgegeben
war ihm zuviel
und hat äh phh ne Sozialwissenschaft dazugenommen.
Und diese beiden Fächer
hat er dann durchhalten müssen

*weil er nur ein Fach abgeben konnte.
[...]
Er studiert fertig
und hab ich gesagt
»Ruf an
wenn du deine Prüfung hast nech«.
Kam er raus äh
und danach gleich in die nächste Zelle rein
hat er mir erzählt
»Jedenfalls Vater 1,2«.
(Mannomann).
Ja was nun
nun haben wir in Hannover ihm gesagt
»Du brauchst nur noch deinen Doktor machen
dann hast du deinen Job.
Wenn du in Hannover bleibst hier.«
Und er hat gesagt
»Nie im Leben
will ich wieder was mit Zahlen zu tun haben«.
Ich denk
für mich bricht die Welt zusammen nech.
Was machste denn nu?
Ja.
Dann ham wir abgemacht
»Überleg_s dir mal.
(Sagen wir mal) n halbes Jahr«.
Ja hat er ein halbes Jahr nachgedacht
und dann sagt er »Weg«.
Keine Zahlen. Psychologie.
Nu stellen Sie sich mal vor
n Werftarbeiter und ein Psychologe.
[...]
Der Werftarbeiter sagt
»Spinnerter.
Was der labert ne
Spinnerter«.
Bloß der Psychologe
weiß natürlich alles viel besser.
[...]
Er ist jetzt Schulpsychologe
in Ladenfurt.*

Auch schon verheiratet
hat zwei Jungs.
[...]
Ja und die Tochter kam dann eines Tages
und sagte ja
»Ich möchte studieren«.
Ging also auch hier zur
weiß nicht ob sie gleich zum (...) ist
ich glaub die ist auch zur Holbeinstraße erst gegangen
und dann zum Wirtschaftsgymnasium.
Hat Wirtschaft gemacht
n Wirtschafts- äh Wirtschafts äh Abi gemacht
und dann
(»Ich möcht) studieren«
Und das war nu überhaupt nicht geplant.
Meine Frau war also ganz dagegen
und ich sah eigentlich auch ein
wenn ein Mädchen äh Abi hat
und sich in in ihrem Beruf
Büroberuf da konsolidiert
verdient sie sehr viel schneller Geld.
Denk ich mir.
Und wenn sie heiratet
ist bei den meisten sowieso
 das Studium umsonst gewesen.
Bei den meisten.
[...]
Und dann äh
kam ein denkwürdiger Tag
äh da ham wir hier gesprochen
und meine Frau sagte »Nein das kommt nicht in Frage.«
Und dann ging sie raus
und dann setzte sie sich hier auf die Stufen
[...]
und dann bin ich auch raus
hab mich daneben gesetzt
und dann ham wir beiden aneinander
wir ham immer einen guten Draht gehabt
komischerweise ham die Väter
zu den Töchtern immer nen besseren Draht.
Da ham wir so aneinander gelehnt

und dann sagt sie
»Vati wenn ich da oben in dem Zimmer bin«
Meinem Sohn gehörte das Zimmer da oben
»Und hör den anderen zu
wie die sich da unterhalten die Jungs
dann versteh ich ja nur einen ganz geringen Teil.
Das kann doch nicht alles sein
was ich jetzt gelernt hab.
Ich hab zwar Abi aber
ich versteh gar nicht
worüber die sich unterhalten.«
Hmm (bin ich wieder rein)
und dann hab ich gesagt
»Tss. Darf nicht wahr sein.
Da ham wir jemand
der lernen will
und wir sagen nee.
Tausende ham genau das Gegenteil
die haben jemand
die möchten gerne
und die lernen einfach nicht.
Können wir nicht machen«
hab ich gesagt.
Nun ist dat
muß da- muß dazu kommen
die hat keine Einsen gehabt.
Die mußt alles sehr sehr schwer er- erarbeiten.
Und deswegen ham wir an-
ham wir eigentlich gesagt
»Mußt du dich denn quälen«.
»Wozu ne?
Wenn wenn wenn es wenn es«
Dem anderen ist es zugeflogen
»Aber du mußt alles schuften und rackern.«
Aber sie wollte.
(Dann) ist sie auch nach Hannover gegangen.
Hat Sozialwissenschaften und Anglistik studiert.
I: Ist Lehrerin geworden?
E: Hat schwer schwer arbeiten müssen
und äh ich glaube sie hat auch einmal
einmal hat se eine der beiden Fächer

> *wohl nicht geschafft oder was*
> *oder irgendwas war da*
> *und dann hat se dann wiederholt*
> *und äh es geschafft*
> *mit viel Mühen.*
> *Sie hatte ja noch Prüfungsangst.*
> *Ich war mal*
> *ich war mal hier*
> *als sie hier beim WG Abi machte*
> *[...]*
> *Prüfungsangst ne.*
> *Aber sie hat das Abi ja auch geschafft.*
> *Mit Mühe.*
> *Und dann hat sie auch noch das Studium geschafft.*
> *Und die ist heute in Himmelsstadt*
> *ähm Behindertenwerkstatt*
> *(leitet sie den) Sozialen Dienst.*
> *Ist nicht verheiratet*
> *hat lebt mit einem Lehrer zusammen*

Bereits zu Beginn dieses wiederum langen Erzählsegments werden die Aufstiegsenergien von Herrn Giesecke insbesondere in bezug auf seinen Sohn sichtbar. Er nimmt die Schullaufbahn seines Sohnes sehr wichtig, erzählt über die Entscheidung, welche weiterführende Schule der Sohn besuchen soll. Bereits an seiner Formulierung wird deutlich, daß der Besuch der Mittelschule nur eine Zwischenstation für den Sohn sein soll: »*fangen wir erst mal mit der Mittelschule an*«. Giesecke ist ausgesprochen stolz auf die Zeugnisse seines Sohnes. Auch wenn er sagt, daß er die besondere Leistungsfähigkeit nicht von ihm gehabt haben kann, hat der Sohn zumindest die Aufstiegsaspirationen seines Vater verinnerlicht. Erwartungsgemäß besucht er das Gymnasium und macht sein Abitur.

Im Anschluß daran steht für Giesecke offenbar außer Frage, daß der Sohn studieren muß. Unklarer hingegen ist die Studienrichtung. Giesecke kann seinem Sohn hierbei keine Orientierung mehr bieten, dazu fehlt ihm das kulturelle Kapital. In der Schulzeit des Sohnes konnte Giesecke diesen Mangel damit kompensieren, daß er (der sich selbst als mutigen Mann stilisiert, der keine Angst vor Obrigkeiten hat) Kontakt mit den Lehrern gesucht hat. Aber in bezug auf das Studium und die Universität gibt Rudolf Giesecke seine Unsicherheiten zu. Trotz allem bemüht er sich in seinem Rahmen um Hilfestellungen für den Sohn. Er hört von Studententests beim Arbeitsamt, denen sich der Sohn dann auch unterzieht. Diese Tests bestätigen aber nur, was die Lehrer auch schon gesagt haben: der Sohn soll Mathematik studieren. Als Zweitfach wählt er Physik, was er allerdings gleich wieder abgibt und gegen Sozialwissenschaften tauscht. Bezeichnend ist Gieseckes Hinweis, daß der Sohn »*die ganzen sechs Jahre durch*« studiert hat. Vermutlich ist für ihn auch aus finanziellen Gründen nicht unerheblich gewesen, daß der Sohn sein Studium stringent durchläuft. Voller Stolz erzählt Giesecke von der guten Examenszensur seines Sohnes. Er hegt sogar weitere Aufstiegsambitionen und will, daß sein Sohn seinen »*Doktor*« macht. Der Sohn hat allerdings völlig andere Vorstellungen, er will nie »*wieder was mit Zahlen zu tun haben*«. Giesecke reagiert mit Unverständnis und einigt sich mit seinem Sohn darauf, daß er ein halbes Jahr darüber nachdenkt. Diese überraschende Lösung deutet darauf hin, daß er sich keineswegs nur äußerlich mit dem Aufstieg des Sohnes identifiziert, sondern auch inhaltlich damit auseinandersetzt.

Aber auch nach der Denkpause hat sich die Meinung des Sohnes nicht geändert. Er will Psychologie studieren und auf die Promotion verzichten. Giesecke ist betroffen von der Studienfachwahl seines Sohnes. Für ihn ist gerade Psychologie kein ernstzunehmendes Studienfach, und der Sohn entfremdet sich nach Ansicht von Herrn Giesecke damit von ihm. Das Wunschbild einer Vater-Sohn-Beziehung besteht für ihn in einem Gespräch von Mann zu Mann, und da paßt es für ihn nicht, daß sein Sohn Psychologe ist, der mit ihm als Werftarbeiter kommuniziert (»*Spinnerter*«), sondern er wünscht sich, daß sein Sohn einen männertypischeren akademischen Beruf, wie z.B. den des Mathematikers hat. An dieser Stelle stilisiert sich Giesecke bewußt zum *Werftarbeiter* - freilich nicht um seine Milieuzugehörigkeit auszudrücken, sondern um auf Merkmale des Arbeiterstandes zu verweisen, die sich von der Brotlosigkeit und Unverständlichkeit akademischen Geredes unterscheiden: die Nähe zur Praxis und zum gesunden Menschenverstand und die Handfestigkeit der alltäglichen Verrichtungen. In der Tat liegen hier Züge, die ihn die Risiken des sozialen Aufstiegs zumindest ahnen lassen, den sein Sohn konsequent fortsetzt.

Voller Verärgerung, wenn auch nicht ganz ohne Stolz, erzählt Giesecke, daß der Sohn sein Psychologieexamen noch besser absolviert habe als sein Mathematikexamen. Die jetzige Tätigkeit seines Sohnes kann sich Herr Giesecke kaum vorstellen, sie erscheint ihm sehr beliebig. Sein Sohn arbeitet jetzt als Schulpsychologe, ist verheiratet und hat zwei »*Jungs*«, d.h. er hat die Aufstiegserwartungen seines Vaters, wenn auch nicht in der optimalen Berufsrichtung, durchaus erfüllt.

Gieseckes Tochter erfährt charakteristischerweise eine ganz andere Behandlung in bezug auf ihre Schullaufbahn und ihre Studienwünsche. Giesecke erinnert ihre Schullaufbahn nicht einmal genau. Er kommt ins Überlegen »*...weiß nicht ob sie gleich zum [...] ist ich glaub die ist auch zur Holbeinstraße erst gegangen*«. Sie macht allerdings auch Abitur, Wirtschaftsabitur, und äußert dann den Wunsch zu studieren. Giesecke sieht zunächst nicht ein, warum sie studieren soll, weil er der Meinung ist, daß das Studium bei den meisten Frauen ohnehin umsonst sei, wenn sie heiraten. Auch seine Frau ist absolut gegen ein Studium der Tochter. Herr und Frau Giesecke sind der Meinung, daß die Tochter in einem Büroberuf wesenentlich schneller Geld verdient.

Diese geschlechtsgebundene Einstellung läßt auf eine prinzipiell konservative Grundeinstellung schließen, die allerdings »modernisierungsfähig« ist. In einem Gespräch kann die Tochter Giesecke von ihrem Lernwillen überzeugen, und er sieht ein, daß er sie in ihren Plänen nicht blockieren kann. Gleichsam als indirekte Rechtfertigung für seinen anfänglichen Widerstand gegen das Studium der Tochter betont Giesecke, daß ihr das Lernen nicht leicht gefallen sei und daß sie sich alles »*sehr schwer er-erarbeiten*« mußte. So klingt es dann so, als ob er sie davor habe bewahren wollen, sich zu quälen. Dennoch beginnt sie ein Studium in den Fächern Sozialwissenschaften und Anglistik. Auch hier läßt Giesecke Probleme (z.B. eine Prüfungswiederholung) nicht unerwähnt. Seine Tochter bekleidet heute eine Stelle in einer Behindertenwerkstatt, die unter ihrer formalen Qualifikation liegt. Sie ist, wie Giesecke der Vollständigkeit halber nicht unterschlägt, nicht verheiratet, lebt aber mit einem Mann zusammen, der Lehrer ist. Auch diese Koda der »Aufstiegsgeschichte« der Kinder ratifiziert den Unterschied zwischen Sohn und Tochter. Das Verhältnis mit dem Lehrer hat für Giesecke zumindest pejorativen Charakter - ein Aufstieg mit Brüchen.

Zusammenfassung. Giesecke ist die Tätigkeit auf der AG »Weser« nicht innerfamiliär weitergegeben worden. Sein Vater hat eine große Gastwirtschaft betrieben. Dieser kleinbürgerlichen Herkunft bleibt Giesecke in seinem Habitus treu. Er entfaltet durchaus mit Erfolg ein prätentiöses Aufstiegsstreben für sich selbst und seine Familie, das ihn deutlich vom Arbeitermilieu abhebt. Auch wenn er sich zu Anfang seiner Tätigkeit auf der Werft an die Verhältnisse im Betrieb anpaßt (z.B. plattdeutsch zu verstehen lernt und sich als »Kumpel« gibt), scheint er damit keine Integration in das Arbeitermilieu zu intendieren. Die Anpassung ist wohl eher mit der schlechten Arbeitsmarktlage und den rar gewordenen Arbeitsplätzen im Jahre 1952 zu erklären. Dieser Anpassungsdruck läßt im Laufe der Jahre nach. Giesecke zeigt zunehmend die Bereitschaft, sich innerhalb der Belegschaft zu exponieren. Der Weg *»vom ganz Roten [...] zum ganz Schwarzen«* ist dafür nur ein symbolischer Beleg. Im Grunde war Giesecke niemals Teil des Milieus, sondern immer Außenseiter. Er lebt seine durchaus bemerkenswerte kleinbürgerliches Existenz in unterschiedlichen Facetten: Er stilisiert sich als individuellen Querdenker, investiert viele Energien in den Hausbau (bzw. bereits in die Finanzierung des Hausbaus) und verfolgt ausgesprochene Aufstiegsambitionen für seine Kinder.

Kernkategorien. Diese Strebungen stehen auch für die drei Kernkategorien, die wir im folgenden an zusätzlichem Material entfalten wollen:
- prätentiöser Habitus
- kleinbürgerlicher Lebensstil
- Aufstiegsaspirationen für die Folgegeneration.

Prätention

Ähnlich wie Giesecke ist auch Herr Jürgens nie wirklich in das Arbeitermilieu der AG »Weser« integriert gewesen; er zeigt im Grunde nicht einmal Integrationsinteresse, im Gegenteil: er fühlt sich als »was Besseres« und grenzt sich bewußt aus dem Milieu aus. Gleichwohl erbringt auch er, der ebenfalls Anfang der 1950er Jahre bei der AG »Weser« anfängt, zunächst eine gewisse Anpassungsleistung, indem er seine politische Vergangenheit verschweigt:

I: *In ihren 30 Jahren die sie auf der AG »Weser« gearbeitet habn können Sie sich da noch so dran zurückerinnern wie das mit Kollegen war*
wie das Arbeitsklima so war?
E: *Au ja das war doll -*
ich bin hingekommen
ich war ja dann wieder ganz der Eindringling
wie ich ankam 50 äh als Lehrling
da war ich der einzigste der Hochdeutsch jesprochen hat
alles hat äh platt - Klausi und Willy und wie sie alle hießen da
Hend Hendr_ Hendrik alles platt
*und ich als äh ja - d_d_*
ich war also n Virus war ich drin -
dann der Betriebsrat der war s_son Kommunist -
dann durft ich auch gar nich sagen äh was äh -
ich war ja nun alles ich war ja Flüchtling ich war Umsiedler
ich war Spätheimkehrer nech also auf mich traf ja nun alles zu
nun konnt ich mir ja auswählen was ich nun war nech? -
dann war ich da einfach Flüchtling dann war ich mal Siedler
oder weiß der Kuckuck -
na und somit äh - ((räuspert sich))
kam ich äh mit dem äh - tse mit den Leuten -
na wie jesagt - paar nich Lobe den Herrn
das war ein Jeselle der so bischen äh äh
mir Verständnis hatte -
der Lehrlingsgeselle der war äh der Lehrlingswart da sozusagen
der äh - war also wolln mal sagn nich so be_sch_n_n_eingestellt
aber das n bischen eingestellt wie die alten eingesessenen Jesellen da-
nich dieser Locker der war auch=e - Obermeister vor dem Krieg gewesen
war Nazi und dann durfte ja kein Posten mehr begleiten

> *der war als Jeselle runtergesetzt nech*
> *und das war alles Leute die die die da also - zu mir hielten*
> *während die andern die warn da*[99]

Auf die Frage der Interviewerin nach dem Verhältnis zu den Kollegen erinnert Jürgens sofort seinen Einstieg in den Betrieb 1950 als Lehrling. Seine damalige Position als »*Eindringling*« scheint sich auch im Verlauf seiner 30jährigen Tätigkeit auf der AG »Weser« nicht wesentlich verändert zu haben. Jürgens benennt in diesem Segment einige Faktoren, die zu seiner Außenseiterposition im Betrieb geführt haben. Zum einen war es die Nichtbeherrschung der plattdeutschen Sprache, die ihn marginalisiert hat und als Fremdkörper erscheinen ließ (»*ich war also n Virus war ich drin*«). Zum anderen war es der Migrationshintergrund (»*Flüchtling*«) sowie seine politischen Präferenzen, die offenbar nicht konform gingen mit der kommunistischen Ausrichtung des Betriebsrates. Jürgens mußte seine Vergangenheit bei der Waffen-SS im Betrieb verschweigen und ging entweder als »*Flüchtling*« oder als »*Siedler*« durch. Diese Vorgeschichte schneidet Jürgens vom Kernmilieu der AG »Weser« ab. Umso exklusiver (»*Lobe den Herren*«) oder wichtiger sind ihm die Kontakte zu anderen »Außenseitern« im Werftmilieu, die z.T. die gleiche politische Vergangenheit hatten wie er (z.B. »*dieser Locker [...] war Nazi [...] das war alles Leute die die die da also - zu mir hielten*«).

Es ist bezeichnend, daß Jürgens die Sprache als vordringliches Exklusionsinstrument bewertet. Sprache ist einerseits das vitale Medium der Kommunikation, andererseits auch ein wichtiges Unterscheidungsmerkmal. In seiner Formulierung (»*da war ich der einzigste der Hochdeutsch gesprochen hat*«) grenzt sich Jürgens im Grunde bewußt selber aus. Nicht die Kollegen fordern das Platt von ihm ab, er setzt sich durch sein vorgebliches »Hochdeutsch«[100] ins bessere Licht. Dieser Grundgestus der elitären Distinktion, des Sich-für-besser-Haltens, der seine Wurzeln in Jürgens früher Waffen-SS-»Karriere« hat, ist natürlich eine latente Provokation im egalitären Arbeitermilieu. Die Metapher vom »*Virus*« ist deshalb außergewöhnlich treffend gewählt. Daß dann auch die politische Dimension

---

99 Interview mit Artur Jürgens, Transkript.
100 Die ostpreußische Dialektfärbung ist freilich nicht zu überhören.

in der geradezu klassischen Polarität »Kommunisten« vs. »Nazis« eingeführt werden kann, zeigt, daß Jürgens niemals von seiner Vergangenheit Abschied genommen hat. Im Grunde ist die Notwendigkeit, 1950 noch einmal als Lehrling auf der Werft anfangen zu müssen, für ihn eine Art biographischer Niederlage. Die Identifikation mit dem abgestuften Nazi-Obermeister (»*war als Jeselle runtergesetzt*«) macht das überdeutlich. In seiner Freizeit pflegt Jürgens konsequenterweise auch überhaupt keine Kontakte mit den Kollegen:

I: Haben Sie denn trotz dieser weiten Arbeitswege
so in ihrer Freizeit abends auch noch was mit Kollegen gemacht?
E: Äh ich hatte mit Kollegen gar nichts
ich ich hatte hier genug zu tun
wenn ich nach Hause kam
hier dieses dieses Gebäude hab ich aufgebaut da -
äh aufgemauert - alles fix und fertig gemacht
und dann wieviel mal hab ich umge_umgestaltet
nach Hause jekommen
Tasche weggestellt -
Tasse Kaffee getrunken oder gar nicht
und dann gings da raus -
I: mhm
E: im Sommer im Winter ging ja nun sch_schlecht was
aber dann - nee das is un sonnabends und sonntags -
entweder war ich aufer Werft oder ich hab hier gepult -
/da war nix drin ((mit überzeugtem Tonfall))/
wir hatten - äh - Hiner Puten - Enten Gänse Tauben äh
n <u>Bullen</u> - äh <u>Schafe</u> - <u>Hunde</u> also <u>Katzen</u> also alles was man so -
war alles hier - ja das mußte ja betreut werden
das mußte <u>sauber</u> jemacht werden
dann mußte <u>Futter</u> rangeschafft werden -
nee - und dann hat ich hier alles unter en Pflug
das war ja alles Ackerland -
I: mhm
E: Roggen Gerste alles angesät Rüben - also Blödsinn heute ja?
Ja man man is ja von zu Hause so jewöhnt gewesen
man darf da dann -
du selbst nix hast dann kannst du auch nich leben -
ja - im nachhinein (...) siehste - viel billiger gekriegt
jekauft als was de heute reinsteckst das lohn sich heute nicht

> I: mhm
> das lohnt sich überhaupt nichts mehr[101]

Zu den bereits genannten Faktoren der Selbstexklusion aus dem Kernmilieu der AG »Weser« kommt, daß Jürgens ca. 35 Kilometer außerhalb von Bremen in einem Dorf lebt und überhaupt keine Zeit hat, sich um soziale Kontakte zu AG »Weser«-Kollegen zu kümmern. Jürgens versorgt parallel zu seiner Arbeit eine kleine Nebenerwerbslandwirtschaft, so wie er es von zu Hause »jewöhnt gewesen« ist. D.h. er verbleibt - mental und habituell - im bäuerlichen Milieu, aus dem er stammt, und betrachtet seine Arbeiterexistenz als etwas Äußerliches. Auch Herr und Frau Hofmann grenzen sich habituell vom Arbeitermilieu ab:

> I: Ham Sie sich denn als was Besseres gefühlt als Angestellter?
> E1: Nein.
> I: Vorher warn Sie Arbeiter? Am Anfang.
> E1: Arbeiter hat ja auch ne ziemliche Bandbreite.
> I: Das stimmt.
> Aber als Angestellter is man doch
> E1: Nein. Nich besser. Wieso?
> Die Kollegen mit denen ich früher zusammengearbeitet hab
> da hat sich in dem Verhältnis nichts geändert.
> I: Ach so. Sind Sie denn als Ihr Mann nun Angestellter wurde
> fanden Sie das besser war das angenehmer?
> E2: Ja auf jeden Fall.
> E1: Die schmutzigen Anzüge fielen weg.
> E2: Na ja das is doch immer n Stückchen weiter auf der Leiter nech.
> Er hatte ja eigentlich mal mehr wollen.
> Er wollte ja weiter zur See fahren.
> Und ich hab gesagt »Ich möchte keinen Seemann haben«.
> I: Also gelernter Maschinenbauschlosser waren Sie.
> Und sind dann Angestellter geworden.
> Und das fanden Sie angenehm.
> E1: Ja. Der Arbeitsbereich is ein anderer.
> I: Ja.
> E2: Und der Umgang is auch anders.
> I: Nein. Sie sagten eben das wär n anderer

---

101 Interview mit Artur Jürgens, Transkript.

> *also das war ja schon vor dem Krieg.*
> *Und Sie sind dann 52 wieder im technischen Büro*
> *als die AGW wieder Arbeit hatte*
> *wieder angefangen.*
> *Das is n anderer Umgang*
> *also man hat weniger schmutzige Arbeit erstmal*
> *das is klar.*
> *E2: Die ganze Umgebung is netter.*
> *Oder oder anders will ich mal sagen.*
> *Annehmbarer.*
> *Finde ich.*
> *I: Wie äußert sich das denn?*
> *E2: Ja die Menschen mit denen die umgehen.*
> *Schon die Sprache is anders manchmal nech.*
> *Ich weiß es nich und das is ja nun auch n Fortschritt.*
> *E1: Im Betrieb da wurde teilweise ja auch nur Plattdeutsch gesprochen.*
> *I: Ach.*
> *E1: Früher wurden die Schiffe alle Plattdeutsch gebaut.*
> *Nech und das is.*
> *E2: Karls Vater war Schiffszimmermeister.*
> *E1: Ja. Auch in den 20er in den 30er Jahren auch noch.*
> *Als denn so viele Leute*
> *Flüchtlinge herkamen und da mit gearbeitet haben*
> *da war das mehr oder weniger weg.*
> *I: In den 50er Jahren warn auch viele Flüchtlinge auf der AGW*
> *die da gearbeitet haben.*
> *Die expandierte ja die Werft.*
> *Also dann sind sie gar nicht so die typische AGW-Arbeiterfamilie*
> *gewesen nech.*
> *Das kann man so sagen.*
> *E1: Nee im Grunde nich.*
> *E2: Ich weiß was stellt man sich überhaupt darunter vor?*
> *Jeder is das was er aus seinem Leben macht.*[102]

Auf die etwas unglücklich gestellte Frage der Interviewerin, ob Herr Hofman sich »*als was Besseres*« gefühlt habe als Angestellter, antwortet er mit nein, weil ihm gar keine andere Möglichkeit bleibt.

---

[102] Interview mit Ehepaar Hofmann, Transkript. E1: Herr Hofmann. E2: Frau Hofmann.

Gleichwohl gibt er zu bedenken, daß »*Arbeiter... ja auch ne ziemliche Bandbreite*« hat. Hier deutet sich an, daß Hofmann sehr wohl die Ausdifferenzierungen unter den Arbeitern, die mit den Modernisierungsprozessen einhergingen, erkannt hat. Trotzdem besteht er darauf, daß er sich nicht als was Besseres gefühlt und daß sich an dem Verhältnis zu den Kollegen nichts geändert habe. Diese Äußerung scheint dem Umstand geschuldet, daß sich Hofmann dem egalitären Verhältnis der Kollegen im Arbeitermilieu angepaßt hat, um nicht völlig ausgeschlossen zu sein. Er versucht in diesem Erzählsegment, die Vorteile seines Aufstiegs zum Angestellten rein sachlich und pragmatisch darzustellen.

Auf die Frage der Interviewerin an seine Frau, ob sie die neue Position ihres Mannes angenehmer fand, antwortet Hofmann mit einem Anflug von Ironie: »*Die schmutzigen Anzüge fielen weg*«, auf die gleiche Frage an ihn sagt er: »*Ja. Der Arbeitsbereich ist ein anderer.*« Interessanterweise wertet Frau Hofmann den beruflichen Aufstieg ihres Mannes jedoch ganz anders. Sie ist offensichtlich stolz darauf (»*Na ja das is doch immer n Stückchen weiter auf der Leiter nech*«). Mit ihrer Distanz zur Milieuwelt der Werft spricht sie die Unterschiede zwischen dem Milieu der Arbeiter und der Angestellten deutlich an. Sie findet die ganze Umgebung des Angestelltenmilieus »*netter*«, »*annehmbarer*«. Als Unterscheidungsmerkmal spricht sie die Sprache an. Das Sprechen der hochdeutschen Sprache im Milieu der Angestellten bezeichnet sie als »*Fortschritt*«. Frau Hofmann scheint sich und ihren Mann eindeutig für etwas Besseres zu halten, hat deutlich distinktive Interessen und grenzt sich hiermit aus dem Arbeitermilieu selber aus. Aber auch Hofmann selbst scheint trotz seiner doppelten Versicherung, daß er sich nicht als »besser« gefühlt habe, ein wenig herabzusehen auf die Arbeiter im Betrieb, die nur »*Plattdeutsch*« sprechen. Deutlich herablassend resümiert er: »*Früher wurden die Schiffe alle Plattdeutsch gebaut...*« Auch an den Freizeitaktivitäten der Hofmanns läßt sich ihr prätentiöser Habitus erkennen:

> *I: Freizeit ja.*
> *Hatten Sie meinten Sie*
> *Sie hatten mehr Freizeit als Ihr Mann z.B.? Feierabend.*
> *Oder gabs n Feierabend?*

> E: Nee. Das glaub ich nich.
> Das glaub ich nich.
> Aber wir ham uns auch
> am kirchlichen Leben beteiligt in der Gemeinde.
> Wir sind von Anfang an
> außer den Kriegsjahren
> ins Theater gegangen.
> Hatten n Abonnement.
> I: Am Goethetheater oder wo?
> E: Ja. Goethetheater. Und Niederdeutschen.
> Eh zum Teil ham wer
> in Gröpelingen war der Mandolinenklub sehr groß.
> Unter Buchhart.
> I: Der Stolzefels heißt der Mandolinenklub.
> E: Ja. Stolzefels. Der existiert ja noch.
> I: Waren Sie da auch Mitglied?
> E: Ja.
> I: Donnerwetter.
> Also im Nachbarschaftshaus waren Sie aktiv.
> Im Mandolinenklub warn Sie.
> E: Ja da hab ich aufgehört
> als unser jüngstes Kind geboren wurde.
> Ich war noch in der Anfängergruppe.
> Und das war mir so n bißchen finan_
> mit den mit den Kindern da
> auf einer Schulbank zu sitzen als schwangere Frau.
> Da hab ich dann aufgehört.
> Aber unsere Kinder sind im Mandolinenverein gewesen.
> I: Ah ja. Ah ha.
> Sie sagten Sie hatten und haben noch die Parzelle oder den Garten
> im Umland.
> Sind Sie da auch Mitglied so in einem Kleingartenverein?
> E: Kleingartenverein ja.
> Mein Mann hat sechs Jahre mal den Vorstand gemacht.[103]

Die Freizeitaktivitäten der Hofmanns sehen anders aus, als die der »Protagonisten«, »Integrierten« und »Networkers«. Sie sind nicht politisch engagiert, in keinem Arbeitertraditionssportverein und sie treffen sich auch nicht mit den AG »Weser«-Kollegen, wie sie an-

---

103 Interview mit Ehepaar Hofmann, Transkript. E: Frau Hofmann.

derer Stelle im Interview sagen (»*Wir hatten höchstens so zu den Arbeitskollegen an an Festen. Wir haben Ausflüge gemacht. Die wurden arrangiert.*«). Hofmanns sind auch in ihrer Freizeitgestaltung Außenseiter: Sie beteiligen sich aktiv am kirchlichen Leben der Gemeinde. Darüber hinaus haben sie ein Abonnement für das Theater (Goethe-Theater und Niederdeutsches Theater). Frau Hofmann ist Mitglied im Mandolinenklub, was sie erst aufgibt, als das jüngste Kind geboren wird. Interessant ist die Erklärung für die Aufgabe der Mitgliedschaft. Während sie zuerst offensichtlich sagen will, daß sie aus finanziellen Gründen aufgehört habe, entscheidet sie sich schließlich für eine ihr weniger »peinliche« Erklärungsvariante und stellt fest, daß sie abgebrochen habe, weil sie nicht als schwangere Frau mit den Kindern auf einer Schulbank sitzen wollte. Denkbar ist, daß beide Argumente eine Rolle gespielt haben. Frau Hofmann scheint allerdings nicht über die finanzielle Enge sprechen zu wollen, was wiederum ihrem kleinbürgerlichen Habitus entspricht. Angesprochen auf die Mitgliedschaft in einem Kleingartenverein, sagt Frau Hofmann, daß sie Mitglied waren. Hierüber erzählt sie allerdings nichts, sondern erwähnt nur die besondere Stellung, die ihr Mann in diesem Verein bekleidet hat, er »*hat sechs Jahre mal den Vorstand gemacht*«. Die Prätention der Selbstdarstellung wird sichtbar. Entscheidend ist weniger, was man gemacht oder erlebt hat, sondern wie sich Aktivitäten oder Mitgliedschaften darstellen, d.h. *sozial inszenieren* lassen. In einer knappen Bilanzierung macht Frau Hofmann selber deutlich, was sie zuvor mehrfach implizit angedeutet hat, daß sie sich nämlich von dem »*Gros*« unterschieden haben:

> *Wir warn keine Außenseiter in dem Sinne*
> *aber anders wie das Gros. Ja.*
> *Also wir hatten andere Interessen.*
> *Und bis heute noch.*[104]

Das Segment spricht für sich. Die Hofmanns setzen sich durch ihre Interessen vom »*Gros*« ab, sie grenzen sich also selber aus. Die Aussage »*Wir warn keine Außenseiter in dem Sinne*« ist so zu verstehen,

---

104 Interview mit Ehepaar Hofmann, Transkript. E: Frau Hofmann.

daß die Hofmanns eben nicht ungewollt, sondern gleichsam *bewußt* Außenseiter waren, aber Außenstehende waren sie zweifellos. Ebenso wie die Hofmanns grenzt sich auch Herr Köhler bewußt aus:

> *als ich dann nachher äh als <u>Geselle</u> als als <u>Junggeselle</u>*
> *oben in die Fertigmacherei kam -*
> *war ich natürlich äh ne was äh die*
> *da wurde ja Akkord gearbeitet äh*
> *war ich natürlich den äh äh*
> *den Leuten die jetzt mal eingestellt worden warn*
> *den Alttischlern - äh weit überlegen weil die äh äh -*
> *weil die die Maschinen nich so kannten -*
> I: mhm[105]

Er fühlt sich den älteren Kollegen gegenüber überlegen und besser ausgebildet, insbesondere in bezug auf die Bedienung der Maschinen. Köhler hält sich offenbar für »etwas Besseres«. Dieser Gestus der Distinktion rührt bei ihm daher, daß er aus einer kleinbürgerlichen Handwerkerfamilie stammt. Sein Vater war selbständiger Sattlermeister. Allerdings mußte sein Vater die Selbständigkeit aufgeben (ein Tatbestand, der im Interview unkommentiert bleibt) und bei der AG »Weser« eine Arbeit aufnehmen, was wiederum die Berufswahl des Sohnes beeinflußt hat:

> *Sicherlich hing das auch damit zusammen*
> *daß mein Vater auf der AGW war*
> *früher ging der Schnack um - in äh*
> *Nordstadt arbeitet jeder dritte aufer AG Weser nech?*
> *Und so die älteren die hatten denn alle diese -*
> *Prinz Heinrich Müt_Mütze und denn dieses AG Weser Wappen nech?*
> *Da liefen die denn - auch teilweise sonntags -*
> *stolz mit durche Gegend nech?*
> *Also zumindestens die Älteren nech?*
> I: Mhm[106]

---

105 Interview mit Fritz Köhler, Transkript.
106 Interview mit Fritz Köhler, Transkript.

Kapitel 11: Akteurstypologien im AG »Weser«-Milieu

Trotz aller Verbindung zur AG »Weser« scheint Köhler das Zugehörigkeitsgefühl zur Werft nur begrenzt zu teilen. Er distanziert sich offensichtlich vom Verhalten der älteren Kollegen. Die Szene mit den Mützen und Wappen liest sich wie ein Anachronismus aus dem 19. Jahrhundert (»*die älteren die hatten denn alle diese - Prinz Heinrich Müt_Mütze und denn dieses AG Weser Wappen nech? Da liefen die denn - auch teilweise sonntags stolz mit durche Gegend nech?*«) Köhler steht auf der Seite der Modernisierer, er will »*weiterkommen*«:

nur äh wie gesagt äh man muß auch äh
jedenfalls hab ich auch an äh meine weitere Zukunft gedacht -
und hab aber dann äh gemerkt äh
daß es da eben kein Weiterkommen gibt -
äh ich hatte neben meiner Ausbildung als Tischler -
auch ne Technische Zeichner Ausbildung - gemacht
weil ich konnte - sehr gut zeichnen
und da hat der Lehrlings äh Ing_Ingenieur für gesorgt
daß ich eben wie gesagt im Zeichenbüro auch äh - äh
nochmal n paar Tage so verbringen konnte
während meiner Lehrzeit und äh - äh - -
aber ne es - man kam irgendwie
kam man kam man da nich weiter und äh - -
und ich hab gedacht
»Mensch wenn du jetzt ewig hier so stehst
und wenn du denn nachhher auch so alt bist und -
da kommen wieder neue - äh - neue Arbeitsmethoden
und denn kommste auch nich mehr klar
und denn wirste auch arbeitslos und -
und so weiter un - -«
So bin ich denn hier auf die Idee gekommen
zum Vadder Staat zu gehen
außerdem hab ich viel Sport gemacht
ich hab damals äh aktiv Fußball gespielt
in der höchsten Bremer - Klasse bei TURA
I: *mhm*
E: *hab ich Fußball gespielt -*
und=e - na denn warn war ich mal in äh -
oder wir habn denn auch mal gespielt gegen Polizei Bremen damals
Außenstadt und dann hab ich -
hab ich mir das mal so angeguckt da

> *hab ich gedacht*
> *»Mensch ach Polizei is vielleicht gar nich so schlecht«*
> *Und ich hab den Schritt auch nie bereut - nech?*
> *Bin heute hier bei der Kripo in in <u>Bremen</u> äh*
> *Quatsch in Ostenstede -*
> *und=e war 18 Jahre in Großstadt*
> *und jetzt - 1978 sind wir - hier nach Ostenstede gekommen -*
> *weil meine Tante äh -*
> *[...]*
> *und kam hier alleine nich mehr klar*
> *I: mhm*
> *E: und dann sind wir hierher gekommen*
> *hab ich das hier umgebaut und - na ja wohnen wir halt hier - ne? - -*
> *Und nächst Jahr geh ich in Pension im Juni is - meine Zeit rum -*
> *so ist das*[107]

Köhler antizipiert seine Zukunft bei der AG »Weser« und bemerkt rechtzeitig, daß dort »*kein Weiterkommen*« ist, auch mit seinen vielfältigen Qualifikationen, die er in diesem Erzählsegment gesondert aufführt. In dem Wunsch weiterzukommen, drückt sich jedoch sein Aufstiegsbestreben aus. Auch er verfügt über einen ausgesprochen prätentiösen Habitus. Zum Teil scheint er sogar zur Überschätzung seiner Fähigkeiten zu neigen. Er spricht von einer zusätzlichen Ausbildung als technischer Zeichner, die er gemacht hat, die allerdings lediglich darin bestand, daß er »*n paar Tage*« im »*Zeichenbüro*« verbracht hat. Auf jeden Fall grenzt sich Köhler von den älteren Kollegen ab, die nicht so weitsichtig waren wie er und deshalb später »*nich mehr klar*« kamen. Hier klingt auch eine subtile Angst an, arbeitslos zu werden. Um den mangelnden Aufstiegschancen und der möglichen Arbeitslosigkeit aus dem Weg zu gehen, beschließt Köhler den Arbeitsplatz zu wechseln und zu »*Vadder Staat*« zu gehen. Die Erfahrungen mit dem Polizeisportverein, die Köhler in seiner Freizeit durch sein aktives Fußballspielen (worüber er auch sehr leistungs-bzw. aufstiegsorientiert berichtet: »*ich hab damals äh aktiv Fußball gespielt in der höchsten Bremer - Klasse bei TURA*«*)* macht, motivieren ihn dazu, sich in Großstadt bei der Polizei zu bewerben, was er

---

[107] Interview mit Fritz Köhler, Transkript.

auch im nachhinein noch positiv evaluiert: »*und ich hab den Schritt auch nie bereut - nech?*«

An anderer Stelle im Interview erzählt er, daß er erst eine Ausbildung bei der Polizei gemacht habe, dann im normalen Polizeidienst gearbeitet hat und schließlich bei der Kripo gelandet sei. Es scheint für Köhler akzeptabel gewesen zu sein, daß er für den neuen Beruf noch einmal eine weitere Ausbildung absolvieren mußte. Stolz berichtet er über seine heutige Tätigkeit bei der Kripo, den eigenen Umbau des Hauses, das ihm von seiner Tante überschrieben wurde, und über das Privileg, eine Pension und eben keine Rente zu bekommen.

Kleinbürgerlicher Lebensstil

Anhand der Kernstelleninterpretation von Rudolph Gieseckes Interview konnten wir nachweisen, daß der Hausbau eine zentrale Bedeutung in seinem Leben hatte. Auch Frau Giesecke mißt dem Bau des Eigenheimes erhebliche Bedeutung bei:

> *und 60 habn wir dann hier angefangen zu baun*
> *und sind 61 im März hier eingezogen -*
> *I: mhm*
> *E: und das war erstmal der /erste Abschnitt ((lachend))/*[108]

Die Beendigung des Hausbaus wird von Frau Giesecke als Erreichen eines Etappenzieles bewertet. Es handelt sich um ein wesentliches Lebensprojekt, aber zugleich nur um ein »Etappenziel«. Andere Schritte werden folgen. Auch für Herrn Jürgens hat das Eigenheim eine große Bedeutung. Er baut in seiner Freizeit eine »*Datsche*« (ein Wochenendhaus) direkt hinter sein Einfamilienhaus:

> *wenn ich nach Hause kam*
> *hier dieses dieses Gebäude hab ich aufgebaut da -*
> *äh aufgemauert - alles fix und fertig gemacht*
> *und dann wieviel mal hab ich umge_umgestaltet*

---

108 Interview mit Else Giesecke, Transkript.

> *nach Hause jekommen*
> *Tasche weggestellt -*
> *Tasse Kaffee getrunken oder gar nicht*
> *und dann gings da raus -*[109]

Im Gegensatz zu Jürgens hat Herr Köhler zwar kein Haus gebaut, aber immerhin die Umbauarbeiten bei dem Haus übernommen, das ihm seine Tante überschrieben hat. Der Besitz eines eigenen Hauses wird von Köhler mit Stolz erwähnt und in den Bericht des erfolgreichen Lebens, der erfolgreichen Karriere integriert:

> *weil meine Tante äh - ne Schwester meiner Mutter -*
> *die aber meine Mudder war dann 77 gestorben -*
> *und meine Tante war aber schon 10 Jahre älter*
> *und die war nun - sehr alt schon*
> *und kam hier alleine nich mehr klar*
> *I: mhm*
> *E: und dann sind wir hierher gekommen*
> *hab ich das hier umgebaut und -*
> *na ja wohnen wir halt hier - ne? - -*[110]

Auch im kleinbürgerlichen Milieu bleibt der Selbsthilfeaspekt ausgeprägt, nicht weil man - wie im Kernmilieu der Arbeiter - auf kollektive Ressourcen der Mithilfe zurückgreifen könnte, sondern weil der Planungsprozeß zu einem differenzierten Rechenexempel wird, der nur unter größten persönlichen Entbehrungen und, wie an Gieseckes Finanzplanungen zu sehen ist, mit äußerst knappen Kalkulationen verwirklicht werden kann. Hier zeigt sich die Bereitschaft zur Einschränkung kurzfristiger Bedürfnisse um mittelfristiger Lebensziele willen, wie sie insbesondere in solchen Fällen notwendig war, wo jegliches ererbte Privateigentum aus der Vorgeneration (im Arbeiterkernmilieu keineswegs selten) fehlte.

---

109 Interview mit Artur Jürgens, Transkript.
110 Interview mit Fritz Köhler, Transkript.

Aufstiegsaspirationen für die Folgegeneration

Welche Energie und welche Zeit z.B. in die Bildungsaufstiege der Kinder investiert wurde, zeigt ein Interviewausschnitt von Frau Giesecke:

> die Lütsche kam mit Schularbeiten der Große kam
> ja - ich hatte nur Mittlere Reife
> soviel konnte ich ja nun auch nicht mehr helfen
> in der Oberschule nech?
> I: Mhm
> E: Sicher Vokabeln abhören
> /das war noch das einzige ((lachend))/
> I: mhm
> E: aber das war dann auch schon Schluß nech?
> I: Mhm (...)
> E: Beim Essen /hab ich Vokabeln abgehört ((lachend))/
> oder wenn ich in der Küche war
> und hab da grad gekocht nech? -
> Die mußten mit Heulen brav jeden Tag
> ihre /Schularbeiten vorlegen ((lachend))/
> anders hab ichs nicht gemacht -
> I: Und da gabs nie Ärger? Und das habn so
> E: Sicher die habn gemeutert aber -
> da war ich konsequent ich sag »Komm das muß sein -
> wenn ihr wollt - später mit n Händen arbeiten könnt ihr aufhören
> aber wenn ihr wollt n bißchen was mehr werden
> dann müßt ihr eben lernen«
> I: Mhm
> E: Ob ses eingesehen habn damals
> weiß ich nich ((lacht/1sec.))
> heute sind se wohl dankbar dafür
> [...]
> ja mein Mann hat sich eigentlich die <u>ganze</u> Zeit
> <u>konnte</u> er auch nich sich drum kümmern
> denn mitunter war er auch Sonnabend Sonntag im Betrieb[111]

Frau Giesecke hat, ebenso wie ihr Mann, ausgesprochene Aufstiegsambitionen für die Kinder. Sie ist allerdings diejenige, die sich im

---

111 Interview mit Else Giesecke, Transkript.

Alltag darum kümmert, daß das Fundament für solche Aufstiege gelegt wird. Sie setzt im Rahmen ihrer Möglichkeiten (»*ich hatte nur Mittlere Reife*«) alles daran, daß die Kinder lernen. Für sie bedeutet die strenge Kontrolle der Hausaufgaben der Kinder eine zusätzliche Belastung in ihrer Doppelrolle als Hausfrau und Erwerbstätige. Trotz alledem verfolgt sie konsequent ihr Ziel, daß aus den Kindern »*n bißchen was mehr werden*« soll (»*die mußten mit Heulen brav jeden Tag ihre /Schularbeiten vorlegen ((lachend))/ anders hab ichs nicht gemacht*«). Ihre Kinder setzt sie damit unter Druck, daß sie sagt: »*wenn ihr wollt - später mit n Händen arbeiten könnt ihr aufhören aber wenn ihr wollt n bischen was mehr werden dann müßt ihr eben lernen*«. Ihr Verhalten legitimiert sie im nachhinein damit, daß die Kinder ihr heute dankbar sind für ihr Verhalten. Frau Giesecke gibt nicht eigentlich kulturelles Kapital weiter; durch rigide Unterstützung der Schule flankiert sie sozusagen eine »institutionelle Prozedur«, die der Bildungsaufstieg voraussetzt. Dieser nicht immer unkomplizierte Prozeß, der ja der relativen »Bildungsabstinenz« der Mutter geschuldet ist, verschärft Lösungsprozesse von traditionellen Herkunftsmilieus und forciert die Individualisierung von Bildungsverläufen.

Ebenso wie die Gieseckes hegt auch Herr Köhler Aufstiegsaspirationen für seine beiden Söhne. Ohne ein Wort über ihre Entwicklungen zu verlieren, gibt Köhler nur Informationen über ihre Schul- bzw. Berufslaufbahn und ihren beruflichen Status:

> *ich hab zwei Söhne*
> *die habn beide Abitur gemacht -*
> *der große hat - Chemie studiert -*
> *promoviert anschließend -*
> *der kleine hat äh nach seiner - - nach seinem Abitur*
> *ne Banklehre gemacht -*
> *BWL studiert in Herford*
> *und arbeitet jetzt in Derkau*
> *bei einem Wirtschaftsprüfer und will so -*
> *Wirtschaftsprüfer selbst auch werden aber da*
> I: *mhm*

> E: *sind jetzt noch n paar Phasen zu durchlaufen*
> *bevor er denn da is - -*[112]

Beide Söhne haben Abitur gemacht, der ältere hat Chemie studiert und anschließend promoviert, der jüngere hat eine Banklehre gemacht und will Wirtschaftsprüfer werden. Die statusorientierte Darstellung der Ausbildungswege der Söhne läßt auf ein sehr traditionelles und konservatives Denken von Herrn Köhler schließen. Allerdings ist der Erwartungshorizont eindeutig. Köhler hebt nicht die Außergewöhnlichkeit der Schulkarriere seiner Söhne hervor. Genau das entspricht seinen Aspirationen. Auch Herr und Frau Hofmann haben unverkennbar Aufstiegsambitionen für ihre Kinder:

> *I: (...) Welche zu welcher Schule gingen die Kinder?*
> *E1: Klinkengymnasium.*
> *I: Zum Klinkengymnasium?*
> *Was is das?*
> *E1 und E2: Volksschule [kommt von beiden gleichzeitig].*
> *E2: Hier in der Ritterhuder Straße.*
> *Alle drei gingen da hin.*
> *Und=e ja.*
> *Die Klassen sind manchmal mit 52 Kindern besetzt gewesen.*
> *E1: Am Anfang.*
> *E2: Es war furchtbar.*
> *Also die Schuljahre ich meine wir sie habens alle geschafft.*
> *[...]*
> *I: Und alle drei Kinder sind da hingegangen?*
> *E1: Ja.*
> *E2: Sind alle drei da hin gegangen.*
> *I: Und ham da ihren Abschluß auch gemacht?*
> *E1: Ja. Der Älteste hat dann hier auch auf der Werft gelernt Maschinenbauer.*
> *Anschließend als Ingenieurassistent zur See gefahren.*
> *[...]*
> *I: Und Ihre Tochter.*
> *Was hat die gelernt?*
> *E2: Ja die is=e Textilverkäuferin.*
> *Also hat hier in Südstadt gelernt.*

---

112 Interview mit Fritz Köhler, Transkript.

> *Und=e ja.*
> *E1: In einen sehr guten Laden da.*
> *Das war nur n ganz kleiner Laden.*
> *Aber der war First Class*
> *E2: ein ganz kleines Geschäft in der Blumenstraße.*
> *Und der Mann war Ungar und der war sehr tüchtig.*
> *Und der hat das auch zu schätzen gewußt*
> *daß er sie gebrauchen konnte.*
> *Und=e jetz arbeitet sie <u>noch</u> in einem großen Bremer Kaufhaus. In Oberstadt.*
> *Ihr Mann is eh bei er wie heißt*
> *E1: Containerfachmann bei der Senatorlinie.*
> *E2: War inzwischen auch in inne Amst_ Holland gewesen.*
> *In Rotterdam hat er 4 Jahre gearbeitet.*
> *Und die ham im Vorschuppen gewohnt.*
> *Ham 2 Kinder.*
> *Die Tochter is Wirtschafts- und Steuerberaterin.*
> *Und der Sohn is noch nich ganz fertig.*
> *Der hatte Flugzeugbau studiert*[113]

Zu Beginn dieses Erzählsegments lassen sich zunächst keine Aufstiegsambitionen erkennen, die Herr und Frau Hofmann für ihre Kinder hegen. Alle drei Kinder haben die Volksschule besucht, die Herr Hofmann umgangssprachlich »*Klinkengymnasium*« nennt. Der erste Hinweis darauf, daß sie die Schulbildung ihrer Kinder ernst und wichtig nehmen, ist die Verärgerung von Frau Hofmann über die große Klassenstärke zur damaligen Zeit (»*Die Klassen sind manchmal mit 52 Kindern besetzt gewesen*«) und der Stolz darauf, daß sie es trotzdem »*alle geschafft*« haben. Weitere Indizien folgen dann bei der Beschreibung der »Aufstiegskarrieren«: Der älteste Sohn macht einen Aufstieg, auf den besonders Herr Hofmann sehr stolz ist, weil er in seiner Branche arbeitet. Genau wie sein Vater macht er eine Ausbildung auf der Werft als Maschinenbauer, studiert dann am Technikum in Bremen und erwirbt schließlich die Ingenieurspatente C 5 und C 6. Hiermit fährt er zunächst zur See, was wiederum für Herrn Hofmann eine große Bedeutung hat, weil er selbst gern

---

[113] Interview mit Ehepaar Hofmann, Transkript. E1: Herr Hofmann. E2: Frau Hofmann.

zur See fahren wollte, von seiner Frau jedoch daran gehindert wurde. Am Ende wird er Betriebsleiter bei MBB.
Die Tochter macht bezeichnenderweise den geringsten sozialen Aufstieg unter den Kindern. Sie wird Textilverkäuferin. Aber auch in bezug auf die Tochter hegen die Hofmanns Aufstiegsambitionen. Sie macht nicht in irgendeinem Laden ihre Ausbildung, sondern in einem Laden, der »*First Class*« ist. Die spätere Tätigkeit der Tochter in einem großen Kaufhaus wird von Hofmanns nicht als Abstieg gewertet. Sie unterstützen es mit großer Anerkennung, daß ihre Tochter »*noch*« arbeitet, obwohl sie verheiratet ist. Gleichzeitig sind die Hofmanns stolz darauf, daß der Mann ihrer Tochter einen angemessenen Beruf (»*Containerfachmann*«) hat und daß sie durch ihn einen Aufstieg aus zweiter Hand macht. Darüber hinaus haben auch die Enkelkinder, d.h. die Kinder ihrer Tochter, berufliche Aufstiege gemacht. Die Enkeltochter ist Wirtschafts- und Steuerberaterin und der Enkelsohn hat Flugzeugbau studiert und besucht jetzt die Technikerschule.

Bei den »Außenseitern« lassen sich nicht nur Merkmale belegen, die im klassischen Arbeitermilieu so nicht gefunden werden können: Die prätentiöse Bereitschaft zur Selbstdarstellung gerade innerhalb des betrieblichen Milieus kann als massive Verletzung des »ungeschriebenen Codes« der Egalität unter Arbeitern betrachtet werden. Mehr noch stellt die aktive Bereitschaft zur Distinktion und Selbstexklusion der Außenseiter eine soziale Basisstrategie dar, die sie plausibel beispielsweise von den »Randständigen« abgrenzt.

Beobachtbar ist freilich noch ein weiteres Symptom, das der modischen Diagnose der *Individualisierung* am nächsten kommt: In keiner der beschriebenen fünf Typengruppen findet »individuelle Modernisierung« derart deutlich statt. Innerhalb einer Biographie (z.B. bei Giesecke oder Jürgens) erleben wir dramatische biographische Auf- und Abstiege und die völlige Ablösung vom traditionellen Herkunftsmilieu. Diese objektive »Entwurzelung«, die sich in der Folgegeneration noch zu verschärfen scheint - auch hier wechseln offenbar drastische Bildungsaufstiege mit riskanten Berufskarrieren ab -, zerfasert Milieugrenzen und bildet nicht zwangsläufig neue Vergemeinschaftungsmuster. Das traditionelle Arbeitermilieu scheint allerdings von solchen Prozessen verschont zu bleiben. Die dynamischen Individualisierungsprozesse der Außenseiter färben zumindest in den 1950er Jahren nicht auf das Kernmilieu ab.

6. Bewegungen im Milieuraum

Dennoch lassen die Analysen der biographischen Erzählungen dynamische Prozesse auch und gerade im klassischen Kernmilieu erkennen. Die Beharrungsfunktion, die die *Integrierten* unbestreitbar haben, rechtfertigt die Betonung einer durchaus erstaunlichen Persistenz in westdeutschen Arbeitermilieus der 1950er Jahre. Noch existiert eine gewachsene Gruppe »geborener Proletarier« mit hoher emotionaler Bindung an den Betrieb, die durch familiäre Sukzession hergestellt und z.T. sogar noch fortgesetzt wird. Diese Gruppe ist kulturell und beruflich auf Selbstreproduktion angelegt. Das macht ihre Stabilität und Kohärenz aus.

Aber genau diese Selbstreproduktion wird - durch äußere Einflüsse begünstigt - sozusagen »von innen« in den 1950er Jahren aufgebrochen. Es wird zumindest im Ansatz sichtbar, daß die Interessen der Arbeiterschaft nur durch *Modernisierung der Interessenwahrnehmung* angemessen geschützt werden können. Die »Protagonisten«, die diese wichtige Funktion übernehmen, entstammen gewiß dem Submilieu der Integrierten, das in dieser Phase bei weitem das größte Teilmilieu gewesen sein dürfte, aber sie fügen ihren Basisqualifikationen als Facharbeiter und dem hohen Grad an Vernetzung im Kernmilieu (*soziales Kapital*) eine Kapitalsorte hinzu, die gewissermaßen eine Mischung aus kulturellem und politischem Kapital darstellt: Sie erwerben, zumeist im gewerkschaftlichen und im SPD-Kontext formelle und informelle Zusatzqualifikationen, die sie über die Grenzen des betrieblichen Milieus hinaus handlungsfähig machen. Diese Tatsache bedeutet nun keineswegs nur individuelle Modernisierung, die übrigens persönlich geradezu verdrängt werden kann (s. etwa die biographische Bilanz von Gustav Brandt). Sie verändert tendenziell auch das Kernmilieu, bedingt Verschiebungen der fokussierenden Kräfte im Milieuraum. Mit den modernisierten Lebensläufen der Protagonisten öffnet sich auch das Arbeitermilieu zum Raum des kulturellen Kapitals. Der bemerkenswerte Bildungsaufschwung bei den Kindern der Protagonisten ist dafür ein Beleg. Aber noch ein weiteres Symptom erzwingt Öffnungsprozesse hin zum kulturellen Kapital. Mit dem Bedeutungsverlust der Integrierten im Kernmilieu und der schleichenden Erosion der Werft als Fokus der gemeinschaftsstiftenden Aktivitäten wächst der Bedarf an neuen flexiblen Vernetzungsmustern. Hier ist die Funktion der Frauen im Milieu besonders bemerkenswert. Sie agieren als Kommunikationsspezialistinnen in Vereinen und Nachbarschaften und stiften auch innerfamiliär Gemeinschaft. Dabei scheint es ihnen zu gelingen, traditionelle mit neuen Formen zu verknüpfen. Aber auch die institutionellen Rahmenbedingungen verändern sich. Aus dem klassischen Arbeitersportverein wird ein selbständiger Funktionsträger der Geselligkeit, der auch andere Milieus erfaßt. Vergleichbares gilt für die Kleingartenkultur. Networkers sind ein Akteurstypus im Kernmilieu, der solche Modernisierungsprozesse aktiv begleitet.

Symptomatisch ist allerdings, daß sich dabei soziales Kapital nicht einfach verflüchtigt, sondern nach wie vor die wichtigste Vergesellschaftungsressource im Milieu bleibt. Das läßt sich - negativ - an den »Randständigen« plausibel zeigen, die ja nicht durch Selbstexklusion hervortreten wie die »Außenseiter«, sondern offensichtlich zu schwache soziale Beziehungen im Milieuraum haben und dieses Dilemma aus unterschiedlichen Gründen nicht beseitigen können. Bemerkenswert erscheint in diesem Zusammenhang, daß der *Gender-Bias* erstaunliche Konsequenzen hat (s. Frau Becker).

Aus diesen bilanzierenden Interpretationen läßt sich der Milieuraum mit Hilfe der oben eingeführten Skizze in seiner Bewegungsdynamik noch einmal plastisch darstellen:

Schaubild 14: *Spannungsfeld des Milieuraums (AG »Weser«)*

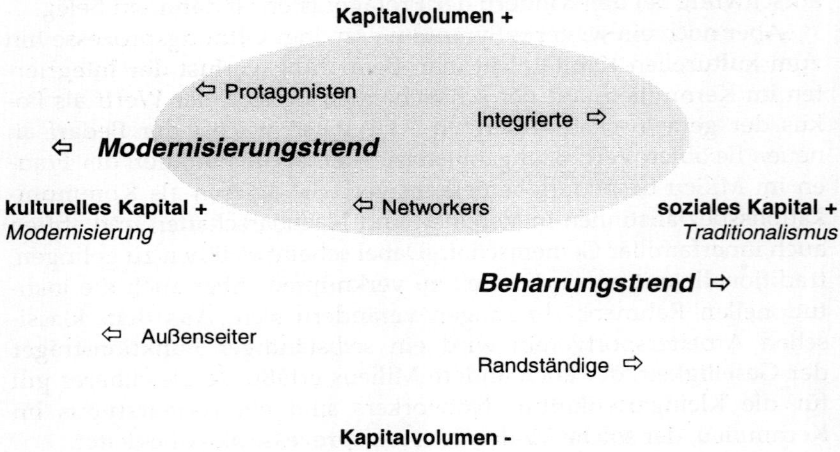

Kapitalvolumen +

⇦ Protagonisten

Integrierte ⇨

⇦ ***Modernisierungstrend***

kulturelles Kapital +
Modernisierung

⇦ Networkers

soziales Kapital +
Traditionalismus

Beharrungstrend ⇨

⇦ Außenseiter

Randständige ⇨

Kapitalvolumen -

Die Graphik macht zwei Ergebnisse der Interpretation transparenter: Sie zeigt noch einmal, daß es durchaus Sinn macht, von einem »Kernmilieu« zu sprechen, dem neben den »Integrierten« die »Protagonisten« und die »Networkers« zugerechnet werden müssen. Dieses Kernmilieu grenzt sich erkennbar von den »Randständigen« und vor allem von den selbstexklusiven »Außenseitern« ab. Zugleich wird aber deutlich, daß auch das Kernmilieu selbst im Wandel begriffen ist. Beharrungs- und Modernisierungsbestrebungen konkurrieren bereits in den 1950er Jahren. Die Protagonisten sind durchaus als »aktive Modernisierer« zu bezeichnen, während die Networkers eher als »defensive« oder »reaktive Modernisierer« fungieren. Sie kompensieren gleichsam die Erosionen der traditionellen Interaktionszusammenhänge auf »moderne« Weise. Die »Integrierten« agieren dagegen *strukturkonservativ*. Sie stehen - als das größte Submilieu - für die erstaunliche Persistenz des westdeutschen Arbeitermilieus bis weit über die Mitte der 1950er Jahre. Sie belegen, daß die prominenten sozialgeschichtlichen Umbruchthesen[114] gewiß nicht »falsch«, aber unbestreitbar voreilig und erstaunlich undifferenziert sind. Der Blick auf ein exemplarisches Arbeitermilieu der frühen DDR kann diese Deutung ergänzen und möglicherweise sogar präzisieren.

---

[114] Wir verweisen hier exemplarisch noch einmal auf die am meisten rezipierte sozialhistorische Arbeit von Josef Mooser (Arbeiterleben in Deutschland 1900-1970. Klassenlagen, Kultur und Politik, Frankfurt am Main 1984) und auf die - was ihren Einfluß angeht - ebenso bemerkenswerten soziologischen Studien von Ulrich Beck (Jenseits von Stand und Klasse? Soziale Ungleichheiten, gesellschaftliche Individualisierungsprozesse und die Entstehung neuer sozialer Funktionen und Identitäten, in: Reinhard Kreckel (Hrsg.), Soziale Ungleichheiten (Sonderband 2 der *Sozialen Welt*), Göttingen 1983, S. 35-74; auch Risikogesellschaft. Auf dem Weg in eine andere Moderne, Frankfurt a.M. 1986).

Kapitel 12

Akteurstypologien im Milieu der Neptun-Werft

Im Vergleich zum Milieuraum der Bremer Werftbelegschaft ist das Rostocker Werftmilieu, wie die sozialgeschichtliche Analyse belegt[1], nach dem Zweiten Weltkrieg stärkeren Wandlungsprozessen ausgesetzt. Die radikale Belegschaftsverdoppelung im Jahre 1949 schafft naturgemäß ein neues soziales Klima. Insgesamt entsteht eine Situation, in der bestimmte politische und institutionelle Rahmenvorgaben, die gewiß auch der äußerst schwierigen wirtschaftlichen Lage nach den sowjetischen Industriedemontagen in der SBZ geschuldet sind, den betrieblichen Aktionsspielraum beträchtlich einschränken und die unterste Produktionseinheit, zunächst die Kolonne, dann die Brigade, zum Endglied einer Kette widersprüchlicher und z.T. dysfunktionaler ökonomischer Planungsentscheidungen machen. Eine solche Entwicklung prägt den »konjunktiven Erfahrungsraum«[2] des Arbeitermilieus und läßt zwei denkbare Reaktionsformen gleich plausibel erscheinen: den Zusammenbruch traditioneller Ressourcen von Solidarität und moralischer Ökonomie im klassischen Arbeitermilieu oder eine neue Art subtiler Gegenwehr gegen jene Rahmenbedingungen, die durchaus zu anderen Formen der Milieuidentität führen kann.

Die Ergebnisse der sozialgeschichtlichen Studien deuten massiv auf die zweite Variante. D.h. es spricht vieles dafür anzunehmen, daß in der SBZ und in der frühen DDR eine Entwicklung beginnt, die schließlich zur Etablierung eines *funktionalen Gegenmilieus* der Arbeiterschaft führt. Der Begriff »funktionales Gegenmilieu« soll andeuten, daß das Motiv einer subtilen Gegenwehr nicht politisch oder ideologisch zu verstehen ist, sondern sich im wesentlichen aus den z.T. absurden Planungsdefekten des Arbeitsalltags speist. Dabei kann durchaus ein Anschluß an *longue durée* der Klassenerfahrung unter-

---

1 Vgl. hier ausführlich Kapitel 8 und 9.
2 Vgl. dazu noch einmal Kapitel 3.

stellt werden, nur daß der symbolische »Klassengegner« verschwunden ist und auch »die Partei« nicht einfach - wie in (klein)bürgerlichen Dissidentenmilieus - seinen Platz einnimmt. Die versteckte symbolische Macht des entstehenden Gegenmilieus beruht vielmehr auch darauf, daß nach offizieller Staatsdoktrin die Hegemonie der »Arbeiterklasse« historische Wirklichkeit geworden ist.

Diese erstaunliche systemische Konfiguration[3], die gewiß auch als Ironie der Geschichte interpretiert werden könnte, prägt selbstverständlich die Dynamiken auch innerhalb des milieuspezifischen Sozialraums. Die Bereitschaft zu subtiler Gegenwehr setzt die Erfahrung von Kohärenz und Solidarität im Milieu voraus. Auch für das Rostocker Arbeitermilieu gilt also, wie für die AG »Weser«-Belegschaft, daß *soziales Kapital* eine besonders wichtige Ressource darstellt. Als Kontrastprofil in diesem Milieuraum fungiert eine Kapitalvariante, die - dem Bremer Beispiel ähnlich - als eine Melange aus politischem und kulturellem Kapital beschrieben werden kann. Während im Bremer Milieu dabei allerdings eine Dynamik zwischen Beharrungs- und Modernisierungstendenzen entsteht[4], scheint die soziale Semantik im Rostocker Arbeitermilieu anders zu funktionieren: im Konzentrationsbereich des »sozialen Kapitals« spielen Orientierungen wie *Egalität* und *Autonomie* eine wichtige Rolle, im Kernbereich des »politisch-kulturellen Kapitals« sind eher Tendenzen zur *Konformität* und *Exposition* zu beobachten. »Konformität« bedeutet hier Anpassung an die politisch-institutionellen Bedingungen der neu entstehenden DDR-Gesellschaft - eine prinzipielle Voraussetzung für herausgehobene Positionen zumal im betrieblichen Bereich. Die dabei beobachtbaren Konfliktmaterien zeigen durchaus andere Profile als im Westmilieu. Beispielsweise haben soziale Aufstiegsprozesse eine abweichende Konnotation: Sie sind nicht Bestandteil eines mehr oder minder akzeptierten Modernisierungsprozesses wie im Westen, sondern - angesichts der strikt egalitären Orientierungen im Ostmilieu - im Grunde subjektiv ausgeblendet. Selbst der nach westlichen Maßstäben erstaunliche Aufstieg eines Arbeiters in die Werftleitung kann völlig unprätentiös als eine »mi-

---

3   Vgl. ebenda.
4   Vgl. dazu noch einmal Kapitel 11.

lieuangemessene« Berufsbiographie präsentiert werden. Auch soziale »Abstiege« scheinen biographisch nicht bedrohlich zu sein. Das egalitäre Klima des Milieus relativiert sie. In dieser Spannung zwischen egalitärer Vergemeinschaftungspraxis und politisch-institutioneller Exposition (s. folgende Skizze[5]) entstehen Mixturen der beiden polaren symbolischen Kapitalressourcen (soziales vs. politisch-kulturelles Kapital), die, wie im Bremer Beispiel, eine Bildung von sozialen *Typen* nahelegen.

Schaubild 15: Spannungsfeld des Milieuraums (Neptun-Werft)

Kapitalvolumen +

⇦ **Konformitätstrend**

Politisch-kulturelles Kapital +
Exposition

soziales Kapital +
Egalität

Autonomisierungstrend ⇨

Kapitalvolumen -

Nach einer ersten systematischen Durchsicht der biographischen Interviews und mit dem mehrfach bereits eingeführten Vorbehalt, daß unser Rostocker Interviewsample das Milieuprofil nicht optimal abbildet, bietet sich eine Einteilung in vier Akteurstypen an:

- (1) *der Typus des neuen Protagonisten*: »Neue Protagonisten« sind, wie die »Protagonisten« im Westen, in der Regel Angehörige der

---

5 Vgl. noch einmal Kapitel 3.

Funktionärseliten im Milieu (aktive SED-Mitglieder mit »Betriebskarrieren«; Mitglieder der Betriebsgewerkschaftsleitung und der Werksleitung). Sie verfügen über soziales Kapital, aber ihr Dilemma besteht darin, daß sie ihre relativ exponierte Stellung kontinuierlich dementieren müssen, wenn sie im Milieu akzeptiert werden wollen. Dabei bestünde zur Exposition nachdrücklicher Anlaß. Die »neuen Protagonisten« haben fast immer erstaunliche Qualifikationswege aufzuweisen und erhebliche Lebensleistungen erbracht.

- (2) *der Typus des neuen Integrierten:* »Neue Integrierte« sind Akteure mit beträchtlichem sozialen Kapital, die insbesondere im Betrieb Anerkennung genießen und ihre eigene Identität sehr stark über die Arbeit definieren. Der Prototyp ist, wie im Westen, männlich, gruppenorientiert und egalitär, mit ausgeprägt proletarischem Habitus. Die neuen Integrierten, vor allem Brigadiere und ihre Kollektive, sind der Kern jenes subtilen »Gegenmilieus«, das erst die Nachkriegssituation in Ostdeutschland schafft. Von den westdeutschen »Integrierten« unterscheiden sie sich, weil sie gerade nicht die Repräsentanten des Beharrungstrends, sondern im Gegenteil Vertreter einer neuen Autonomie sind. Allerdings hat diese Autonomie nur geringe Modernisierungseffekte. Sie führt zunächst zur Stabilisierung und Ausweitung des Milieus.
- (3) *der Typus der Doppel-Arbeiterin:* »Doppel-Arbeiterinnen« sind gewiß keine realsozialistische Kreation. Die Belastung der Frauen in Beruf und Familie ohne die z.T. beispielhaften staatlichen Rahmenbedingungen der späteren DDR-Jahre stellt keinen qualitativen Unterschied zur Situation der Arbeiterinnen während der Weimarer Republik dar und unterscheidet sich auch nicht dramatisch von der Nachkriegssituation in Westdeutschland. Eher ist die Belastung der Frauen in der jungen DDR noch größer: Sie sind Schwerstarbeiterinnen und Vergemeinschaftungsspezialisten zugleich. Dabei bleiben gerade die beruflichen Weiterqualifizierungschancen äußerst gering. Frauen agieren gleichsam als »Puffer« für die kaum vorherzusagende Produktionsentwicklung, und sie halten der Modernisierungsvariante männli-

cher Qualifikationsoffensive innerfamiliär sozusagen »den Rücken frei«.
- (4) *der Typus des neuen Randständigen:* Selbstverständlich gibt es auch im Rostocker Arbeitermilieu soziale Akteure, die zwar offensichtlich zum Milieu gehören, aber keine Mitglieder des Kernmilieus sind. Zumindest verfügen sie über zu wenig soziales Kapital, um problemlos »dazuzugehören«. Verglichen mit dem Westtypus der »Randständigen« sind die »neuen Randständigen« im Osten auch Produkte der DDR-spezifischen neuen Dynamiken im Milieuraum. Sie verfügen nicht oder noch nicht über jene Verbindungen, die sie »natürlich« mit den gegenkulturellen Aktivitäten der untersten Produktionsebene vernetzen. Das gilt zumal für Menschen aus anderen Kulturen, die beispielsweise traditionelle Familien- und Verwandtschaftsbindungen über den Kontakt zu Kollegen stellen. Es gilt aber auch für Angehörige der mittleren Leitungsebene, die sich durch Überanpassung an die Interessen der Werksleitung auszeichnen. Das Quellenmaterial, das diesen Typus stützt, ist allerdings äußerst dürftig. Ankerfall und kontrastierende Zusatzmaterialien stellen nur eine sehr schmale qualitative Datenbasis dar.

Im folgenden werden diese vier Typen am Beispiel von Ankerfällen und dokumentierenden Zusatzinterpretationen ausführlich vorgestellt.

1. Die »neuen Protagonisten«

Ankerfall: Günther Pommerenke

Biographisches Porträt. Günther Pommerenke stammt aus einer mecklenburgischen Kleinstadt. Seine Eltern bewirtschaften dort eine mittelgroße Landwirtschaft. Günther beginnt sein Erwerbsleben mit der Arbeit in der Landwirtschaft. Mit 17 Jahren wird er Soldat, aus der Kriegsgefangenschaft gelingt ihm die Flucht in seinen Heimatort. Die ersten Monate arbeitet er wieder in der elterlichen Landwirtschaft, entscheidet sich dann aber für eine Umschulung, die seine folgende berufliche Entwicklung in eine neue Bahn lenkt. Er wird in einer mecklenburgischen Kleinstadt Zimmerer. Pommerenke hebt mehrfach hervor, beim »Krauter« gelernt und gearbeitet zu haben. Arbeitserfahrungen aus der Zeit im Handwerksbetrieb bzw. einem anderen Kleinbetrieb sind ihm später in der Neptunwerft nützlich. Zur Neptunwerft selbst kommt er 1949/50 durch Dienstverpflichtung. Er zögert den Wechsel nach Rostock möglichst lange hinaus. Als ihm nur noch die Wahl zwischen der Neptunwerft und dem Bergbau bleibt, entscheidet er sich nach einigen Zweifeln für die Werft. Hier arbeitet Günther Pommerenke zunächst in seinem Beruf und lernt noch Bootsbauer dazu. Mit der Werft und dem Arbeitermilieu ist er nach kurzer Zeit so verbunden, daß er schnellstmöglich mit der Familie nach Rostock übersiedeln will. 1952 holte er seine Frau mit dem inzwischen geborenen Sohn aus der Kleinstadt nach Rostock, er hat ein großes Zimmer als Wohnraum erhalten.

Der weitere Berufsweg ist von Qualifizierungen und einem beachtlichen Aufstieg in der betrieblichen Hierarchie gekennzeichnet. Im Interview betont er wiederholt, Qualifizierung sei immer gut, es habe gute Möglichkeiten gegeben, die Weiterbildungen seien sehr anstrengend gewesen und hätten viel Zeit beansprucht, man habe durch die Weiterqualifizierung aber auch gute Arbeitsmöglichkeiten gehabt. Zunächst nimmt er die Chance zu einer zweijährigen Fortbildung zum Meister im Abendstudium wahr. Anschließend arbeitet er als Zimmermeister. Für ihn ist hervorhebenswert, daß er diese Tätigkeit in dem Kollektiv ausüben konnte, in dem er zuvor als Zimmerer und Bootsbauer gearbeitet hat. In dieser Zeit wird die Gewerkschaft, wie er selber sagt, auf ihn, »aufmerksam«, und er läßt sich überreden, für zehn Monate zur Gewerkschaftsschule zu gehen, weil Qualifizierung »ja immer gut« ist. Im Anschluß daran wird er BGL-Vorsitzender und übt diese Funktion zehn Jahre aus. Er führt diese Tätigkeit sehr gewissenhaft aus und muß sich, wie er selber sagt, »in acht nehmen, daß Arbeit nicht zur Routine wird«. Als er merkt, daß die Meisterqualifikation nicht reicht, um im Interesse der Arbeiter agieren zu können, qualifiziert er sich in einem fünfjährigen Abendstudium zum Ingenieur. In dieser Zeit ist er einer immensen Belastung ausgesetzt, weil die Studienveranstaltungen auch an Nachmittagen liegen und er nebenbei BGL-Vorsitzender bleibt. Stolz berichtet er, daß er die Belastungen durchgestanden habe, obwohl er zwischendurch einen »Herzknacks« bekommen habe und fast ein Jahr damit zu tun hatte. Seine Frau habe, nach seinen Worten, in dieser Zeit sehr viel Rücksicht auf ihn genommen und Verständnis gehabt. Er steigt in eine hohe betriebliche Position auf, wird Hauptabteilungsleiter für Sozialwesen und Sozialfragen auf der Werft. Diese Tätigkeit, die er mehr als 20 Jahre bis zum vorzeitigen und unfreiwilligen Ende seines Arbeitslebens ausübt, beschreibt er u.a. wegen der vielfältigen Arbeitsaufgaben (Abteilung Arbeitskräfte/Lohn, Werkküche, Kindereinrichtungen, Ferienheime, Wohnheime) als ungeheuer interessant. Seine Kinder folgen ihm in die Werft, der Sohn als Facharbeiter und Meister, die Tochter als Ingenieurin.

Kernstellen. Im folgenden soll der Ankerfall durch ausführliche Kernpassagen vorgestellt werden.

I
und 1956 ergab sich die Möglichkeit
daß man sich weiterqualifizieren konnte im Abendstudium als Meister
ich hab dann ein Meisterstudium gemacht
zwei Jahre von 56 bis 58
das war dann immer zweimal abends in der Woche
und am Sonnabendnachmittag
damals wurd ja Sonnabend bis mittags gearbeitet
und am Sonnabendnachmittag
ja und das hab ich erfolgreich absolviert
und wurde dann auch im Betrieb als Zimmermeister eingesetzt
ich hab zwei Jahre denn als Meister gearbeitet
ja und dann ist irgendwie die Partei aufmerksam geworden
oder die Gewerkschaft besser gesagt hat mich
und hat gesagt ob ich nicht Lust hätte
nen Jahr zur Gewerkschaftsschule zu gehen
ich hab mich überreden lassen
Qualifizierung war ja immer gut
und die Möglichkeiten waren ja auch alles gut zu damaliger Zeit
ich bin dann ein Jahr
oder konkret 10 Monate auf Gewerkschaftsschule gewesen
und wurd anschließend BGL-Vorsitzender auf der Neptunwerft.

Und das hab ich zehn Jahre gemacht
in der Zeit als BGL-Vorsitzender da hat man natürlich auch gemerkt
wenn man überall an Werkleitersitzungen teilnimmt
das war ja damals so
und Parteileitungssitzungen mußte man teilnehmen
na ich sag mal daß doch noch nen bißchen was fehlt
die Meisterqualifikation hat nicht ganz gereicht
und denn hab ich noch mal ein fünfjähriges Ingenieurstudium gemacht
auch im Abendstudium
das ging dann dann Mittwochnachmittag Freitagnachmittag
und montags immer den ganzen Tag
und das fünf Jahre lang und nebenbei noch BGL-Vorsitzender
ich hab in den fünf Jahren kaum ein Wochenende gekannt
und meine Frau hat sehr viel Rücksicht genommen und Verständnis gehabt
daß man das alles so hingekriegt hat
ich hab denn auch mal nen Herzknacks gekriegt zwischendurch noch
und hab dann fast ein Jahr damit zu tun gehabt
aber ich hab das durchgestanden.
Nach den zehn Jahren wurd ich dann Hauptabteilungsleiter für Sozialwesen und Sozialfragen auf der Werft geworden
und das hab ich 21 Jahre lang gemacht
zu meinem Aufgabengebiet da gehörte:
die Abteilung Arbeitskräfte/Lohn
es gehörte die ganze Werkküche (...)
die ganzen Kindereinrichtungen die Ferienheime Wohnheime (...)[6]

Gleich zu Beginn dieses Erzählsegments wird deutlich, daß sich Günther Pommerenke nicht aktiv um seine Weiterqualifizierung zum Meister bemüht, sondern daß die Möglichkeit der Weiterqualifizierung von außen an ihn herangetragen wird (*»und 1956 ergab sich die Möglichkeit«*). Qualifizierungsangebote für die Mitarbeiter auf der Werft gab es in den 1940er und 1950er Jahren reichlich. Pommerenke scheint allerdings zunächst kein großes persönliches Interesse an einer Weiterqualifikation zu haben, und er hegt keine Aufstiegsvorstellungen. Trotzdem fügt er sich den Außenanforderungen und ab-

---

6 Interview mit Günther Pommerenke, Transkript.

solviert das »Meisterstudium« unter großer zeitlicher Belastung. Er wird darauf hin vom Betrieb als Zimmermeister eingesetzt. Ebenfalls zurückhaltend ist Pommerenkes Zugang zu gewerkschaftlichen Fortbildungen: nicht er bemüht sich um den Besuch der Gewerkschaftsschule, sondern die Gewerkschaft wird auf ihn »*aufmerksam*«. Pommerenke läßt sich zur Teilnahme »*überreden*«. Es klingt eher wie eine stehende Redewendung als eine tiefe Überzeugung, wenn Pommerenke sagt: »*Qualifizierung war ja immer gut*«. Diese Aussage unterstreicht seine äußerst zurückhaltende Disposition und seine Bereitschaft zur Anpassung. Durch die zehnmonatige gewerkschaftliche Fortbildung macht Pommerenke erneut einen Aufstieg und wird schließlich sogar BGL-Vorsitzender auf der Neptunwerft. Seine Berufsidentität als Zimmermeister kann Pommerenke offenbar nicht problemlos durch eine Funktionärskarriere ablösen. Er spürt, daß ihm dazu etwas fehlt: »*in der Zeit als BGL-Vorsitzender da hat man natürlich auch gemerkt wenn man überall an Werkleitersitzungen teilnimmt das war ja damals so und Parteileitungssitzungen mußte man teilnehmen, na ich sag mal daß doch noch nen bißchen was fehlt*«. Aus diesem Grund absolviert Günther Pommerenke dann auch noch ein Ingenieurstudium, nebenbei bleibt er BGL-Vorsitzender. Die berufliche Mobilität Pommerenkes, bzw. sein Aufstieg in vielen kleinen Schritten, der mit einer Kumulation von Qualifikationen einhergeht, stellt einen wichtigen Zug im Milieu dar. Die Werftleitung und die Hauptverwaltung Schiffbau hatten an der beruflichen Qualifikation ihrer Beschäftigten Interesse, weil qualifizierte Fachkräfte nicht in ausreichender Zahl vorhanden waren. In den Jahren seiner Weiterqualifizierung bleibt Pommerenke kaum Zeit für Freizeitaktivitäten: »*ich hab in den fünf Jahren kaum ein Wochenende gekannt*«. Seine Frau unterstützt ihn in seinen Fortbildungsbemühungen. Sie hat dafür gesorgt, »*daß man das alles so hingekriegt hat*«. Pommerenke benutzt hier sowie an anderen Interviewstellen das distanzierte »*man*« anstelle des ich. Es entsteht dadurch der Eindruck, daß er sich von sich selbst distanziert und eher einem »institutionellen Ablaufmuster« (*Fritz Schütze*) unterliegt, als ein biographisches Handlungsschema verfolgt. Nur als er über seine Krankheit spricht, sagt er: »*ich hab denn auch mal nen Herzknacks gekriegt...*«. Aber auch hier scheint er den Einschnitt in seine Biographie nicht als Wendepunkt zu begreifen, der es ihm ermöglicht, neue

Gestaltungsmöglichkeiten für sein Leben zu entwickeln, sondern er fügt auch seine Krankheit in das bei ihm dominierende institutionelle Ablaufmuster ein. Für ihn ist es am wichtigsten, daß er das Studium »*durchgestanden*« hat. Er verniedlicht seinen Herzinfarkt als »*Herzknacks*« und erweckt den Eindruck, als ob er die Krankheit »*zwischendurch*« erledigt habe, obwohl er »*fast ein Jahr damit zu tun gehabt*« hat. Nach zehn Jahren BGL-Vorsitz wird Pommerenke noch einmal befördert und wird Hauptabteilungsleiter einer sozialpolitischen Abteilung auf der Werft..

Erstaunlich in Pommerenkes Erzählung ist die Verbindung von Notwendigkeitshabitus und der Bereitschaft zu lernen. Nicht die persönliche Exposition, nicht die Darstellung einer mehr als bemerkenswerten Lebensleistung stehen im Vordergrund der Erinnerung, sondern die bescheidene Inszenierung, das Notwendige und Erwartete auch bewältigt zu haben. Pommerenke agiert gleichsam als »stiller Protagonist«. Er unterstützt mit seinem zurückhaltenden Eifer die Aspirationsstruktur der sozialen Rahmenbedingungen. Indem er jedoch jede Art persönlicher Hervorhebung vermeidet, trägt er nicht unbedingt zu einer Neuprofilierung des Arbeitermilieus bei, sondern eher zu dessen Erhaltung und Stabilisierung.

II
ich geh denn noch mal zurück auf die Zeit in der Gewerkschaft
da ist man natürlich sehr viel mit den Arbeitern
oder fast täglich mit Arbeitern zusammen gewesen
damals das war ja bei uns so üblich ohne Wettbewerb geht nix
und da gabs denn auch immer nur Diskussionen mit Kollegen
um na ich sag mal die besten Methoden gabs zur
es ging ja um Leistungssteigerung Arbeitsproduktivität
und dann auch um die ganze Abstimmung mit der Leitung und
Parteileitung
und die Jahre haben mir eigentlich sehr sehr viel gegeben
wenn man sich zehn Jahre hält
denn hat man den denn kann man zu dem Eindruck kommen
daß man auch bei den Kollegen geachtet wurde
wie es gewesen ist ich hatte jedenfalls immer in den Eindruck
(sonst wäre auch schon der Abschuß gekommen)
das gehört ja eigentlich auch in erster Linie dazu

*daß man den Kontakt nicht zu den Kollektiven nicht verliert
denn wenn man sich zu damaliger Zeit auch eingebildet hat
(...) [Geräusche Handwerker im Haus]
aber auch als Gewerkschaft hatten wir auf die ganzen sozialen Probleme
die soziale Entwicklung im Betrieb unseren Einfluß
und ich kann eigentlich sagen
daß die Werftleitung damals sehr die Vorschläge der Gewerkschaft beachtet hat
[...]
Ja und so das Hauptproblem
was eigentlich bei den sozialen Einrichtungen bestanden hat
das war die Modernisierung
die war zu DDR-Zeiten immer sehr sehr schwierig zu regeln und zu machen
weil ja alles was man brauchte
ob das nun Tisch oder nen Stuhl oder nen Bett gewesen ist
das ging ja alles nur über die Freigaben
und die Freigaben für die Betriebe
die wurden wieder durch das Kombinat Schiffbau organisiert und verteilt
und denn konnte man lange Listen einreichen
aber bekommen hat man immer nur na ich sag mal
einen geringen Teil von dem was man eigentlich benötigt hätte
und deshalb haben die sozialen Einrichtungen
sicher nie einen solchen modernen Stand erreicht
wie wir uns das gerne gewünscht hätten und vorgestellt hätten
aber dennoch ist das Nötigste dagewesen
und wohlfühlen konnte man sich trotzdem auch.*

Pommerenke hat in der Zeit seiner Gewerkschaftstätigkeit zahlreiche persönliche Kontakte zu Arbeitern gehabt (*»da is man natürlich sehr viel mit den Arbeitern [...] zusammen gewesen«*), was er selbst offenbar als Verpflichtung in seiner Arbeiterfunktionärsposition begreift und als »natürlich« evaluiert. Interessant erscheint allerdings, daß er seine Kollegen als »*die Arbeiter*« qualifiziert und damit zumindest eine funktionale Distanz andeutet. Offenbar war der problemlose Kontakt zu den Kollegen für den BGL-Leiter keineswegs selbstverständlich. Dafür spricht auch, daß Pommerenke seine zehnjährige BGL-Amtszeit hervorhebt, die ihm als Indikator für eine Achtung nicht nur der politischen Leitungsgremien, sondern vor allem der Kollegen erscheint (»*daß man auch bei den Kollegen geachtet wurde*«). Reibungsflächen gab es offenbar genug (»*ohne Wettbewerb geht nix und da gabs denn auch immer nur Diskussionen mit Kollegen*«). Das Problem der »Modernisierung«, die Schwierigkeit an Materialien zu kommen, die besonders für die sozialen Einrichtungen notwendig gewesen wären, wird nur angedeutet.

Pommerenke befindet sich offensichtlich in einer komplizierten sozialen Situation: Er ist keineswegs »gewählter« Repräsentant der Arbeiter, sondern steht auf der Seite der politischen Leitung des Betriebes, später sogar der Werksleitung. Gleichzeitig betrachtet er sich selbst in dieser Position als Interessenvertreter auch der Kollegen und ist noch ex post (»*damals*«) stolz darauf, daß er als Repräsentant der Gewerkschaft auf die Werksleitung Einfluß nehmen konnte (»*...daß die Werftleitung damals sehr die Vorschläge der Gewerkschaft beachtet hat*«). Seine besondere Qualifikation dient ihm durchaus nicht zur Distanzierung von den Kollegen; was eine Entfernung herstellt sind die »Modernisierungsdefekte«[7], für die er im Grunde nicht verantwortlich zeichnet, deren Folgen er freilich auszubaden hat. Wenn die Konflikte im Rahmen bleiben (»*aber dennoch ist das Nötigste dagewesen und wohlfühlen konnte man sich trotzdem auch*«), dann war es wohl sein Verdienst als Ausgleich und Kontakte schaffender Betriebsgewerkschaftsleiter. Seine betriebspolitische Leistung scheint also nicht darin zu liegen, daß er als Protagonist den Modernisierungsprozeß beschleunigt hat, sondern darin, daß er geholfen hat, die systeminhärenten Modernisierungsprobleme im Interesse der Belegschaft abzufedern und zu verkleinern. Genau zu diesem Zweck waren er und seinesgleichen (»*man*«) »*natürlich sehr viel mit den Arbeitern ... zusammen*«.

---

7   Konkret bezieht sich Pommerenke hier allerdings schlicht auf *Versorgungsmängel*, darunter bei der Einrichtung eines Ferienhauses der Werft.

III
ich sag mal so es haben die primitivsten Dinge gefehlt
und wenn nen Termin na ich sag mal in Gefahr war
denn wurden die Büros leergemacht
dann mußten die Angestellten mit der Drahtbürste Rost bürsten
und so was
also das sind alles Dinge die sicher für kapitalistische Staaten
die die Technik hatten
und die auf diesem Gebiet weiter gewesen sind
die hätten darüber gelacht oder gegrinst
(...)
aber es hat natürlich ein Gutes gehabt
die Angestellten haben nie die
na ich sag mal die Verbindung zur Produktion verloren
obwohl das manchmal auch sehr entwürdigend war
wenn man da als Abteilungsleiter oder
sogar Hauptabteilungsleiter mit der Drahtbürste Rost gebürstet hat
und das war ja eigentlich auch nicht unsere Arbeit
unsere Arbeit war ja eine ganz andere
aber das waren eben na ich sag mal radikale Methoden
die man durchgesetzt hat und -
man konnte sich dagegen ja auch nicht wehren - - -

Mit dem Hinweis darauf, daß in den »*kapitalistischen Staaten*« über Angestellte, die mit der Drahtbürste Rost bürsten, gelacht würde, unterstreicht Pommerenke in diesem Segment die Ungewöhnlichkeit der Situation: Angestellte erledigen in Notsituationen die niedrigsten Säuberungsarbeiten auf der Werft. Daß er dabei sogar die staatliche Ebene symbolisch einführt, macht die Tragweite des Dilemmas deutlich. Andererseits hat die Metapher der lachenden (kapitalistischen) Staaten auch einen Entlastungseffekt. Er bewahrt die unmittelbar Beteiligten vor der persönlichen Blamage. Die absurde Situation war gleichsam von außen (»staatlich«) hergestellt. Für die Modernisierungshindernisse war die Belegschaft zu allerletzt verantwortlich: »*ich sag mal so es haben die primitivsten Dinge gefehlt*«.

Pommerenke gerät beim Bericht über die Folgen der absurden Planungslogistik in einen Zwiespalt, den er nachfolgend im Interview reproduziert: Zum einen sollen die Funktionsträger, wie es scheint, den Kontakt zu den Arbeitern wahren, zum anderen sollen sie ihn nicht zu intensiv werden lassen, weil sie damit an Autorität verlieren können. Dementsprechend evaluiert Pommerenke in diesem Interviewsegment, daß die Mitarbeit der Angestellten etwas Gutes gehabt habe, weil sie die Verbindung zur Produktion nicht verloren, andererseits macht er deutlich, daß die Arbeit »*entwürdigend*« war. Er sagt: »*das war eigentlich auch nicht unsere Arbeit*«. Mit dem verwendeten Possessivpronomen macht er zugleich deutlich, daß er sich selbst zu den Angestellten zählt. Außerdem läßt sich eine leichte Kritik an der Arbeitsorganisation ablesen. Pommerenke sah sich offensichtlich außerstande, sich gegen diese »*radikalen Methoden*« zu wehren. Die empfundene Machtlosigkeit drückt sich darin aus, daß er sich an dieser Stelle wieder der distanzierten »man«-Form bedient. Er sagt: »*man konnte sich dagegen ja auch nicht wehren*«. Die Ambivalenz seiner eigenen Funktion bleibt freilich offensichtlich: das »man« des vorausgegangenen Satzes belegt seinen Status als Protagonist: »*...radikale Methoden die man durchgesetzt hat*«.

Günther Pommerenke berührt in diesem Segment die außergewöhnliche Prekarität seiner sozialen Lage. Er sieht, wie vermutlich die Mehrzahl seiner Kollegen, die Situation des Betriebes und seinen Modernisierungsrückstand als außerordentliches Dilemma, das der staatlichen Planung anzulasten ist. Seine Lösung durch den funktionsfremden Einsatz der Angestellten (»*radikale Methoden*«) erscheint ihm - objektiv betrachtet - geradezu lächerlich. Zugleich zwingt ihn seine exponierte Stellung, solche Maßnahmen nicht nur zu tolerieren, sondern sogar aktiv durchzusetzen.

IV
Ja und dann hatte ich ja erst angesprochen diese ganze soziale Seite
zu diesem ganzen sozialen Bereich gehörte natürlich auch der Sozialfonds
ich hatte ja gesagt bei uns nannte sich das ja Kultur- und Sozialfonds
der wurde gebildet nach Beschäftigten
also nach Köpfen im Betrieb wenn man so will
der ungefähr immer son Umfang gehabt von na zwischen 10 und 14 Millionen
so und den sinnvoll einzusetzen das ist auch nicht so einfach

davon wurden natürlich auch finanziert von diesem ganzen Sozialfonds
das Kulturhaus ich mein so kulturelle Einrichtungen
wurden ja früher kostenlos genutzt bei uns
und im Klubhaus waren auch 18 Mitarbeiter
die die Kulturveranstaltungen organisiert haben
und die für die Sauberkeit gesorgt haben usw. ne
die auch na ich sag mal
die die Freizeitbeschäftigung auch organisiert haben
denn es hat ja unwahrscheinlich viele Hobbys auch gegeben
und es gibt ja auch einen Haufen Menschen
die die sich eben nicht nur für für Briefmarken interessieren
die sich auch was weiß ich für Batik und und für Nähen und und
also diese ganzen Zirkel wurden ja über das Klubhaus organisiert
und da gehört natürlich auch ein bißchen Geld dazu
und die Angestellten wollten bezahlt werden
das war also so son größerer Posten
der aus dem Kultur- und Sozialfonds finanziert wurde
im Jahr ungefähr so 800.000 Mark hat das Klubhaus erhalten
denn kam dazu
die Werft hat ja ne eigne Sportgemeinschaft gehabt
Betriebssportgemeinschaft "Motor" nannte sich das ja
unsere Sportplätze waren ja in der Hans-Sachs-Allee
der Sport hat jedes Jahr auch 600 bis 640.000 Mark gekriegt gehabt
weil einmal die Anlagen unterhalten werden mußten
die Angestellten bezahlt werden mußten
und es hat im Prinzip alle Sportarten gegeben
die auch so in Rundenspielen
oder in der unteren Ebene Leistungssport betrieben haben
aber da kam natürlich dazu
der ganze riesige Bereich des Freizeit- und des Erholungssports
das geht ja bei den Lehrlingen los
daß die auf den Sportanlagen Sport gemacht haben
und denn ging das auch los daß
bei uns war das ja früher so daß im Prinzip jede Abteilung ach
ne Volleyballmannschaft hatte oder einige
die keine Volleyballmannschaft hatten
daß sie Fußballmannschaften oder Handballmannschaften hatten
und die haben natürlich alle umsonst Sport getrieben
und haben die Anlagen umsonst genutzt

*und da gehört natürlich auch viel Geld dazu
und die Kindereinrichtungen ich hatte das ja vorhin angesprochen
daß der ganze technische Bereich uns gehört hat
und dieses aus dem K und S Fonds das mußte natürlich
na ich sag mal sinnvoll entsprechend der Größe der Bedeutung
das was zu machen ist eingesetzt werden
und das war auch ne recht interessante Arbeit
wenn denn so am Jahresanfang oder zum Jahresende meistens schon
den Kultur und Sozialfonds bekommen hat
und den für's nächste Jahr einzusetzen*

Die Schilderungen von Pommerenke machen deutlich, daß der Betrieb Neptunwerft über die Organisation der Arbeit hinaus auch die Organisationseinheit für die freizeitpolitischen Angelegenheiten (Zirkel im Klubhaus, Sportgemeinschaften), die es zahlreich gab (*»unwahrscheinlich viele Hobbys alle Sportarten«*), war. Hierfür waren sogar Mitarbeiter (*»im Klubhaus waren auch 18 Mitarbeiter«*) angestellt. Der Betrieb war ganz offensichtlich - weit über den Arbeitsbereich hinaus - das Zentrum der Organisation des Alltags für die Belegschaftsmitglieder. Wie bedeutend seine Aktivitäten gerade im Freizeitbereich waren, macht Pommerenke an der eindrucksvollen Aufzählung außerbetrieblicher Investitionen deutlich: Für Bildung und den immensen Sozialfond stehen *»zwischen 10 und 14 Millionen«* Mark zur Verfügung, für das Klubhaus (*»im Jahr ungefähr so 800.000 Mark«*) und den Sport (*»jedes Jahr auch 600 bis 640.000 Mark«*) werden beträchtliche Summen aufgewendet.

Pommerenke ist selbstverständlich aktiv daran mitbeteiligt, die Lebensbedingungen im Milieu zu verändern und zu verbessern. Damit trägt er zweifellos zur Stabilisierung des Milieus bei. Fast sieht es so aus, als hänge Pommerenke den alten Zeiten ein wenig nach, wenn er sagt: »*bei uns war das ja früher so daß im Prinzip jede Abteilung ach ne Volleyballmannschaft hatte oder einige die keine Volleyballmannschaft hatten daß sie Fußballmannschaften oder Handballmannschaften hatten und die haben natürlich alle umsonst Sport getrieben«*. Pommerenke beurteilt diese Arbeit, zu der im übrigen auch die Betreuung der Abteilung Kindereinrichtungen gehörte, als *»recht interessante Arbeit«*. Und er relativiert mit dieser bemerkenswerten Funktion des Betriebes für das lokale Leben die Engpässe, die sich in anderen Aufgabengebieten ganz offensichtlich immer wieder ergaben.

> V
> I: Kann ich Sie noch mal fragen was so Ihre Kinder gemacht haben?
> E: Ja ich hab immer gesagt is alles volkseigen
> ich hab auch nen Anteil an der Werft hab ich immer gesagt.
> Meine Tochter hat auf der Werft gearbeitet
> mein Sohn und meine Schwiegertochter auch. ((lacht))
> Mein Sohn hat Kranschlosser gelernt
> hat in der Werftinstandhaltung gearbeitet
> und war zuletzt auch Meister hat die Meisterqualifikation gemacht
> und war Meister
> meine Tochter die war Garantieingenieur
> sie hat ein Ingenieurstudium gemacht
> und die hat in der Garantieabteilung
> die Nachlieferungen für das kapitalistische Ausland gemacht für die Schiffe
> die alle nach ich sag mal - das steht auch drin [weist auf ein Buch]
> wo überall die Schiffe hingingen -
> und die hat nur Nachlieferungen für kapitalistisches Ausland gemacht
> ja und alle die mit kapitalistischem Ausland Verbindung hatten
> - bei uns wurd ja jeder verpflichtet der irgendwie nen Posten hatte -
> Geheimnisverpflichtet
> solche Leute durften nicht verpflichtet werden
> weil die Kontakt zu Westbürgern und ausländischen Bürgern haben. ((lacht))
> Ja und meine Schwiegertochter ist auch Ingenieur
> die hat Physiotherapeutin gelernt in der Südstadt
> und na ich sag mal im Gesundheitswesen wurd ja früher ganz mies bezahlt
> und denn hab ich mal mit dem Direktor gesprochen für Materialwirtschaft und Kooperation
> wir kannten uns beide
> und wir verkehren auch familiär so ein bißchen zusammen
> und der sagt »Mensch ja da läßt sich was finden«
> Und denn war die in der Materialwirtschaft.
> Ja und mein Sohn ist dann na kurz vor der Wiedervereinigung
> drei Wochen vorher

nachdem er ein halbes Jahr
ein dreiviertel Jahr vorher eingereicht hatte schon
auch abgehauen ich sag mal nach drüben damals wars ja noch drüben
hat vierzehn Tage drei Wochen in Fehmarn oben gesessen im Lager auch
und sind dann nach Timmendorfer Strand verwiesen worden
und da kriegte meine Tochter dann
ne Stelle wieder als - meine Schwiegertochter - als Physiotherapeutin
und mein Sohn der ist dann angefangen
in Timmendorfer Strand gibt es so ne Wurst und Fleischfabrik
mit 90 Beschäftigte und die haben auch 12 Handwerker
und da ist er dann zuerst als Handwerker angefangen
und jetzt ist ja ich sag mal Meister
er hat seinen Meister den er hier gemacht hat
drüben noch mal in Lübeck hat er noch mal solche Verteidigung gemacht
und hat denn da das auch anerkannt gekriegt
und die mit den Handwerkern arbeiten ja heute auch in zwei Schichten
eine Schicht früh eine Schicht spät
weil das ja in Früh- und Spätschicht läuft.
Und er ist in einer Schicht der Verantwortliche für die Handwerker
und der andere Meister in der anderen Schicht.
[...]
Und meine Schwiegertochter hat sich selbständig gemacht
die ist wie nennt sich das
die ist mobile Krankenbetreuung aufgrund ihrer Ausbildung.
Ja und meine Tochter die war wie die Wiedervereinigung war
war die gerade zu Haus die war schwanger und hat entbunden
und die wurde auch nicht wieder eingestellt
und denn hat sie erst das Jahr noch zu Hause ist sie gewesen
und denn haben wir über alte Bekannte kann man ruhig sagen versucht
daß sie irgendwie Arbeit kriegt
und denn kam sie auf dem Arbeitsamt unter auf Probe
denn wurd sie nach nem halben Jahr entlassen
denn hat sie ne Umschulung gemacht
denn kam sie wieder auf Probe unter beim Arbeitsamt ein Jahr
denn wurd sie aber nach 11 Monaten wieder entlassen

> *weil sie sonst nach nem Jahr hätten einstellen müssen*
> *dann wurde ihr aber gleich gesagt aber wir holen dich wieder*
> *und jetzt ist sie zum dritten Mal beim Arbeitsamt*
> *aber jetzt hat sie ne Festanstellung*
> *und jetzt ist sie auch schon über na fast drei Jahre*
> *am 1. Februar waren es zwei Jahre daß sie jetzt festangestellt ist.*
> *Und meine lütte Enkelin die ist vor vierzehn Tagen zur Schule gekommen*
> *und die sorgt jetzt dafür daß ich ausgelastet bin.*
> *So ja und der Enkel von meinem Sohn der ist schon 18*
> *der lernt Großhandelskaufmann in Eutin*
> *(...) der hat 19 Bewerbungen gemacht*
> *heute ne Lehrstelle zu haben das ist ja goldwert.*

Die Antwort von Pommerenke auf die Eingangsfrage der Interviewerin nach den Kindern macht überaus deutlich, daß die Werft für ihn im Mittelpunkt seines Lebens gestanden hat. Ohne zunächst auf ihre Frage einzugehen sagt er: »*...is alles volkseigen*«. Die Werft war für ihn der Kristallisationspunkt des Lebens. Wie bei vielen anderen Werftmitarbeitern auf der Neptunwerft hat auch bei Günther Pommerenke offenbar ein soziales Netzwerk im Milieu dafür gesorgt, daß die Kinder auf der Werft beschäftigt werden konnten (»*...ich hab auch nen Anteil an der Werft hab ich immer gesagt*«). Dieses soziale Netzwerk scheint das Arbeitermilieu, bzw. die Persistenz des Milieus eher gestützt als bedroht zu haben. Völlig ohne Prätention berichtet Pommerenke nachfolgend im Interview über die Arbeit seiner Kinder auf der Werft. Sein Sohn ist mit seiner Ausbildung zum Kranschlosser und seiner Qualifikation zum Meister in das Arbeitermilieu integriert, während sich die Tochter, über die Pommerenke nachfolgend im Interview berichtet, mit ihrem Ingenieurstudium und ihrer Tätigkeit in der Garantieabteilung wenn auch nicht sozial, so doch funktional aus dem Arbeitermilieu entfernt. Für das Rostocker Werftarbeitermilieu ist diese Konstellation durchaus nicht unüblich, die Söhne verbleiben öfter im Arbeitermilieu als die Töchter. Es wäre an dieser Stelle allerdings voreilig, in bezug auf den Bildungsaufstieg der Tochter von einem Modernisierungstrend im Milieu zu sprechen, denn das Prestige des Ingenieurberufes war auf der Neptunwerft nicht so hoch wie z.B. auf der AG »Weser«. Ingenieurgehälter waren nicht unbedingt höher als Facharbeiterlöhne. Dementsprechend bewertet Pommerenke die Stelle seiner Tochter auch keineswegs höher als die des Sohnes. Da bei Pommerenke im gesamten Interview keine Aufstiegsaspirationen deutlich werden, ist anzunehmen, daß auch im Rostocker »Protagonistenmilieu« Bildungsanregungen enthalten waren, die ein Studium für die Tochter vorstellbar werden ließen. Pommerenke scheint es vorrangig darum zu gehen, daß seine Kinder eine qualitativ hochwertige Arbeit machen. Dafür spricht auch die mehrfache Hervorhebung des Meisterstatus beim Sohn und die Erwähnung, daß die Tochter ausschließlich »*Nachlieferungen für das kapitalistische Ausland*« zu überwachen hatte und dadurch zweifellos einen exponierten Posten bekleidete. Qualifizierung gehört gewissermaßen zum familiären Erwartungskontext, dient aber nicht im mindesten zur Distanzierung vom Milieu.

Genau wie bei seinen Kindern sorgt auch bei der Schwiegertochter Pommerenkes »Sozialkapital« dafür, daß sie eine Stelle auf der Werft findet: »*und denn hab ich mal mit dem Direktor gesprochen für Materialwirtschaft und Kooperation, wir kannten uns beide und wir verkehren auch familiär so ein bißchen zusammen und der sagt: Mensch ja, da läßt sich was finden...*« Pommerenke verhindert hiermit, daß seine Schwiegertochter, die gelernte Physiotherapeutin ist, im Gesundheitswesen arbeiten und auf Lohn verzichten muß (»*im Gesundheitswesen wurd ja früher ganz mies bezahlt*«). Für Günther Pommerenke scheint es allerdings am wichtigsten, daß seine Schwiegertochter ebenfalls im Betrieb beschäftigt ist, auch wenn sie in einem für sie und ihre Ausbildung völlig anderen Bereich arbeitet.

Pommerenkes Bericht über die berufliche Situation des Sohnes und seiner Schwiegertochter nach der Flucht »*nach drüben*« unterstreicht den für ihn typischen Bescheidenheitshabitus. Für ihn ist es wichtiger, daß die Kinder überhaupt Arbeit haben und ihre Positionen verteidigen (»*mein Sohn (...) hat seinen Meister den er hier gemacht hat drüben noch mal in Lübeck hat er noch mal solche Verteidigung gemacht*«), bzw. aufbauen (»*meine Schwiegertochter hat sich selbständig gemacht*«), als daß sie großartige soziale Aufstiege anstreben. Die Tätigkeit seiner Schwiegertochter scheint ihm ganz fremd zu sein, denn er spricht nur sehr undifferenziert darüber. Er sagt: »*die is mobile Krankenbetreuung*«. Die Tätigkeit seines Sohnes kann er sich dagegen genauer vorstellen. Er führt sie differenziert aus und berichtet voller Zufriedenheit und Arbeiterstolz darüber, daß sein Sohn jetzt in einer Schicht »*der Verantwortliche für die Handwerker*« sei.

Was seine Tochter angeht, die zum Zeitpunkt der Wiedervereinigung schwanger war und entbunden hat, betont Pommerenke ebenfalls seinen Wunsch, daß sie »*irgendwie Arbeit kriegt*«. Allerdings gestaltet sich bei ihr die Arbeitssituation problematisch: Trotz guter Qualifikation, sozialer Kontakte und einer Umschulung findet sie zunächst keine dauerhafte Anstellung. Erst nach zwei Anläufen erhält sie eine Festanstellung beim Arbeitsamt. Pommerenkes Enkel wird Angestellter, er »*lernt Großhandelskaufmann in Eutin*«. Aber auch hier verrät der Großvater keinen Aufstiegsstolz, sondern betont, daß gegenwärtig allein die Tatsache, eine Lehrstelle zu besitzen, schon »*goldwert*« sei. Damit bleibt er einer klassischen habituellen Orientierung des Arbeitermilieus treu: keine sozialen Aufstiegsstrebungen zu entwickeln, sondern stattdessen sein Leben auf eine zufriedenstellende, verantwortungsvolle und einträgliche Arbeit zu orientieren.

Zusammenfassung. Besonders hervorhebenswert ist in diesem Interview der erstaunliche Bildungsaufstieg, den Pommerenke allerdings keineswegs intentional plant. Nicht *er*, sondern die äußeren Gegebenheiten und Strukturen legen ihm die Weiterqualifizierung nahe. Pommerenke folgt den durch Partei und Gewerkschaft festgelegten »Karrierepfaden« und paßt sich an die Außenanforderungen an. Konsequenz seines Bildungsaufstiegs ist, daß er kaum Zeit für Freizeitaktivitäten findet. Freilich, selbst wenn er durch seinen Bildungsaufstieg das Arbeitermilieu *funktional* verläßt, erfährt er diesen Prozeß durchaus nicht als Trennung vom Herkunftsmilieu. Die soziale Nähe zu den Kollegen bleibt auch deshalb bestehen, weil er mit ihnen das DDR-spezifische Schicksal teilt, mit den Widersprüchen verzögerter und z.T. verschleppter Modernisierung umzugehen. In der prekären Position des BGL-Leiters und erst recht in seiner späteren Stellung hat er zwar zugleich die Position der Leitungsebene mitzuvertreten, seiner Erzählung ist aber anzumerken, daß er deutlich zur Seite der Kollegen tendiert.

Im gesamten Interview von Pommerenke wird sichtbar, daß der Betrieb für ihn eine Art »paramount reality« *(William James)* darstellt.

Kapitel 12: Akteurstypologien im »Neptun«-Milieu

Auch wenn er gar keine Zeit für die Freizeitaktivitäten hat, die vom Betrieb organisiert werden, so verbringt er seine Zeit doch mit zahlreichen Fortbildungen *für den Betrieb*. Seine berufliche Tätigkeit auf der Werft beschreibt Pommerenke als ausgesprochen verantwortungsvoll. Seine Kinder folgen ihm auf die Werft. Auch für sie scheint er keine Aufstiegserwartungen zu hegen. Völlig ohne Prätention spricht er über ihre Qualifikationen und Tätigkeiten. Ebenso unprätentiös berichtet Pommerenke über seinen Enkel. Es ist ihm gar nicht so wichtig, was er macht, entscheidend ist, daß er eine Lehrstelle hat.

Im Gegensatz zu dem Protagonistentypus der westdeutschen AG »Weser« agiert Pommerenke nicht als »Modernisierer«. Er übernimmt vielmehr eine soziale »Pufferfunktion« angesichts der Modernisierungsdilemmata der frühen DDR-Entwicklung. Dabei paßt er sich nicht nur erfolgreich neugeschaffenen sozialen Karrierepfaden an; er folgt durchaus auch dem Einfluß einer womöglich neu entstehenden proletarischen Gegenmentalität: der kritischen sozialen Basiserfahrung nämlich, daß die zentralen Planungen der jeweils verantwortlichen Leitung mehr als unzuverlässig sind und die Leidtragenden zumeist die in der Produktion Tätigen: »*es haben die primitivsten Dinge gefehlt*«. Diese subtile Solidaritätsbereitschaft trägt nun freilich gerade zur Stabilisierung, keineswegs zur Auflösung des Arbeitermilieus bei. Wir beobachten hier also eine Gegentendenz, die auf unterschiedliche Milieuentwicklungen »Ost« und »West« hinweisen könnte. Aus dem Ankerfall lassen sich folgende Kernkategorien bilden, die durch dokumentierende Interpretationen aus parallelem Fallmaterial überprüft werden sollen:

- Weiterqualifizierung als »institutionelles Ablaufmuster«;
- Widersprüchliche Leitungserfahrungen;
- Der Betrieb als »paramount reality«;
- Bescheidenheitshabitus.

Weiterqualifizierung als »institutionelles Ablaufmuster«

Da kamen Leute von der Schule -
und der eine - Abteilungsleiter der - der mußte den Platz räumen -
und da haben sie gesagt - folgendermaßen -
und ein Meister kam auf die Bezirksparteischule
und da war ein Meisterbereich - praktisch ohne Meister -
das durfte nicht sein -
denn äh äh jeder Meisterbereich mußte auch einen Meister haben -
nu damit sagten sie
»Bruno komm mal her -
wir müssen uns unterhalten -
der kommt von der Schule -
der da nu wegmuß der wird deinen Posten übernehmen -
Bruno und du kannst Meister werden«[8]

Gewiß gibt es »Aufstiege« in einem DDR-Betrieb der frühen 1950er Jahre. Bruno Clasen wird zunächst ein Planerposten und in der zitierten Sequenz sogar eine Meisterposition angeboten, aber die persönlichen Initiativen, solche Qualifikationspfade zu betreten, scheinen doch begrenzt zu sein. Im vorliegenden Segment sind die entscheidenden Weichenstellungen von außen bereits getroffen worden: der aktuelle Abteilungsleiter wird abgestuft und durch einen geschulten Parteigenossen ersetzt; dessen Meisterstelle steht für Clasen frei, der seine Position wiederum für den abgestuften Abteilungsleiter freimacht. Clasen ist sich dieser Außensteuerung durchaus bewußt (*»nu sagten sie ... Bruno ... du kannst Meister werden«*) und er ratifiziert sie erst nach einem durchdachten individuellen Beschluß. Ausgesprochene Qualifikationspfade entstehen offenbar später. Clasen erzählt:

Wir sind auch nachher angegangen -
um uns zu qualifizieren -
das äh kamen ja denn diese Aufrufe
man konnte studieren
man wurde dazu eingeladen

---

8 Interview mit Bruno Clasen, Transkript.

> *es gab Vorstudien -*
> *mit meinen Kollegen in der äh äh August-Bebel-Straße*
> *da hinten in der Molkerei nich*
> *da hatte man son Schulungsraum*
> *da war ich mit ihnen in der Vorstudienschule*
> */wir wollten ja studieren ((lachend))/*
> *oh Gott oh Gott*
> *da sind wir dann den ganzen Winter sind wir hingegangen ne*
> *und haben da tatsächlich noch Mathematik und und äh (...)*
> *alles noch einmal nachgeholt -*
> *es wurde ja praktisch alles noch mal aufgewärmt da ne*
> *doch da haben wir uns für interessiert ne -*
> *und da fingen sie ja denn auch schon an son bißchen mit Dialektik*
> *und so*
> *fingen sie ja denn auch schon an*
> *haben wir auch gelernt*
> *aber wir hatten immer den Willen <u>vorwärts</u> zu kommen - ne*
> *das soll nicht auf dem Standpunkt stehen bleiben*
> *wie das jetzt ist -*
> *da müssen wir raus*[9]

Der Staat schafft offensichtlich Bildungswege gerade für aufgeschlossene Arbeiter (»*ja denn diese Aufrufe man konnte studieren*«). Es gibt Vorbereitungskurse und Interessenten (»*wir wollten ja studieren*«). Aber neben dem Auffrischen des Schulwissens (»*da haben wir uns für interessiert*«) spielt auch die ideologische Schulung schon eine Rolle (»*und da fingen sie ja denn auch schon an son bißchen mit Dialektik und so*«). »*Sie*« fangen an »*mit Dialektik und so*«. Die Distanz in dieser Beschreibung ist eindeutig. Aber zugleich belegt Clasen auch seine Akzeptanz: »*haben wir auch gelernt [...] wir hatten immer den Willen vorwärts zu kommen*«. Bruno Clasen kommt »*vorwärts*« und paßt sich durchaus an, aber seine Distanz zu den Entscheidungsträgern bleibt bestehen, obwohl er schließlich SED-Mitglied wird. Diese eigenwillige Ambivalenz scheint charakteristisch zu sein für die »neuen Protagonisten«. Einerseits nehmen sie durchaus ihre Möglichkeiten wahr, andererseits halten sie Abstand zu den Ergebnissen zentraler Planungsentscheidungen. Max Gerber erzählt:

---

9   Interview mit Bruno Clasen, Transkript.

> *I: Sie haben sich dann 1959 60 61 also weiterqualifiziert im Studium.*
> *E: Ja da bin ich wie gesagt an an an Industrieinstitut gekommen*
> *hab vorher dann noch Abendschule gemacht zur Vorqualifizierung*
> *dann hab ich da den Abschluß gemacht*
> *und dann kam ich wie gesagt nach zwei Jahren*
> *[...]*
> *I:Und nachdem kamen sie dann zurück in die Werft waren Abteilungsleiter im Kesselbau.*
> *E: Kesselbau ja.*[10]

Die Aussage Gerbers: »*Ja da bin ich wie gesagt an an an Industrieinstitut gekommen*« erweckt den Eindruck, daß auch er, ebenso wie Pommerenke, nicht aus eigenem Interesse an einer Weiterqualifizierung teilgenommen hat, sondern dahin delegiert worden sei. Wie bereits zuvor erwähnt, ist dies auch durchaus denkbar, denn es gab zu dieser Zeit einen Mangel an Arbeitskräften mit höherer beruflicher Bildung auf der Werft. Gerber paßt sich den Erwartungen, die an ihn gestellt werden, an und besucht zur Vorqualifikation eine Abendschule, weil seine lerntechnischen Vorerfahrungen für den Besuch des Industrieinstitutes offenbar nicht ausreichen. Nach dem Besuch des Industrieinstitutes macht er seinen Abschluß, mit dem er prompt einen beruflichen Aufstieg macht: Er wird Abteilungsleiter im Kesselbau. Die Strukturiertheit der Qualifikationsphase (Vorqualifizierung und zweijähriges weiterbildendes Studium an einem Industrieinstitut) und die Selbstverständlichkeit der Nachfolgekarriere im Betrieb deuten auf relativ rigide institutionalisierte, allerdings dann auch verläßliche neue Karrierepfade im Industriesystem der DDR. Es verwundert nicht, daß aufgeschlossene KollegInnen sich den innerbetrieblichen Angeboten nicht entzogen haben. Versprachen sie doch Sicherheit und Überschaubarkeit im Ablauf, in der Regel auch höheren Verdienst.

> *Und dann hat mein Vater rumgelaufen*
> *hat ne andere Stelle als Maschinenschlosser gesucht*
> *und die nächste Möglichkeit war Rostock ne (...).*

---

10 Interview mit Max Gerber, Transkript.

*Da hab ich denn im September 51 angefangen
und die Lehre 1953 im Sommer als Maschinenschlosser beendet.
Und da sind sie uns denn schon
naja in den letzten im letzten halben Jahr
sind uns denn verschiedene Bildungseinrichtungen
sozusagen die Tür eingelaufen.
Lehrlinge die halbwegs gutes Zeugnis zu erwarten hatten
die möchten doch bitteschön weitergehende Bildungseinrichtungen
besuchen
Arbeiter und Bauernfakultät oder das Abitur nachmachen
oder zur Fachschule gehen
also bei uns im im im Lehr Lehre Lernkollektiv da waren
mindestens Vertreter von vier Einri_ von vier verschiedenen Einrichtungen
weil da muß ein ungeheurer Bedarf an an an Fachleuten bestanden
habn.
Und da hab ich mich denn entschlossen
weil der Bildungsweg ein kürzerer war
und früher versprach daß man man zu n paar paar Talern Geld
kommt ne
und da bin ich denn im ja September
September 53 zur Fachschule nach Wilhelmbad gegangen.
Die hieß damals Fachschule für Schiffahrttechnik
heute is es ja wieder Bauschule wie früher auch gewesen ist.
Und da hab ich denn mit muß man heute sagen
mit mäßigem Erfolg im Sommer 1956 Ingenieurabschluß gemacht
und da mich die Werft delegiert hatte
hab ich denn im September 56 als Konstrukteur wieder angefangen
worden.
[...]
Daß ich zwischendurch 70 bis 74 noch mein Diplom nachgemacht
hab
hier an der Universität
das wurde damals ja sehr großzügig gefördert
man kriegte ne Menge Freistellungen
um seine Studienveranstaltungen zu besuchen
und um seine Arbeiten zu machen nech
da hab ich denn noch mein Diplom nachgemacht
was mir heute sehr zugute kommt*

und das wars eigentlich
das Gerüst des Arbeitsweges liegt damit vor.[11]

Georg Schwarz spricht in diesem Interviewsegment an, was bereits in den vorangegangenen Interviewpassagen deutlich wurde. In den 1950er Jahren, genauer 1953, zum Zeitpunkt der Beendigung seiner Ausbildung als Maschinenschlosser, hat »*ein ungeheurer Bedarf an an an Fachleuten bestanden*«. Die Werftleitung und die Hauptverwaltung Schiffbau hatten ein großes Interesse an der beruflichen Höherqualifizierung ihrer Beschäftigten. Dementsprechend sind »*verschiedene Bildungseinrichtungen*« den Auszubildenden »*sozusagen die Tür eingelaufen*«. Wie dringend der Bedarf war, läßt sich auch daran ablesen, daß alle Lehrlinge angesprochen wurden, die ein »*halbwegs gutes Zeugnis zu erwarten hatten*«, d.h. sie mußten offensichtlich keine besondere Leistung erbringen, um an einer Weiterqualifizierung teilnehmen zu können.

Im Rahmen dieses institutionellen Erwartungsfahrplans erscheint es selbstverständlich, daß sich Schwarz weiterqualifiziert, den speziellen Bildungsweg bestimmt er allerdings aktiv: »*Und da hab ich mich denn entschlossen (...) und da bin ich denn im ja September September 53 zur Fachschule nach W. gegangen*«. Motivation für diesen Bildungsweg war die Kürze der Ausbildung und die Tatsache, daß man früher »*zu n paar paar Talern Geld kommt*«. Der Besuch der »*Fachschule für Schiffahrttechnik Wilhelmbad*« war für junge Arbeiter, die sich direkt im Anschluß an ihre Ausbildung weiterqualifizierten, durchaus typisch. Im Anschluß an sein Fachschulstudium (1956) wird Schwarz von der Werft, die ihn dorthin delegiert und sich damit einen Facharbeiter mit höherer beruflicher Qualifikation herangebildet hat, als Konstrukteur eingesetzt.

Von 1970 bis 1974 qualifiziert sich Schwarz noch einmal weiter, er macht sein Diplom an der Universität. Im Gegensatz zu seinem Fachschulstudium scheint *er* allerdings die treibende Kraft für die Weiterqualifikation zu sein. An dieser Stelle wird ein Motiv für die Weiterqualifikation deutlich, das noch in keinem anderen Interview aufgetreten ist: Schwarz scheint nach Bildung zu streben. Er will sein

---

11 Interview mit Georg Schwarz, Transkript.

Diplom machen und kann hierbei auf eine starke Unterstützung des Betriebes rechnen. Er wird »*sehr großzügig gefördert*« und »*kriegt( ) ne Menge Freistellungen um seine Studienveranstaltungen zu besuchen*«. Schwarz evaluiert sein Universitätsstudium positiv; sein Diplom kommt ihm »*heute sehr zugute*«. Seine persönlichen Bildungsambitionen scheinen allerdings eher unkonventionell zu sein. Er nutzt gewissermaßen die neu geschaffenen Karrierepfade für einen durchaus selbstbestimmten Qualifikationsweg. Typischer ist zweifellos Pommerenkes »Anpassungskarriere«. Dies zeigt sich auch im Fall Rakow:

> *ja und - da hab ich mich dann auch wieder*
> *gesellschaftlich wieder in der Produktion -*
> *wie weiterhin mitgemacht -*
> *ja und dann kam die Berufsausbildung - (...) ((lacht/2sec.))*
> *ja und da sind sie dann - zu mir gekommen -*
> *»Heinz wie is - willst ne Lehrausbildung machen?« -*
> *Naja und dann bin ich dann -*
> *bin ich dann irgendwie Betriebsberufsschule -*
> *äh - ich verdiente damals 640 Mark brutto*
> *das weiß ich noch wie heute -*
> *das war nich allzu viel*
> *naja aber das ging und dann kriegten wir Halbjahresprämie -*
> *und ich mußte mich dann auch verpflichten*
> *Lehrmeisterschule - zu besuchen -*
> *und es war - jeweils n halbes Jahr Fachlehrgang -*
> *also technische Ausbildung*
> *und n halbes Jahr -*
> *war pädagogische Ausbildung - hab ich - wars dann in Greifswald*
> *hab ich - alle beide Lehrgänge besucht -*
> *und die Arbeit hat mir Riesen-Riesenfreude gemacht*
> *in der (...) Berufsschule als - Lehrmeister*
> *ich hatte Jungs und Mädels*
> *in der Dreherausbildung -*
> *(...) äh das hat mir unwahrscheinlichen Spaß gemacht*[12]

Nachdem Rakow aufgrund kaderpolitischer Probleme (Arbeit von November 1947 bis April 1949 in Westdeutschland) nicht als FDJ-

---

12 Interview mit Heinz Rakow, Transkript.

Sekretär bestätigt und 1954 abgelöst wird, geht er auf eigenen Wunsch zurück in die Produktion. Kollegen, die ihn sehr gut kennen und um sein Bildungsinteresse wissen, kommen dann auf ihn zu und fragen ihn, ob er nicht »*ne Lehrausbildung machen*« wolle. Trotz finanzieller Einbuße und der Verpflichtung, eine Lehrmeisterschule mit zwei halbjährigen Fachlehrgängen zu besuchen, geht Rakow auf den Vorschlag ein. Die Arbeit als Lehrmeister in der Berufsschule macht ihm »*unwahrscheinlichen Spaß*«. Freilich ist auch hier der Qualifikationspfad ein institutionalisiertes Ablaufmuster, das nur im Falle der Akzeptanz der Protagonisten begrenzte Freiheit der Eigenplanung eröffnet. Nachdem Rakow erneut eine Parteifunktion übernommen und hauptamtlich ausgeübt hat, wird er 1966 zum Studium ins Industrieinstitut delegiert.

> *1966 dann wurd ich zum Industrieinstitut delegiert - -*
> *die Genossen habn gesagt »Heinz Du hast soviel getan und«* -
> *Ich konnte nich studiern und -*
> *warum sollte ich nich - zum Studium kommen*
> *aber diese ganze Periode -*
> *seit 1960 bis - 66 -*
> *die war für mich eigentlich eines der schönsten Perioden*
> *ich wir hatten in der Parteiorganisation -*
> *wunderbare Sekretäre ich muß das mal so sagen*
> *[...]*
> *mit denen hab ich wunderbar zusammengearbeitet*
> *das war das Jahr 66 -*
> *und das war aber auch so daß ich nich länger bleiben konnte*
> *weil ich keine Fachausbildung*
> *ich hatte zwei Lehrmeisterabschlüsse*
> *aber ich hatte kein kein Fachschul oder kein Hochschulabschluß -*
> *und das war Bedingung damals in den 60er Jahren*
> *und noch länger so die - den Abschluß mußt Du habn -*
> */ja ((stöhnend))/ und dann bin ich eben dahin delegiert worden*[13]

Auch wenn die Genossen es als Privileg darstellen, daß selbst Rakow zum Studium ans Industrieinstitut delegiert wird, so wird doch deutlich, daß dies auch eine Ablösung aus der wichtigen Parteifunk-

---

13 Interview mit Heinz Rakow, Transkript.

tion bedeutet, die er aufgrund seines fehlenden Fachschul- oder Hochschulabschlusses nicht länger bekleiden kann. Rakow ist mit dem Besuch des Industrieinstituts offensichtlich nicht vollständig einverstanden.[14] Stöhnend sagt er: »*und dann bin ich eben dahin delegiert worden*«. Er hätte die Parteifunktion offensichtlich gerne weiter bekleidet, denn für ihn waren die Jahre von 1960-1966 erfüllte Arbeitsjahre: »*eigentlich eines der schönsten Perioden*«. Während nämlich Pommerenke seinen Qualifikationsaufstieg durchaus nicht als Entwurzelung aus dem Arbeitermilieu erlebt, muß Rakow die bittere Erfahrung machen, daß ihm für seinen Weg das »soziale« und auch das »kulturelle Kapital« fehlen:

na jedenfalls als ich - fertig war mitm Studium -
da habn die Genossen von der Werft gesagt
»Heinz Du hast das Zeuch -
Du sollst (...) höhere Funktion /mal habn
Du sollst n bißl mehr Geld verdienen« - ((lachend))/ -
Ich hatte damals auch nun schon vier Kinder und so -
na ja und da kam die Gewerkschaft -
und da hat die Gewerkschaft gesagt
»Heinz willste nich - Vorsitzender der IG-Metall werdn (...)
das warn wir warn 54.000 Metallarbeiter im Bezirk Rostock -
Du hast die Ausbildung - Du kannst es«
Ich hab gesagt »Das kann ich nich -
mittlerweile hat sich auch rausgestellt
ich hatte nich die Voraussetzung -
mir fehlt die gesellschaftliche Erfahrung in diesen Gremien -
mit diesen ganzen Institutionen
ich - ich war so unbeleckt und hab vieles /versucht ((lachend))/
gut und richtig zu machen
und weiß <u>heute</u> - daß ich eben mich weder richtig angepaßt habe
noch - dann noch die Zeichen der Zeit damals verstanden habe -
ich war da mit Harry Tisch persönlich befreundet
wir habn - familiär verkehrt in den 50er Jahren -
und=e - der war damals erster Sekretär der Bezirksleitung -

---

14 Die sogenannten Industrie-Institute wurden seit 1954 an Universitäten und Hochschulen gebildet. An diesen Instituten sollten vor allem frühere Arbeiter, die in Leitungsfunktionen in der Wirtschaft aufgerückt waren, die Möglichkeit erhalten, eine einem Hochschulabschluß ähnliche Qualifikation zu erlangen.

und=e hat mich eigentlich immer - immer gestützt
und wohlwollend unterstützt -
aber er war ja nun /auch ein Kind seiner Zeit ((lachend))/ ja
und so - kam ich dann doch - früher oder später - in Ungnade -
aber da muß ich sagn da war ich (...)
die ganzen Dinge die ganzen Gepflogenheiten -
in der Gewerkschaftsarbeit (...)
und überhaupt im gesellschaftlichen Leben
in dieser Bezirksebene - da war ich eben -
da war ich eben nich gewachsen (...)
ich war - sagn wir mal (...) also ich kam eben vom Lande un -
war - ich will nich sagen dumm aber unwissend -
die ganze Hierarchie und die ganz wie das sich alles so -
naja ich war (...) n Elefant im Porzellanladen -
da sind da nämlich öfter mal so Karambolagen die ich hatte -
und hat keiner gemerkt daß ich mir manchmal das Wasser abgegra-
ben habe - -
aber ich war natürlich auch -
in gewisser Beziehung sehr selbstbewußt
und hab natürlich auch dabei - Fehler gemacht muß ich sagen
ich - ich war auch nich gründlich genug
und - gesellschaftliche Prozesse - so anvisieren und
man hatte auch nich die Zeit alles so - richtig zu machen
und wenn man sich überlegt
wir warn IG-Metall -
wir warn - ich hatte praktisch Einstellverbot -
der ständig wechselte
und dann hat ich ne Halbtagsschreib_schreibkraft
so und dann war ich noch Kraftfahrer
so und dann hat ich die 5 Großwerften
da sollt ich in der Vollversammlung äh -
und dann sollt ich immer das Schlußwort machen und so
ich habs so gut gemacht wies ging
aber ich habs natürlich nich -
heut unter heutiger Sicht nich besonders gut gemacht -
ich hab mir Mühe gegeben
ja ja das würd ich sagen
[...]
aber wie gesagt - -
daß ich dann wegging -

> *das war - schon in Ordnung*
> *nur wie ich dann wie ich dann wegging -*
> *weggegangen wurde*
> *das war nich schön*
> *ich wurde dann zur Schule delegiert -*
> *zur Parteischule weil ich eben nich das gesellschaftliche*
> *das Zeuch hatte ((stöhnt tief)) ja*[15]

Nachdem Rakow (aufgrund mangelnder Bildung oder wegen kaderpolitischer Konflikte) in seiner politischen Laufbahn immer wieder abgelöst wurde, signalisieren ihm »*die Genossen*« nach seinem Studium am Industrieinstitut, an dem er sich zum Diplom-Ingenieurökonom weiterqualifiziert hat, daß sie ihm eine »höhere Funktion« zutrauen (»*Du hast das Zeuch*«) und ihm wünschen, daß er »*n bißl mehr Geld*« verdient. Fast entschuldigend fügt er hinzu, daß er »*damals auch nun schon vier Kinder und so*« hatte und somit das Geld gut gebrauchen konnte. Die Gewerkschaftsleitung bietet ihm die Position des Bezirksvorsitzenden der IG-Metall an, und Rakow deutet an, daß es sich um eine Position handelt, der er von vornherein nicht gewachsen sein könnte (»54.000 Metallarbeiter«). Die Gewerkschaft ermutigt ihn allerdings, den verantwortungsvollen Posten zu übernehmen: »*Du hast die Ausbildung - Du kannst es*«. Die Kollegen der Leitung scheinen zu ignorieren, was Rakow bereits frühzeitig antizipiert und was sich später auch »*rausgestellt*« hat: ihm mangelt es an »sozialem Kapital« für diese Funktion (»*mir fehlt die gesellschaftliche Erfahrung in diesen Gremien - mit diesen ganzen Institutionen*«). Rakows Bemühen, alles »*gut und richtig zu machen*«, reicht nicht aus, um die Position adäquat zu bekleiden. Im nachhinein (»*heute*«) weiß Rakow, woran er gescheitert ist: Er hat sich »*weder richtig angepaßt*« noch »*die Zeichen der Zeit damals verstanden*«.

Es erscheint überraschend, wie deutlich sich Rakow von dem »Leitungshabitus« im Gewerkschaftsapparat distanziert und auf seinen Ursprungshabitus zurückverweist. Er fühlt sich den »*ganzen Gepflogenheiten - in der Gewerkschaftsarbeit* « nicht »*gewachsen*«. Er glaubt, die Ursache des Konflikts zu kennen und erklärt ihn mit seiner Herkunft aus dem ländlichen Milieu. Rakow verbleibt gewissermaßen

---

15 Interview mit Heinz Rakow, Transkript.

»habituell« im Arbeitermilieu und fühlt sich deshalb wie »*n Elefant im Porzellanladen*«. Trotz alledem berichtet er voller Stolz, daß es »*öfter mal so Karambolagen*« gab, von denen aber »*keiner gemerkt*« hat. Wenn er diesbezüglich sagt, daß er »*in gewisser Beziehung sehr selbstbewußt*« war, so will er damit wohl darauf hinweisen, daß er Unsicherheiten gut mit selbstbewußtem Auftreten überspielen konnte. Letztendlich lastet sich Rakow sein Versagen in dieser wichtigen Funktion selbst an. Er läßt es nicht dabei bewenden, sich den Konflikt mit seinem inadäquaten Habitus und seinem mangelnden Kapital zu erklären, sondern sucht die Fehler in seiner Arbeit. Er hat, nach seinen Beschreibungen, keinen Weg gefunden, um den Widerspruch zwischen der mangelnden Zeit und dem Anspruch, »*gründlich*« zu arbeiten, für sich befriedigend zu lösen, obwohl er sich »*Mühe gegeben*« hat. Er hat die Verantwortung für die zahlreichen z.T. auch problematischen Tätigkeiten (»*wir warn - ich hatte praktisch Einstellverbot - der ständig wechselte [...] dann war ich noch Kraftfahrer [...] und dann hat ich die fünf Großwerften...*), als absolute Überforderung empfunden: »*ich habs so gut gemacht wies ging aber ich habs natürlich nich - heut unter heutiger Sicht nich besonders gut gemacht*«. Vor diesem Hintergrund akzeptiert Rakow sein Ausscheiden aus dem Bezirksvorstand des FDGB ohne Wut oder Verärgerung. Er beklagt sich nur über die Art und Weise, wie er »*weggegangen*« wurde, ohne genauer darauf einzugehen. Er erwähnt, daß er »*zur Schule delegiert*« wurde, weil er »*eben nich das gesellschaftliche das Zeuch hatte*«. Daß er darunter leidet, wird an seinem tiefen Stöhnen erkennbar.

Ähnlich wie schon im Ankerfall zeigt sich, daß der Übergang vom Arbeitsleben zur Leitungsfunktion keineswegs problemlos verläuft. Und der versteckte Hinweis auf neue Anforderungen an den eigenen Habitus läßt erahnen, daß Leitungstätigkeit eine deutliche soziale Distanzierung von den Interaktionsgewohnheiten des Herkunftsmilieus einschließt. Diese Distanzierung allerdings fällt schwer - *einmal* weil die Protagonisten selbst durchaus noch im Milieu verankert bleiben und die Loslösung durch Qualifikationsaufstiege zumeist als aufgezwungen und entfremdend erfahren, *zum anderen* weil die neue Position - schon aus ideologischen Gründen - eine fortexistierende »symbolische Nähe« zu den Kollegen verlangt, die allerdings mit den Funktionen ihrer Tätigkeit häufig in Konflikt gerät. Ergebnis ist nicht selten eine völlig verständliche Überforderung, die erstaunlicherweise fast immer als Kompetenzdefizit gedeutet wird. Die neuen Karrierepfade haben also durchaus ihre Tücken, die institutionalisierten Ablaufmuster der Weiterqualifizierung führen keineswegs notwendigerweise zu einem alle Beteiligten befriedigenden Ergebnis.

Widersprüchliche Leitungserfahrungen

Was sich in den oft sehr außengesteuerten Qualifikationswegen und ihren vorgeplanten Einmündungsformen schon andeutet, ein Konflikt zwischen Planungslogik und Kollegeninteresse, läßt sich an verschiedenen Problemebenen der Leitungsfunktionen selbst erneut beobachten. Günther Pommerenkes Hervorhebung eines kollegialen Leitungsstils bleibt eine positive Randerfahrung, die durch unangenehmere Anforderungen zumeist überdeckt wird:

> *und die Jahre haben mir eigentlich sehr sehr viel gegeben*
> *wenn man sich zehn Jahre hält*
> *denn hat man den denn kann man zu dem Eindruck kommen*
> *daß man auch bei den Kollegen geachtet wurde*
> *wie es gewesen ist ich hatte jedenfalls immer in den Eindruck*[16]

Die Achtung der Kollegen ist gewiß ein zentrales Hintergrundmotiv nicht nur in Pommerenkes Berufsbiographie; die Chance allerdings, sie problemlos zu erlangen, wird in der Regel durch die Alltagsprobleme der Leitungsanforderungen infrage gestellt. Sehr viel typischer erscheinen Lösungsprobleme, wie sie Max Gerber in seinem Interview beschreibt:

> *Na ja wir bekamen*
> *ja wenn ich äh neunzehnhundert - naja ich bin wie gesagt*
> *neunzehnhundert - einundsechzig*
> *als Abteilungsleiter im Kesselbau angefangen*
> *wo ich praktisch noch mehr oder weniger*
> *mit der Bilanzierung der Abteilung verantwortlich war*

---

16 Interview mit Günther Pommerenke, Transkript.

*ja da ging so man mußte denn hat so unso viele Arbeitskräfte
zur Verfügung nich so und so viel äh
äh stand dem gegenüber zur Verfügung nich
so und so viel äh äh stand dem gegenüber das äh das Volumen
das man zu bewältigen hatte nicht wahr dann so und so viel Lohnfond
so und so viel Urlaubsfond und dergleichen mehr
also diese Fonds hatte man praktisch zur Verfügung
und diese äh sogenannte Rechenschaftslegung
fand dann praktisch jeden Monat statt
und zwar wurde dann der einzel - einzelne
Werkleitungsmitglied war das der kaufmännische Direktor
also unter deutscher Verwaltung ja
auch der Werkleiter hat zum Beispiel Rechenschaftslegung gemacht
sei es für den Schiffbau oder Maschinenbau
oder für den so und so
wurde dann durch die verantwortlich eingesetzten Werkleitungsmitglieder
diese Rechenschaftslegung kontrolliert
I: mhm
E: und die Erfüllung ja der
der Aufgaben und da mußte man mehr oder weniger gerade stehen
nicht wahr
warum hast du den Krankenstand überzogen
warum hast du dann den Urlaubsfond in den schlechten Monaten
nicht eingehalten nicht
man mußte ja dann auch den Winter-
den Urlaub im Winter den schlechten Jahreszeit einhalten
E: ja
so dann hatte man oder aber man bekam ein drauf
wenn man in den Sommer- in den Saisonmonaten
den Urlaubsplan überzog hat nicht
naja dann hat man sich mehr oder weniger versucht herauszureden
und ist dann praktisch na so wir sagten ((lacht)) durchgerutscht
dann versprach Besserung
dann ging das auch wieder nicht
was sollten sie machen das war ja geschehen.
So und das wichtigste war ja bei den Sachen
und äh wenn sie als Wirtschaftsverantwortlicher in der Lage waren
ja die Aufgaben zu erfüllen nicht dann hatten sie relativ freie Hand*

Kapitel 12: Akteurstypologien im »Neptun«-Milieu

*dann hat ihnen keine Partei keine Gewerkschaft
kein Werkleitung nichts keiner reingeredet nicht*[17]

Nach einer Ausbildung als Industrieökonom am Industrieinstitut der Rostocker Universität übernimmt Gerber 1961 die verantwortungsvolle Tätigkeit des Abteilungsleiters im Kesselbau. Im Gegensatz zu seinen nachfolgenden Kollegen, die nur noch für die Produktion zuständig sind, war Gerber *»noch mehr oder weniger mit der Bilanzierung der Abteilung«* (Arbeitskräfteeinteilung, Verwaltung des Lohnfonds und des Urlaubsfonds) beschäftigt. Hierfür gab es bestimmte Auflagen, das kontrollierende Organ war die monatlich stattfindende *»sogenannte Rechenschaftslegung«*, die durch *»die verantwortlich eingesetzten Werkleitungsmitglieder«*, deren Positionierung Gerber in einer Hintergrundkonstruktion erläutert, kontrolliert wurden. Gerber mußte *»mehr oder weniger gerade stehen«* für die Planerfüllung, was einen gewissen Druck auf ihn ausgeübt haben muß, denn die Bilanzen der Werft wiesen Jahr für Jahr große Verlustzeiten auf. Nicht durch Zufall scheint er hier den Krankenstand an erster Stelle zu nennen, denn dieser machte eindeutig den größten Posten unter den Ausfallzeiten aus, vor allen Dingen in den Sommermonaten. Aber auch in bezug auf die Urlaubsplanung gab es strenge Vorgaben, bei deren Nichteinhaltung *»man [...] ein drauf«* bekam. Gerber hat sich in dieser verantwortungsvollen Position offenbar bestimmter Strategien bedient, um den Außenanforderungen gerecht zu werden. Er benutzt hier - wie an allen Stellen im Interviewsegment, in denen es um die Erfüllung von Vorgaben geht - die distanzierte *»man«*-Form: *»naja dann hat man sich mehr oder weniger versucht herauszureden und ist dann praktisch na so wir sagten ((lacht)) durchgerutscht dann versprach Besserung dann ging das auch wieder nicht«*. Ebenso distanziert klingt es, wenn Gerber sagt: *»was sollten Sie machen das war ja geschehen«*. Obwohl er sich meint, sagt er: *»wenn sie als Wirtschaftsverantwortlicher in der Lage waren ja die Aufgaben zu erfüllen nicht dann hatten sie relativ freie Hand«*.

An den Ausführungen wird deutlich, daß das wichtigste an seiner Arbeit die Planerfüllung war. Sobald der Plan erfüllt wurde, konnte

---

[17] Interview mit Max Gerber, Transkript.

»*keine Partei keine Gewerkschaft kein Werkleitung nichts*« reinreden. Gleichzeitig läßt sich jedoch der Passage entnehmen, daß die Planerfüllung mit großer Distanz und mit einer Reihe von »Tricks« bewältigt wird. Sie ist sozusagen die unangenehme Seite der Leitungsfunktion. Angenehmer ist durchaus, wenn Leitungsfunktionen mit persönlichen Vorlieben koinzidieren:

> *Ich bin dann - - äh -*
> *eingesetzt worden - in der Parteiorganisation*
> *nämlich nachdem ich auch Mitglied der Partei (...) -*
> *äh in der Parteiorganisation als -*
> *Verantwortlicher für Organisation und für Kaderarbeit -*
> *obwohl ich noch relativ jung war*
> *aber sie hatten keinen andern -*
> *und n Organisator war ich -*
> */das das is vielleicht einer meiner - äh nich so schlechten Seiten ((lachend))/*
> *und=e ich bin auch n bißchen - penibel (...)*
> *oder sagn wir mal - na ja mit Aufschreiben und alle sowas -*
> *Ordnung und sowas das is meine Sache - (...)*
> *so und jedenfalls wurde ich dann - äh*
> *in diese Funktion wurd ich dann delegiert*
> *Schule - wurd ich dann -*
> *hab ich dann die Kreisparteischule besucht - in Allersleben*
> *und als ich zurückkam - äh da*
> *wurd ich dann in der FDJ eingesetzt von der Partei -*
> *da wurd ich dann FDJ-Sekretärstellvertreter*
> *und dann wurde ich äh erster - FDJ-Sekretär und äh -*
> *ich hab mich da eigentlich sehr sehr eingesetzt*[18]

Rakow, dessen politische Karriere von einem Auf und Ab gekennzeichnet ist, gelangt auch dieses Mal nicht aktiv, sondern passiv (nach dem Eintritt in die Partei) in eine verantwortungsvolle Position in der Parteiorganisation: »*Ich bin dann - - äh - eingesetzt worden...*«. Er erkennt selbst, daß es keine besondere Auszeichnung für ihn ist, daß er »*relativ jung*« auf diesen Posten berufen wird, denn er sagt: »*sie hatten keinen andern*«. Trotzdem verknüpft er seine neuen Leitungs-

---

18 Interview mit Heinz Rakow, Transkript.

aufgaben mit Fähigkeiten und Vorlieben, über die er verfügt (»*und Organisator war ich ...*«, »*Ordnung und sowas das ist meine Sache*«). Rakow scheint mit diesen Qualitäten zumindest nicht ungeeignet zu sein für eine Funktion in der Partei. Er wird in die Kreisparteischule geschickt, kann sein politisch-kulturelles Kapital damit erhöhen und macht anschließend einen innerparteilichen Aufstieg vom »*FDJ Sekretärstellvertreter*« zum ersten »*FDJ Sekretär*«. Das Ende des Segments läßt freilich erkennen, daß auch diese berufsbiographische Phase abgebrochen wird. Rakow betont, er habe sich »*da eigentlich sehr sehr eingesetzt*«. Offensichtlich nicht mit dem erwarteten Erfolg. Die Außensteuerung dominiert auch hier. Er wird die Position, die er durchaus mit Selbstbewußtsein und Eifer bekleidet hat, für einen neuen, institutionell verfügten Qualifikationszyklus aufgeben müssen. Der Mangel an persönlicher Autonomie und die Dominanz von Kontroll- und Rechenschaftsdispositionen wird auch in der folgenden Interviewpassage deutlich:

> *und da hat man ja ne große Verantwortung gehabt -*
> *wenn - ein Gegenstand gefehlt hat -*
> *dann wurde das Schiff nich fertig -*
> *das konnte nich auf Probefahrt gehen oder konnte nich verkauft werden -*
> *na wenn eben - n Schalter fehlt für die Kühlwasserpumpe -*
> *dann kann der Motor nich gekühlt werdn*
> *kann er nich fahrn -*
> *so in einer anderen Fabrik wo sie Schuhe herstellen -*
> *wenn die statt tausend Schuhe nur 950 fertig kriegen*
> *die können se verkaufen -*
> *aber wenn bei einem Schiff etwas fehlte blieb das Schiff liegen*
> *und - das Arbeitsergebnis von - von 6500 Menschen auf der Neptunwerft -*
> *und man kann ja sagen*
> *noch mal soviel soviel Arbeitsmenschen*
> *wie in der - in der Zulieferindustrie äh gearbeitet habn -*
> *äh - das Ergebnis - blieb liegen -*

> *und da wurde also - da gabs keine Entschuldigung und keine Geduld*
>
> *da mußte man jeden Morgen zum Rapport.*[19]

Ebenso wie Gerber hat auch Richter als Gruppenleiter im Einkauf eine ausgesprochen verantwortungsvolle Position innerhalb des Betriebes, was er explizit deutlich macht. Er weist darauf hin, daß die Produktion auf der Werft nicht zu vergleichen sei mit dem Arbeitsprozeß in einer »*anderen Fabrik*«, weil kein Gegenstand fehlen dürfe vor dem Verkauf des Schiffes oder seiner Probefahrt. Richter, der dafür verantwortlich ist, daß die entsprechenden Gegenstände vorrätig sind, unterstreicht die Bedeutung seiner Arbeit damit, daß von dem Arbeitsergebnis »*6500 Menschen auf der Neptunwerft*« und »*noch mal soviel soviel Arbeitsmenschen*« abhängig sind. Symptomatischerweise distanziert er sich ebenso wie Pommerenke von seiner Position und vermeidet das Personalpronomen »ich«: »*da hat man ja ne große Verantwortung gehabt*«. Der Grund ist leicht auszumachen. Leitungskader standen offensichtlich unter extremer Kontrolle und hatten wenig Chancen, eigene Initiative und Autonomie zu entwickeln: »*und da wurde also - da gabs keine Entschuldigung und keine Geduld - da mußte man jeden Morgen zum Rapport*«. Dieser Tatbestand erklärt plausibel, daß die persönliche Identität der betrieblichen »Aufsteiger« bei den Kollegen in der Produktion bleibt. Gerber macht dies noch einmal sehr nachvollziehbar transparent:

> *Wo gehobelt wird sagt man fallen Späne.*
> *Und allen recht machen kann man auch nicht*
> *aber der größte Teil der Kollegen*
> *wir haben immer drauf geachtet*
> *die gut gearbeitet haben oder gearbeitet haben*
> *haben auch davon profitieren können.*
> *Natürlich haben wir auch als Leiter drauf geachtet*
> *daß einer nicht bekam einen Urlaubsplatz*
> *den er nie verdient hat*
> *das wurde auch natürlich kann ich auch jederzeit sagen*
> *und das hab ich auch durchgesetzt*

---

19 Interview mit Franz Richter, Transkript.

> *denn ich kann heute noch meinen Kollegen von von*
> *45 oder oder 50 oder 60 oder ja 1970*
> *jederzeit in die Augen gucken wenn von weiten rufen schreien sie*
> *»Max wo willst du hin« Nicht wahr und so weiter*
> *das na mich freut das heute noch.*[20]

Den Kollegen gegenüber hat er nämlich durchaus eine Identität als Leiter. Man gewinnt den Eindruck, daß er sich gerade nicht als Kontrolleur, sondern als »Erzieher« versteht. Und dabei liegt ihm daran, den bereitwillig arbeitenden KollegInnen Wohlverdientes (*»einen Urlaubsplatz«* z.B.) auch zukommen zu lassen. Insgesamt bleibt dieser Aspekt der solidarischen Leitung ein Hintergrundmotiv und wird durch die beschriebenen Dimensionen der Kontrolle von oben überdeckt. Die Leitungserfahrungen der »neuen Protagonisten« blieben offensichtlich widersprüchlich und waren langfristig nur durch die persönliche Rückbindung an die Kollegen (*»ich kann heute noch meinen Kollegen von von ... jederzeit in die Augen gucken«*) zu ertragen. Für diese Erfahrung steht auch eine Passage aus dem Interview mit Bruno Clasen:

> *Ja ich muß sagen -*
> *ich war=e 1970 in die Partei - eingetreten -*
> *mußte da zwei Jahre kandidieren -*
> *Angestellte mußten zwei Jahre kandidieren -*
> *äh äh vorher hatte ich da noch gar keinen Geschmack zu*
> *aber dann nachher ergab sich das so -*
> *daß es daß man einsah*
> *es ist doch besser*
> *man - macht es nich*
> *man brauchte doch ein bißchen mehr - mehr Rückhalt dadurch ne -*
> *man war nicht mehr so <u>sehr</u> denn der Spielball -*
> *man konnte auch leicht zum Spielball werden ne -*
> *und=e äh man saß auch in den Meisterkollektiven -*
> *wenn man so solch eine Tätigkeit machen tut -*
> *denn also daß man wie gesagt auch nu immer bei der*
> *konnte man irgendwo wieder mitreden*
> *und man konnte seine eigenen Leute auch schützen -*

---

20 Interview mit Max Gerber, Transkript.

> *sonst hätten sie immer gesagt*
> *»Das muß! Das muß!«*
> *Und jetzt konnte man sagen*
> *»Nein das geht nicht aus den und den Gründen*
> *oder erst muß das verändert -*
> *und das verbessert werden*
> *und dann kann man wieder das machen« -*
> *Ne und das hatte im großen und ganzen alles sein Gutes.*[21]

Bruno Clasen läßt auf seinen innerbetrieblichen Aufstieg den Eintritt in *»die Partei«* folgen. Er nimmt dabei sogar die zweijährige Kandidatenzeit in Kauf, die er in der neuen Funktion als Meister vor der endgültigen Aufnahme in die SED durchlaufen muß. Freilich, der Parteieintritt wird nicht politisch legitimiert, sondern gewissermaßen »funktional«: In seiner neuen Funktion braucht er *»mehr Rückhalt«* vor allem in den *»Meisterkollektiven«*, sonst *»konnte (man) auch leicht zum Spielball werden«*. Der Rückhalt bedeutet ihm jedoch nicht in erster Linie die politische Solidarität der Parteigenossen, sondern die als Parteimitglied legitime Möglichkeit, *»seine eigenen Leute (zu) schützen«*. Dabei bleibt die ursprüngliche Distanz zur Partei (*»vorher hatte ich da noch gar keinen Geschmack zu«*) bis zu einem gewissen Grad bestehen (*»sonst hätten sie immer gesagt: Das muß! Das muß!«*). Das unpersönliche *»sie«* steht in deutlichem Kontrast zum populistischen *»man«*, mit dem sich der Erzähler selbst präsentiert. Aber die Funktionalisierung der Parteimitgliedschaft geschieht nicht zu Clasens Nutzen, sondern um die *»eigenen Leute«* zu schützen bzw. um ihre konkrete Situation zu verbessern (*»erst muß das verändert - und das verbessert werden...«*). Der Meister als *»Spielball«* zwischen *»denen«* und den *»eigenen Leuten«* - plastischer läßt sich das Dilemma der Leitungsverantwortung in einem DDR-Betrieb nicht auf den Punkt bringen; und wenn dann die Parteimitgliedschaft gewissermaßen eine konfliktheilende Funktion übernimmt, indem sie *»deren«* Aktionsradius einengt, dann hat sie durchaus ihren Zweck erfüllt (*»das hatte im großen und ganzen alles sein Gutes«*). Welcher Belastung alle Leitungsebenen des Betriebes im Juni 1953 ausgesetzt waren, läßt Bruno Clasens Erinnerung nur erahnen:

---

21 Interview mit Bruno Clasen, Transkript.

Kapitel 12: Akteurstypologien im »Neptun«-Milieu

> *Es kam dazu - daß äh an den Hochtagen*
> *so wo der Aufstand war ja -*
> *äh äh hier sowjetische Brigade vorm Tor gestanden hat -*
> *ist aber nicht aufe Werft raufgekommen - ne*
> *und man hat dann auch versucht - ne*
> *so wie wir als Meister*
> *haben versucht die Leute zu beruhigen - ne*
> *und das ist auch - eigentlich gegangen -*
> *man hatte damals zu den damaligen - Werftdirektoren von der*
> *Bootswerft -*
> *hatten eigentlich die Arbeiter noch viel Vertrauen - ne*
> *und er war wolln mal sagen mehr menschengebunden*
> *und kam wohl auch aus den Reihen von den Arbeitern -*
> *so daß er äh äh eigentlich das Vertrauen hatte -*
> *und=e und was er gesagt hat*
> *hat man ihm dann geglaubt*[22]

Die Situation ist riskant: »*Aufstand*« der Arbeiter hier, eine sowjetische Militäreinheit dort. In dieser komplizierten und gefährlichen Lage sind die Leitungskader, vom Meister bis zum Werftdirektor, gefordert. Von ihnen wird Schlichtung erwartet. Bruno Clasen erzählt, daß solche Schlichtungsversuche schließlich auch erfolgreich waren. Bemerkenswert erscheint allerdings, daß er bei der Schilderung der erfolgreichen Beruhigung der Arbeiter mehrfach den Modalitätspartikel »eigentlich« verwendet: »*und das ist auch - eigentlich gegangen*«; »*damals zu den damaligen - Werftdirektoren ... hatten eigentlich die Arbeiter noch viel Vertrauen*«; »*so daß er eigentlich das Vertrauen hatte*«. Diese einschränkende Modalität scheint auf den Ausnahmezustand hinzuweisen - darauf, daß das Verhalten der Arbeiter tatsächlich nicht mehr kalkulierbar war. Mit dem symbolischen Datum des 17. Juni 1953 tritt eine neue Qualität in die Beziehung zwischen Staat und Arbeiterschaft, eine Art »strukturelles Mißtrauen«. Dies scheint deshalb so prekär, weil die Arbeiter jedenfalls auf der Werft auch der obersten Leitungsebene (»*den damaligen - Werftdirektoren*«) vertraut haben. Mit der Erfahrung des 17. Juni entsteht nun für alle Leitungskader, die Meisterebene eingeschlossen, das Problem, zwischen den

---

22 Interview mit Bruno Clasen, Transkript.

staatlichen Vorgaben für die Produktion und den Kollegen der untersten Produktionseinheiten vermitteln zu müssen. Nicht nur für Clasen liegt die Solidarität ganz eindeutig bei den Arbeitern. Aber nicht nur für ihn schafft die neu gewonnene Position auch Loyalitätsprobleme in Richtung der staatlichen Planungsstäbe.

Der Betrieb als »paramount reality«

Was ich schön fand war diese werftmäßige Betreuung
auch auch wie wir nachdem äh=äh volkseigen waren
also in der Beziehung gibts in der ganzen Welt nicht
und unter kapitalistischen Bedingungen schon gar nicht
das ist ja jetzt auch ganz und gar weg jetzt nicht
da kann man reden wie man will
das kann einem nie einer das Gegenteil beweisen nich
denn äh jetzt letztens haben sie wie gesagt äh=äh
unser Ferienheim in Kühlungsborn nicht
das ist ja jetzt auch ganz und gar weg jetzt nich
oder aber äh=äh wir hatten auch Schöninsel gehabt dann nichtwahr
da sind wir immer hingefahren auf Urlaub
da hab ich immer schön geangelt und alles
das liegt tot da nicht das verkommt da praktisch nicht
oder für billiges Geld auf Urlaub fahren
das sind alles Sachen na gut man kann heute reisen nicht
aber ich bin der Meinung
laß man noch zwei Jahre so weitergehen
dann werden die anderen nicht mal mehr mit der Straßenbahn fahren können
so ungefähr wird das kommen[23]

Für Gerber war der Betrieb eindeutig mehr als eine bloße Arbeitsstätte. Er spricht über die *»werftmäßige Betreuung auch auch wie wir nachdem äh=äh volkseigen waren«* und evaluiert diese als *»schön«*. Das Wort *»Betreuung«* hat zweifellos eine doppelte Konnotation (Fürsorge und Kontrolle). Gerber betont hier jedoch den Fürsorgeaspekt und

---

23 Interview mit Max Gerber, Transkript.

hebt ihn als einzigartig »*in der ganzen Welt*« ausdrücklich hervor. Der Vergleich mit »*kapitalistischen Bedingungen*« verleiht der Aussage sogar noch eine politische Bedeutung. Allerdings bezieht er sich besonders auf die Ferienheime, die der Betrieb für seine Mitarbeiter zur Verfügung gestellt hat. Er sei »*immer (...) auf Urlaub*« in eins der Ferienheime gefahren und habe sich wohl gefühlt: »*da hab ich immer schön geangelt und alles*«. Gerber identifiziert sich offenbar mit dem Betrieb, was sich darin ausdrückt, daß er über »*unser Ferienheim*« spricht. Er trauert den Ferienheimen, die inzwischen »*tot*« daliegen oder »*ganz und gar weg*« sind, nach. Auch wenn er die Möglichkeit erkennt, daß man »*heute reisen*« kann, so steht er der Entwicklung kritisch gegenüber und antizipiert für die Zukunft einschneidende Veränderungen für »*die anderen*« und meint hiermit wohl die junge Generation, die nach seiner Ansicht bald »*nicht mal mehr mit der Straßenbahn fahren*« kann. Gerber verdammt die »*kapitalistischen Bedingungen*« und sagt, daß es auf der ganzen Welt nichts gibt, was der »*werftmäßige(n) Betreuung*« gleichkommt. Interessant erscheint, daß hier über die Werft nicht als hierarchisch gegliederten Betrieb gesprochen wird, sondern über einen egalitären Organisationszusammenhang, in dem jedem und jeder gleiche Vorteile zukommen. Das bestätigt sein Bedürfnis, innerhalb des Werftmilieus nicht nur Leitungsfunktionen innezuhaben, sondern einer unter anderen zu sein. Und es belegt zugleich, daß der Protagonistentypus - anders als im Westen - eher zur Stabilisierung als zur Auflösung des Milieus beiträgt.

> *E1: aber wenn ich denn wieder Arbeit hab*
> *denn kann ich mich da absolut drin festbeißen*
> *E2: aber für die Familie war die Zeit sehr sehr schwer.*
> *E1: Jajaja jetzt komm ich auf's Studium zurück nech*
> *also wie gesagt er hat*
> *E2 fällt ins Wort: das Studium war dann so intensiv*
> *er war so begeistert davon er hat dann bis 10 Uhr abends gesessen*
> *E1: das war ja auch nötig*[24]

Wie bei Pommerenke nimmt auch bei Schwarz die Arbeit und die Weiterqualifikation für den Betrieb einen großen Teil der Freizeit in

---

24 Interview mit Georg Schwarz, Transkript. E1: Georg Schwarz. E2: Frau Schwarz.

Anspruch. D.h. der Betrieb besetzt auch jenseits der Arbeit seine Phantasie und sein Engagement. Die Versuche seiner Frau, zumindest anzudeuten, daß darunter das Familienleben gelitten hat, werden von Schwarz ignoriert. Er scheint ein ausgesprochen konservatives Rollenverständnis zu haben. Die Bedeutung von Arbeit, Betrieb und Weiterbildung wird nicht infrage gestellt. Ebenso wie Pommerenke und Schwarz verbringt auch Richter einen Großteil seiner Freizeit mit seiner Weiterqualifikation:

> *und äh - das war aber auch nich einfach*
> *da hab ich so manche Nacht hier zugebracht*
> *die Nacht durch ge_gesessen und dann wieder im Betrieb -*
> *und man - kam ja nich pünktlich nach Hause -*
> *und mitunter auch bin auch erst so um sieben rum nach Hause gekommen -*[25]

Im Gegensatz zu Schwarz evaluiert Richter die Qualifikationsphase immerhin als »*nich einfach*«. Die Belastung scheint beträchtlich gewesen zu sein. Dennoch wird auch von ihm die Option des Betriebes auf seine Weiterqualifizierung nicht problematisiert.

Bescheidenheitshabitus

Bereits der innere Funktionswiderspruch des Leitungsaufstiegs und der symbolisch-ideologische *Doublebind*, zugleich Agent der Parteivernunft und doch den Kollegen ein Kollege sein, schafft bei ausnahmslos allen Repräsentanten des Ost-Protagonistentyps in unserem Sample eine Disposition zum *Bescheidenheitshabitus*. Niemand kommt sich durch die neu gewonnenen Funktionen »besser« vor als andere, jeder hält den Kontakt zu den Kollegen, keiner entwickelt prätentiöse Aufstiegsphantasien. Besonders aufschlußreich freilich läßt sich dies am Umgang mit der Folgegeneration zeigen. Ebenso wie Pommerenkes Tochter haben auch die beiden Töchter von Gerber studiert:

---

25 Interview mit Franz Richter, Transkript.

*Ja die Töchter sind haben beide studiert
die Kleine hat ist an der Universität
an an der Fachschule in Wilhelmbad studiert abschließend ihr Diplom gemacht
die Große auch die Ältere.
Haben beide gute Arbeit auch heute noch
I: mhm mhm
E: sie ist ist jetzt äh die Kleine ist (...) Jahre
die muß ständig ja jetzt auch an ihrer Entwicklung arbeiten
weil das Alte ja zum Teil überholt ist ja das dazu auch
I: mhm*[26]

Gerber scheint allerdings, genau wie Pommerenke, kein Aufstiegsdenken mit dem Studium seiner Töchter zu verbinden. Trotz alledem scheint für beide das innerfamiliale Milieu so anregend gewesen zu sein, daß ein Studium vorstellbar war. Ein wenig unklar bleibt in diesem Erzählsegment, was die Töchter studiert haben, denn darüber spricht Gerber nicht. Der Hinweis darauf, daß sie an der Fachschule in Wilhelmbad studiert haben legt allerdings nahe, daß sie an der Fachschule für Schiffbau immatrikuliert waren und dort ihr Diplom gemacht haben. Sie setzen also die Berufstradition ihres Vaters fort. Gerber ist es besonders wichtig, daß die beiden Töchter eine »*gute Arbeit*« und hiermit meint er wohl eine interessante Arbeit, »*auch heute noch*« haben. Daß Gerber auch auf die Entwicklung seiner Tochter, an der sie jetzt »*arbeiten*« müsse, eingeht, läßt auf sein anhaltendes Interesse und auf ein gutes Verhältnis zwischen den Generationen schließen.

Auch Georg Schwarz hegt für seine Töchter, obgleich eine studiert und die andere eine medizinische Fachschule besucht hat, keine Aufstiegsaspirationen:

---

26 Interview mit Max Gerber, Transkript.

> E1: Denn haben wir zwei Töchter ((Pause))
> die sind inzwischen auch in guten Verhältnissen beide
> die eine ist Statikerin in in der Gegend von von Köln
> in einem Architekturbüro
> und die andere verkauft hier mit
> mit einigem Erfolg medizinisches Gerät in Mecklenburg-Vorpommern
> als Vertreter verschiedener Firmen
> als sie mal sie hat mal na medizinische Fachschule besucht
> [kurze unverständliche Bemerkung von Frau Sch.]
> und denn haben wir drei Enkelkinder
> E2: Stimmt.
> E1: Das ist das Beste was wir haben
> [kurzes unverständliches Gespräch des Ehepaares]
> Jaja klar nech der eine zwei sind ja nun weit weg
> die sehen wir ja nur hin und wieder mal
> aber einer der wohnt hier fünf Minuten weiter
> der war mal jeden Tag hier.[27]

Schwarz beginnt das Erzählsegment mit dem Hinweis, daß beide Töchter »*inzwischen auch in guten Verhältnissen*« leben. Zum einen legt die Aussage nahe, daß sie - zumal nach der »Wende« - nicht immer in guten Verhältnissen gelebt haben, zum anderen läßt sie erwarten, daß Schwarz nachfolgend über ihr privates *und* ihr Arbeitsleben erzählt. Genau das tut er jedoch nicht: er geht nur auf ihr Berufsleben ein. Ohne prätentiösen Kommentar erwähnt er den Beruf (»*die eine ist Statikerin*«), die Arbeitsstätte (»*Architektenbüro*«) und den Arbeitsort (»*in der Gegend von von Köln*«) der einen Tochter. Bei der anderen Tochter ergänzt er zur Beschreibung der Tätigkeit (»*als Vertreter verschiedener Firmen*« verkaufe sie »*medizinisches Gerät in Mecklenburg-Vorpommern*«) noch, daß sie dies erfolgreich tue und hierfür »*mal na medizinische Fachschule*« besucht habe. Ohne ein Wort über die Beziehungsform, in der die beiden Töchter leben, zu erwähnen, geht Schwarz nach einer Bemerkung seiner Frau gleich auf die Enkelkinder ein. Für ihn sind sie »*das Beste*«, was sie haben, allerdings fügt er ergänzend hinzu, daß »*zwei [...] ja nun weit weg*« sind und einer »*mal*

---

27 Interview mit Georg Schwarz, Transkript. E1: Georg Schwarz. E2: Frau Schwarz.

jeden Tag« bei ihnen war, d.h. seine Besuche sind auch seltener geworden. D.h. die Beziehung zur Folgegeneration wird auf den zentralen Stellenwert von Konventionen (er selbst und seine Frau haben jetzt im wesentlichen *Großelternfunktion*) reduziert, nicht auf Spekulationen über die berufliche Zukunft der beiden Töchter.

Heinz Rakow sagt in seinem Interview fast gar nichts über die Ausbildungen oder Berufe seiner Kinder. Auch er hat offenbar keine Aufstiegsambitionen für die Folgegeneration:

> *ich habe vier Kinder groß gemacht*
> *die sind alle heute - in Arbeit*
> *die - stehen ihren Mann -*
> *I:Wann sind ihre Kinder geboren?*
> *E: Ja äh meine Kinder sind geborn*
> *51 - 54 58 und 63 -*
> *die stehen ihren Mann -*
> *ich muß dazu allerdings sagen -*
> *<u>da</u> hab ich eigentlich n bißchen*
> *(...) n bißchen gesündigt daß ich*
> *daß ich mir nich die <u>Zeit</u> genommen habe -*
> *daß ich mehr mit den Kindern (...)*
> *die stehen alle <u>gut</u> und die sind <u>verheiratet</u>*
> *und ich hab 6 <u>Enkelkinder</u>*
> *die stehn im <u>Leben</u> und bin sind gesund und -*
> *gesunde Auffassung*
> *aber sie sind eben gesellschaftlich*
> *noch n bißchen engagierter werdn -*
> *aber das liegt n bißchen auch n bißchen an mir -*
> *weil - ich muß sagen meine Frau hat sehr sehr oft geweint -*
> *weil ich die gesellschaftliche Arbeit*
> *doch vor die Familie gestellt hab -*
> *am Wochenende statt zu Hause zu bleiben mit den Kindern zusammen zu sein -*
> *bin ich eben zum Aufbau gegangen - (...) ((weint))*
> *zum Aufbau Pionierlager Freißnicksee un was -*
> *die Eckstraße mit aufgebaut*
> *das Überseestadion - bis in die jüngste Zeit in in LPGs*
> *dann - gesellschaftlich inner /Gartenanlage ((lachend))/*
> *da war ich im Vorstand von so ner Zwergen*

*und Gärtnerlandschaft die - hab ich immer
naja immer das Gemeinwohl gewählt
und abzuwägen schon meine Frau war da
und manchmal (...) hat sie auch geweint*[28]

Voller Stolz berichtet Rakow zu Beginn dieses Segments, daß er »*vier Kinder groß gemacht*« hat. Das Wichtigste scheint ihm hierbei zu sein, daß sie »*alle heute - in Arbeit*« sind und darüber hinaus noch »*ihren Mann*« stehen. Mit dieser - sozusagen politisch inkorrekten - Floskel, die Rakow dann sogar noch einmal wiederholt, scheint er darauf hinweisen zu wollen, was er nachfolgend im Interview ausführt: »*die stehen alle gut und sind verheiratet und ich hab sechs Enkelkinder die stehn im Leben und bin sind gesund und - gesunde Auffassung*«. Diese positive Aussage über die Lebenssituation der Kinder hat allerdings zugleich einen Rechtfertigungscharakter. Rakow gibt nämlich, nachdem er stolz über die Lebenssituation der Kinder berichtet hat, zu erkennen, daß er sich eigentlich schämt und schuldig fühlt dafür, daß er seine Vaterpflichten vernachlässigt hat. Auch wenn er seine Schuldgefühle verbal verniedlicht (»*da hab ich eigentlich n bißchen [...] n bißchen gesündigt*«), wird an dem Legitimationsversuch deutlich, wie sehr sie ihn gequält haben. Neben dem Stolz auf seine Kinder äußert Rakow ehrliches und offenbar emotional tief gehendes Bedauern darüber, daß sie gesellschaftlich nicht so engagiert sind, wie er sich das wünscht, gibt sich dafür freilich selbst die Schuld. Er erkennt und bedauert im nachhinein, daß er die gesellschaftliche Arbeit (»*Aufbau Pionieranlage Freißnicksee*«; »*bis in die jüngste Zeit in in LPGs*«) und die Funktionärstätigkeit (»*Vorstand von so ner Zwergen und Gärtnerlandschaft*«), offenbar ohne »*abzuwägen*«, vor die Familie gestellt hat.

In all diesen Passagen wird deutlich, daß die »Protagonisten« des Rostocker Samples ihrem Herkunftsmilieu verhaftet bleiben. Obgleich sie erstaunliche Lebensleistungen erbringen und vereinzelt in wichtige und verantwortliche Leitungsfunktionen münden, wenden sie sich weder habituell noch, was ihre Mentalität betrifft, von ihrem angestammten Milieu ab. Sie bleiben »Arbeiter«, und weder der be-

---

28 Interview mit Heinz Rakow, Transkript.

triebliche Aufstieg noch Funktionen in Partei oder Betriebsgewerkschaftsleitung schaffen eine unüberwindliche Trennung zu den Kollegen in der Produktion. Deutlich - und durchaus eine gemeinsame Basiserfahrung mit den gewöhnlichen »Werktätigen« - wird allerdings eine gewisse Distanz zu den auch sie kontrollierenden Leitungsebenen, namentlich zur staatlichen Planungsebene selbst. Hier zeigen sich Überforderungssymptome und unverkennbarer Streß bei den »Aufsteigern«, hier wird allerdings auch die Bereitschaft zur jederzeit aktivierbaren Solidarität mit den Kollegen erkennbar.

2. Die »neuen Integrierten«

Ankerfall: Hans Schroeder

Biographisches Porträt. Hans Schroeder ist Jahrgang 1922 und stammt aus Schlesien. Von 1936 bis 1940 erlernt er den Beruf des Bauschlossers, wird dann dienstverpflichtet zur Marine nach Kiel und weiterversetzt nach Königsberg zur Schichau-Werft. Die Enttäuschung ist sehr groß, als er 1941 in Königsberg zur Infanterie eingezogen wird. Er hatte angenommen, daß er seinem Beruf entsprechend den Militärdienst in der Marine ableisten könne.

Von 1945 bis 1949 befindet sich Schroeder in sowjetischer Kriegsgefangenschaft, wo er kurz vor Entlassung noch einen schweren Unfall erleidet, in dessen Folge die rechte Hand steif bleibt. Im September 1949 meldet sich Schroeder auf der Neptunwerft. Die ärztliche Untersuchung ergibt, daß er wegen der steifen Hand nicht eingestellt werden kann. Enttäuscht, aber nicht mutlos meldet er sich im Volkseigenen Betrieb Schiffselektrik. Dort wird er tatsächlich eingestellt und auf die Baustelle Neptunwerft eingewiesen. Da er keine Papiere vorlegen kann, die ihn beruflich ausweisen können, erfolgt die Einstellung für vier Wochen auf Probe. Doch bereits nach acht Tagen hat er mit seiner Arbeit überzeugt und wird als Vorarbeiter und mit erhöhter Lohngruppe eingesetzt. Schroeder empfindet die Anfangsphase in der Position als Vorarbeiter »*sehr, sehr schwierig*«, nicht nur, weil er beweisen muß, daß er Schlosser ist, sondern auch, weil er sich als Neuling gegenüber den älteren Kollegen durchsetzen muß. Darüber hinaus wird er mit den Neidgefühlen zwischen den Einheimischen, den Umsiedlern und Vertriebenen in seinem Kollektiv konfrontiert, weil er als Brigadier z.B. die Vergabe von Bezugsscheinen regeln muß. Nach einiger Zeit spielt sich die Situation jedoch ein und die Kollektivmitglieder gehen »*kameradschaftlich*« miteinander um. Schroeder distanziert sich in seiner Position als Vorarbeiter keineswegs vom Kollektiv, sondern setzt sich nach seinen Kräften für das Kollektiv ein.

1953 wird die Schiffselektrik aufgelöst und die Kollegen von der Neptunwerft übernommen, wodurch sich für die Betroffenen, nach Schroeders Worten, so gut wie nichts ändert. Nur im Wettbewerb werden immer wieder neue Aufgaben gestellt, z.B. die Bildung einer Jugendmeisterei, die dem Meister von Schroeders Brigade übertragen wird. Für Schroeder bedeutet dies, daß er zahlreiche Kontakte zu jungen Kollegen hat. Die Arbeit mit ihnen macht ihm sehr viel Freude, mit großer Begeisterung erzählt er über zahlreiche Freizeitaktivitäten mit ihnen. In bezug auf die Arbeitsdisziplin seines Kollektivs ist Schroeder ausgesprochen streng, wenn auch verständnisvoll: Kommt jemand zu spät zur Arbeit, so wird ihm die Zeit abgezogen. Schroeder betont im Interview allerdings, daß er von seinen Kollegen nie etwas verlangt, was er nicht selbst leisten kann: Wenn er seinen Kollegen eine bestimmte Stundenvorgabe für die Arbeit macht, dann muß er sie selbst in einem kürzeren Zeitraum erfüllen können.

Hans Schroeder ist nicht nur ein engagierter Arbeiter, sondern auch Mitglied der Partei, das sich über Abend- und Parteischule weiterqualifiziert. Zwei Wahlperioden ist er als Abgeordneter im Stadtrat und Mitglied der Stadtparteileitung tätig und arbeitet von 1961-1966 auch in der Kreisleitung der Partei. Dann kommt man seinem Wunsch nach, auf die Werft zurückzugehen. Entgegen seiner Vorstellung setzt man ihn allerdings nicht wieder in der Schiffselektrik ein, sondern im Bereich der Materialwirtschaft, wo er zunächst eine Gruppe Kooperation/Reparatur aufbaut, um dann später als Assistent des Direktors für Materialwirtschaft zu arbeiten.

Schroeder ist von September 1949 bis April 1988 auf der Neptunwerft. Ende der 1950er Jahre heiratet er, Anfang der 1960er Jahre bekommt seine Frau ein Kind. Über sein Familienleben erzählt Schroeder im Interview nur wenig. Seine Erzählung dreht sich vorwiegend um sein Berufsleben. Schroeder arbeitet ein halbes Jahr über seinen 65. Geburtstag hinaus und geht dann noch fast ein Jahr lang jeden zweiten Tag in die Werft, um seinen Nachfolger einzuarbeiten. Auch mit dem endgültigen Ausscheiden ist Hans Schroeder »seiner« Werft eng verbunden geblieben, so nimmt er auch am letzten Stapellauf der Neptun-Werft teil. Mit großem Schmerz blickt er auf die Restbestände »*August Neptuns*« zurück.

Kernstellen. Die folgenden Schlüsselsequenzen und ihre ausführliche Interpretation sollen charakteristische Aspekte des vorliegenden Ankerfalls präziser herausarbeiten.

I
und dann möchte ich sagen
daß wir ein sehr gutes Kollektiv dann waren
natürlich die Schwierigkeiten die jeden Tag aufgetreten sind
in der Arbeit äh die mußten ebend äh überprüft werden
und vor allem möchte ich sagen
die Kollegen kamen auch aus sich heraus
so daß auch Familie familiäre äh Probleme
doch auch mal von dem einen oder anderen erzählt wurden
auch zu Hause gab es ja Schwierigkeiten
sei es in der Wohnung
sei es von Verschiedenen die jung verheiratet gewesen sind
oder die Probleme mit den Kindern hatten äh
und wie ich schon sagte mit den Wohnungen
und dann wurde natürlich wenns mal eine Wohnung gab
jeder war der Meinung sein Wohnungsproblem ist natürlich das schwierigste
I: natürlich
E: nich diese Probleme
die jetzt zur Arbeit mit hinzu kamen
die mußten natürlich auch dann gelöst werden
und ich möchte sagen äh
so sind wir doch ganz gut über die Runden gekommen
wie man sagte aufgrund der damaligen Schwierigkeiten[29]

---

29 Interview mit Hans Schröder, Transkript.

Wenn Schroeder in diesem Segment sagt: »*wir (waren) ein sehr gutes Kollektiv*«, dann weist das auf ein intaktes Zusammengehörigkeitsgefühl der Gruppe hin. Auch wenn er als Vorarbeiter in der Position ist, die täglich auftretenden Schwierigkeiten »*in der Arbeit*« zu überprüfen, und diese Aufgabe zweifelsohne ernst nimmt, so hebt er im vorliegenden Interviewsegment keineswegs seine exponierte Stellung in der Gruppe hervor. Das egalitäre Verhältnis, das er zu den anderen Kollektivmitgliedern hat, drückt sich auch darin aus, daß er von den »*Kollegen*« spricht. Hier unterscheidet er sich beispielsweise von Pommerenke, der - emotional zweifellos den Kollegen der unteren Produktionseinheiten verbunden - doch distanzierter von »*den Arbeitern*« redet (s.o.). Interessant erscheint noch das nachgeschobene »*dann*« (»*daß wir ein sehr gutes Kollektiv dann waren*«). Der Einschub deutet auf einen Entwicklungsprozeß: Erst nachdem sich die Kollegen »zusammengerauft« hatten, wurden sie ein »*sehr gutes Kollektiv*«.

Als besonders wichtig für den Zusammenhalt der Gruppe beschreibt Schroeder nun aber keineswegs die Besprechung der Arbeitsschwierigkeiten, sondern erstaunlicherweise das Gespräch über familiäre Probleme mit Partnern und Kindern, vor allem auch Wohnungsprobleme. Sehr viel expliziter als bei Pommerenke dient Schroeder seine Position (als Vorarbeiter) zur intensiven Bearbeitung derjenigen gesellschaftlichen Mißstände, die - wie in der Wohnungsfrage - unmittelbare private Folgen haben. So ist es dann auch eindeutig sein Verdienst, wenn das Kollektiv »*ganz gut über die Runden gekommen*« ist. Schroeders Leistung liegt (ähnlich wie bei Pommerenke) nicht darin, den Modernisierungsprozeß als Protagonist vorangetrieben zu haben, sondern die Modernisierungsdefekte im Sinne des Kollektivs im Rahmen zu halten. Damit stellt auch er sich ganz demonstrativ auf die Seite der Kollegen. Die Betonung des *Privaten* im Umgang der Kollegen miteinander unterstützt ein Solidaritätsmuster mit freundschaftlich-familiären Zügen, eine Art »kommunikatives Gegenmilieu«.

II
hinzu kam natürlich
daß wir der V daß wir äh beim Schiffselektrik einen Logger damals gebaut
wird zu lang nich?
I: Nö nö ist gut
E: Und äh die Neptunwerft
und mir wurde dann gesagt ja die Neptunwerft ist billiger
in der Norm in dem Verbrauch von Stunden
und wenn ihr nicht billiger werdet
dann kriegt ihr keene keine Logger mehr
bis ich mich mal mit dem Vorarbeiter
oder dem damals hießen sie ja schon Brigadiere
oder wir kriegten nen neuen Namen Brigadier
mal mit dem ne Aussprache geführt habe
Ewald seinen Nachnamen kenn ich nicht mehr
Ewald V
und der kam mal zu mir
und sagte »Mensch was ist denn bei euch los
zu mir sagen die ihr seit billiger«
Und ich sagte zu ihm »Und mir sagt man daß ihr billiger seid«
Und wir habens dann ausball_ ausgesprochen
und hatten dann ebend gemeinsam einen Standpunkt dazu
wir haben natürlich besorgt
die eine oder andere Arbeit durch wo wir Stunden abgegeben haben
freiwillig
aber bei anderen Arbeiten wo wir Stunden dazu benötigten
und dann möcht ich sagen
da sind wir ganz gut ausgekommen
und so wurden ebend die Logger
ungefähr nach meiner Einschätzung äh nach meinem
äh Wissen bis cirka 1952 wohl gebaut

In diesem Erzählsegment wird ganz deutlich, daß Schroeder in seiner Position als Brigadier die Vermittlungsfunktion zwischen der Betriebsleitung und den Arbeitern eingenommen hat: Schroeder führt mit dem Brigadier der Neptunwerft eine Aussprache darüber, daß ihnen beiden von der Betriebsleitung Vorwürfe gemacht werden, der jeweils andere Betrieb sei billiger. Ohne sich nun selbst als Protagonist zu stilisieren, erzählt Schroeder, daß er sich mit dem Brigadier »*ausgesprochen*« habe. Sie haben »*einen Standpunkt*« zu den Vorwürfen entwickelt, der offensichtlich dem Kollektiv nützt (»*wir haben natürlich besorgt die eine oder andere Arbeit durch wo wir Stunden abgegeben haben freiwillig aber bei anderen Arbeiten wo wir Stunden dazu benötigten und dann möcht ich sagen da sind wir ganz gut ausgekommen*«). Daß der Standpunkt, bzw. die Strategie erfolgreich war, beweist die abschließende Evaluation des Segments: »*und so wurden ebend die Logger ungefähr nach meiner Einschätzung äh nach meinem äh Wissen bis cirka 1952 wohl gebaut*«.

Bemerkenswert an dieser Passage sind verschiedene aufschlußreiche Detailaspekte. Der Hinweis der beiden Betriebsleitungen an die Brigadiere, daß der jeweils andere Betrieb die Produktion der Logger billiger organisiere, belegt, daß bereits zu Beginn der 1950er Jahre die klassischen Vorarbeiter im Industriesystem der DDR eine neue Funktion und Bedeutung erhalten hatten: als »*Brigadiere*« waren sie offensichtlich bereits für die Normaushandlung der Brigaden und Arbeitskollektive zuständig und konnten ihre Bargainingprozesse relativ autonom selber gestalten. Weiter zeigt das Szenario, daß sich eine klare Konfliktlinie etabliert zu haben scheint: nämlich zwischen den Brigaden als unterster Produktionseinheit und einer nicht exakt adressierten betrieblichen Instanz (»*und mir wurde dann gesagt*« ... »*zu mir sagen die*«). Die Tatsache, daß die beiden Brigadiere ohne parteiliche oder betriebsgewerkschaftliche Autorisierung gewissermaßen »überbetrieblich« miteinander verhandeln und relativ problemlos zu einer gemeinsamen Gegenstrategie kommen, ist ein starkes Indiz für die Entstehung eines neuen autonomen Arbeitermilieus. Daß dabei der Kontrastakteur nur vage benannt wird (»*die*« bzw. »*man*«), könnte einen doppelten Grund haben. Die Erfahrung zeigt, daß der »Gegner« institutionell nicht dingfest zu machen ist. Auch die Werftleitung beispielsweise gibt nur das Organisationschaos, das die z.T. kontraproduktiven Optionen einer zentralen Planwirtschaft systematisch zu erzeugen pflegen, nach unten weiter. Der zweite Grund ist, daß die sozialen Netze auch über hierarchische Grenzen hinweg weiterzuwirken scheinen und deshalb gezielte Angriffe auf bestimmte Instanzen durch »persönliche Pufferzonen« abgefedert werden. Unbestreitbar erscheint allerdings, daß die unterste Produktionsebene, also die Ebene der Brigade, in solchen Funktionskonflikten an Autonomie und (symbolischer) Macht gewinnt.

III

natürlich ging es wie ich schon sagte mit dem Kollektiv -
die Kollektive stabilisierten sich
viele viele die mit falschen Vorstellungen zu uns gekommen sind
die sind nach kurzer Zeit wieder gegangen
und die guten Kräfte die sind dann auch geblieben
natürlich gab es wie ich schon sagte
gabs Differenzen und Schwierigkeiten
und es spitzte sich dann auch 1953 zu
und dann kam der 17. Juni
I: Haben Sie da was konkret mitgekriegt?
E: Ja konkret in der Form
daß wir dann von vormittags am 17. muß es gewesen sein
die Schweißer auf der Neptunwerft nicht mehr gearbeitet haben
sondern Meetings durchgeführt haben
die Kollegen kamn von Bord und erzählten mir
»Mensch die wir kommn dort nicht weiter
der Schweißer fehlt«
[...]
und zu Haus durch den Rundfunk
und auch andern Tag in der Arbeit und in vielen Gesprächen
haben wir erst einmal so richtig bekannt geworden
was überhaupt richtig los gewesen ist
es gab auch bei uns Kollegen
die irgend eine andere Meinung hatten
aber es wurden dann sehr viele Unzulänglichkeiten geändert
vor allen in den Normen nich
wir haben sehr viel Normen bei den Reparaturen runtergesetzt
und was man ebend wirklich schuften mußte
um die Normen zu bekommen
die Normen wurden dann geändert
so daß wir dann eine Normerfüllung von ungefähr 25 bis 30 Prozent
hatten
dadurch stieg natürlich auch der Lohn des Kollegen
und es war dann doch schon eine kleine äh
eine bessere Zufriedenheit in der Beziehung

Die wachsende Bedeutung der Brigadeebene wird von Schroeder in diesem Segment durch zwei bemerkenswerte Vorgänge illustriert: »*die Kollektive stabilisierten sich*«, formuliert er, um dann zunächst einen Prozeß der inneren Stabilisierung zu beschreiben. Die Brigaden erwerben offensichtlich im Zuge ihres Machtgewinns informelle Kooptationschancen auf neue Kollektivmitglieder, die den sozialen Zusammenhalt der Gruppe festigen (»*viele viele die mit falschen Vorstellungen zu uns gekommen sind die sind nach kurzer Zeit wieder gegangen und die guten Kräfte die sind dann auch geblieben*«).

Der Hinweis auf fortbestehende Probleme (»*natürlich gab es ... Differenzen und Schwierigkeiten*«) bezieht sich allerdings auf den riskanten Prozeß der äußeren Stabilisierung. Schroeder erwähnt die Ereignisse im Umfeld des 17. Juni (»*und es spitzte sich dann auch 1953 zu und dann kam der 17. Juni*«). Er selbst ist nur mittelbar von den Aktionen betroffen. Die Schweißer, die sich offensichtlich an Demonstrationen beteiligt haben, fallen aus und müssen ersetzt werden. Die eigentlichen Informationen erhält Schroeder aus zweiter Hand (»*zu Haus durch den Rundfunk und auch andern Tag in der Arbeit und in vielen Gesprächen haben wir erst einmal so richtig bekannt geworden was überhaupt richtig los gewesen ist*«). In einem beiläufigen Kommentar (»*es gab auch bei uns Kollegen die irgendeine andere Meinung hatten*«) macht Schroeder implizit deutlich, daß er nicht zum Kern der Protestler gehörte. Seine persönliche Einstellung war nicht primär *politisch* motiviert (»*irgendeine andere Meinung*«). Freilich, was den hinter den Vorgängen liegenden praktischen Basiskonflikt betrifft, die staatlich verfügte Normerhöhung Ende Mai 1953, ist seine Position denkbar klar: die Änderung der »*vielen Unzulänglichkeiten*« und besonders die Rücknahme der drastischen Normerhöhung (»*was man ebend wirklich schuften mußte um die Normen zu bekommen*«) kommt seinen Erwartungen als Brigadier entgegen (»*dadurch stieg natürlich auch der Lohn des Kollegen und es war dann doch schon eine kleine äh eine bessere Zufriedenheit in der Beziehung*«).

Schroeders Position zeigt die Sonderstellung der »neuen Integrierten«. Sie sind die entscheidenden Akteure beim Aufbau eines autonomen Arbeitermilieus in der DDR, aber ihre Aktivität ist nicht politisch, sondern *pragmatisch* motiviert. Der Erfolg des 17. Juni für die Arbeiterschaft der DDR, dies belegt nicht nur die vorangegangene Sequenz, besteht nicht in einem symbolischen politischen Kampf für größere demokratische Freiheiten; er zeigt sich in der faktischen Durchsetzung innerbetrieblicher Autonomie der Brigaden. Daß dieser »Erfolg« auf längere Sicht ein ökonomischer Pyrrhussieg werden könnte, ist für die »neuen Integrierten« jedenfalls keine entscheidende Überlegung gewesen.

IV

sehen Sie ich war in der Partei gewesen
ich war fünf Jahre in der Kreisleitung gewesen
bin auch zur Bezirksparteischule gegangen
hab mich weiterqualifiziert (...)
und dann war ich fünf Jahre dort
und dann wurde nach cirka fünf Jahren die Operativgruppe aufgelöst
und dann hab ich den Wunsch geäußert
auf die Werft wieder zurückzugehen
ich möchte in der Praxis was schaffen
und dem wurde auch stattgegeben
ich wollte wieder in die Schiffselektrik kommen
dann haben sie festgelegt nein
du gehst in die Materialwirtschaft
du mußt dort ne neue Gruppe aufbauen
Kooperation Reparatur Bereich III
(...)

Diese Schlüsselsequenz macht hinreichend deutlich, daß wir es bei den »neuen Integrierten« nicht mit einem Dissidentenmilieu zu tun haben, sondern mit sozialen Akteuren des »Kernmilieus« der DDR-Arbeiterschaft. Der Kontakt zur SED erscheint deshalb keineswegs überraschend. Hans Schroeder berichtet symptomatischerweise jedoch von seiner »Parteikarriere« im Plusquamperfekt (»*sehen Sie ich war in der Partei gewesen...*«). Die zeitliche Distanz steht, wie die folgenden Passagen zeigen, auch für eine emotionale Distanz. Gleichzeitig zeigt die Mehrfachwiederholung der Zeitspanne von fünf Jahren, daß diese Zeit für ihn eine biographische Bedeutung hatte: er hat sich »*weiterqualifiziert*« und war sogar Mitglied der »*Kreisparteileitung*«. Daß er schließlich um seine Rückkehr in den Betrieb bittet -

nach westlicher Semantik ein markanter »Abstieg« -, hat Gründe, die mit seiner eigenen Erfahrung und mit seinen sozialen Präferenzen zu tun haben: »*ich möchte in der Praxis was schaffen*«.

Hans Schroeder ist ein pragmatischer Mensch. Die hauptberufliche Parteiarbeit, das wird implizit deutlich, ist nicht seine Sache. Er distanziert sich nicht »politisch« von der Partei, sondern gleichsam funktional. Mit dem Hinweis indessen, er wolle »*in der Praxis was schaffen*«, verbindet sich durchaus eine subtile Kritik: Parteiarbeit und »Praxis« sind zwei verschiedene Dinge. Er selbst steht auf der Seite der Praxis. In dieser Spannung von »Theorie« und »Praxis«, Partei und Arbeitsalltag, liegt im Grunde auch der Konflikt, den die »neuen Integrierten« mit den systemischen Rahmenbedingungen haben. Der heimliche *Anti-Etatismus* jenes neu entstehenden autonomen Milieus speist sich aus einem sozial anerkannten und im Kollektiv erprobten Pragmatismus.

V
ja das war mein Lebensweg
ich bin dann 61 von der Neptunwerft rausgegangen
bin zur Kreisleitung gegangen (...)
Mensch du mußt Abgeordneter machen
dann hat ich hier äh den Wohnbezirk 11
das ist K.
I: hm
E: Dann bin ich abends aus der Arbeit gekommen
Fahrrad genommen nach K. rausgefahren
und dort warteten die Bauern schon auf mich
Mensch Abgeordneter uns fehlt noch ein Mann zum Säckeschleppen
dann hab ich bis abends um 10 Uhr (...)
so und wie gesagt 64 66 (...)
hab ich drum gebeten und bin wieder zur Werft zurückgegangen

Die Einleitung der Sequenz, »*ja das war mein Lebensweg*«, die Schroeders Erzählung bis zu seinem Eintritt in die Parteileitung abschließt, ist verräterisch. Nun scheint eine Phase zu beginnen, die nicht mehr als »(s)ein Lebensweg« zu qualifizieren ist. Die Episode, die Schroeder dann als Belegerzählung wählt, deutet an, was mit dem Verlust der eigenen Biographie gemeint sein könnte. Die Extrembelastung, nach einem langen Arbeitstag als *»Abgeordneter«* in einem fremden Arbeitsambiente noch einmal ausgebeutet zu werden (*»Mensch Abgeordneter uns fehlt noch ein Mann zum Säckeschleppen«*), reduziert die Ressource Zeit dramatisch. Der Wunsch, wieder zur Werft zurückzukehren und gleichsam an den »eigenen Lebensweg« anzuschließen, ist mehr als verständlich.

Wieder kommt eine durchaus verständliche Distanz zur Parteiarbeit zum Ausdruck, die allerdings auch hier keinerlei politisch-ideologische Konnotationen hat, sondern rein pragmatisch motiviert ist. Die Belegerzählung illustriert außerdem, warum Schroeder in der vorhergehenden Kernstelle drei Mal auf die Periode von fünf Jahren hinweist: für diese fünf Jahre hat er gleichsam »seinen Lebensweg« der Partei »geopfert«. Diese Tatsache rechtfertigt ex post seine pragmatisch-kritische Haltung als Brigadier gegenüber den »theoretischen« Modernisierungsdefekten staatlicher Planung. Symptomatisch erscheint übrigens - und dies belegt noch einmal die vierte Kernstelle -, daß die Partei ihn nicht seinem Wunsch gemäß an den ursprünglichen Arbeitsplatz (*»Schiffselektrik«*) zurückbeordert, sondern ihn beauftragt, in der *»Materialwirtschaft«* eine neue Gruppe aufzubauen.

Zusammenfassung. Das vorliegende Interview dokumentiert mit besonderer Deutlichkeit die Spannung zwischen staatlichen Planungsproblemen und dem betrieblichen Alltag in der jungen DDR. Hans Schroeder hat diese Bipolarität mit dem versteckten Kontrast von »Theorie« und »Praxis«, »Partei« und »Brigade«, »die« und »das Kollektiv« kodiert. Es besteht nicht der geringste Zweifel, wo er sich selbst verortet. *»Sein Lebensweg«* ist mit der Brigade verbunden. Daß er dabei für eine begrenzte Zeit auch aktiv in der Partei tätig ist, widerspricht dieser Verortung nicht. Die betrieblichen Parteifunktionäre werden sich sehr bemüht haben, einen derart erfolgreichen und anerkannten Brigadier zur aktiven Parteiarbeit zu bewegen.[30] Er selbst korrigiert diese biographische »Abweichung« und kehrt in die *»Praxis«* zurück.

---

30 Der am Ende des Kapitels folgende Exkurs, der sich auf eine zeitgeschichtlich und soziologisch interessante literarische Vorlage bezieht, macht gerade diesen Mechanismus eindrucksvoll deutlich.

Schroeders Interview zeigt zumindest in Ansätzen, wie sich die unterste Produktionseinheit von der staatlichen Planungsrationalität zu verselbständigen beginnt und in der Funktion des Brigadiers und der kommunikativen Vitalität des »Kollektivs« autonome Instanzen ausbildet, die sich den systemischen Parametern erfolgreich widersetzen. Der 17. Juni 1953 kann als Datum der symbolischen Ratifizierung dieser neuen, versteckten Autonomie betrachtet werden.

Die »neuen Integrierten« sind die Träger dieses Wandlungsprozesses. Von den »neuen Protagonisten« unterscheidet diesen Typus, daß er gleichsam *die andere Seite* konkret repräsentiert, für welche jene nur Sympathie hegen. Die Brigadiere stehen nicht vor denselben Leitungskonflikten wie die »neuen Protagonisten«. Sie setzen die Optionen der untersten Produktionseinheiten identisch durch. Im Unterschied zu den westdeutschen »Integrierten«, deren Habitus und Betriebsbezug sie durchaus teilen, geht es bei den »neuen Integrierten« nicht primär um das Festhalten an gewachsenen Traditionen, sondern vor allem um die Durchsetzung neuer Autonomie. Da dieses symbolische »Gefecht« allerdings mit der Verteidigung von selbstbestimmten Dispositionsspielräumen verknüpft ist, ergeben sich durchaus *modernisierungshemmende* Effekte. Die Interpretation der Kernstellen läßt eine konzeptionelle Verdichtung auf folgende Schlüsselkategorien plausibel erscheinen:

- Kollektivbezug und Egalität;
- versteckter Anti-Etatismus;
- neue Autonomie.

Kollektivbezug und Egalität

und da war es natürlich für mich sehr sehr schwierig gewesen
nicht nur zu beweisen daß ich Schlosser bin
sondern auch als Neuling zu beweisen
gegenüber den älteren Kollegen
I: (...).
E: Nich und auch den Einheimischen
es gab ja dann immer auch ein kleines bißchen Neid
zwischen den Umsiedlern oder Vertriebenen
und den Einheimischen in der Form

wenn dann die Frage gestellt wurde
»Wer arbeitet heute länger
macht Überstunden
oder wer kommt am Sonntag zur Arbeit?«
War die Bereitschaft von den äh
Vertriebenen größer wie von den Einheimischen
nämlich die benötigten das Geld
um sich bestimmte Sachen doch schon ein äh zu kaufen
die als Einrichtungsgegenstände benötigt wurden
so gab es natürlich ein kleines bißchen
indirekten Neid möchte ich sagen
der dann zum Ausdruck kam
aber ich möchte doch dann sagen
daß äh dieser Neid nicht offen nicht offen zum Tragen kam
ein kleines bißchen Neid kam auch in dieser Form dann oft na zum
Ausdruck
indem doch wenn man einen Bezugsschein gegeben äh gab
wie Schuhe die besonders notwendig waren
der Umsiedler oder der Vertriebenen
doch eher berücksichtigt wurde gegenüber den Einheimischen
nämlich der Einheimische
der hatte ja noch ein Paar Schuhe mehr
in der Regel wie der
der jetzt zu uns nach Mecklenburg-Vorpommern gekommen ist
aber ich möchte sagen daß hat sich dann doch eingespielt
und äh das Kollektiv in der Form äh ging kameradschaftlich
das möcht ich sagen
das ist dann sehr gut gelaufen
natürlich sind die einzeln Kollegen der Charakter und äh von jeden
verschieden
man muß das verstehen
bei jedem einzelnen aufgrund seiner Charaktereigenschaft
und seiner Men Mentalität ebend anzusprechen
einer wollte hart angesprochen werden
der andere etwas weicher ist vollkommen klar nich[31]

Daß der Hauptkonflikt für Schroeder in seiner Anfangszeit als Vorarbeiter auf der Werft nicht der Nachweis seiner handwerklichen Fä-

---

31 Interview mit Hans Schröder, Transkript.

higkeiten als Schlosser oder die Bewährungsprobe vor den älteren Kollegen, sondern die Beziehung zwischen »*Einheimischen*« und »*Umsiedlern oder Vertriebenen*« war, läßt sich schon allein daran erkennen, daß Schroeder dem Thema in diesem Erzählsegment einen großen Raum gibt. Kennzeichnend für diese Beziehung ist, wie er mehrfach und in unterschiedlicher Form im Interview erwähnt »*ein kleines bißchen Neid*«, »*indirekte(r) Neid*« von seiten der Einheimischen. Die wiederholte Betonung, daß es nur »*ein kleines bißchen Neid*« gab, läßt darauf schließen, daß der Neid, wie Schroeder selbst im Interview sagt, eben nicht »*offen zum Tragen kam*«, sondern subtil ausgedrückt wurde. Gleichwohl ist anzunehmen, daß Schroeder den tatsächlichen Neid unter »*Einheimischen*« und »*Umsiedlern oder Vertriebenen*«, der aufgrund der allgemeinen Knappheit zu dieser Zeit sehr wahrscheinlich gar nicht gering war, im nachhinein unbewußt heruntergespielt.

Er muß in seiner Position als Vorarbeiter diese Konflikte ausbalancieren. Er muß den Umsiedlern einerseits die Möglichkeit einräumen, Überstunden zu leisten, damit sie an Geld kommen und ihnen Bezugsscheine vermitteln, damit sie notwendige Dinge, wie z.B. Schuhe, erhalten können; andererseits muß er den Neid der Einheimischen im Rahmen halten, damit das Klima im Kollektiv nicht zerstört wird.

Daß diese Balance nicht von Anfang an bestanden hat, wird am eingeschobenen »*dann*« erkennbar; Schroeder sagt: »*das hat sich dann doch eingespielt*«. Es wird deutlich, daß es sich hier um einen Lernprozeß handelt: das Kollektiv mußte sich erst »*einspielen*«, bevor der Umgang miteinander »*kameradschaftlich*« wurde. Obwohl es zweifellos zu Schroeders Verdiensten gehört, daß es »*dann sehr gut gelaufen*« ist - erneut weist das »*dann*« auf eine Entwicklung die Zeit brauchte -, stellt er sich selbst nicht als Protagonisten in exponierter Stellung dar. Die verständnisvolle Betonung darauf, daß die Charaktere der »*einzeln Kollegen ... verschieden*« seien und der Hinweis, daß »*man [...] das verstehen*« müsse, jeden entsprechend seiner »*Mentalität*« anzusprechen, kann erneut als Symptom für ein Solidaritätsmuster betrachtet werden, das wir an anderer Stelle als kennzeichnend für jenes »kommunikative Gegenmilieu« beschrieben haben.

> *so wie auch heute noch meine Kollegen*
> *wenn ich sie mal so treff*
> *jetzt beim Tanken noch einen getroffen*
> *und der sagte*
> *der sch_stottert so'n bißchen -*
> *»Weißt du«*
> *sagt der*
> *»du du du warscht ja nen ganz glasharter Hund - nich*
> *a_aber du warst der beste -«*
> *Ich sag »Wieso denn das R.« -Jja sagt der*
> *»We_wenn wir was ausgefressen hatten -*
> *denn ha hast du uns einen strengen Verweis verpaßt*
> *aber du hast dir nie merken lassen -*
> *daß du uns den Verweis gegeben hast -*
> *nich du hast du warst nicht nachtragend*
> *und warst immer da*
> *wenn irgendwelche Schwierigkeiten warn*
> *privat oder so nich« -*
> *Das war auch wahrscheinlich so*
> *daß - mein unmittelbarer Vorgesetzter*
> *was er nicht hat konnte*
> *denn er war der war nicht beliebt nich -*
> *durch sein Lügen und und durch sein sein Arschkriechen bei den*
> *Hohen*
> *und das Versorgen*
> *Materialien*
> *und seine Arbeitskräfte wenn die was hatten - und so*
> *die konnten mit dem auch nicht -*
> *das war ein unsympathischer Mensch -*
> *der nur an sich selber dachte -*
> *ne= ne=*[32]

Daß Tiedemann ein egalitäres Verhältnis zu seinen Brigademitgliedern hat, drückt sich darin aus, daß er von den *»Kollegen«* spricht, die er *»auch heute noch«* - also nach seiner Pensionierung - trifft. Wie an der beschriebenen Begegnung und den Aussagen des einen Kollegen deutlich wird, hat Tiedemann als Brigadier seine verantwortliche Po-

---

32 Interview mit Karl-A. Tiedemann, Transkript.

sition durchaus ernst genommen und den Kollegen auch einmal »*einen strengen Verweis verpaßt*«, wenn sie »*was ausgefressen hatten*«, aber er hat gleichzeitig die Egalität in der Beziehung gewahrt und war, wie er den ehemaligen Kollegen zitiert, »*nicht nachtragend*«: »*du hast dir nie merken lassen - daß du uns den Verweis gegeben hast*«. Ähnlich wie Schroeder zeigt Tiedemann im übrigen jenes Solidaritätsmuster, das an freundschaftlich-familiäre Umgangsweisen erinnert (s.o.), wenn er seinen Kollegen sagen läßt: »*und (du) warst immer da wenn irgendwelche Schwierigkeiten warn privat oder so nich*«.

Diese eigenartig »halbprivate« Beziehungsebene, die offensichtlich weit über das Arbeitsleben selbst hinaus wirksam ist, macht noch einmal auf das besondere soziale Klima des Submilieus der »neuen Integrierten« aufmerksam. Es zeigt eine gewisse Abgeschlossenheit in sich selbst, die im Kontrast zu konkurrierenden Milieus auch deutlich gemacht werden kann. Tiedemann verweist in diesem Kontext auf seinen »*unmittelbaren Vorgesetzten*«, der sich - wie er subtil kritisiert - auf jene Solidarpraxis mit den Kollegen offenbar nicht einlassen konnte oder wollte und deshalb »*nicht beliebt*« war. Statt der milieuangemessenen Egalität des Umgangs galt für ihn karrieristische Anpassung als Prinzip (»*Arschkriechen bei den Hohen*«). Genau das machte ihn freilich zu einem nicht akzeptablen Vorgesetzten: »*das war ein unsympathischer Mensch - der nur an sich selber dachte*«.

> *Also wir waren garantiert jedes Wochenende ging es irgendwo hin.*
> *Oder wenn nicht anders*
> *haben wir auf der Neptunwerft Steine entladen*
> *und haben Handlangerarbeiten gemacht*
> *zum Aufbau der Neptunwerft*
> *und manchmal nach Feierabend noch ein zwei Stunden angehängt.*[33]

Auch der damals 15jährige Lehrling Treder beschreibt die Selbstverständlichkeit des Zusammenhangs unter Kollegen, die den Freizeitbereich einschließt (»*garantiert jedes Wochenende ging es irgendwo hin*«). Bemerkenswert erscheint, daß sogar die Alternative zur gemeinsa-

---

33 Interview mit Günther Treder, Transkript.

men Freizeitbeschäftigung noch eine *kollektive Aktion* darstellt: die Aufbauarbeit auf der Neptunwerft. D.h. der Zusammenhalt unter den Arbeitskollegen und der Bezug auf die Werft spielen eine ganz zentrale Rolle im Submilieu der »neuen Integrierten«.

Versteckter Anti-Etatismus

Hinter dem expliziten Gefühl, daß alle auf der gleichen Stufe stehen sollten und das Kollektiv den entscheidenden, beinahe familiären Orientierungsrahmen bildet, lassen sich bei den »neuen Integrierten« zumindest Spuren einer Widerstandsbereitschaft erkennen, die zwar keinen klaren Adressaten hat, sich jedoch mehr oder minder diffus gegen Partei und Staat richtet. Im folgenden Segment weist Tiedemanns Erzählung auf vergleichbare Strebungen hin:

> *ich bin sehr bekannt auf der Werft*
> *ich kann das ruhig sagen -*
> *die genannten Leute da*
> *die kennen mich alle ohne Ausnahme -*
> *und haben (...) gute Meinung*
> *auch ja unser Direktor*
> *wie hieß er doch gleich -*
> *[...]*
> *etliche andere auch*
> *aber da gibts auch welche zwischen*
> *die sind schlechter Meinung von mir ganz schlechter -*
> *weil sie von mir <u>mächtig</u> welche aufn Deckel gekriegt haben*
> *[...]*
> *und es ist soweit gekommen*
> *daß ich zum Parteisekretär gesagt hab nicht wahr*
> *er müßte in einer andern Partei sein -*
> *denn ich kauf ihm das nicht ab*
> *was er da will*
> *und da bin ich nicht mit einverstanden*
> *und da hats den großen Ärger gegeben*
> *[...]*
> *und das ist soweit gekommen*
> *daß ich hab das im Zusammenhang gesetzt*

> *kann das nicht beweisen*
> *daß der der mein Chef –*
> *mich immer schikanierte –*
> *Dinge behauptete –*
> *die ich nie gesagt hab –*
> *die Meister und die leitenden Angestellten*
> *die kriegten fü=r Erfüllung ihrer Aufgaben im Monat 200 Mark*
> *monatlich dazu*
> *von 12 Monaten im Jahr hatte ich unter Garantie – neun Mal nichts gekriegt –*
> *und ein oder zwei Mal abgezogen gekriegt –*
> *das war aber –*
> *auch ich bin auch nicht zu den Arbeitsberatungen mehr gegangen*
> *[...]*
> *ich hab gesagt*
> *»Ich geh da nicht hin –*
> *hier wird bloß Mist gequatscht –*
> *hier kommt nichts bei raus*
> *ich kann in diese Zeit relativ gute Arbeit machen« –*
> *So kam eins zum andern*
> *bis ich dann gesagt hab*
> *»Kein Zweck mehr« –*
> *Bin dann*
> *ich hab mich wohl so innerlich aufgeregt*
> *daß ich selber nicht gemerkt hab*
> *wenn ich mal meine Kaffeetasse ausgespült hab*
> *als ich dann so zusammengeklappt bin*
> *[...]*
> *und deswegen hab ich meinen Herzknacks weg*
> *ich dacht ich schaffs nicht*[34]

Dieses Segment ist zweifellos mehrdeutig. Zunächst führt es den Erzähler als hochakzeptierten sozialen Akteur auf der Werft ein (»*ich bin sehr bekannt auf der Werft ... die kennen mich alle ohne Ausnahme und haben (eine) gute Meinung*«), um dann offenbar von Schwierigkeiten und Konflikten zu berichten: Mit der Formel »*und das (bzw. es) ist soweit gekommen daß*« beginnt er jeweils Erzählsequenzen seiner gera-

---

34 Interview mit Karl-A. Tiedemann, Transkript.

dezu »rebellischen« Auseinandersetzung mit Vorgesetzten. Dem Parteisekretär macht er den Vorhalt, »*er müßte in einer anderen Partei sein*«, um dabei zumindest auszudrücken, daß er sich um die Belange der »Werktätigen« nicht angemessen kümmere. Gegen die Schikane seines Chefs und die ungerechte Bezahlung wehrt er sich durch Verweigerung.

Dabei entsteht durchaus der Eindruck, als agiere Tiedemann wie ein Außenseiter, nicht als Teil der »neuen Integrierten«. Bei genauerem Hinsehen wird indessen deutlich, daß der Charakter der Konflikte nachdrücklich den Wertvorstellungen des Submilieus entspricht: die Ablehnung jeder Art von Privilegierung und das Einklagen von Egalität (»*die Meister und die leitenden Angestellten die kriegten fü=r Erfüllung ihrer Aufgaben im Monat 200 Mark monatlich dazu - von 12 Monaten im Jahr hatte ich unter Garantie - neun Mal nichts gekriegt - und ein oder zwei Mal abgezogen gekriegt*«). Häufig spielt dabei indirekt das Motiv »oben« vs. »unten« eine Rolle. Die Aggression richtet sich gegen *Leitungs*kader (im vorausgegangenen Segment: das »*Arschkriechen bei den Hohen*«), nicht gegen eine politische Funktionsebene.

Diese Grunddisposition erzeugt auch die Bereitschaft zu jenem subtilen Ungehorsam, der zunächst als Strategie der Drückebergerei gedeutet werden könnte, tatsächlich jedoch ein außerordentlich rationales Motiv hat: »*ich hab gesagt: Ich geh da nicht hin - hier wird bloß Mist gequatscht - hier kommt nichts bei raus ich kann in diese Zeit relativ gute Arbeit machen*«. Orientierung und Legitimation zugleich ist nämlich die »*gute Arbeit*«, für die die Brigade garantieren muß, die Kern ihres angemessenen Lohns, Strukturbedingung der sozialen Beziehungen und Fokus der eigenen Identität als Arbeiter zugleich ist. Die Leitungsebene, der Platz der »*Hohen*«, die Sphären, wo »*bloß Mist gequatscht*« wird, können als Kontrastfolie der »neuen Integrierten« betrachtet werden. Und der Widerstand gegen diese Ebene ist nicht nur oberflächliche Rebellion; an Tiedemanns Beispiel zeigt sich, daß es Züge eines verzweifelten Versuchs annimmt, die Dinge zu verändern: »*bis ich dann gesagt hab: Kein Zweck mehr [...] ich hab mich wohl so innerlich aufgeregt daß ich selber nicht gemerkt hab ... als ich dann so zusammengeklappt bin [...] und deswegen hab ich meinen Herzknacks weg ich dacht ich schaffs nicht*«. In diesem »Kampf um die gute Arbeit«, die von unfähigen Leitungskadern immer wieder bedroht und zunichte gemacht wird, steckt Lebensenergie, strukturelle Wut und eine diffuse Widerstandsbereitschaft gegen »die da oben«. Ein solches, eher diffuses Gefühl der Abwehr scheint zur Mentalität der »neuen Integrierten« zu gehören, und es trägt zweifellos zur inneren Stabilisierung des Milieus bei.

Tiedemann berührt an einer anderen Stelle seiner biographischen Erzählung eine weitere Variante des Konflikts mit den Leitungskadern:

ich wollte -
und wurde vorgeschlagen von der Schule
von Warnemünde aus - weiter zu studieren -
und da ich son loses Mundwerk hatte
und mir nichts gefallen lassen hab
und um mich gebissen hab -
auch beim Sport
ich hab mir auch beim Sport in der Leitung
böse Leute geschaffen nich -
aber das ist so -
der innere Schweinehund
der läßt sich nicht bändigen nich also -
da ist das auch so gewesen -
daß ich dann hätte studieren können
aber man hätte mir kein Stipendium bewilligt -
es gab welche
die kriegten ihren Lohn weiter -
wurden delegiert
und kriegten noch Stipendium zu
und das wollte man mir nicht geben
ich hätte dann den Lohn nicht weiter bekommen -
und ich hätte nur die 320 Mark bekommen
und ich hatte Familie
hab ich gesagt
»Es geht nicht« -
Sonst hätt ich es gemacht.[35]

---

35 Interview mit Karl-A. Tiedemann, Transkript.

Tiedemann wird »*von der Schule*« für ein Studium vorgeschlagen, das er offensichtlich gerne aufgenommen hätte (»*sonst hätt ich es gern gemacht*«). Das Problem ist, daß er dazu - neben der Lohnfortzahlung - noch ein Stipendium gebraucht hätte, weil er »*Familie (hat)*«. Solche Zusatzstipendien - so sieht es Tiedemann, wenn auch möglicherweise zu Unrecht (»*es gab welche die kriegten ihren Lohn weiter - wurden delegiert und kriegten noch Stipendium zu*«) - waren offensichtlich von der Zustimmung der Betriebsleitung abhängig. Und hier war Tiedemann eine *persona non grata*, ein Mensch mit »*losem Mundwerk*«, der selbst im Sport Konflikte mit den Verantwortlichen erzeugte (»*ich hab mir auch beim Sport in der Leitung böse Leute geschaffen nich*«).

Bemerkenswert erscheint, daß er die »natürliche« Konfliktstruktur mit »denen da oben«, die an vielen anderen Stellen seiner Erzählung auf sehr konkrete alltägliche Konfliktsituationen zurückgeführt wird, im vorliegenden Segment geradezu »biologistisch« begründet: »*aber das ist so - der innere Schweinehund der läßt sich nicht bändigen*«. Der versteckte Widerstand ist sozusagen längst zu seiner »Natur« geworden. Tiedemann ist *immer* skeptisch gegenüber den Leitenden. Versteckter Anti-Etatismus gehört zu seinem sozialen Habitus. Wie alltäglich sich ein solches Gefühl einstellen konnte, zeigt noch eine Passage aus dem Interview von Günther Treder:

Ja die Neptunwerft. - -
Diese Lehrwerkstatt in der wir zuerst waren
es war ja manchmal auch verheerende Zustände
insofern verheerende Zustände -
die Ausbilder waren
nachher später hat sich dann vieles gegeben
womit man mich am meisten
oder was mich am meisten genervt hatte
das war wir mußten ja Berichtshefte schreiben als Lehrlinge
und da war denn die wichtigsten Arbeiten
die man täglich gemacht hatte und äh
man mußte auch jede Woche zu diesem Berichtsheft
oder zu diesem Wochenbericht irgendein Spruch von sich geben.
Horro Gott irgendeinen politischen Spruch darum ging das.
Meine Güte das hat mich immer genervt
irgend solch ein ich sage mal irgendeine Parole

> und ich habe damals weder Zeitung gelesen noch sonst was
> weil mich das als junger Mensch überhaupt nicht interessiert hat.
> Und äh irgendwas.
> Ich weiß noch einmal
> da wurde ich dann auch sehr getadelt hä
> hab ich dann geschrieben
> »Wir können keinen Krieg gebrauchen
> wir wolln die Friedenspfeife rauchen.«
> Irgend so'n Mist haben wir dahin geschrieben und=e irgendwelche
> Parolen.
> Na ja ich weiß nicht warum das sein sollte warum das sein mußte.[36]

Treder erinnert seine Lehrzeit und beginnt mit einer denkbar schlechten Evaluation: »*verheerende Zustände*«. Statt einer Plausibilisierung dieses harten Urteils relativiert er es zunächst (»*später hat sich dann vieles gegeben*«), um im Anschluß allerdings auf einen besonders störenden Effekt seiner Ausbildung hinzuweisen (»*was mich am meisten genervt hatte*«): die ideologische Schulung. Hier zeigt er deutliche emotionale Distanz (»*Meine Güte das hat mich immer genervt*«), die er freilich nicht mit alternativen politischen Vorstellungen begründet, sondern mit der schlichten Tatsache, jung gewesen zu sein und an vergleichbaren Aktivitäten wenig Interesse verspürt zu haben (»*weil mich das als junger Mensch überhaupt nicht interessiert hat*«). Der Protestreim, der ihm zur sozialistischen Friedenspolitik einfällt und ihm Tadel einbringt (»*Wir können keinen Krieg gebrauchen wir wolln die Friedenspfeife rauchen.*«), macht transparent, wie »didaktisch« die ideologische Schulung betrieben worden sein muß und wie leicht sich Arbeiterjugendliche davon absetzen konnten.

Neue Autonomie

Der verdeckte Ärger über die Aufdringlichkeit einer taktisch überflüssigen politischen Pädagogik und die immer wieder spürbare Distanz zu den Leitungskadern sind allerdings nur Konsequenzen eines im Alltag notorisch auftretenden Problems: die Mängel der

---

36 Interview mit Günther Treder, Transkript.

Planwirtschaft, die zur Gefährdung der Arbeitsabläufe und der Einhaltung der Termine führen muß. Symptomatisch erscheint, wie sich die Brigaden aus diesem prinzipiellen Dilemma zu lösen versuchen. Eine weitere Passage aus der biographischen Erzählung von Hans Schroeder macht dies außerordentlich transparent:

> *aber so gab es natürlich ebend dann genügend Probleme*
> *die zu lösen waren*
> *einmal materiell das war ja auch wichtig und nicht immer da*
> *und dann vor allen Dingen mit den vielen vielen Gedanken*
> *mit den verschiedenen Gedanken die die Kollegen an uns*
> *es gab sehr fleißige*
> *es gab auch sehr gute Fachleute die faul waren*
> *und jetzt das Richtige äh Weg genannt zu finden*
> *und vor allen Dingen am Ende wurde immer bezahlt*
> *und so kam das Kollektiv zusammen*
> *und da wußte man die Kollegen*
> *die sehr fleißig waren und den guten Willen mitbrachten*
> *kriegten natürlich die gleichen Prozente geschrieben*
> *wie der Kollege der n guten Fachmann war aber der faul war*
> *um das richtige Ausgleich zu finden*
> *war oft manchmal gar nicht mal so einfach gewesen*
> *und vor allen Dingen dies*
> *wie ich schon sagte*
> *die Termine drückten natürlich*
> *und oft war das Material nicht da*
> *aber das Schiff mußte zu einem bestimmten Zeitpunkt raus*
> *da war es natürlich oft mal notwendig gewesen*
> *daß mal der eine oder andere Kollege*
> *dann mit einem (...) materialwirtschaftlich*
> *fuhr zu einem oder dem anderen Zulieferbetrieb*
> *um dort noch mal als Arbeiter wie man damals sagte*
> *Druck zu machen helft uns damit wir*
> *damit wir das Material so schnell wie möglich erhalten*
> *oder vor allen Dingen äh bestimmte Bauteile*
> *mir ist es auch so gegangen*
> *ich bin nach Berlin gefahren zum Kabelwerk Oberspree*
> *um dort äh vorstellig zu werden*
> *um Hilfe zu bitten*
> *damit wir die erstmal im Betrieb das Kabel gesondert bekamn*

> *ja man gab mir zur Antwort*
> *»Wir würden schon das*
> *euch das Kabel terminlich anliefern*
> *aber schau mal hier zum Fenster raus*
> *auf der anderen Seite ist ne Kneipe*
> *da sitzt einer aus Westberlin von Siemens*
> *und der wirbt uns die Kollegen ab*
> *weil sie ja wenn sie im Westen arbeiten*
> *tauschen sie das Geld ebend gleich um*
> *und sie verdienen das Drei das Vier und Fünffache*
> *von dem was sie hier bei uns haben*
> *das ist unser Problem zu lösen«*
> *Aber trotzdem sie haben uns immer noch wieder geholfen*
> *damit wir so einigermaßen die Schiffe fertig kriegen*[37]

Die Funktion des Brigadiers ist bemerkenswert komplex. Schroeder macht deutlich, daß die zentrale Schwierigkeit, die der Brigadeführer lösen muß, auf der Ebene der Materialbeschaffung liegt (»*einmal materiell das war ja auch wichtig und nicht immer da*«). Dann gibt es freilich auch soziale Herausforderungen: es kommt darauf an, das Geld, das der Brigade zur Verfügung steht (»*am Ende wurde immer bezahlt*«), angemessen aufzuteilen. Und hier spielt erneut das Egalitätsprinzip eine entscheidende Rolle, wobei verschiedene Wertvorstellungen miteinander in Einklang gebracht werden müssen: »*es gab auch sehr gute Fachleute die faul waren ... und ... die Kollegen die sehr fleißig waren und den guten Willen mitbrachten*«. Beide »*kriegten natürlich die gleichen Prozente geschrieben*«. Die Selbstverständlichkeit (»*natürlich*«), mit der Schroeder die beiden Gruppen gleichsetzt, vermittelt eine doppelte Einsicht: Der Brigadier hat offensichtlich eine beträchtliche Verantwortung gegenüber der Brigade; er »*schreibt die Prozente*«. Zugleich belegt diese »Interpretationsmacht«, daß die Brigadeebene ihrerseits gegenüber der Betriebsleitung eine erstaunliche Autonomie gewonnen hat.

Und genau das wird durch die Folgepassage überzeugend dargestellt. Die Brigade verharrt nicht im stillen Protest gegen die chaotische Organisation des Produktionsbereichs, sie nimmt die Material-

---

37 Interview mit Hans Schröder, Transkript.

beschaffung in die eigenen Hände (»*fuhr zu einem oder dem anderen Zulieferbetrieb*«) und hat Erfolg damit (»*sie haben uns immer noch wieder geholfen damit wir so einigermaßen die Schiffe fertig kriegen*«). Schroeders hochnarrative Sequenz über die »Materialbeschaffungstechniken« der Brigade bestätigt freilich, daß es sich hier keineswegs um ein organisationspolitisch besonders aktives Kollektiv handelt, sondern daß er in gewisser Weise vom »Normalfall« berichtet. Seine Formulierung, »*um dort noch mal als Arbeiter wie man damals sagte Druck zu machen*«, deutet auf wiederholte Aktivitäten hin. Daß der moralische Druck »*als Arbeiter*« offensichtlich mehr wiegt und durchschlagskräftiger ist als die organisatorischen Optionen der Leitungskader zeigt den Einfluß und die Autonomie der untersten Produktionsebene. Sie ist nicht nur in der Lage, fehlende Rohstoffe zu beschaffen; die Belegschaften der Zulieferbetriebe sind ihrerseits so autonom zu entscheiden, ob sie ihren Kollegen Material zur Verfügung stellen oder nicht. Hinter der Autonomie entdecken wir bereits Konturen einer *Schattenökonomie*, die die wirtschaftliche Entwicklung der DDR in den Folgejahrzehnten massiv beeinträchtigen wird. Interessant aber bleibt, daß sie einer neugewonnenen Autonomie aufsitzt, deren Träger vor allem die »neuen Integrierten« sind.

Widersprüche dieser »neuen Autonomie« lassen sich auch einer Sequenz aus Tiedemanns Biographie entnehmen:

> so und nu in Stichworten
> wurd ich dann - stellvertretender
> achso ne die die Jugendbrigade wurde aufgelöst -
> weil - Beschwerden da waren
> daß die jungen Menschen zu viel Geld verdienen -
> ich hatte das alles so prima organisiert -
> mit Verbesserungsvorschlägen
> ich hab da haufenweise auch Vorschläge gemacht
> auch die andern haben so
> und die haben mehr Geld verdient als die Alten -
> weil wir das so relativ
> so eingerichtet hatten
> daß wir ne halbe Fließfertigung machen
> wir haben den den den äh das komplette
> kompletten Lenkerteil - des Pitti-Rollers -

> *haben wir bei uns in der Brigade auf der Werft gefertigt*
> *in meiner Brigade -*
> *nich das das Teil - das Lenkerrohr und - die Achsenführung*
> *alles was dort an Drehteilen war*
> *haben wir gemacht*
> *aber Vorrichtungen gebaut*
> *damit wir die nicht aufm Bohrwerk sondern auf der Drehmaschine*
> *selber - genauestens äh ausmessen konnten*
> *die Fluchten*
> *alles über den Quersupport die Uhren die Meßuhren alles genau*
> *auf - das bracht Geld ne -*
> *ja das wurd die wurd aufgelöst -*
> *weil es äh weil die zu einseitig ausgebildet werden dort wurden*
> *aber das hatte ne andere Ursache -*
> *da waren einige alte Genossen*
> *nicht wahr die nicht so gern arbeiten mochten*
> *die aber viel Geld haben wollten -*
> *die haben da so lange dran gebohrt*
> *bis dann - das einging -*
> *war schade drum*[38]

Die Zugzwänge des Erzählens führen Tiedemann in diesem Erzählsegment dazu, daß er plausibilisieren muß, warum er eine neue Stelle auf der Werft als stellvertretender Bereichstechnologe übernommen hat: »*so und nu in Stichworten wurd ich dann - stellvertretender achso ne= die die Jugendbrigade wurde aufgelöst*«. Als Begründung für die Auflösung der Jugendbrigade gibt Tiedemann zunächst nur an, daß es »*Beschwerden*« darüber gab, »*daß die jungen Menschen zu viel Geld verdienen*«, ohne zu verdeutlichen, von wem diese Beschwerden kamen. Erst in seiner nachfolgenden, detaillierten Ausführung wird deutlich, worin der Konflikt bestand: Tiedemann hat dafür gesorgt, daß in seiner Brigade »*das komplette [...] Lenkerteil - des Pitti-Rollers*« gefertigt wurde, was »*Geld ... bracht(e)*«, weil es als »*halbe Fließfertigung*« organisiert war: »*nich das das Teil - das Lenkerrohr und - die Achsenführung alles was dort an Drehteilen war haben wir gemacht aber Vorrichtungen gebaut damit wir die nicht aufm Bohrwerk sondern auf der*

---

38 Interview mit Karl-A. Tiedemann, Transkript.

Drehmaschine selber - genauestens äh ausmessen konnten die Fluchten alles über den Quersupport die Uhren die Meßuhren alles genau auf«.
Tiedemann hat mit dieser autonomen Arbeitsorganisation etwas fortgesetzt, was er in seiner Brigade gelernt hat und worauf er offenbar stolz ist (*»ich hatte das alles so prima organisiert - mit Verbesserungsvorschlägen ich hab da haufenweise auch Vorschläge gemacht auch die andern haben so und die haben mehr Geld verdient als die Alten«*). Aber genau diese »neue Autonomie«, die Tiedemann durch seine Handlung beweist, tritt in Konkurrenz mit der »neuen Autonomie«, die *»einige alten Genossen«* für sich erkämpft haben. Sie befürchten einen Status- und Autonomieverlust durch Tiedemanns neue Arbeitsorganisation und bringen sie deshalb zu Fall (*»da waren einige alte Genossen nicht wahr die nicht so gern arbeiten mochten die aber viel Geld haben wollten - die haben da so lange dran gebohrt bis dann - das einging«*), was Tiedemann nachhaltig bedauert: *»war schade drum«*. Tiedemann erkennt die wahren Beweggründe für die Schließung seiner Jugendbrigade und entlarvt das offizielle Argument hierfür als vordergründig: *»ja das wurd die wurd aufgelöst - weil es äh weil die zu einseitig ausgebildet werden dort wurden aber das hatte ne andere Ursache«*. Hier wird gleichsam die Grenze der »neuen Autonomie« sichtbar. Besitzstandswahrung unterbricht eine bemerkenswerte und wirtschaftlich funktionale Entwicklung. Man entdeckt eine Spur jener Beharrungstendenz, die den Integriertentypus in Westdeutschland kennzeichnet.

Trotz der schmalen Interviewbasis lassen die hier ausgewählten Repräsentanten der »neuen Integrierten« die Konturen eines hochinteressanten Submilieus erkennen. Es handelt sich vermutlich um die größte Gruppe innerhalb der DDR-Arbeiterschaft - ein Milieu, das durchaus die klassischen Merkmale proletarischen Alltagslebens noch besitzt, Kollektivbewußtsein, einen egalitären und bescheidenen Habitus, eine tiefsitzende Skepsis gegenüber den »Hohen« und auch einen gewissen Antiintellektualismus (*»hier wird bloß Mist gequatscht«*). Von den »Integrierten« des Westmilieus unterscheidet sich diese Gruppe allerdings durch eine erstaunliche Autonomie und Durchsetzungskraft[39]. In gewisser Weise findet sie mit der Brigade und ihrem Repräsentanten, dem Brigadier, sogar eine neue Art von

---

39 Vgl. dazu ausführlicher den Exkurs am Ende des Kapitels.

»Klasseninstitution«, die den Arbeiterräten der revolutionären Anfangsphase der Weimarer Republik nahekommt, ohne freilich deren politischen Anspruch einzuholen. Ökonomisch betrachtet, ist diese Entwicklung zweifellos riskant. Sie verschlechtert sukzessive die Produktivitätsstandards und gefährdet schließlich die wirtschaftliche Reproduktion der Gesamtgesellschaft.

3. Die »Doppel-Arbeiterin«

Ankerfall: Christel Toch

Biographisches Porträt. Frau Toch wird 1931 in Rostock geboren und wächst im ländlichen Randgebiet der Stadt auf. Ihre Eltern sind in der Folge von Gebietsabtretungen nach dem Ersten Weltkrieg aus Schlesien nach Rostock gekommen. Der Vater war Tischler, die Mutter ging nie einer Erwerbsarbeit nach.

Die Schulausbildung von Frau Toch leidet unter den Kriegseinflüssen, 1946 beendet sie die Grundschule. An eine Lehrstelle ist seinerzeit nicht zu denken, und die Mutter - der Vater kommt erst Ende der 1940er Jahre aus der Kriegsgefangenschaft zurück - empfiehlt ihr, zu einem Bauern in Stellung zu gehen. Sie habe dort zu essen und sei auch sonst versorgt. Sie folgt dem Rat und arbeitet unweit der elterlichen Wohnung drei Jahre als Magd. Monatlich erhält sie 20 Mark und eine Verpflegung, die gewöhnlich so reichlich ist, daß sie abends etwas für Mutter und Bruder mit nach Hause nehmen kann.

Der Wunsch, mehr Geld zu haben, führt sie schließlich - nach aufwendiger Arbeitsplatzsuche - in eine Zündwarenfabrik, in der sie dann zwei Jahre im Dreischichtsystem tätig ist. Anschließend findet sie durch private Kontakte einen Arbeitsplatz ohne besondere Qualifikationsanforderungen in einem Dolmetscherbüro. Dort bleibt sie, bis bald nach der Eheschließung 1956 die Tochter geboren wird. Zu dieser Zeit hat Frau Toch schon einen zweijährigen Sohn. Vor der Eheschließung ist sie mit ihren Freundinnen sehr gern zum Tanzen gegangen. Bei einer der Tanzveranstaltungen lernt sie Mitte der 1950er Jahre ihren Mann kennen. Als sie zum zweiten Mal schwanger wird, heiraten die beiden. Die Hochzeit wird groß gefeiert, zum Polterabend kommen die Kolleginnen von Frau Toch und die Kollegen von Herrn Toch. Mit der Wohnungssuche haben sie Glück und finden bald eine zwar einigermaßen geräumige, sonst aber sehr bescheidene Wohnung. Frau Toch arbeitet nach der Geburt der Tochter nicht mehr. Sie näht und strickt für die ganze Familie. Der Geldmangel ist allenthalben zu spüren. Wiederholt hebt Frau Toch hervor, es sei schwer gewesen, aber doch eine schöne Zeit, und heute sei vieles anders, man könne nicht vergleichen.

Der Arbeitslohn wird seinerzeit noch alle zehn Tage ausbezahlt. Frau Toch steht dann mit anderen Frauen am Werktor, nicht weil sie fürchtet, daß ihr Mann etwas von dem knappen Geld vertrinkt, sondern weil sie zum Einkaufen dringend Geld braucht. Zum Tanzen gehen sie deshalb nur ganz selten. Betriebsfeste jedoch besuchen sie.

Als die Tochter zur Schule kommt, beginnt Frau Toch wieder mit der Berufsarbeit. Sie sucht wegen der kleinen Kinder eine Stelle mit vier Stunden Arbeitszeit, die allerdings in der DDR damals schwer zu finden ist. Schließlich kann sie durch Vermittlung einer Bekannten in einem großen Wäschereibetrieb eine Stelle als Maschinenbüglerin antreten. Die Arbeit sei, obwohl sie nur vier Stunden arbeitet, sehr schwer gewesen. In diese Zeit (1965) fällt auch der erste FDGB-Urlaub - wie die folgenden zumeist ohne die Kinder, weil die Finanzen nichts anderes zulassen. Zufällig und wiederum durch eine Bekannte vermittelt, kann sie nach wenigen Jahren in einen anderen Betrieb wechseln. Dort bleibt sie als Arbeiterin über 20 Jahre. Ihr und anderen Frauen wird nach langen Arbeitsjahren ohne größere Prüfung der Facharbeiterbrief zuerkannt. Das verbessert die wirtschaftliche Situation der Familie. Sie selbst bezeichnet sich allerdings trotz des Facharbeiterbriefes als ungelernt. Eine Qualifizierung wäre ihr zwar angeboten worden, sie habe sie sich aber nicht zugetraut. Ihr Mann ist da anders. Er kommt 1950 zur Neptunwerft und beginnt als Nieter zu arbeiten. Er stammt aus Ostpreußen und hat dort noch eine Lehre als Friseur begonnen, die er nach Unterbrechung nach dem Krieg auch abschließt. Er kann in diesem Beruf aufgrund einer Allergie allerdings nicht arbeiten. Nach der Eheschließung qualifiziert er sich deshalb in zwei Berufen (Propellerbauer und in der Kühlschrankproduktion) zum Facharbeiter. Besonders die erste Fortbildung ist zeitaufwendig und schwer.

Durch die Qualifizierungen der Eheleute bessern sich die finanziellen Verhältnisse zunehmend. Dem Geld scheint Frau Toch aber keine besondere Bedeutung beizumessen. Das Ehepaar fährt zweimal in die Heimat des Mannes. Ehen wie die ihre, mit einem »Ausländer«, kennt sie in ihrem Umkreis viele, Probleme seien aus der unterschiedlichen Herkunft nicht erwachsen.

Beide gehören keiner Partei an. Herr Toch spielt in seiner Jugend und auch kurze Zeit nach der Heirat aktiv Eishockey. Dann gibt er den aktiven Sport auf und wirkt noch als Schiedsrichter. Zufrieden ist Frau Toch mit dem Eishockeysport ihres Mannes keineswegs. Er ist an Wochenenden zu oft unterwegs. Als Schiedsrichter hat er dann mehr in Rostock zu tun. Bald aber verdrängt der Garten, den sie sich mit den Eltern teilen, alle anderen Freizeitaktivitäten. Die Parzelle verbessert auch die Versorgung mit Gemüse und Obst und entlastet die Familienkasse. Natürlich beansprucht die Gartenarbeit viel Zeit, aber sie sorgt auch für enge freundschaftliche Kontakte. Herr Toch ist vorrangig für den Garten zuständig, Frau Toch für den Haushalt. Nach dem frühen Tod ihres Mannes muß Frau Toch den Garten aufgeben. Es beruhigt sie heute, daß der Käufer den Garten in einem guten Zustand hat, aber sie meidet die Gartenkolonie, um keine Erinnerungen hochkommen zu lassen.

Zu ihren Kindern und fünf Enkeln hat Frau Toch die besten Beziehungen. Der älteste Enkelsohn macht in diesen Tagen Abitur. Es nagt an ihr, daß die Berufe ihrer beiden Kinder wertlos geworden sind. Sie sorgt sich auch wegen der Arbeitslosigkeit der Kinder. Der Sohn hat Abitur gemacht und ist zur Armee gegangen, zuletzt war er Major. Trotz Umschulung will es mit einer Arbeitsstelle nicht klappen. Die Tochter hat nach einer Umschulung momentan eine Arbeitsstelle. Sie ist 10 Jahre zur Schule gegangen, hat eine Kindergärtnerinnenfachschule besucht und als Kindergärtnerin gearbeitet. Frau Toch meint, ihr selbst sei es finanziell noch nie so gut gegangen wie jetzt als Rentnerin. Sie freut sich, daß sie ihre 55 m² große Wohnung, in der sie seit 1977 wohnt, weiterhin bezahlen kann. Dennoch hat sie - auch als Rentnerin - schon ziemliche finanzielle Probleme gehabt. Sie selbst hat ja immer nur wenig verdient, und entsprechend gering ist ihre Rente ausgefallen. Die Witwenrente war darüber hinaus auch noch zu niedrig berechnet. Erst nach vier Jahren erfolgte eine Neuberechnung. Frau Toch erhielt eine Nachzahlung.

Kernstellen. Die Interpretation der folgenden drei Schlüsselsequenzen aus dem Interview von Christel Toch soll zur Herausarbeitung wichtiger Kategorien dienen, die den Typus der »Doppel-Arbeiterin« genauer bezeichnen.

I
durch Vermittlung einer Bekannten
bin ich denn zur Werft gekommen
ich mein ich hab ja nix gelernt und so
und denn hat mich da jemand so angeholfen
und hat gesagt wenn du so ein bißchen Druckschrift schreiben kannst
oder irgendso ein bißchen was
dann können wir dich im Konstruktionsbüro unterbringen
und denn hab ich da wieder ganz unten angefangen
und da hab ich 250 Mark verdient
in der Streichholzfabrik da hatt ich ja mehr
aber auf die Dauer war das nichts
na ja ich hab mich denn eben auch da
wieder ein bißchen hochgerappelt
und wieder erarbeitet
wie man das so macht immer fleißig vor mich hin
bis man denn weiter kommt
ja und denn hab ich da gearbeitet bis meine Tochter kam.((Pause))
I: Sie hatten ja auch gar keinen Krippenplatz
E: Na ja Krippenplatz das war damals zu Anfang mit den Krippenplätzen so
aber ich hatte vor der Ehe noch den Sohn
der war 2 und denn kam die Tochter
und denn waren das 2 Kleine ne
und meine Mutti die hatte gesagt
»Also gut und schön wenn ihr euch Kinder anschafft
denn müßt ihr sehen daß ihr damit fertig werdet«
Die hat auch selber mitgearbeitet
zwei kleine Kinder na denn hab ich gesagt

»Denn bleibst du eben zu Hause
nen Augenblick« und denn wurden das 7 Jahre
denn war das ganz schön wenig Geld
und denn hab ich gedacht
»Ne so geht das nicht weiter«
[...]
nach langem langem Laufen hat es denn geklappt
aber auch nur durch ich will mal sagen die andere
mit der ich die Schicht geteilt hab
die hatte Beziehungen
die hat das hingekriegt
und hat mich denn praktisch mit rübergezogen
so daß ich denn da mit anfangen konnte
das war bei Fortschritt
das war auch wieder so nen harter Job nen harter Job
aber ich war froh daß ich was hatte
ich mein das war damals auch schwierig
ich mein es gab genug Arbeit
aber wie schon gesagt
weil man nachher noch mal wieder anfangen zu lernen
das wollte ich immer nicht
da hattte ich auch ein bißchen Angst und ein bißchen Hemmungen
usw.
na mein Mann der hat ja ein paarmal umgeschult
der hat ja immer sowie was neues war immer umgeschult
aber ich konnte das nicht ich hab keinen Beruf
und na denn hab ich da zwei Jahre wieder gearbeitet
oder 3 ja 3 Jahre
und das war auch sehr harte Arbeit
ich war in der Maschinenbügelei
4 Stunden aber ich hab die 4 Stunden wirklich so hart gearbeitet
wenn ich nach Haus kam mußte ich mich erst mal hinlegen
und bin ich nachher auch wieder durch Beziehungen ((Pause))
aber ich muß sagen
da ist immer wieder jemand der an der Quelle sitzt
wir haben Bekannte gehabt
mit denen wir mal gefeiert haben
mit denen wir mal zusammen gesessen haben
von ganz früher von der Jugendzeit noch
und denn die arbeitete bei der Schiffselektronik

und denn hab ich gesagt
»Also wenn ich was finden würde
denn würd ich sofort da weggehen«
Und da hat sie gesagt
»Na ich werd mal rumhorchen«
Und da hab ich denn was gekriegt
das war denn mein Glück
und da hab ich denn also bis vor der Wende bin ich dageblieben[40]

Frau Tochs Erfahrungen mit ihren wechselnden Arbeitsstellen zeigen auffallende Strukturparallelen: Sie erhält ihren Job zumeist durch die Vermittlung anderer (*»nach langem langem Laufen hat es denn geklappt aber auch nur durch ich will mal sagen die andere ...«*); in der Arbeitsstelle muß sie fast immer *»wieder ganz unten an( )fangen«*; regelmäßig ist die Arbeit ein *»harter Job«* (*»ich hab die 4 Stunden wirklich so hart gearbeitet wenn ich nach Haus kam mußte ich mich erst mal hinlegen«*), und sie wird nicht freiwillig gewählt, sondern weil die Familienkasse äußerst knapp bemessen ist (*»denn war das ganz schön wenig Geld und denn hab ich gedacht ne so geht das nicht weiter«*). Frauenarbeit in der frühen DDR war also keineswegs eine organisatorisch entlastete und sozial unterstützte Selbstverständlichkeit, sondern eine spürbare Mehrfachbelastung der arbeitenden Frauen.

Dies galt insbesondere, wenn sie Familienverpflichtungen besaßen und für kleine Kinder zu sorgen hatten. Krippenplätze waren durchaus noch nicht an der Tagesordnung (*»Sie hatten ja auch gar keinen Krippenplatz«*); und spätestens wenn - wie bei Christel Toch - das zweite Kind geboren wurde, mußte die Mutter *»zu Hause bleiben«*. Genau das war aus ökonomischen Gründen allerdings nicht selten ein Drahtseilakt. Nur massive Einschränkungen der familiären Bedürfnisse konnten die befristete Berufsaufgabe der Frauen kompensieren.

Deshalb bemüht sich Frau Toch, nach der ihr selbst in der Erinnerung offensichtlich erstaunlich lang erscheinenden Periode von sieben Jahren wieder, eine Teilzeitstelle zu finden. Halbe Stellen bietet der Arbeitsmarkt nicht an. Sie ist gezwungen, selbst initiativ zu werden und eine verfügbare Acht-Stunden-Stelle mit einer Kollegin zu

---

40 Interview mit Christel Toch, Transkript.

teilen. Trotz des Erfolges und der erneuten Unterstützung durch eine vermittelnde Kollegin mutet der Weg in den Arbeitsmarkt für Frauen noch wie ein »informeller Pfad« an. Die neue Gesellschaft ist - möglicherweise *contra legem* - auf breite Frauenerwerbstätigkeit noch keineswegs vorbereitet. Organisationsprobleme werden vorläufig durch konventionelle weibliche Netzwerke in Familie, Nachbarschaft und Bekanntenkreis aufgefangen: die Großmutter, die offensichtlich zumindest das erste, noch vorehelich geborene Kind betreut und erst beim zweiten Kind die Fürsorge an die Mutter zurückgibt (»*also gut und schön wenn ihr euch Kinder anschafft denn müßt ihr sehen daß ihr damit fertig werdet*«); Freunde oder Bekannte (»*da ist immer wieder jemand der an der Quelle sitzt*«). Auch eine systematische Weiterqualifizierung scheint noch nicht angeboten zu werden. Jedenfalls beweist Frau Toch erhebliche Distanz gegenüber Umschulungen - ein Verhalten, das sie deutlich von vergleichbaren Initiativen ihres Mannes abgrenzt (»*der hat ja immer sowie was neues war immer umgeschult aber ich konnte das nicht ich hab keinen Beruf*«). Deshalb kann sie auch bei jedem Wiedereintritt ins Arbeitsleben von ihren vorherigen Erfahrungen (»*na ja ich hab mich denn eben auch da wieder ein bißchen hochgerappelt und wieder erarbeitet wie man das so macht immer fleißig vor mich hin bis man denn weiter kommt*«) nicht profitieren und muß immer wieder von vorn anfangen.

Frauenarbeit scheint in der frühen DDR einerseits für bestimmte Gruppen der Arbeiterschaft - schon wegen der finanziellen Belastungen der Familie - eine Notwendigkeit gewesen zu sein, andererseits war sie offensichtlich weit davon entfernt, zu den gesellschaftlichen Normalerwartungen zu gehören. Un- oder angelernte Tätigkeiten waren wohl eher die typischen Arbeitsformen, die von Frauen erledigt wurden. Weiterqualifizierung scheint allenfalls theoretisch erwünscht, praktisch jedoch nicht in ausreichendem Maße für Frauen zur Verfügung gestanden zu haben. Institutionelle Rahmenbedingen (Kinderkrippen und Horte etc.) fehlen noch weitgehend.

II
Also wie die erste Umschulung war das war ganz schön schwer
da war er ja auch noch ungelernter Arbeiter
achte Klasse und so

er hat alles nach Feierabend gemacht ((Pause))
I: Das war für Sie mit den beiden Kindern sicher auch schwer?
E: Ja also ich hab das war so
also er konnte zu Hause nichts machen
und er ist immer in den Garten gegangen
und hat da seine Schularbeiten gemacht
und hat da auch seine Skizzen und Zeichnungen
und was er alles machen mußte
das hat er alles im Garten gemacht d.h. im Sommer im Frühjahr
wenn es so einigermaßen ging
im Winter ist er ja zu Hause geblieben
das war auch manchmal ganz schön schwer
die Kinder mußten Schularbeiten machen
er mußte Schularbeiten machen
und das alles in der engen Wohnung.
Wie das letzte Mal Umschulung war
da war er in Erfurt
da hat er es ich will mal sagen es leichter gehabt
natürlich das waren auch eineinhalb Jahre ja aber anders ne
nich das war anders
er ist denn da hingefahren meistens vierzehn Tage
und ich bin denn da sonnabends auch mal runter gefahren
ich hab denn gesagt
»Du brauchst nicht kommen ich komm runter«
Er hat denn ne Bleibe besorgt
und denn haben wir auch ein schönes Wochenende gehabt
das war eigentlich gut
es ging ja um die Kühlschrankproduktion
das haben die denn unten alles fertig gemacht
und gelernt wie das Ganze läuft
und wie es denn nachher hier richtig los ging
da war ja gleich Schluß
ich mein es ist noch angelaufen
ich war auch noch da wie die ersten vom Band gingen hier
da war ich auch noch da
aber ich muß sagen
richtig ist es gar nicht angelaufen hier
denn war ja nachher die Wende und alles war kaputt

Das vorliegende Segment zeigt, wie komplex die Beziehung zur Arbeit besonders für Frauen im Arbeitermilieu sein kann. Frau Toch erzählt hochdetailliert über die verschiedenen Weiterbildungsphasen im Berufsleben ihres Mannes. Offensichtlich weiß sie über die unterschiedlichen Qualifikationsperioden sehr genau Bescheid. D.h. sie muß ihrem Mann eine intensive Gesprächspartnerin gewesen sein und seine Bildungsbemühungen auch intentional unterstützt haben.

Daneben hat sie allerdings schwierige »logistische« Probleme zu lösen: der Mann braucht Ruhe zum Arbeiten, die er im Frühjahr und Sommer im Garten findet. Im Winter geht es darum, das Beisammensein auf engstem Raum (»*das war auch manchmal ganz schön schwer die Kinder mußten Schularbeiten machen er mußte Schularbeiten machen und das alles in der engen Wohnung*«) möglichst erträglich zu halten; und es gehört wenig Phantasie dazu, sich vorzustellen, daß Frau Toch diese Aufgabe zufällt. Auch während einer organisatorisch leichter zu bewältigenden Abwesenheit ihres Mannes in Erfurt sorgt sie für emotionalen Ausgleich, indem sie ihn regelmäßig an Wochenenden besucht (»*und denn haben wir auch ein schönes Wochenende gehabt*«). D.h. sie stellt auf unterschiedlichsten Ebenen die »Infrastrukturen« für die berufliche »Karriere« des Mannes her und bemüht sich keineswegs nur um die reproduktiven und emotionalen Bedürfnisse der Familie. Sie sorgt sich zusätzlich um die Perspektiven am Arbeitsplatz. Die positive Evaluation der letzten Umschulung in Erfurt wird bereits durch den Modalpartikel »*eigentlich*« eingeschränkt (»*das war eigentlich gut*«). Im nachhinein zeigt sich jedoch, daß der Qualifikationsprozeß nutzlos war. Die »Wende« entwertet ihn: »*und wie es denn nachher hier richtig los ging da war ja gleich Schluß ... denn war ja nachher die Wende und alles war kaputt*«.

III
I: Kontakt hatten Sie also immer noch zur Werft?
E: Ja zu den Kollegen
also ich muß sagen der ist auch nie
die hatten denn alle die Gärten
und denn sind wir zu dem mal hingegangen und denn zu dem mal
der Kontakt riß nicht ab
und ich hab neulich noch so vor ner Zeit

> mal grad von seinen Kollegen wieder einen getroffen
> und da haben wir hier auf m Markt gestanden und gesprochen usw.
> über das Geld usw. über Urlaub
> und dadurch daß ich nachher auch gearbeitet hab
> hatte ich nachher auch Kollegen
> mit denen ich sehr eng zusammen war
> ich war dann auch in so nem Zirkel
> wir haben Handarbeit gemacht und Bilder und so ne Kunst
> das war herrlich
> das war nach Feierabend so von vier bis sechse
> und alle vierzehn Tage
> da haben wir so Briefbögen gemacht Bilder
> und gemalt und gestickt und gebastelt
> ja ja alles was hier hängt
> also es kam eine vom Rat der Stadt
> die hat das so mit uns gemacht
> na ja wir haben immer gesagt unsere Lehrerin
> Handarbeitslehrerin haben wir gesagt
> aber die hatte was drauf
> die kam immer so in den Betrieb
> das hat sehr viel Spaß gemacht
> wir waren eine richtige Gruppe
> wir waren 15 Frauen da
> alles so in meinem Alter etwas jünger aber viel jünger nicht
> und denn haben wir nun dadurch daß wir immer so gesessen haben
> auch mal ein bißchen Wein getrunken
> oder auch mal einen Kaffeklatsch gemacht
> wir haben auch mal ne Reise gemacht nach Berlin
> da haben wir ein Theater besucht
> zwei Nächte sind wir dageblieben
> übernachtet haben wir da im Hospiz da dicht bei der Friedrichsstraße
> am Wasser
> das fehlt mir nun immer na ja

Auf die Nachfrage der Interviewerin, ob der Kontakt zu den Werftkollegen noch bestehen geblieben sei, antwortet Frau Toch nicht nur bejahend. Sie beschreibt überzeugend die Gelegenheiten der regelmäßigen Kontaktpflege (»*die hatten denn alle die Gärten und denn sind wir zu dem mal hingegangen und denn zu dem mal der Kontakt riß nicht ab«*) und erinnert auch noch eine kurz zurückliegende Marktplatzbegegnung mit einem ehemaligen Kollegen ihres Mannes (*»und ich hab neulich noch, so vor ner Zeit mal grad von seinen Kollegen wieder einen getroffen und da haben wir hier auf'm Markt gestanden und gesprochen usw. über das Geld usw. über Urlaub«*).

Interessant erscheint, daß Frau Toch keine Namen erwähnt und auch von ihrem Mann sehr distanziert zu sprechen scheint (*»von seinen Kollegen«*). Das Individuelle spielt offensichtlich in diesem kommunikativen Kontext nicht die primäre Rolle. Wesentlich ist, daß sie sich problemlos auf den traditionellen Interaktionszusammenhang beziehen kann und die intensive Pflege seine Fortexistenz garantiert (*»der Kontakt riß nie ab«*). Hier ist auch nicht von Bedeutung, daß sie (nur) die Frau des ehemaligen Kollegen ist. Sie gilt als akzeptierter Teil des aktiven Kollegenkreises und kann deshalb völlig selbstverständlich Marktplatzgespräche über entscheidende Themen wie *»Geld«* oder *»Urlaub«* führen.

Freilich, über den Kollegenkreis ihres Mannes hinaus verfügt sie aus ihrer eigenen Tätigkeit noch über zusätzliche Kontakte (*»und dadurch daß ich nachher auch gearbeitet hab hatte ich nachher auch Kollegen mit denen ich sehr eng zusammen war«*). Dieser *»Zirkel«* von 15 Frauen ist sogar noch wesentlich aktiver als die Gartenkolonie der Werftarbeiter: anspruchsvolle Handarbeiten, Weinabende und Kaffeeklatsch, sogar eine Theaterreise nach Berlin wird von der Gruppe unternommen. Frau Toch beschreibt hier Aktivitäten, wie wir sie im westdeutschen Teilmilieu der *»Networkers«* beobachtet haben.

Zusammenfassung. Auch in der frühen DDR - das zeigt der Ankerfall der *»Doppel-Arbeiterin«* - ist die Frauenerwerbsarbeit objektiv der Arbeit der Männer keineswegs gleichgestellt. Wir beobachten vielmehr, daß in der Produktion Frauenarbeit eher als niedrig qualifizierte, schwere Arbeit eingesetzt wird und systematische Höherqualifizierungsangebote fehlen. Außerdem scheinen die Erwartungen an die klassisch-kleinbürgerliche Frauenrolle, zumindest während der Familienphase für die Aufzucht der Kinder und die Reproduktion der Familie zu sorgen, relativ ungebrochen zu sein. Dabei sind die logistischen und finanziellen Belastungen im DDR-Arbeitermilieu u.U. noch größer als in Westdeutschland. Im Fall von Frau Toch wird die Notwendigkeit ihrer Erwerbsarbeit für das Familieneinkommen mehrfach hervorgehoben. Daneben ist die Familie durch beinahe kontinuierliche Fortbildungsanstrengungen des Mannes zusätzlich belastet - ein Faktor, der erhebliche Fexibilität und Organisationsphantasie vor allem von den Frauen fordert. Die Charakterisierung der Frau im frühen DDR-Arbeitermilieu als »Doppel-Arbeiterin« erscheint daher keineswegs übertrieben. Aus dem Ankerfall und seiner Interpretation ergeben sich nun folgende Kernkategorien:

- randständige Erwerbsarbeit;
- neue Reproduktionsanforderungen;
- Vergemeinschaftungskompetenz.

Randständige Erwerbsarbeit

I: Und können Sie sich auch an irgendwelche so großen Unfälle auf der Werft erinnern
von denen ihr Mann erzählte?
E: Nee da kann ich mich nicht erinnern
nee ich kann mich bloß erinnern
wie er selber vom Gerüst gestürzt ist
aber das war später
da war viel passiert
ach wissen Sie das ist ja so
sie haben das zwar immer miterlebt
aber mein Betriebsgeschehen gabs ja och noch nich
und ich war ja auch immer somit
daß ich mitsprechen konnte im Betrieb über Arbeit
aber (...)
aber na ja es gab schon
wir haben uns viel über die Arbeit unterhalten
insbesondere über meinen Mann seine Arbeit
(...)
das sind jetzt so viel neue Eindrücke jetzt
I: Und da sagten Sie daß Ihr Mann 52 zum ersten mal Aktivist wurde
E: hm
I: ich hab anhand von Fotos gesehen

> *daß wenn größere Auszeichnungen vorgenommen wurden*
> *daß auch Ehefrauen zugegen waren*
> *E: ja*
> *I: sind Sie dann zu solcher Auszeichnung waren Sie dann auch dort?*
> *E: Ich war jedesmal dort ja*
> *I: Das war ja nachher nicht immer selbstverständlich gewesen*
> *E: ich war im Clubhaus also die ersten Jahre*
> *ich weiß das nisch*
> *(...)*
> *waren die Ehefrauen immer mit eingeladen*
> *die erste Auszeichnung 52 das war ja viel*
> *da kriegten die ja 200 Mark ((lacht))*
> *überlegn sie mal 52 200 Mark*
> *und das Schlimmste bei der Feier*
> *da warn ja nicht nur die die ausgezeichnet wurden*
> *da waren ja och noch andere Kollegen da*
> *und und ne Runde war ja och nicht billig nisch*[41]

Die Interaktionssequenz zwischen Interviewerin und Erzählerin ist verräterisch: Bereits die unreflektierte Wahrnehmung der Interviewerin schließt eine strukturelle Abwertung der Berufsarbeit von Frau Donath ein. Interessant ist scheinbar nur die Arbeitserfahrung ihres Mannes. Der Versuch, die eigenen Arbeitserfahrungen in die Diskussion zu bringen (»*ach wissen Sie das ist ja so sie haben das zwar immer miterlebt aber mein Betriebsgeschehen gabs ja och noch nich und ich war ja auch immer somit daß ich mitsprechen konnte im Betrieb über Arbeit*«), wird von ihr selbst bereits im Ansatz unterbrochen und zugunsten des Mannes wieder zurückgenommen (»*aber na ja es gab schon wir haben uns viel über die Arbeit unterhalten insbesondere über meinen Mann seine Arbeit*«). Der Interaktionsfokus liegt auf der männlichen Erwerbstätigkeit, und die Interviewerin ignoriert das vorsichtige »Intermezzo« von Frau Donath, um ihr ursprüngliches Thema, die exponierten Arbeitserfahrungen des Mannes, wieder einzuführen (»*und da sagten Sie daß Ihr Mann 52 zum ersten Mal Aktivist wurde*«). Aber selbst wenn die Erzählerin Gelegenheit hat, die Auszeichnung

---

41 Interview mit Ilse Donath, Transkript.

ihres Mannes aus ihrer Sicht darzustellen (die Hervorhebung der erstaunlichen Prämie, aber auch der kostenintensiven Verpflichtung, für alle bei der Feier Anwesenden »*ne Runde*« zu bezahlen), nimmt sie eine randständige Perspektive ein. Sie betrachtet die Prämie sozusagen aus dem Blickwinkel der Hausfrau.

Interessant an dieser Sequenz erscheint, daß die weibliche Erwerbsarbeit nicht nur im Kalkül der Werksleitung von sekundärer Bedeutung ist, sondern daß sie aus der Sicht der Betroffenen selbst als marginale Aktivität erscheint (»*wir haben uns viel über die Arbeit unterhalten insbesondere über meinen Mann seine Arbeit*«). Die Nachfragehaltung der Interviewerin und ihre Ignoranz gegenüber Frau Donaths Anliegen, auch die eigene Arbeitserfahrung einbringen zu wollen, belegt - mehr als nur implizit - die *Hintergrunddominanz* männlicher Erwerbstätigkeit. Ähnliche Belege finden sich auch in der Erzählung von Frau Philip:

> *und mein Mann der hatte denn zu der gleichen Zeit*
> *aber der ist auf der Warnowwerft gewesen*
> *und aber zeitgleich mit mir wir sind gleichaltrig gewesen*
> *und äh der mußte auch erst zwei Jahre bei Strobelberger*
> *in so n so n Privatkrauter als Lagerarbeiter und so arbeiten*
> *aber der hatte das Glück*
> *dann wurde da nachher denn von der Firma als Lehrling ausgebildet*
> *richtig so als Dings nich*
> *der hat das besser hier in in Griff gekriegt*
> *ging dann auch gleich da nachher zur Warnowwerft*
> *und auf der Warnowwerft hat denn nachher*
> *der hat nachher n besseren Dings gemacht*
> *der ist dann nachher bis zum Ingenieur gekommen*
> *bis zum Architekten denn*
> *aber wie gesagt ich bin einfach geblieben*
> *als ich erst angefangen als Schreibkraft Sachbearbeiterin*
> *und denn das höchste was wir denn nachher*
> *war der Industriekaufmann*
> *so das war die abgeschlossene Ausbildung*
> *und dann blieb ich denn wie gesagt nachher*
> *als der Sohn denn drei Jahre war*
> *hier im Klub im Kindergarten hier bei uns auf der Werft*
> *war ja alles herrlich und damals noch in der Benkestraße.*

> *das waren alles Minutenwege*
> *wo jetzt das Hansakino war*
> *da war früher der der Neptunkindergarten der Kindergarten*
> *und da holte ich ihn abends wieder zurück*
> *und die kriegten denn das Essen von der Neptunwerft geliefert*
> *und denn sagen Sie nicht was wir damals bezahlt haben*
> *ich glaube 30 Pfennig pro Tag*
> *müssen Sie sich mal vorstellen*
> *keine 10 Mark pro Tag nich*[42]

Die Sequenz beginnt allerdings mit einer erstaunlichen Eingangsevaluation. Frau Philip vergleicht den in mehrfacher Hinsicht ähnlichen Berufsantritt ihres Mannes auf der Warnowwerft mit ihrem eigenen Arbeitsbeginn bei Neptun: beide haben zur gleichen Zeit angefangen, beide waren gleichalt, und auch die Anfangsphase ihres Mannes (*»zwei Jahre bei Strobelberger ... als Lagerarbeiter«*) schien keineswegs von Erfolg gekrönt. D.h. der Beginn der Erzählpassage belegt ein hohes Bewußtsein und eine beträchtliche Wertschätzung ihrer eigenen Erwerbstätigkeit als Frau. Daß nach jenem Zeitpunkt die Entwicklung bei ihrem Mann sehr viel erfolgreicher verläuft, daß er schließlich Ingenieur und sogar noch Architekt wird, betrachtet sie als glücklichen Umstand (*»aber der hatte das Glück«*).

Symptomatisch ist, daß sie den beruflichen Aufstieg ihres Mannes nicht mit einem Terminus technicus exakt bestimmen kann, sondern mit der eigenwilligen Verlegenheitsformel *»Dings«* bezeichnet: Den eigentlichen Grund seines Aufstiegs sieht sie in der Chance einer veritablen Berufsausbildung (*»richtig als Dings«*), die ihr selbst verwehrt bleibt. Auch die weitere Karriere des Mannes (*»der hat nachher n besseren Dings gemacht«*) bleibt zunächst semantisch verschlüsselt und wird erst im Anschluß entfaltet. D.h. die männliche Karriere wird nicht als Eigenverdienst des Mannes dargestellt, sondern gleichsam als nicht näher zu bestimmender Zufall. Mit dieser Strategie kann Frau Philip an ihrer ursprünglichen *»Gleichwertigkeit«*, was die Arbeit betrifft, festhalten und im Anschluß ihren eigenen Berufsweg (*»aber wie gesagt ich bin einfach geblieben«*) durchaus nicht ohne Selbstbewußtsein präsentieren (*»erst angefangen als Schreibkraft Sachbearbei-*

---

42 Interview mit Hannelore Philip, Transkript.

terin und denn das höchste was wir denn nachher war der Industriekaufmann so das war die abgeschlossene Ausbildung«).

Sie kompensiert ihre sehr eingeschränkte »Karriere« mit dem Hinweis auf die vorbildliche Unterbringung ihres kleinen Sohnes im Neptunkindergarten (»*im Kindergarten hier bei uns auf der Werft war ja alles herrlich ... das waren alles Minutenwege*«). Anders als bei Frau Toch ist für sie - auf den ersten Blick (s.u.) - die Vereinbarkeit von Berufstätigkeit und Mutterrolle kein zentrales Problem. Im Gegenteil: der Betrieb organisiert sogar die Vereinbarkeitsbedingungen. Freilich, verglichen mit ihrem Mann, muß sie die ursprünglich ähnlichen beruflichen Ambitionen zurückstellen. Eine strukturelle Marginalisierung erfährt auch ihr Berufsweg.

Neue Reproduktionsanforderungen

der Junge wurde ja auch immer größer
man hat sich zurechtgefunden
man hat sich zurechtgefunden
und es ging och
wenn man jung ist wissen Sie
so gehts mir heute och
wenn manche erzählen
meine Tochter hats nicht leicht
da sag ich» Wissen Sie was
das stört mich überhaupt nicht
als ich so alt war
hat ich och meine Probleme
und die waren wahrscheinlich noch viel schlimmer
und die haben wir gelöst
und die lösen die heute och«
Ist doch wahr
I: ja
E: ich mach mir ich mein
ich bin lieb mit meinen Enkelkindern
aber wissen Sie
daß ich mich da nun tot mache in dem Alter
was wird aus denen und wie werden die

> *die sind ordentlich erzogen*
> *und haben eine gute Schulausbildung gekriegt*
> *nun müssen sie sehen*
> *wie sie fertig werden*
> *und den jungen Leuten ist das och gar nicht so angenehm*
> *wenn da die Oma womöglich noch kommt*
> *und och noch das Sagen haben will*
> *das will ich auch nicht ((lacht))*
> *ich freu mich daß es ihnen gut geht (...)*[43]

Frau Donath rekapituliert in einem gewissen biographischen Abstand, wie schwierig die Vereinbarkeit von Beruf und Familie zu organisieren war. Die wörtliche Wiederholung einer keineswegs glanzvollen Bilanz (»*man hat sich zurechtgefunden*«) läßt die Probleme noch erahnen. Auch der plausibilisierende Hinweis, »*und es ging och wenn man jung ist*«, deutet eher auf Mühen als auf Leichtigkeit. Der folgende Vergleich mit der gegenwärtigen Situation der Nachfolgegeneration macht die früheren Belastungen sogar explizit: »*als ich so alt war hat ich och meine Probleme und die waren wahrscheinlich noch viel schlimmer und die haben wir gelöst*«.

Frau Donaths pragmatische und durchaus optimistische Umgangsweise mit den Schwierigkeiten von heute (»*und die lösen die heute och*«) kann von zwei empirischen Tatsachen allerdings nicht ablenken: Es ging und geht um reale Probleme des Alltags (die Verknüpfung von Familie und Beruf), deren Lösung Energie und Geduld verlangt; und es sind vor allem die Frauen, die die Schwierigkeiten beheben müssen - selbst über die Generationsschranken hinweg - als Großmütter - sind sie nicht vollständig entlastet.

> *also ich meine wenn man sich das heute mal so überlegt*
> *muß man ja sagen*
> *daß wir irgendwie kaputt gegangen sein müßten*
> *weils ja gar nicht möglich war nich na ja*
> *und denn bin ich denn*
> *denn hab ich in ner anderen Abteilung angefangen*
> *weil äh da war das auch n bißchen mit den Stellen so*

---

43 Interview mit Ilse Donath, Transkript.

> *und da bin ich denn in der Planung angefangen*
> *und denn bin ich in der Planung geblieben*
> *bis der Sohn dann nachher aus der 5. Klasse kam*
> *da gab es keinen Hort mehr*
> *die wurden nachher in die Schule gingen*
> *auch noch nen Hort bei uns auf der Werft*
> *war auch noch nebenan in der Karl Marx*
> *iner Max Eyth Straße wo jetzt alles weggerissen ist*
> *nich gegenüber n bißchen schräge wo ja das Klubhaus steht*
> *und äh nach der 5. Klasse*
> *dann mußte ich mir dann ne Halbtagsbeschäftigung suchen*
> *denn ich wollte den Jungen nun auch nicht*
> *wir haben nur den einen*
> *den haben wir auch erst nach 5 Jahren gekriegt ((lacht))*
> *da waren wir denn nachher auch froh und glücklich*
> *daß wir den hatten*
> *na ja erst mal wie gesagt das war damals*
> *für die damalige Zeit schon schon etwas besonderes*
> *daß man sich das leisten konnte*
> *3 Jahre zu Hause zu bleiben also wie gesagt*
> *wollten wir denn auch n bißchen mehr anschaffen*
> *ja und denn ging ich denn nachher nen halben Tag arbeiten*
> *und hab denn nachher nen halben Tag gearbeitet*
> *bis er aus der Schule kam*[44]

Die »Präambel« dieser Sequenz verrät noch aus der biographischen Distanz, wie kompliziert die Anforderungen für DDR-Frauen waren, gleichzeitig ein konventionelles Familienleben zu organisieren und zu arbeiten: »*also ich meine wenn man sich das heute mal so überlegt muß man ja sagen daß wir irgendwie kaputt gegangen sein müßten weils ja gar nicht möglich war*«. Frau Philip beschreibt ihre Leistung als Unmöglichkeit oder, härter noch, als eine Belastung, an der man eigentlich hätte zerbrechen müssen. Die folgenden Plausibilisierungen lösen diese dramatisch klingende Eingangsbilanz durchaus nicht ein. Zumindest bis zur fünften Klasse wird der Sohn im Werfthort betreut, danach übernimmt Frau Philip eine Halbtagsstelle und kann die alltäglichen Organisationsanforderungen offensichtlich auch bewälti-

---

44 Interview mit Hannelore Philip, Transkript.

gen. Was die Angelegenheit erschwert, wird in einer Hintergrundkonstruktion von ihr angedeutet: »*denn ich wollte den Jungen nun auch nicht wir haben nur den einen den haben wir auch erst nach fünf Jahren gekriegt da waren wir denn nachher auch froh und glücklich daß wir den hatten*«.

Frau Philip »*wollte den Jungen ... nicht*« gänzlich an die öffentlichen Erziehungseinrichtungen abgeben. Sie war dafür zuständig, eine Lösung zu finden, die den Erwartungen ihres sozialen Umfelds an ihre Mutterrolle entsprach, zumal der Sohn ein lange erwartetes Wunschkind war. Genau diese selbstverständliche Rollenerwartung, in der der Mann offensichtlich von vorherein entlastet zu sein scheint, erzeugt allerdings Probleme, die mit der gesellschaftlichen Organisation ihrer Berufstätigkeit zu tun haben. Ein Halbtagsjob ist, wie wir bereits beim Ankerfall gesehen haben, in den frühen 1950er Jahren nur sehr schwer durchzusetzen (»*das war damals für die damalige Zeit schon schon etwas besonderes daß man sich das leisten konnte*«).

Hier konkurrieren also zwei Prinzipien – die konventionelle Mutterrolle und die gesellschaftlichen Erwartungen an die »werktätige« Frau –, die sich niemals problemlos vereinbaren lassen und die Frauen zwingen, die entstehenden Schwierigkeiten *individuell* zu lösen. Sehr viel stärker als in Westdeutschland, wo die konservative Familienideologie zur dominanten Organisationsform des Privatlebens avanciert, geraten Frauen in der DDR in eine Double-bind-Situation: Sie sollen gewissermaßen das Bild der neuen Werktätigen verkörpern und zugleich noch die traditionelle Mutterrolle ausfüllen. Diese Überforderung rechtfertigt zutiefst Frau Philips Eingangsbilanz: »*also ich meine wenn man sich das heute mal so überlegt muß man ja sagen daß wir irgendwie kaputt gegangen sein müßten weils ja gar nicht möglich war*«.

Vergemeinschaftungskompetenz

ach Gott naja das war nicht viel
naja wie gesagt es gab ab 49 denn die HO
und wenn man dann ein bißchen gehabt hat
dann hat man sich zusätzlich was gekauft nich

> das wurde nach Möglichkeit nicht für Gelage oder was ausgegeben
> sondern für aber ach Gott wir warn ne tolle Truppe
> wir sind immer viel da unten ins
> ins Margaretencafe gegangen am Margaretenplatz
> da sind wir immer viel zusammen gegangen
> ach waren wir jung
> I: Sind Sie nur am Wochenende oder
> E: ach nee
> I: oder auch am Abend
> E: ach nee wissen Sie ich weiß es auch nicht
> das ergab sich einfach
> in Onkel Toms Hütte ist die Truppe auch immer viel gewesen
> am Abend in Gehlsdorf
> dies ergab sich einfach
> stelln Sie sich mal vor Sie sind 30/35 Jahre
> da fragen Sie sich nicht
> wieviel Stunden bleiben noch zum Schlaf
> da hat man wohl dran gedacht
> aber dann ist man trotzdem abends losgegangen
> und war früh müde aber das ging denn auch wieder[45]

Geselligkeit ist eine zentrale Dimension im Leben von Frau Donath. Schon unter sehr eingeschränkten finanziellen Bedingungen gehört das Zusammensein mit anderen zu den Highlights des Alltags. Die Erzählsequenz zeigt, daß die Erzählerin von der Erinnerung geradezu überwältigt wird: »sondern für aber ach Gott wir warn ne tolle Truppe« oder: »ach waren wir jung«. Wie dominant das Zusammensein mit Gleichaltrigen gewesen sein muß, belegt auch die fast wörtliche Wiederholung der geselligen Anlässe (»das (dies) ergab sich einfach«) und der subtile Hinweis auf die Zeit, die dafür aufgewendet wurde (»da fragen Sie sich nicht wieviel Stunden bleiben noch zum Schlaf«). Frau Donath rechtfertigt die exzessiven Cliquentreffen mit der Erwähnung des Jungseins (»stelln Sie sich mal vor Sie sind 30/35 Jahre«). Freilich, dabei wird deutlich, wie unverzichtbar Vergemeinschaftungsaktivitäten im Milieu auch für die Frauen waren. Einen vergleichbaren Enthusiasmus verrät eine Passage aus Frau Kloß' Erzählung:

---

45 Interview mit Ilse Donath, Transkript.

> *der Anfang war phantastisch von dem Kulturhaus*
> *und war nur eigentlich auch für uns*
> *alles was war war eigentlich nur für die Neptunarbeiter*
> *da haben wir Silvester gefeiert und alles wunderschön*
> *das war anfangs sehr schön das Kulturhaus*
> *und was machen sie heute damit? ((lacht))*
> *I: Es gab auch einen richtigen Zusammenhalt in der Brigade*
> *E: Ja ja ja*
> *da hat man sich denn getroffen da nich*
> *I: da waren auch die Ehefrauen mit?*
> *E: Ja ja immer gemütlich zusammen warn wir nich*
> *doch das waren schöne Feste*
> *auch so Abteilungsvergnügen waren darin und alles*
> *dafür wars ja eigentlich hergerichtet worden nich*
> *das war toll wie wir das zuerst besichtigt haben also*
> *da sind wir von den Socken gewesen*
> *(...)*
> *I: Und die Ehefrauen die kannten sich dann nachher auch?*
> *E: Ja ja wir haben uns auch gesehen*
> *wir haben uns immer irgendwo getroffen nich*
> *von der Brigade*[46]

In diesem Segment beobachten wir, daß auch die neuen Infrastrukturen der DDR-Betriebe - in diesem Fall das *Kulturhaus* - zu intensiven Vergemeinschaftungsaktivitäten anregen. Der »*richtige ( ) Zusammenhalt der Brigade*« scheint auf regelmäßige Geselligkeit angewiesen. Dabei übernehmen die Werftarbeiterfrauen eine eigene Funktion (»*wir haben uns immer irgendwo getroffen nich von der Brigade*«). Auch die »klassische« Parzelle hat ihre Vergemeinschaftungsfunktion nicht verloren:

> *I: Hatten Sie gute Kontakte zu den Gartennachbarn rechts und links?*
> *E: Ja also ich muß sagen zu rechts und links nicht so*
> *aber zum Hintermann hatten wir einen*
> *das war mein Mann sein Kumpel*

---

[46] Interview mit Hannelore Kroß, Transkript.

> *und mit dem haben wir immer och Skat gespielt und Bierchen getrunken*
> *wie man das so macht*
> *denn haben wir auch mal gefeiert*
> *wenn Gartenfest war oder auch so mal*
> *wenn denn so nen schöner Tag ist*
> *und wir denn mal draußen mit der Familie gegrillt haben*
> *oder Würstchen gemacht haben*
> *oder wie gesagt mal Kaffee getrunken*
> *und denn nen kleinen Kaffeeklatsch gemacht haben*
> *die Enkelkinder waren denn da auf dem Spielplatz*
> *die waren denn nachher ja auch schon*
> *wie denn unsere Enkelkinder da waren*
> *der ältestete ist ja bei uns groß geworden zwei Jahre lang*
> *nun ist er auch schon 18*
> *wie die Zeit vergeht wie die Zeit vergeht ((Pause))*[47]

Auf der Parzelle werden Arbeitsfreundschaften sozusagen »verlängert« (»*das war mein Mann sein Kumpel*«) und die angenehmen Seiten der bescheidenen Entspannung gepflegt. Dieser Prozeß bezieht sich keineswegs auf Ausnahmesituationen, sondern hat einen hohen Normalitätswert. Am Größerwerden der Enkel (»*der älteste ist ja bei uns groß geworden ... nun ist er auch schon 18*«) wird die Beständigkeit und Selbstverständlichkeit dieser wichtigen Vergemeinschaftungserfahrung konkret: »*wie die Zeit vergeht wie die Zeit vergeht*«.

Frauen sind in diesem Kontext eher »stille Akteure«, aber sie prägen, wie besonders der Ankerfall zeigt, nicht selten die Kontinuität der Vergemeinschaftungspraxis. Diese Funktion fällt ihnen allerdings auch deshalb zu, weil ihre Versorgungsrolle als traditionelle Mutter und Hausfrau in der jungen DDR-Gesellschaft noch keineswegs infrage steht, sondern unreflektiert fortexistiert. Gleichzeitig entstehen jedoch Anforderungen in der Produktion, die zunehmend mehr Frauen berufstätig werden lassen. Die Konsequenzen sind hochambivalent: die Doppelbelastung erscheint schärfer und spürbarer als in Westdeutschland, und in der Produktion können die formalrechtlich gleichen Chancen nicht wirklich realisiert werden. Ergebnis ist der

---

[47] Interview mit Christel Toch, Transkript.

Übergangstypus der »Doppel-Arbeiterin«, dessen Protagonistinnen den Balanceakt gestiegener gesellschaftlicher Anforderungen an Frauen in der Produktion mit der erstaunlichen Beharrungskraft konservativster Geschlechtsrollenvorstellungen individuell bewältigen müssen.

4. Die »neuen Randständigen«

Ankerfall: Albert Reithel

Biographisches Porträt. Albert Reithel wird 1930 in der, wie er selber sagt, *»schönen Slowakei«* geboren. Sein Vater, der als Holzarbeiter oder Waldarbeiter beschäftigt war, ist 1938 im 44. Lebensjahr an einer Lungen- und Rippenfellentzündung gestorben. Seine Mutter versorgt mit den Kindern (außer Albert noch sechs weitere Geschwister) die Landwirtschaft. 1944 wird Albert mit anderen Kindern aus dem Dorf und fünf seiner Geschwister in Bauden im Sudetenland untergebracht. 1945 folgt die Mutter ihnen. Im Oktober 1945 kehren sie mit mehreren Familien zurück in den Geburtsort. Die Slowaken der Nachbarschaft nehmen Albert und seine Geschwister für ein wenig Geld und Essen in ihre Landwirtschaft.

Nach dem Krieg zieht Albert Reithel mit seiner Mutter und den Geschwistern nach Handorf (Kreis Rostock). Dort arbeitet er von 1946-1949 in der Landwirtschaft, *»um auch zu überleben«*. 1949 kommt er mit seinen Brüdern durch die Vermittlung von *»Landsleuten«* aus der Heimat zur Neptunwerft. Zu diesem Zeitpunkt hat Albert Reithel noch keine Ausbildung absolviert. Er beginnt deshalb eine 18-monatige Umschulung als Schiffbauer. Die Lehre fällt ihm nicht leicht, weil er, wie er im Interview sagt, zuvor *»noch nie ein Schiff gesehen«* hat.

Im Anschluß an die Umschulung arbeitet Reithel im Schiffbau. Dort hat er einen schweren Betriebsunfall. Er trägt eine Gehbehinderung davon, ist für 14 Monate krankgeschrieben und muß anschließend deshalb *»zwangsweise ... ins Angestelltentum«*. Diesen Einschnitt in seiner Biographie beschreibt Reithel jedoch nicht als dramatischen

Wendepunkt. Der Wechsel zum Angestellten entspricht seiner eigenen Lebensplanung. In dieser Zeit absolviert Reithel erfolgreich seine Meisterprüfung, lehnt aber eine Meisterstelle bzw. Lehrmeisterstelle ab. Er arbeitet kurzfristig als Lehrausbilder, was er allerdings als Überforderung empfindet. Deshalb verweigert er auch eine berufliche Weiterbildung in dieser Richtung. Stattdessen arbeitet er dann über 33 Jahre als Fertigungstechnologe.

1954 tritt Albert Reithel in die AGW der Neptunwerft ein. Er und vier seiner Brüder sind aktiv am Bau ihres gemeinsamen Hauses beteiligt. Nach Fertigstellung des Hauses führen die fünf Brüder die Familie zusammen: Ihre Mutter und die ledige Schwester kommen nach Rostock, um mit ihnen gemeinsam in dem Haus zu leben. 1959 lernt Albert Reithel seine Frau kennen. 1960 wird geheiratet. 1962 wird der erste Sohn geboren.

Seit 1972 leidet Reithel gelegentlich unter Depressionen. Er kann den Vorwurf, daß seine Berechnungen angeblich nicht stimmen, nicht verarbeiten, obwohl er weiß, daß sie rein rechnerisch in Ordnung sind und es nur um ein taktisches Manöver der Produktionsarbeiter geht. Sie wollen mehr Zeit für die Arbeitsvorgänge haben. Auch die Nichtauslastung des Betriebes macht ihm psychisch zu schaffen. Er besucht deshalb 1972 auf eigenen Wunsch die Nervenklinik, u.a. auch aus Angst vor den Anforderungen, die durch die geistige Arbeit entstehen.

1988 erleidet er einen Nervenzusammenbruch. Diesmal wird er allerdings nicht in eine Klinik eingewiesen, sondern ausschließlich medikamentös behandelt, weil es keinen Platz für ihn in der Klinik gibt. Im Zusammenhang mit dieser Erkrankung bekommt Reithel im Betrieb eine Arbeitszeitverkürzung (6-Stunden Tag), erhält aber die gleiche Entlohnung wie zuvor. Seine Frau unterstützt ihn in dieser labilen Lebensphase mit allen Kräften. Nach zwei Jahren hat Reithel die Krankheit überstanden. Er wird »*auf eigene Entscheidung*« Invalidenrentner. Heute bezieht er Invalidenrente, ist mit seinem Leben zufrieden und bedauert nur, daß er keine Abfindung bekommen hat.

Sein ältester Sohn hat nach dem Abitur in der Schiffselektronik gelernt. Er sollte in Wilhelmstadt studieren, wollte aber Musik machen. Er hat dann im Abendstudium Musik studiert und verdient sich heute mit Musik etwas zusätzliches Geld. Hauptberuflich ist er im Versicherungsbereich tätig. Der jüngste Sohn hat kein Abitur gemacht, aber auch in der Schiffselektronik gelernt. Er hat dann als Dachdecker umgeschult und steht jetzt als Lackierer vor dem Abschluß.

Kernstellen. Die folgenden Schlüsselsequenzen dienen zur Herausarbeitung von Kategorien für den Typus des »neuen Randständigen«.

I
ich hab ja an und für sich
1972 schon etwas äh so Depression gehabt
so etwas unerfüllte - Aufgabe von als Technologe
wissen sie?
I: Mhm
E: /Man hat da was er<u>rechnet</u> und es <u>stimmte</u> nich ((geheimnisvoll))/
also nich deswegen weil wirs falsch berechnet habn
sondern - weil - die Produktionsarbeiter ein <u>so</u> großes Recht hatten
zu <u>sagen</u> - »Das das stimmt nich
ich muß mehr - Geld habn dafür als du berechnet hast« ne?
Und da hat man dann auch gesehn -
daß daß sich Vater Staat damals -
äh die die Produktionsarbeiter -
er_ne äh ähm - <u>warm</u> halten wollte ne?
Daß die nich irgendwie äh zu sehr ähm ne äh also -
durch schlechte Auf_ähm Arbeitsaufträge
daß die nicht äh n bißchen <u>lustlos</u> werdn um schwer zu arbeiten
und dann weniger Geld als wie jetzt Angestellte
und das kam ja dann äh die Ökonomie kam dann ja
äh äh so raus äh nich erst im nachhinein wissen wir das
daß eben äh ein Ingenieur und ein Arzt viel zu wenig verdient hat
im Vergleich zu einem guten Produktionsarbeiter
der - dann auch noch Überstunden gefahrn hat
aber der hatte dann auch noch die die große Steuersache -
äh äh zum Vorteil daß die viel weniger Abzug hatten
als die Angestellten - ja so so war das ne?
Und dann - äh hab ich äh äh -
eben mir gesagt - äh Fertigungstechnologe
und wurd mir son bißchen zum Verhängnis
daß ich das son bißchen nich schlucken konnte

*daß nu schon na damals 1972 äh eben dat nich stimmt
und dann auch wieder warn wir nicht immer ausgelastet
da gabs dann mal zeitweise wieder ein Loch
wo wir wir sehr wenig zu tun hatten ne?*
I: *Mhm*
E: *Da wurde irgendwo ein ein ein Loch gestopft von von Arbeit
und und unsere Arbeit äh war dann nich so gefragt direkt als Angestellter
und da da bin ich doch glatt weg - krank geworden
und hab gesagt
»Frau Doktor ich möchte äh nach nach äh in die äh äh Nervenklinik
da da stimmt was nich
ich möchte stationär behandelt werdn
denn ich komm nich daraus«
Äh ich hab - hat hatte son bißchen Angst vor vor diesen äh geistigen Arbeit ne?
Und=e hat geklappt war drei Wochen stationär ne?
Eine Ruhe ne?
Die Kinder mich besucht meine Frau*
I: *mhm*
E: *und anschließend Urlaub geplant da war ich wieder voll raus*[48]

Gleich zu Beginn dieses Segments wird deutlich, daß Reithel den Anforderungen, die seine *»Aufgabe ... als Technologe«* an ihn gestellt haben, nicht gerecht werden konnte. Er beschreibt seine Funktion deshalb als *»unerfüllte - Aufgabe«*. Reithel reagiert auf die dadurch entstehende Frustration mit einer psychischen Erkrankung, er bekommt eine *»Depression«*. Der Hinweis darauf, daß er *»1972 schon etwas äh so Depression gehabt«* habe, deutet an, daß die Krankheit ihn auch weiterhin in seinem Leben begleitet hat. Wie wir aus dem nachfolgenden Interview wissen, hat er 1988 sogar einen richtigen Nervenzusammenbruch erlitten.

Interessant erscheint allerdings, worin die Ursache der Depression zu suchen ist. Reithel macht deutlich, daß er seiner Aufgabe als Technologe redlich nachgegangen sei, gerade die *»Produktionsarbeiter«* ihm allerdings mit Mißtrauen begegneten. Die Widersprüchlichkeit seiner Situation reproduziert er in dem mit verschwörerischer

---

[48] Interview mit Albert Reithel, Transkript.

Stimme vorgetragenen Satz: »*Man hat da was errechnet und es stimmte nich*«. Unabhängig von der eigenen Kompetenz und Sorgfalt kann das Ergebnis seiner Arbeit beliebig infrage gestellt und kritisiert werden. Reithel sieht sich hier gewissermaßen in einer Double-Bind-Situation: Er muß entweder auf sein professionelles Können als Technologe verzichten und seine Rechnungen den Erwartungen der untersten Produktionseinheiten anpassen, oder er muß sich gegen die offenbar einflußreichen Vertreter der Produktionsarbeiter stellen. Beide Positionen sind gleich unbefriedigend und lassen ihn als Versager oder Verlierer zurück - durchaus ein Anlaß für Depressionen.

Die Erklärung für diese komplizierte Situation sieht Reithel in der neu gewonnenen Autonomie der Produktionsarbeiter. Er sagt: »*die Produktionsarbeiter (hatten) ein so großes Recht (...) zu sagen - »Das das stimmt nich ich muß mehr - Geld habn dafür als du berechnet hast*« ne?« Hier zeigt sich noch einmal aus einem anderen Blickwinkel, was bei der Profilierung des Typus der »neuen Integrierten« bereits differenziert beschrieben wurde: die erstaunliche Autonomie und der ökonomisch durchaus riskante Einfluß der untersten Produktionseinheiten. Zugleich wird deutlich, daß Reithel offensichtlich keinen problemlosen Umgang mit den Arbeitern hat. Er spricht hochdistanziert über »*die Produktionsarbeiter*« und markiert damit den funktionalen Unterschied zwischen sich selbst als Technologen und Angestellten und ihnen als Arbeitern. Verständlicherweise lehnt er ihre neu gewonnene Autonomie ab, die zu allem Überfluß von »*Vater Staat*« akzeptiert wird. Genau darin besteht nämlich sein persönliches Dilemma: Reithel will seine Arbeit gewissenhaft ausführen, wird genau dafür aber von den Produktionsarbeitern angefeindet. Auch wenn er die dahinterstehende Logik durchschaut, kann er sich zumal in seiner Position als Flüchtling und kultureller Außenseiter nicht anders verhalten, wenn er seine professionelle Position nicht gefährden will. Diese Situation wird ihm, wie er sagt, zum »*Verhängnis*«. Er kann »*das son bißchen nich schlucken*« und reagiert mit einer »*Depression*« darauf.

Daß Reithel »*Vater Staat*« durchaus kritisch gegenübersteht, läßt sich auch daran erkennen, daß er seine Verärgerung über die schlechte »*Ökonomie*«, z.B. auch die nach seiner Meinung ungerechte

Bezahlung der Angestellten, ausdrückt. Er leidet unter der mangelnden Planungslogik des Betriebes, die dazu führe, daß seine »*Arbeit äh (...) dann nich so gefragt (war) direkt als Angestellter*«. Für ihn stellt diese Situation eine besondere Belastung dar, weil er aufgrund seiner Behinderung auch keine andere Tätigkeit in der Produktion annehmen kann.

Trotz aller Kränkung und Verzweiflung über die unbefriedigende Arbeitssituation und die »*Angst vor vor diese(r) äh geistigen Arbeit*« bleibt Reithel in gewisser Weise Akteur seiner Biographie. Er läßt sich von seiner Ärztin in die »*Nervenklinik*« einweisen und evaluiert diesen Klinikaufenthalt sowie den anschließenden Urlaub positiv: »*da war ich wieder voll raus*«. Allerdings läßt die Klinikszene auch das Ausmaß seiner sozialen Desintegration im Betrieb erahnen. Von einem Besuch seiner Arbeitskollegen im Krankenhaus ist nicht die Rede. Dafür scheint die familiale Vernetzung umso intakter. Reithel erwähnt ausdrücklich, daß ihn seine Frau und seine Kinder besucht haben.

> II
> *also menschliche Verbindung is eine sehr schöne Sache*
> I: mhm
> E.: *und das habn wir in unserer Ehe so gepflegt*
> *eben und nicht nur mit mit Verwandten nich -*
> *ja aber wenn man keinen Garten hat*
> *dann hat man die Freizeit -*
> *bei beim letzten aufzuhören dann als Verwandten zu besuchen*
> *und beim ersten wieder anfangen -*
> *wenn wenn wir -*
> *äh jetzt nicht so alle zwei Jahre hinkonnten*
> *in den Geburtsort Slowakei -*
> *da sagt die Cousine die dort mutterseits noch lebt mit ner Großfamilie:*
> /»*Na was ist denn mit Albert los und Rita ne?*
> *Die sind doch sonst immer gekommen ne?*« ((in verwundertem Tonfall))/
> *Na - das das is schon - eine Sache*
> *daß wir dort äh 25 Mal waren ne?*
> *Und das sind von Rostock - 1100 Kilometer* hin *- ja?*

I: Mhm
E: Ne Ve_äh also menschl_menschenverbindlich
is das Schönste was man überhaupt machen kann - ne?
[...]
wenn wir als als Großfamilie
wenn wir einmal pfeifen dann sind wir 20 Mann
<u>mindestens</u> *zum Geburtstag*
und <u>dann</u> wird auch <u>gesungen</u> und <u>gelacht</u> ne?
Musiziert - das da hat man regelrecht das äh Verlangen nach
da fehlt uns was
wenn wir dann mal äh eben nich so singen
nur erzählen - der Gesang - ja singen müssen nachher alle ne?

»*Also menschliche Verbindung is eine sehr schöne Sache*«, mit dieser »Präambel« beginnte Reithel das vorliegende Segment. In dem Terminus »*menschliche Verbindung*« liegt offensichtlich mehr als eine Ankündigung beliebiger sozialer Kontakte. Die beiden ersten Folgeassoziationen bestätigen diese Vermutung: »Ehe« und »Verwandtschaft« annoncieren, was der Erzähler intendiert. Der Versuch, über diesen Vergemeinschaftungszusammenhang hinauszugehen (»*eben und nicht nur mit mit Verwandten*«), wird mit pragmatischen Argumenten rasch zurückgenommen (»*ja aber wenn man keinen Garten hat*«). Das Thema der folgenden Passagen ist in der Tat die »*Verwandtschaft*« und die »*Großfamilie*«. Um deren Fortexistenz zu garantieren, werden erstaunliche Opfer gebracht, nämlich die regelmäßige Reise in die Slowakei (»*na - das das is schon - eine Sache daß wir dort äh 25 Mal waren ne? Und das sind von Rostock - 1100 Kilometer <u>hin</u> - ja?*«). Das ist, wie Reithel sich ausdrückt, »*menschenverbindlich*« und »*das Schönste was man überhaupt machen kann*«. Die Vorteile erscheinen nachvollziehbar (»*wenn wir als als Großfamilie wenn wir einmal pfeifen dann sind wir 20 Mann <u>mindestens</u> zum Geburtstag und <u>dann</u> wird auch <u>gesungen</u> und <u>gelacht</u> ne? Musiziert - das da hat man regelrecht das äh Verlangen nach da fehlt uns was*«), freilich den beschriebenen Aufwand nicht vollständig zu rechtfertigen.

Reithel berührt hier implizit beides: Integration *und* Isolierung. Gerade indem er anknüpft an »vormoderne« Vergemeinschaftungsmuster der »*Großfamilie*«, deren Wurzeln noch dazu mehr als 1.000 km entfernt liegen, zeigt er die Distanz zum Werftmilieu, in dem er allenfalls marginale Kontakte unterhält. Seine Familienkultur, die ihm selbst als »*menschliche Verbindung*« und »*das Schönste*« erscheint, ist für das Rostocker Arbeitermilieu unbestreitbar etwas Fremdes. Sein »soziales Kapital« ist gleichsam auf der Werft ohne Wert. Das bringt ihn verständlicherweise auch psychisch in schwierige Situationen.

III
I: mh ich mein jetzt auch so -
unmittelbar in der Zusammenarbeit miteinander
da - war das [die Herkunft aus der Slowakei]
auch unbedeutend geworden?
E: Ja - unbedeutend -
aber man hatte dann mit Mecklenburgern auch so -
guten Kontakt als wenn man selber Mecklenburger wär
I: mhm
E: da konnte man äh Freunde gewinnen -
äh wie s normal is mit <u>jeden</u>
das spielte keine Rolle -
die habn gewußt - daß ich äh ein Landsmann bin aus eben Slowakei -
und jeder wußte von wen von jeden
wo er herkam
das spielte keine Rolle
I: mhm
E: eine Herde war das dann -
äh kein schwarzes Schaf dazwischen ((lacht/3 sec.))
I: mhm
E: da kann man ((hustet/2 sec.)) kann manches durchdringen -
daß man irgendwie nörgelt und - Rucksackdeutsche
und und und und was de so alles für Worte gab ne?
Daß oder durch den Akzent denn n bißchen benachteiligt wird ne?
Denn bei mir - finden se dat nich so schnell raus
äh äh äh daß ich zwar kein Mecklenburger bin
durch durch die Aussprache und n härteren Akzent
aber dann wird schon geraten -
dann Schlesier oder Preuße oder /oder eben ((lachend))/
sonst woher ne? -

Man spürt die Isolation in der Betonung der Integration. Reithel entwirft das Bild einer idealen multikulturell-deutschen Kommunität (»*und jeder wußte von wen von jeden wo er herkam das spielte keine Rolle ... eine Herde war das dann - äh kein schwarzes Schaf dazwischen*«). Die Metapher von der »*Herde*« und dem »*schwarzen Schaf*« deutet allerdings auf eine rigide Anpassungsleistung: Mitlaufen und unter keinen Umständen abweichen, das scheint Reithels Strategie zu sein. Diese Handlungsmaxime hat offensichtlich einen Hintergrund, der am Sprachproblem besonders transparent gemacht werden kann: Abweichung (»*Rucksackdeutsche*«) war, so scheint es, am Akzent schnell zu identifizieren (»*durch den Akzent denn n bißchen benachteiligt*«). Reithel glaubt allerdings, daß er selbst »*nich so schnell*« als Fremder erkannt wird.

Natürlich macht er mit dieser Überlegung klar, daß auch auf der Werft massive Inklusions-Exklusions-Mechanismen wirksam waren. Er selbst rechnet sich noch zu den »*Dazugehörigen*«. Aber seine Differenzierungen zeigen, daß er allenfalls an der Peripherie des Kernmilieus angesiedelt werden kann. Im Milieuraum der Neptun-Werft sind also durchaus Distinktionsdynamiken zu beobachten, und die Fremdheit der Dazugekommenen (»*Rucksackdeutsche*«), die sich erlauben, ihre eigene Kultur weiterzupflegen, ist keineswegs ein Integrationsmotiv.

Zusammenfassung. Reithel ist kein Akteur im Kernmilieu der Rostokker Werftarbeiter. Er steht am Rande. Dabei scheint er durchaus auf Anerkennung und Integration angewiesen zu sein und verhält sich nicht etwa *selbstexklusiv* wie die Repräsentanten des »Außenseitertypus« im westdeutschen Arbeitermilieu. Er will sich anpassen, auch durch seinen sprachlichen Akzent möglichst nicht auffallen. Dabei gerät er in Schwierigkeiten, die sich massiv auf seine psychische Konstitution auswirken. Dennoch kann seine Familie die Probleme auffangen. Allerdings besteht gerade in der Praxis familiärer Vergemeinschaftung über kulturelle Grenzen hinweg auch eine deutliche Distanz zum Milieu. Inklusion und Exklusion in frühen DDR-Arbeitermilieus werden an Reithels Biographie besonders deutlich. Diese Überlegungen machen die folgenden drei Kategorien für den Typus des »neuen Randständigen« außerordentlich plausibel:

- Überangepaßtheit;
- mangelnde soziale Vernetzung im Betrieb;
- kulturelle Fremdheit.

Überangepaßtheit

so dann hab ich in Betrieb angefangen hier äh
als äh Reinigungskraft
hab denn äh als Transportarbeiter
denn äh als Brenner denn äh
um eine höhere Lohngruppe zu erreichen
hab ich denn äh Beruf als Schiffbauer gemacht
und bin denn im Schiffbau gelandet
speziell im äh Doppelbodenbau und äh
hab denn nach äh drei Jahren denn wieder Meisterschule besucht
die ich denn auch abgeschlossen hab
war dann in fünfzehn Jahre Gruppenleiter und äh
dann kam äh ein kleiner Knick in mein äh Berufstätigkeit
ich war kein Genosse
und da wurde ich abgesetzt äh als Gruppenleiter
und wurde ein Genosse eingesetzt im Rahmen der Rationalisierung
das sollte denn so aufgepuscht werden
nach hier neue Technik und und und
aber dann äh sollte da n Genosse das leiten
und ich wurde dann eben abgesetzt
und da hatte ich son klein Rückschlag bekommen
in meiner äh Arbeitsinitiative
denn (...)
so und äh im Betrieb war denn lange Zeit auch tätig äh
wie gesagt als Gruppenleiter und als Sportorganisator äh
einmal in ner Gruppe und einmal in ner Abteilung und äh wie das
so war
ging das ja alles äh wie gewohnt die Sache in Richtung Politik und
so weiter[49]

---

[49] Interview mit Hans Reithel, Transkript.

Hans Reithel hat eine erstaunliche innerbetriebliche Karriere gemacht, von der »*Reinigungskraft*« zum »*Gruppenleiter*«. Die Vielzahl der Stationen deutet darauf hin, daß er sehr rasch bereit gewesen sein muß, sich mit ihm angetragenen neuen beruflichen Situationen vertraut zu machen. Auch seine Absetzung als Gruppenleiter und die Ersetzung durch einen »*Genossen*« nimmt er ohne jeden Widerspruch hin. Zwar spricht er von einem »*klein Rückschlag*« (»*kleiner Knick*«) in seiner »*Arbeitsinitiative*«, aber er bewertet seine Ersetzung durch den Parteimann als durchaus erwartbar und normal: »*ging das ja alles äh wie gewohnt die Sache in Richtung Politik und so weiter*«.

Seine marginale Position im Milieu läßt einen Protest nicht zu. Im Gegenteil: wenn er die relativ günstigen Stellungen, die er jeweils erreicht hat, nicht gefährden will, ist er zu defensiver Anpassung gezwungen. Und genau das unternimmt er auch. Eine ganz ähnliche Mentalität verrät Jürgen Gebhardt:

> *wir hatten zweieinhalb Jahre Lehrzeit -*
> *und hatten in dem ersten Jahr drei Tage Schule - -*
> *und haben sehr viel - also natürlich das Politische*
> *ist natürlich auch immer drin gewesen*
> *das ist klar -*
> *aber das war muß ich ganz ehrlich sagen -*
> *war nicht der - war wenig Prozent - sehr wenig - nich -*
> *man mußte sich natürlich -*
> *konnte nicht dagegen sein oder irgend_*
> *das ist schon richtig*
> *aber man konnte auch mitschwimmen -*[50]

Gebhardt hat seine affirmative Haltung auch dem Interviewer gegenüber nicht aufgegeben. Die Erinnerung an die Lehrzeit dient zunächst dazu, »*das Politische*«, dessen positive Konnotation in der Nach-Wende-Ära nicht gerade opportun wäre, zu neutralisieren (»*war wenig Prozent - sehr wenig - nich*«). Die Legitimationsfloskel »*man mußte sich natürlich - konnte nicht dagegen sein oder irgend_ das ist schon richtig*« erscheint als Genotypus der Exkulpation aller Mitläufer. Daß er dieses Credo in dem knappen Fragment ausdrücklich

---

50 Interview mit Jürgen Gebhardt, Transkript.

formuliert (»*aber man konnte auch mitschwimmen*«), ist verräterisch genug.

Mangelnde soziale Vernetzung im Betrieb

Randständigkeit im Ost-Arbeitermilieu bedeutet keineswegs soziale Inaktivität, sie scheint allerdings durch schwache soziale Vernetzung im Betrieb charakterisiert zu sein. Im Falle der Reithel-Familie wird dieser Mangel durch starke familiäre Kontakte und Affinitäten kompensiert:

> *und dann sind wir auch äh*
> *um die Freizeit jetzt noch zu nennen*
> *sind wir auch hier*
> *haben wir uns abgewechselt jedes Wochenende äh*
> *ist denn einer zu Muddern aufs Land gefahren*
> *und Muddern hat uns dann auch immer versorgt*
> *mit son bißchen son son äh äh*
> *vorprogrammiert oder vorgearbeitet äh*
> *hier zum Essenkochen hier so Einbrenneschaum gemacht*
> *und und und*
> *[...]*
> *und da und neben das äh Kuriose nebenan*
> *das war noch n kleines Zimmer da wohnten äh*
> *zwei Brüder drin und dann haben wir zu sechst*
> *dann praktisch dann äh ((lacht))*
> *im kleinen Zimmer gegessen ((lacht))*
> *und da äh das ging dann äh*
> *ungefähr vier Jahre oder fünf Jahre*
> *dann haben wir ne größere Wohnung bekommen*
> *und dann sind wir in ne Genossenschaft eingetreten hier*
> *und (...)*
> *haben wir hier selbst gebaut das Haus hier*
> *also mit Handlangern*
> *das war wie gesagt so die äh Freizeit*
> *natürlich äh gabs da so nicht äh viel Komfort*
> *das wurden da auch ach hier drüben haben wir auch Fußball gespielt*
> *hier noch wo wir hier waren*
> *hier war äh ne kleine Wiese*

> *hier haben wir Ligafußball gespielt*
> *und was wir auch äh viel gemacht haben*
> *wir hatten ja Kohleheizung*
> *immer das Holz gesägt auf aufm Hof*
> *und ne Nische gemacht und Holz also wir waren immer beschäftigt*
> *Mudder hat immer dafür gesorgt*
> *daß immer n guter Vorrat war äh und äh*[51]

Die Episode zeichnet das Bild einer intakten Familienidylle, die von der Mutter zusammengehalten wird (»*Mudder hat immer dafür gesorgt*«). Die Art, wie die Söhne für ihre Mutter sorgen und umgekehrt die Mutter auch für sie, zeigt allerdings, daß die Ursprungsfamilie Zentrum des sozialen Lebens ist, nicht etwa das Werftmilieu. Die gemeinsam bewältigte Kargheit und Einfachheit (»*dann haben wir zu sechst dann praktisch ... im kleinen Zimmer gegessen*«), auch die wenigen Vergnügungen (»*hier haben wir Ligafußball gespielt*«) neben ständiger Arbeit in Haus und Hof (»*also wir waren immer beschäftigt*«) lassen keinen Raum für andere soziale Kontakte. Die Reithel-Familie ist gleichsam strukturell von dem sozialen Leben des Kernmilieus der Rostocker Werftarbeiter abgeschnitten.

Kulturelle Fremdheit

Die Erinnerungen Albert und Hans Reithels an ihren Familien- und Verwandtschaftszusammenhang belegen auf überzeugende Weise beide Dimensionen: die mangelnde Inklusion in ein Betriebsmilieu, das aktive Teilnahme verlangt, und Muster der Exklusion, die an der Konfliktlinie fremder Wertvorstellungen und Normen, besonders eines »vormodernen« ethno-familialen Lebenszusammenhangs, entstehen. Wenn Albert Reithel rekapituliert,

> *bei beim letzten ufzuhören dann als Verwandten zu besuchen*
> *und beim ersten wieder anfangen,*[52]

---

51 Interview mit Hans Reithel, Transkript.
52 Interview mit Albert Reithel, Transkript.

dann wird evident, daß die »freie« Zeit *Zeit für die Familie* bedeutet. Das Netz eines Zusammenhangs, dem sich der einzelne nicht wirklich entziehen kann (s. die Frage der Verwandten im slowakischen Heimatort: »*na was ist denn mit Albert los und Rita ne? Die sind doch sonst immer gekommen ne?*«), bildet eine kulturelle Barriere für die problemlose Integration in das Rostocker Werftarbeitermilieu. Randständigkeit erscheint hier als naturwüchsiges Phänomen. Sie ist einer Eigendynamik geschuldet, an der die einzelnen Akteure nur begrenzt mitwirken. Wir haben es mit der Konfrontation zweier kultureller Muster zu tun, die freilich das soziale Kapital der unterlegenen Variante drastisch begrenzt. Ethno-familiale Aktivitäten bleiben, was die Integration in ein wie immer geartetes »Kernmilieu« angeht, kontraproduktiv.

Die »neuen Randständigen« erfüllen offensichtlich aus verschiedenen Gründen nicht die unausgesprochenen Verhaltenserwartungen, die im Milieu gelten. Ihre Bereitschaft zur Überanpassung, die zweifellos ein Produkt ihrer Unsicherheit im Milieu darstellt, verletzt das *Autonomiemotiv*, das im Kernmilieu dominant ist. Ihre exzessive Interaktionspraxis im Familienkontext begrenzt die Ressourcen an *sozialem Kapital*, die benötigt werden, um im Milieu Einfluß zu nehmen. Die Fremdheit der Norm- und Wertvorstellungen schließlich aktiviert zumindest versteckte *Exklusionsmechanismen* im Mehrheitsmilieu. Das schließt übrigens die Integration der nächsten Generation nicht aus, erschwert aber auch sie.

5. Bewegungen im Milieuraum »Ost«

Wie im westdeutschen Werftmilieu der 1950er Jahre lassen sich auch im ostdeutschen Milieuraum Bewegungen und Dynamiken erkennen. Die identifizierten Submilieus stehen jeweils für bestimmte Akteursprofile im sozialen Raum. Während allerdings im Westen starke Spannungen zwischen einem »Modernisierungspol« und einem »Beharrungspol« auftreten[53] und die Aktivitäten vor allem der »*Protagonisten*« in Richtung einer »Etatisierung des Milieus« tendieren[54], die

---

53 Vgl. noch einmal ausführlich das vorangegangene Kapitel 11.
54 Vgl. dazu ausführlicher das Folgekapitel.

zweifellos nachhaltige Modernisierungseffekte enthält, läßt sich im Osten in mehrfacher Hinsicht ein Gegentrend beobachten: Das Milieu modernisiert sich nur schwach und zeigt auch keinerlei Erosionserscheinungen. In gewissem Sinn können wir sogar von einer *Retraditionalisierung* des Arbeitermilieus sprechen. Eine Dynamik entfaltet sich zwischen den Polen »Autonomie« und »Konformität«, und statt einer politisch geradezu nahegelegten »Etatisierung der Arbeiterklasse« entsteht ein *autonomes Gegenmilieu*. Für dieses Milieu stehen die *»neuen Integrierten«*, der zweifellos interessanteste Akteurstypus im Ostmilieu. Aus solchen vorsichtigen Trends läßt sich der Milieuraum mit Hilfe der oben eingeführten Skizze in seiner Bewegungsdynamik noch einmal plastisch darstellen:

Schaubild 16: *Spannungsfeld des Milieuraums (Neptunwerft)*

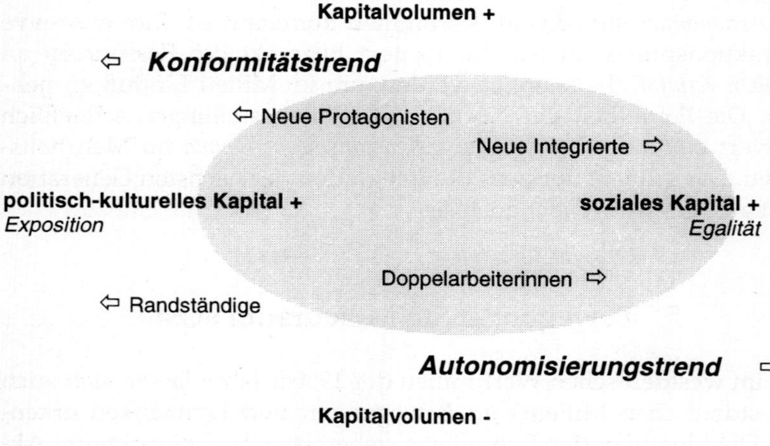

Kapitalvolumen +

⇦ **Konformitätstrend**

⇦ Neue Protagonisten

Neue Integrierte ⇨

politisch-kulturelles Kapital +
Exposition

soziales Kapital +
Egalität

Doppelarbeiterinnen ⇨

⇦ Randständige

Autonomisierungstrend ⇨

Kapitalvolumen -

Auch die Ost-Graphik macht zwei Ergebnisse der bisherigen Interpretation transparenter: Sie zeigt, daß es selbst für den DDR-Milieuraum durchaus Sinn macht, von einem »Kernmilieu« zu sprechen, dem neben den »neuen Integrierten« auch die »neuen Protagonisten« und die »Doppel-Arbeiterinnen« zugerechnet werden müssen. Dieses Kernmilieu grenzt sich erkennbar von den »neuen Randständigen« ab. Im Gegensatz zu den Binnendynamiken des Westmilieus scheint nun freilich das Kernmilieu »Ost« sehr viel stabiler zu wirken und mit seiner Tendenz zur Autonomie in den 1950er Jahren sogar noch zu wachsen. Allerdings deuten die sorgfältige Auswertung der Quellenlage[55] und einige hochinteressante Hinweise aus dem biographischen Textmaterial zumindest darauf hin, daß ein bestimmter Aspekt des »Kernmilieus« der Neptunwerft durch die Interviews nur ansatzweise repräsentiert wird. Und da wir die nicht unbegründete Vermutung hegen, daß es hier möglicherweise um eine spezifische und unverwechselbare Dimension des DDR-Arbeitermilieus gehen könnte, sollte eine »Rekonstruktion mit anderen Mitteln« zumindest den Versuch wert sein.

Zwei interessante Entwicklungssymptome

Die Entwicklung des Arbeitermilieus in der SBZ und der frühen DDR ist, wie wir gesehen haben, durch eine Reihe von Rahmenbedingungen gekennzeichnet, die unübersehbare Spuren hinterlassen. Zunächst verleiht der Aufbau eines sozialistischen Teilstaatsgebildes der »Arbeiterklasse« als ganzer, besonders jedoch bestimmten Aspekten der Tradition der Arbeiterbewegung, ein symbolisches Gewicht, das sich von den realen kulturellen Ausdrucksformen der Arbeiterschaft ablöst, für das politische Machtzentrum jedoch zu einer kaum zu unterschätzenden Legitimationshypothek zu werden beginnt. Bei allen zentralistischen Planungen zur Umstrukturierung der Gesellschaft darf eine bestimmte Loyalitätsschwelle nicht unterschritten werden: ein »Arbeiter- und Bauernstaat« kann nicht *gegen* die Arbeiter und Bauern aufgebaut werden. D.h. aber, daß die ureigensten Anliegen der Arbeiterschaft, angemessene Lebensbedingungen, gesicherte Arbeit und ein guter Lohn, nicht nur ideologisch, sondern auch real garantiert werden müssen.

Die Nachkriegssituation erschwert nun freilich nicht allein die Garantie angemessener Lebensbedingungen, die bis tief in die 1950er

---

55 Vgl. ausführlich Kapitel 4.

Jahre hinein nicht gegeben werden kann; sie macht aufgrund von Industriedemontagen (des sozialistischen »Bruderlandes« Sowjetunion!) und dramatischer Rohstoffknappheit auch das Recht auf Arbeit zu einem zentralen Problem der politischen Planung. Symbolische Gratifikationen wie die rasche Durchsetzung von Bildungs- und Leitungsaufstiegen für eine zahlenmäßig kleine Arbeiterelite können diese Dilemmata nicht ausgleichen. Vollends ungelöst bleibt die Entwicklung eines befriedigenden Lohngefüges, das (a) von der Arbeiterschaft akzeptiert wird und (b) auch den ökonomischen Optionen einer funktionierenden Planwirtschaft Rechnung trägt.

Probleme zeichnen sich, wie wir bei den bisher vorgestellten Akteurstypen gesehen haben, deshalb gar nicht an einer ideologischen Konfliktlinie ab, sondern in relativ pragmatischen Bereichen des alltäglichen Lebens. Die oben ausführlich beschriebene Belegschaftserweiterung der Neptun-Weft im Jahre 1949, die in diesem Ausmaß betriebswirtschaftlich zweifellos unbegründet und organisationssoziologisch äußerst riskant war, führt erstaunlicherweise nicht zu dramatischen Konflikten innerhalb der Arbeiterschaft, sondern zu einer subtilen Konfrontation der »Basisakteure« in der Produktion mit den Ebenen der betrieblichen Planung und Leitung, zu der selbstverständlich - zumindest symbolisch - auch die Betriebsparteileitung und die Betriebsgewerkschaftsleitung gerechnet werden. Dieser verdeckte Konflikt »institutionalisiert« sich in den kontinuierlichen und ökonomisch prekären Bargainingprozessen um angemessene Löhne, die keineswegs nur in der Rostocker Neptunwerft zwei symptomatische Entwicklungen erzeugen:

(1) einen deutlichen Autonomiegewinn der untersten Produktionseinheiten und
(2) einen sukzessiven Zerfall der Produktivitätsstandards.

(ad 1) Die Brigade als unterste Produktionseinheit und besonders der Brigadier, der sich zunehmend zum »Tarifspezialisten« und »Bargainingvirtuosen« bei der Festsetzung neuer *Arbeitsnormen* entwickelt, bilden gewissermaßen den Kristallisationskern eines autonomen proletarischen Gegenmilieus, das viele Elemente traditioneller deutscher Arbeiterkultur in sich trägt, aber auch neue Merkmale ausbildet. Wie entscheidend die gleichsam »suborganisatorisch« durchge-

setzte Lohnautonomie schon in den frühen 1950er Jahren ist, zeigt sich in den Auseinandersetzungen um den 17. Juni 1953. Der Ankerfall der »neuen Integrierten« deutet dies an. Bereits zu diesem Zeitpunkt spricht die eskalierende Normübererfüllung in vielen Industriebetrieben dafür, daß bei der Normfestlegung die Durchsetzungsmacht der Brigaden und das Geschick der Brigadiere die Einigung auf »reelle« Normen zugunsten einer Verbesserung der Lohnsituation haben verhindern können. Der staatliche Versuch oktroyierter Normverschärfungen durchbricht ganz offensichtlich die stillschweigend etablierte Praxis der Basisbeteiligung und führt zu manifestem Widerstand. Dessen politisch-symbolische Kraft ist offenbar so nachhaltig, daß z.b. auf der Neptunwerft unmittelbar nach dem 17. Juni 1953 eine Verfügung des Werkdirektors verbreitet wird, in der *»alle gegen den Willen der Kollegen angeordneten Normen ... zurückgezogen«* werden und künftig *»Normerhöhungen ... nur mit Zustimmung der Arbeiter durchzuführen«* seien.[56]

Die Autonomie der untersten Produktionseinheiten hat sich also durchgesetzt. Der SED-Staat kapituliert vor einer *»informellen Rätestruktur«* des Produktionsbereichs. Dabei handelt es sich ausdrücklich nicht um einen politisch-ideologischen »Sieg« der Arbeiter, sondern um die pragmatisch durchgesetzte Autonomie in Lohnfragen. Der halbherzige Versuch, diesen Effekt durch Abschaffung der Brigaden (1957) noch einmal rückgängig zu machen, hat keine Auswirkungen, weil die Bargainingstrukturen praktisch erhalten bleiben. Die Wiedereinführung unter dem Etikett der »sozialistischen Brigade« (ab 1958) vergrößert sogar die Autonomie der Basiseinheit, weil sie nun auch auf den Reproduktionsbereich ausstrahlt. An der alltagspraktischen Problematik der Lohnauseinandersetzung (über die Festlegung der Norm) kristallisiert sich in der frühen DDR der Kern eines autonomen Arbeitergegenmilieus heraus.

(ad 2) Das ökonomische Ergebnis dieser sozialstrukturell außergewöhnlich interessanten Entwicklung ist freilich prekär. Während der 1950er Jahre nehmen »Normübererfüllungen« drastisch zu. 200-prozentige, sogar 300-prozentige Normerfüllung sind keine Aus-

---

56 LA Greifswald, Rep. GO Ro.-Stadt IV/7/029/234

nahmen.[57] Auch künstlich erzeugte Höchstleistungen (z.B. das Verschweigen von Überstunden, um einträglichere Normübererfüllung zu suggerieren) gehören in diesen Zusammenhang. Dabei sinkt die Produktivität. Klare Standards sind nicht mehr auszumachen; Planungsrationalität wird verunmöglicht. Hinzu kommt, daß durch Leistungslöhne und Gruppenlöhne das Lohnsystem derart zerfasert, daß eine leistungsgerechte Entlohnung nicht mehr gewährleistet werden kann. Die relative Basisautonomie wirkt ökonomisch kontraproduktiv - womöglich der Keim des späteren wirtschaftlichen Zerfalls.

Exkurs
Literarische Spuren eines ostdeutschen »Gegenmilieus«

In den 1960er Jahren ist die symbolische Bedeutung dieses Prozesses durchaus noch präsent. Einer der bemerkenswertesten Filme in der Geschichte der DEFA, die Frank-Beyer-Inszenierung »*Spur der Steine*« (übrigens mit Manfred Krug in der Hauptrolle eines Zimmermann-Brigadiers mit eigenem Kopf) widmet dem Autonomiemotiv einen erstaunlichen Raum. Allerdings verschwindet der Film drei Tage nach seiner Premiere 1966 im Ost-Berliner Kino *International* aus dem Programm und wird erst nach 1989 wieder gezeigt. Offenbar ist auch zu diesem Zeitpunkt das Thema noch zu heikel. Sein Drehbuch basiert auf einem literarisch zweifelhaften, unsäglich pädagogisierenden Roman von Erik Neutsch, der ebenfalls 1966 erschienen war. Kernstellen dieses Romans - gleichsam »gegen den Strich« gelesen - vermitteln einen vagen Eindruck jenes autonomen Gegenmilieus, das in unseren Interviews zwar aufscheint, aber explizit nur am Rande zur Sprache kommt.

Der »Plot« des fast 1000 Seiten starken Romans ist schnell erzählt: Der robuste Brigadier einer Zimmermannsbrigade, Hannes Balla, ebenso arbeitsfähig wie unberechenbar, wandelt sich vom egoistischen »Kohlemacher« zum Helden der Arbeit und zum loyalen Parteigenossen der SED. Dieser Wandlungsprozeß verdankt sich auch

---

57 Vgl. hier noch einmal Kapitel 6.

dem Parteisekretär der fiktiven Großbaustelle, die den Ort der Handlung bildet, einem dynamischen und unorthodoxen Organisator namens Horrath, der Balla nicht allein als Kommunist, sondern auch als Mensch überzeugt. Freilich, gerade das Menschliche bringt schließlich Horrath zu Fall. Er verliebt sich in die junge Ingenieurin Katrin Klee, beginnt neben seiner Ehe mit ihr ein Verhältnis und zeugt sogar ein uneheliches Kind. Sein moralisches Scheitern besteht nun darin, daß er sich weder vor seiner Frau noch vollends vor der Partei zu dieser Liebe bekennt, was sie schließlich zerstört und auch zum Ende seiner Parteikarriere führt. Balla, der seinerseits ein Auge auf Katrin geworfen hat, ist trauriger Zeuge dieses Niedergangs. Ein Happy-End bleibt aus. Der Roman schließt mit einer elegischen Reflexion über »den Kommunismus hier drinnen«. Die Rahmenhandlung wird flankiert durch eine Reihe zweitrangiger Akteure: dem überforderten Großbaustellenleiter, einem schüchternen, aber begabten Ingenieur aus protestantischem Hause, der als Kind geschändeten Ehefrau des Parteisekretärs, einem bornierten Parteifunktionär ohne Bezug zum realen Leben, dem forschen Altkommunisten und Widerstandskämpfer, Mitglied des Politkomitees, der auf jedes Problem eine Antwort weiß, und sogar dem Staatsratsvorsitzenden. Alle Charaktere wirken konstruiert, kaum eine der beschriebenen individuellen Entwicklungen kann überzeugen, aber das versteckte Hintergrundthema, wie gewinnt die DDR bei den großen Aufgaben der Zukunft die veritablen Arbeiter, läßt sich durchaus erkennen. An einigen Kernstellen des Romans wollen wir diese Hypothese zu belegen versuchen:

»Horrath spürte die eisige Ablehnung des Brigadiers, spürte, daß er von Balla geschnitten wurde. Er konnte sich den Grund dafür nicht erklären. Vielleicht, dachte er, will er sich nur in seiner Arbeitswut nicht stören lassen. Diese Sorte von Zimmerleuten hält jeden, der nur kommt, um mit ihnen zu reden, für völlig überflüssig auf der Welt. Die Jacke sollte ich ausziehen und ihm beispringen, damit er nicht denkt, ich fürchte den Schmutz an den Händen. Ehe mich die Partei auf die Schule schickte, lieber Balla, bin ich Tag für Tag in den Schacht gefahren. Glaub nicht, daß das ein Vergnügen war, wenn wir auf dem Bauch lagen und bohrten. Oder ich muß ihn daran erinnern, daß wir uns schon einmal trafen, wenn auch nur flüchtig. Genauso habe ich dich noch in Erinnerung, im linken Ohr die Perle: 'Einen schönen Gruß soll ich euch bestellen, von der Ostsee, vom Rostocker Hafen.'

Balla horchte auf. Er richtete sich überrascht in den Knien hoch und blickte Horrath prall in die Augen. Aber er verriet mit keiner Miene, was er dachte. Von Rostock einen schönen Gruß? Sollten wir uns dort schon einmal begegnet sein? Dein Gesicht kam mir gleich nicht geheuer vor. Als ich dich vor ein paar Tagen sah, allerdings nur von weitem, war mir, als kennten wir uns. Doch unsere Bekanntschaft muß sehr oberflächlich gewesen sein. Ich vergesse sonst kein Gesicht, verlaß dich drauf. Deins aber ist verschwunden in mir, wie in einem Nebel. Du hast mir demnach nichts zuleide getan. Oder ...? Gutes ist von deiner Seite ja ohnehin nicht zu erwarten. Ich könnte dir für diesen Gruß danken. Das erhoffst du doch jetzt, wie? Aber du bist der Parteisekretär. Und das genügt, daß ich dir nicht antworte. Hast du mich verstanden, Bursche? Laut fragte Balla: 'Hoffentlich haben sie dir die Arbeitsschutzbestimmungen erklärt. Damit nicht mich die Schuld trifft, wenn du dir den Hals brichst.'«[58]

Die Prototypen der Auseinandersetzung stehen sich gegenüber: der Brigadier und der Parteisekretär. Diese Inszenierung wäre wenig überzeugend, wenn es um eine zufällige Konfrontation ginge, den »wilden Balla« und den »klarsichtigen Horrath« beispielsweise. Die Szene lebt vielmehr von einer objektiven Dynamik. Brigadier und Parteisekretär sind ein bereits literarisierbarer Antagonismus wie »König und Bettelmann«, »Arbeiter und Kapitalist«. Brigadier und Parteisekretär stellen offensichtlich Antipoden dar, die nicht mehr erklärungsbedürftig sind. »*Gutes ist von deiner Seite ja ohnehin nicht zu erwarten*«, sinniert Balla, »*... du bist der Parteisekretär. Und das genügt, daß ich dir nicht antworte.*«

Die DDR ist nicht einmal zwanzig Jahre alt, und im Kern ihres sozialen Lebens hat sich ein Konflikt etabliert, der ihre Legitimation bedroht, kein ideologischer Konflikt, sondern ein pragmatisches Dilemma um Arbeit und Lohn: »*Horrath spürte die eisige Ablehnung des Brigadiers ...*« Der Brigadier seinerseits, da er Horrath zum ersten Mal bewußt als Parteisekretär wahrnimmt, kann ablehnend reagieren, weil »Parteisekretär« sich mit einer bereits typisierten Erfahrung verknüpft (»*Und das genügt, daß ich dir nicht antworte*«). Der Romancier, der sich dieses Konfrontationsmusters bedient, muß auf etabliertes Alltagswissen zurückgreifen können. Gewiß hat er ein geradezu pädagogisches Interesse, die antagonistische Konstellation auf-

---

58 Erik Neutsch, Spur der Steine, Halle 1966, S. 95.

zubrechen, aber das Geschehen kann nur dynamisch werden, wenn in der Grundkonstellation eine *reale* Dynamik liegt.

Natürlich zeigt schon die erste Szene, in welcher Richtung sich der Roman entwickeln wird: auch Horrath war Arbeiter, bevor er auf die Parteischule ging; und Balla scheint nicht ganz unbeeindruckt. Kennt er den Parteisekretär? Gibt es tatsächlich eine zurückliegende Begegnung? Die Vermutung, daß man miteinander ins Gespräch kommen wird, ist nicht sehr riskant. Freilich, die Distanz ist vorläufig unüberwindbar. Der Antagonismus bleibt bestehen.

Aber worauf beruht eigentlich die Gegensätzlichkeit? Die Ratlosigkeit des Parteisekretärs (»*Er konnte sich den Grund dafür nicht erklären.*«) erscheint wenig glaubhaft. Die Assoziation, »*vielleicht ... will er sich nur in seiner Arbeitswut nicht stören lassen*«, deutet immerhin in eine bestimmte Richtung: Balla steht für den Typus des Arbeiters, der außer an seiner Arbeit, der Brigade und seinem Lohn keinerlei soziales Interesse zeigt. Solchen Leuten ist freilich im Sozialismus schwer beizukommen. Sie sind gute und motivierte Arbeiter (»*Arbeitswut*«) und werden deshalb für den Aufbau der Gesellschaft dringend gebraucht, aber man kann sie nicht zwingen, zusätzliche gesellschaftliche Aktivitäten zu übernehmen, schon gar nicht zum Parteiengagement. Das Interesse an ausreichender und angemessener Arbeit und einem guten Lohn ist nicht ehrenrührig.

Erik Neutsch entschärft den realen Konfliktstoff, der in seiner szenischen Konfrontation steckt, indem er den Brigadier zu einer Art Kunstfigur stilisiert: Balla ist Zimmermann. Seine Brigade, die längst mit Zementgießen im großen Stile beschäftigt ist (»Spur der *Steine*«), erscheint als objektiver Anachronismus. Mit ihrer schwarzen Montur, den Zimmermannshüten und der Perle im linken Ohr repräsentieren sie die Insignien zünftigen Handwerks, über das die moderne Zeit längst hinweggegangen ist. Balla wird später, als er sich zum Tragen des Parteiabzeichens durchgerungen hat, die Perle aus dem linken Ohr nehmen. Das Motiv avantgardistischer Moderne konkurriert mit dem Signum längst vergangener Tradition.

Freilich, der Durchschnittsbrigadier, ist in der DDR kein Mann aus dem 19. Jahrhundert, sondern gewöhnlich ein moderner Industriearbeiter. Der Grundkonflikt, auf den die zitierte Szene sich bezieht, ist nicht der Antagonismus von Handwerk und Partei, von

Tradition und Moderne, sondern ein Widerspruch, den die »sozialistische Moderne« erst erzeugt hat. Diese versteckte Dynamik läßt sich auch an anderen Kernstellen des Romans noch aufzeigen:

»Heftiger als gewöhnlich wurde an allen Objekten über eine von den Modebewegungen gestritten, die garantiert mindestens halbjährlich erfunden wurden, sich meist auch nie länger hielten und sich stets hinter irgendwelchen Schlagworten verbargen, diesmal hinter diesem: sozialistisch arbeiten, lernen und leben. Bisher hatte Balla solche Diskussionen von sich und seiner Brigade fast immer mit der lapidaren Bemerkung abwehren können: Nichts wird so heiß gegessen, wie es gekocht wird. Manchmal allerdings, wenn er gar zu sehr bedrängt worden war, hatte er sich auch zur Mode bekannt, war fortan in Ruhe gelassen worden und hatte sich nie mehr um sie zu kümmern brauchen. Einmal war er deswegen sogar öffentlich gelobt, als Aktivist ausgezeichnet worden, obwohl er sich kaum noch des Namens entsonnen hatte, eines schwer aussprechbaren russischen Namens, mit dem die Methode bedacht worden war.«[59]

Der Autor stellt hier die Auseinandersetzungen des Brigadiers mit den jeweils verantwortlichen Leitungsebenen in einen realen Zusammenhang, die Wettbewerbsbewegungen am Ende der 1950er Jahre und namentlich die Gründungsphase der »sozialistischen Brigaden«. Die Distanz der Initiativen zu den unteren Produktionseinheiten wird sichtbar (»*Modebewegungen ... mindestens halbjährlich erfunden..., ... auch nie länger hielten ... stets hinter irgendwelchen Schlagworten verb(o)rgen*«), damit auch die Fehler der Partei. Der Text macht mit erstaunlicher Direktheit plausibel, wie die »*Modebewegungen*« von den Arbeitern ihrerseits instrumentalisiert und ausgenutzt wurden. Hier ist der Roman dicht an den wirklichen Problemen. Der Antagonismus »Brigadier« und »Parteisekretär« bekommt ein sehr konkretes Gesicht. Das Problem, das sich aus diesem Widerspruch ergibt, ist für die Organisation der Industrie von beträchtlicher Tragweite und geht über diesen Basiskonflikt weit hinaus, wie Neutsch das erfahrene Politkomiteemitglied ausführen läßt:

»Über zehn Jahre lang haben wir den Gutwilligen unter der alten Intelligenz Gelegenheit gegeben, sich an die Bedingungen unserer Staatsmacht zu gewöhnen. Viele junge Ingenieure haben den Doktortitel und das Diplom an unseren Universitäten und Hochschulen erworben. Wir wären schlechte

---

59 Ebenda, S. 147/148.

Marxisten, wollten wir glauben, daß das alles ohne Eindruck auf sie geblieben ist, mögen sie sich auch oft noch dagegen sträuben. Gerade deshalb muß die Partei ihnen helfen, damit wieder Ordnung in das Leitungswesen auf unseren Baustellen einzieht. Bauführer, Meister, Brigadier, so ist die Reihenfolge. Nicht der Brigadier bestimmt, wann und wie gebaut wird, sondern der Ingenieur. Beide beraten sich gegenseitig, wie es besser zu machen geht, immer besser, das verstehen wir unter Vertrauensverhältnis. Anders ist es gar nicht möglich, mit der komplexen industriellen Bauweise zu beginnen.«[60]

Die Partei kämpft offenbar an verschiedenen Fronten: Sie muß die Söhne und Töchter der »*alten Intelligenz*« überzeugen, Verantwortung zu übernehmen und ihre Leitungsfunktion ernst zu nehmen; und sie steht gleichzeitig vor der Aufgabe, die zumindest innerbetrieblich autonom agierende Arbeiterschaft von der Preisgabe dieser neugewonnenen Autonomie zu überzeugen (»*Nicht der Brigadier bestimmt, wann und wie gebaut wird, sondern der Ingenieur.*«). Wenn dabei die Partei selbst auch nicht mehr verantwortlich erscheint für die Organisationsprobleme zwischen Leitung und Produktionseinheiten - immerhin ein starkes Indiz dafür, daß solche Probleme an der Tagesordnung waren (»*... helfen, damit wieder Ordnung in das Leitungswesen unserer Baustellen einzieht*«) -, ist die soziale Konstellation, die dieser Appell voraussetzt, nicht ohne Pikanterie: Die SED kann sich problemlos weder auf die Loyalität der bürgerlichen Intelligenz beziehen, die zu Beginn der 1960er Jahre nach wie vor einen großen Teil der technischen Intelligenz in der DDR stellt, noch auf die der breiten Arbeiterschaft, die offenbar ihren eigenen Weg gefunden hat zu bestimmen, »*wann und wie gebaut wird*«. Während nun die Disziplinierung und Einbindung der alten Intelligenz keine wirkliche Schwierigkeit für die Parteistrategie darzustellen scheint (»*...deshalb muß die Partei ihnen helfen*«), besteht die Herausforderung in der Resistenz und Autonomie der Arbeiterschaft:

> »Wir ... müssen die Menschen, die die Pläne aufstellen und danach bauen, zum sozialistischen Denken erziehen, zur bewußten Arbeitsdisziplin [...]. Wie aber sieht es jetzt damit aus? Die Ingenieure werden von den Zunftgesellen als ihre Schuhputzer behandelt. Sie werden hin und her gejagt, Holz ran, Zement ran ... Wenn nicht, dann kracht es. Manchmal ist es noch die

---

60 Ebenda, S. 233.

Rache dafür, daß es früher umgekehrt war. Das bestreitet auch niemand. Die Ingenieure, die Techniker waren die getreuen Diener der Konzerne. Sie haben die Arbeiter angetrieben, in den meisten Fällen [...]. Was aber ist das für eine erbärmliche Gesinnung, sich heute rächen zu wollen.«[61]

Die Beschreibung des Konflikts ist klar (»*Die Ingenieure werden von den Zunftgesellen als ihre Schuhputzer behandelt.*«), aber seine Interpretation bleibt schillernd: einerseits wird das Traditionsmotiv wieder in den Vordergrund gerückt (»*Zunftsgesellen*«) - die verantwortlichen Brigadiere verhalten sich nicht der modernen Zeit entsprechend; andererseits wird aber gerade die »neue Zeit« selbst dafür als Erklärung herangezogen - die Umkehr der Hierarchien (»*Manchmal ist es noch die Rache dafür, daß es früher umgekehrt war.*«). D.h. es ist durchaus eine Art »neuer Arbeiterklasse« entstanden, offensichtlich erstaunlich autonom und ihrer Möglichkeiten bewußt. Aber diese neue Klasse bedarf noch der Erziehung durch die Partei (»*Wir dagegen müssen die Menschen ... zum sozialistischen Denken erziehen...*«).

Die einzige Konkretisierung des Erziehungsziels ist freilich »*bewußte Arbeitsdisziplin*« und die Akzeptanz der alten betrieblichen Hierarchie: »*Bauführer, Meister, Brigadier, so ist die Reihenfolge.*« Es erscheint eher unwahrscheinlich, daß die Arbeiter ihre neue Autonomie dafür aufgeben werden. Selbst der zumindest halb geläuterte Balla bringt diese Skepsis zum Ausdruck:

»Wollen wir betonieren, kommt das Holz, wollen wir schalen, kriegen wir Kies. Engpaß auf der ganzen Linie. Ich renn mir die Hacken wund, wegen so'n paar eiserner Stützenstöße. Ich sag ..., es ist zum Verzweifeln. Der Brigadier ist wieder der Laufbursche. Und das Schlimmste, man findet sich damit ab. Immer nehm ich mir vor, die Faust auf den Tisch zu knallen, diesem [Bauleiter], diesem [Parteisekretär]. Ich bring's nicht mehr fertig. Verdammt auch, und dabei hab ich einen an der Krackanlage, der's mir zeigt. Bast heißt er. Geht saufen, wann es ihm paßt. Und ich hab geglaubt, ich bieg ihn um.«[62]

Balla hat sich offensichtlich »bewußt« der parteikonformen Arbeitsdisziplin unterworfen, hat seine Autonomie preisgegeben und sich der alten Hierarchie untergeordnet (»*Der Brigadier ist wieder der Laufbursche*«). Aber er erscheint keineswegs überzeugt von seiner Selbst-

---

61   Ebenda, S. 232/233.
62   Ebenda, S. 677/678.

disziplinierung. Nach wie vor mißlingt die Arbeitsorganisation (»*Wollen wir betonieren, kommt das Holz, wollen wir schalen, kriegen wir Kies. Engpaß auf der ganzen Linie.*«). Der einzige Unterschied scheint darin zu bestehen, daß Balla es »*nicht mehr fertig*« bringt, »*die Faust auf den Tisch zu knallen*«. Im Grunde bringt diese wenig überzeugende Zurückhaltung auch die Lösung des Gesamtproblems nicht näher: Der Konflikt schiebt sich sozusagen auf die nächste Ebene. »Bast« heißt der »neue Balla« (»*Geht saufen, wann es ihm paßt.*«). Und selbst Balla, der ihm noch nahe ist und ihn am ehesten verstehen kann, »*bieg(t) ihn* (nicht) *um*«.

Tatsächlich verharrt die Gesamtkonzeption des Romans in diesem ungelösten Dilemma. Die idealisierenden Abschlußszenarien wirken aufgesetzt und ohne Bezug zu den durchaus erkennbaren realen Hintergrundproblemen. Freilich, der Roman wirkt wie eine schlechte Metapher des einzigen sozialistischen Projekts auf deutschem Boden. Die These, daß im Kern der Arbeiterschaft der jungen DDR eine Art autonomes *Gegenmilieu* entsteht, dem die verschiedenen Leitungsebenen - von der Partei bis zu den betrieblichen Planungsfunktionen - nicht Herr werden können, erscheint jedenfalls hochplausibel. Es entbehrt nicht einer gewissen historischen Ironie, daß diese selbstbewußte »neue Arbeiterklasse« möglicherweise die Ursache für den ökonomischen Niedergang jenes sozialistischen Projekts in Ostdeutschland darstellt.

Schluß

Kapitel 13

Persistenz und Wandel

1. Die »Etatisierung« eines Milieus

Die sozialgeschichtlichen Rekonstruktionen und die in den qualitativen Typologien gewonnenen Erkenntnisse über das Milieu der Bremer Werftarbeiter weisen zunächst in einer verblüffenden Weise auf die erstaunliche Persistenz dieses traditionellen Milieus hin. In weitaus höherem Maße als es die bisherige sozialhistorische Forschung zur Nachkriegsentwicklung von westdeutschen Arbeitermilieus annimmt[1], bleiben zentrale Elemente des Milieus in den 1950er Jahren erhalten. Diese bemerkenswerten Kontinuitäten finden wir in der Arbeitswelt wie auch im außerbetrieblichen Milieu.

Im betrieblichen Milieu der AG »Weser« haben wir es mit einer für Industriebetriebe dieser Größe im 20. Jahrhundert ungewöhnlich stabilen Belegschaftszusammensetzung zu tun. Trotz der ökonomischen Aufschwünge und Niedergänge der Schiffbauindustrie und trotz der großen gesamtgesellschaftlichen Umbrüche, die die politische Geschichte dieses Jahrhunderts hervorgebracht hat, bleibt die Kernbelegschaft der Werft sehr homogen. Das betrifft sowohl die regionale und soziale Herkunft der Arbeiter als auch ihre Ausbildung und Qualifikation. Die in geringer Zahl zugezogenen Arbeiter, die dauerhaft auf der AGW bleiben, werden in das Milieu integriert, auch wenn sie dort bisweilen eine randständige Position einnehmen.

---

1 Vgl. Klaus Tenfelde, Historische Milieus - Erblichkeit und Konkurrenz, in: Manfred Hettling und Paul Nolte (Hrsg.), Nation und Gesellschaft in Deutschland. Historische Essays, München 1996, S. 247 ff.; Gerhard Schildt, Die Arbeiterschaft im 19. und 20. Jahrhundert (=Enzyklopädie deutscher Geschichte, Band 36), München 1996, S. 45 ff. u. S. 104 ff; Axel Schildt und Arnold Sywottek (Hrsg.), Modernisierung im Wiederaufbau. Die westdeutsche Gesellschaft der 50er Jahre, Bonn und Berlin, 1994.

Die innerbetrieblichen Hierarchien und die Möglichkeiten des Aufstiegs langjährig beschäftigter Arbeiter in Vorarbeiter- und Meisterpositionen entsprechen den traditionellen Mustern in der Schiffbauindustrie, was auch daher rührt, daß der Arbeitsprozeß selbst bis in die 1960er Jahre hinsichtlich der Fertigungsmethoden, der Arbeitsvorbereitung und der Arbeitsorganisation im Kern traditionell bleibt. Trotz vieler Neuerungen auf technischem und arbeitsorganisatorischem Gebiet, die allerdings nach dem Krieg im Zuge einer expansiven Produktion nur in widersprüchlicher Weise zur Anwendung kamen, bleibt die Produktionsmethode in den 1950er Jahren eine im Grunde handwerkliche, die sich grundlegend von der taylorisierten Fließfertigung von Massenprodukten in anderen Industriezweigen unterscheidet. Das begründet die Persistenz von handwerklichen Qualifikationen und von Facharbeiterbewußtsein in der Belegschaft, aber auch die Fortdauer der außerordentlich harten Arbeitsbedingungen, die durch schwere körperliche Arbeit, erhebliche Gesundheitsgefährdungen und hohe Unfallträchtigkeit gekennzeichnet sind. Die Spezifik dieser Produktionsmethoden im Schiffbau bedingt nicht nur einen überdurchschnittlichen Belegschaftsanteil von hochqualifizierten Facharbeitern vieler unterschiedlicher Gewerke, sondern gibt diesen auch ein relativ hohes Maß von Arbeitsautonomie und Dispositionsmöglichkeiten und verlangt Eigeninitiative, Improvisationsvermögen und großes Arbeitswissen. Das wiederum stärkt ihre Position in innerbetrieblichen Bargainingprozessen, was sich nicht zuletzt an der Gestaltung der Akkordverdienste ablesen läßt. Die Analyse dieser Aspekte der Arbeitswelt zeigt also deutlich *mehr Kontinuität als Wandel* eines traditionellen betrieblichen Milieus.

Auch hinsichtlich der materiellen Lage der Werftarbeiter überwiegen in den 1950er Jahren noch die traditionellen Momente proletarischer Existenz. Bis Mitte des Jahrzehnts sind Arbeitslosigkeit und unzureichende soziale Sicherungen reale Gefährdungen im Leben der Arbeiter und ihrer Familien. Die Einkommen erhöhen sich zwar in bislang unbekanntem Ausmaß - besonders in der zweiten Hälfte der 1950er - doch bedeutet das angesichts des niedrigen Ausgangsniveaus und des großen Nachholbedarfs noch keineswegs den Ausgang aus der Enge proletarischen Lebens. Das gilt in dem von uns untersuchten Milieu auch für die zweite Hälfte der Dekade, für die

die sozialhistorische Forschung häufig schon den Beginn einer allgemeinen Verbesserung der Lebenshaltung annimmt.[2] Obwohl mit der Arbeitszeitverkürzung von 1956 ein für die Verbesserung der Lebenssituation der Arbeiter und für die Milieuentwicklung langfristig bedeutsamer Prozeß eingeleitet wird, bewirkt dieser für die 1950er Jahre zunächst noch nicht, daß die extrem langen Arbeitszeiten, die durch die Ableistung von Überstunden entstanden, tatsächlich gravierend zurückgehen. Zweifellos waren die Veränderungen hinsichtlich der Einkommen, der Arbeitszeit und der sozialen Sicherungen, die in den 1950er Jahren begannen, »spektakulär, umfassend und sozialgeschichtlich revolutionär«[3], doch wirksam wurden sie - zumindest im Bremer Werftarbeitermilieu - erst im Laufe der 1960er Jahre.

Wie die »alte arbeiterspezifische Proletarität«[4] im Bremer Werftarbeitermilieu in gewisser Weise weiterbestand, so läßt sich auch für das Belegschaftshandeln, die gewerkschaftlichen und politischen Aktivitäten der AGW-Arbeiter, zunächst eine Kontinuität feststellen, die über die NS-Zeit hinweg an die Traditionen der Weimarer Zeit anknüpfte. Bis 1953/54 zeigte sich auf der AGW eine Belegschaft, die kampferfahren, aktionsbereit, hochorganisiert und in Teilen politisch radikal war. Sie bewies eine erheblich größere Kampfbereitschaft als die Gewerkschaftsführungen, und sie lehnte Kompromisse, die von diesen ausgehandelt worden waren, häufig ab. Arbeitskämpfe und innerbetriebliche Auseinandersetzungen entstanden oft aus Aktionen an der Basis, in einzelnen Gewerken oder Werkstätten, und wurden entweder nachträglich oder gar nicht von der Gewerkschaftsführung legitimiert. Auch wenn die gewerkschaftlichen Vertrauensleute diese Arbeitskämpfe in der Regel anführten, weist das alles auf ein erhebliches Selbstbewußtsein und hohe Selbstorganisa-

---

2   So beispielsweise Gerhard Schildt, a.a.O., S. 50. Hingegen hatte Josef Mooser schon 1984 darauf hingewiesen, daß die Teilnahme der Arbeiterschaft am Konsum des »Wirtschaftswunders« erst in den 1960er Jahren einsetzt (vgl. Arbeiterleben in Deutschland 1900 - 1970. Klassenlagen, Kultur und Politik, Frankfurt am Main 1984, S. 82).
3   Josef Mooser, in: Werner Conze und Rainer M. Lepsius (Hrsg.), Sozialgeschichte der Bundesrepublik Deutschland. Beiträge zum Kontinuitätsproblem, Stuttgart: 1983, S. 162.
4   Josef Mooser, Arbeiterleben in Deutschland, a.a.O.

tion und Autonomie der Werftarbeiter hin. Dieses autonome Belegschaftshandeln schwindet jedoch in der zweiten Hälfte der 1950er Jahre. Wir konstatieren hier einen bedeutsamen Wandel: An Stelle des betrieblichen Handelns, bei dem autonome Basisaktivitäten mit gewerkschaftlichen Strategien zusammenwirkten, trat nahezu ausschließlich das institutionalisierte Bargaining durch die Gewerkschaften und den Betriebsrat. Da diese - gerade im sozialdemokratisch dominierten Bremen - in enger Verbindung zum Staat stehen und dessen Möglichkeiten auch für die Verbesserung der Lage der Arbeiterschaft zu nutzen suchen, kann man nicht nur von einer Institutionalisierung des Interessenaushandelns, sondern sogar von einer *»Etatisierung«* sprechen.

Das verweist auf einen Prozeß, der in der zweiten Hälfte der 1950er Jahren beginnt und der einen Wandel des gesamten Milieus einleitet: Die Dichte und der hohe Vernetzungsgrad des Werftarbeitermilieus wird in der ersten Hälfte der 1950er Jahre - nicht allein im Betrieb - auch durch die gewerkschaftliche und politische (vorwiegend sozialdemokratische) Organisation hergestellt. Das geschieht nicht nur durch die mehrheitliche Mitgliedschaft der Werftarbeiter in der Gewerkschaft und dadurch, daß die Werftarbeiterfamilien in den Bremer Arbeiterstadtteilen mit großer Mehrheit die SPD unterstützen, sondern diese Organisationen (und der Betriebsrat) bilden auch den Rahmen, in dem die »Protagonisten des Milieus« tätig werden. Betriebsräte und lokale Parteifunktionäre repräsentieren die intermediären Instanzen in der Vermittlung von Milieu und dem politischen und sozialen Gesamtsystem[5], wobei ihrer Rolle und der Funktion eines so existierenden Netzwerkes für die Bewältigung des Alltags der Werftarbeiter und ihrer Familien - von der Wohnungsbeschaffung bis zum Aufbau von Schullandheimen - ein hoher Stellenwert zukommt. Auch die selbständigen Aktionen der Belegschaft oder von Belegschaftsteilen bewegen sich - selbst wenn sie teilweise ohne gewerkschaftliche Billigung stattfinden - auf der Basis dieses

---

5   Auf diese Funktion hat schon Lutz Niethammer im LUSIR-Projekt hingewiesen (vgl. Lutz Niethammer (Hrsg.), »Hinterher merkt man, daß es richtig war, daß es schiefgegangen ist«. Nachkriegs-Erfahrungen im Ruhrgebiet (Lebensgeschichte und Sozialkultur im Ruhrgebiet 1930 bis 1960, Bd. 2), Berlin und Bonn 1983, S.13 ff.

Netzwerks. Mit der Etablierung eines das Land Bremen jahrzehntelang regierenden Blocks von SPD und Gewerkschaftsführungen beginnt ein Prozeß der Entfremdung dieser Organisationen vom Milieu, wobei die Mitgliedschaft in der Gewerkschaft und das Wählen der SPD für die Mehrheit der Werftarbeiter zwar selbstverständlich bleibt, aber zunehmend äußerlich wird. Die intermediären Instanzen verlieren an Bedeutung für die Strukturierung des Milieus. Diese »Etatisierung« der Arbeiterbewegung und der sozialen Konflikte hat einerseits durchaus materielle Vorteile für die Arbeiter - beispielsweise hinsichtlich der Verbesserung der Chancengleichheit für ihre Kinder, beim Wohnungsbau etc. -, andererseits verliert das Milieu einen wichtigen Teil seiner organisierenden Struktur. Das aber hat Folgen nicht nur für die betriebliche Aktionsfähigkeit der Werftarbeiter, sondern schwächt auch das auf die Lebenswelt bezogene Netzwerk des Milieus. Klagen über das im Laufe der 1950er Jahre schwindende Zusammengehörigkeitsgefühl finden sich in nahezu allen von uns erhobenen Lebensberichten.

In diesem Prozeß bilden die »Milieuprotagonisten« das treibende Element, während die »Integrierten« diese Entwicklung aufhalten. Mit ihrem hohen sozialen (und geringerem kulturellen) Kapital sind die »Integrierten« an das traditionelle Milieu gebunden, von dessen Erosion sie nichts zu erwarten hätten. Freilich betreiben die »Protagonisten« nicht absichtlich oder aus eigennützigen Motiven - etwa eines individuellen Aufstiegs wegen - mit ihrem Handeln eine bewußte Schwächung ihres Milieus. Ihre Konzeption der Interessenvertretung im politischen und sozialen System der Bundesrepublik ist moderner, differenzierter und rationaler, als die alten Formen der Milieuvernetzung und des Handelns im Milieu und damit effektiver für die Verbesserung der Lage ihrer Kollegen. Daß sie in der Absicht, das Beste für ihr Milieu zu tun, dazu beitragen, dessen Autonomie aufzulösen und damit das Milieu insgesamt schwächen, ist auch eine Ironie der Geschichte.

Im außerbetrieblichen Milieu überwiegen in den 1950er Jahren noch die traditionellen Elemente des Lebens von Arbeitern und Arbeiterinnen. Jedoch zeigen sich auch hier Ansätze zu einem Wandel, der eine langfristige Modernisierung bewirkt. Im Geselungsverhalten dominiert nach wie vor die Bindung an familial-verwandtschaftliche Netzwerke und die Nähe des Umgangs mit den Nachbarn. Die Persistenz dieses Verhaltens wurde in Bremen noch dadurch erleichtert, daß ein erheblicher Teil der Werftarbeiterfamilien in den seit Ende des letzten Jahrhunderts bestehenden traditionellen Arbeiterquartieren wohnte und sich durch eine große Seßhaftigkeit auszeichnete. Das Freizeitverhalten weist ebenfalls noch zahlreiche traditionelle Momente auf. Kollektive Aktivitäten, Verein, Parzelle und Kneipe sind für die Arbeiterfreizeit noch ebenso bedeutsam wie in den 1920er Jahren. Allerdings zeigt sich am Beispiel des Vereinslebens, daß sich bei Fortdauer der äußeren Formen ein inhaltlicher Wandel vollzog: Auch in Bremen entstanden die meisten der alten Arbeiterkulturorganisationen nach dem Kriege nicht wieder, in denen viele Arbeiter bis 1933 einen erheblichen Teil ihrer Freizeit verbracht hatten. Dies entsprach der ausdrücklichen Zielsetzung der dominanten Arbeiterpartei SPD, die Gleichberechtigung und die Integration der Arbeiterschaft in den neuen Staat zu fördern. Traditionelle Arbeiterkulturorganisationen, die nach 1945 dennoch wiedergegründet wurden, veränderten teils ihren Charakter hin zu quasiöffentlichen Institutionen mit nur noch geringen Bezügen zu den emanzipatorischen Zielen der Arbeiterbewegung, teils verloren sie in den 1950er Jahren im Zuge der programmatischen Veränderungen der SPD und des Niedergangs der KPD überhaupt an Bedeutung. In anderen Teilen des Kultur- und Freizeitbereichs traten staatliche oder öffentliche Einrichtungen an die Stelle autonomer Einrichtungen der Arbeiterbewegung, so daß wir auch hier von einem »Etatisierungsprozeß« sprechen können.

Auch wenn wir für die Herausbildung eigener Jugendkulturen in unserem Milieu erstaunlicherweise kaum Belege fanden, so lassen sich dennoch am Freizeitverhalten von Jugendlichen Veränderungen gegenüber der vorherigen Generation feststellen, die durch eine verstärkte Kommerzialisierung und die marktförmige Befriedigung von Freizeitbedürfnissen induziert sind.

Im Familienleben, im Geschlechterverhältnis und im Bildungsverhalten haben wir es mit ähnlich widersprüchlichen Entwicklungen zu tun. Einerseits überwiegen hier auch die traditionellen Aspekte des Arbeiterlebens, wie etwa beim Heiratsverhalten, bei der Familiengröße und der Einstellung zur Sexualität. Das Geschlechterverhältnis weist nach wie vor stark patriarchalische Züge auf. Da die Arbeiterfrauen nicht nur die Familienorganisation praktisch alleine vornehmen, sondern darüber hinaus das vernetzende Element im außerbetrieblichen Milieu sind, ist ihre Position durchaus zentral. Ihre Funktion wird noch dadurch verstärkt, daß sie überwiegend - zumindest zeitweilig - einer eigenen Berufstätigkeit nachgehen. Auch wenn diese meist für die Familien ökonomisch notwendig ist, so erschöpft sich darin nicht die Bedeutung der Berufstätigkeit für die Frauen. Sie bietet vielmehr auch - wie in den Interviews deutlich wurde - Möglichkeiten der Selbstverwirklichung und ist eine Quelle für mehr Selbstbewußtsein und Selbständigkeit. Hierin kann ein Moment der Modernisierung im Sinne der Individualisierung und Differenzierung gesehen werden, der Beginn eines Prozesses, der sich allerdings erst in den folgenden Jahrzehnten voll entfalten sollte.

Die Bedeutung, die die zumeist unqualifizierte Berufstätigkeit für die Frauen hatte, wird auch aus dem Umstand deutlich, daß sie es waren, die ihre Töchter zum Erlernen eines Berufes gedrängt haben. Tatsächlich finden wir dann bei den Töchtern der Werftarbeiterfamilien unseres Samples - in der dritten Generation also, die nach dem Zweiten Weltkrieg geboren wurde - keine mehr ohne qualifizierte Berufsausbildung, wie es für Arbeiterfrauen der vorherigen Generationen die Regel war. Diese Tendenz ist umso auffälliger, als sich ansonsten in unserem Milieu nur relativ geringe Bildungsaspirationen für die Kinder feststellen lassen. Meist erwerben die Kinder einen um eine Stufe höheren Bildungsabschluß als ihre Eltern - besonders wenn sie mit ihrer Schullaufbahn noch von den Bildungsreformbemühungen ab der Mitte der 1960er Jahre erfaßt werden. Doch bewirken diese in aller Regel keine sozialen Aufstiege. Am wenigsten sind Bildungsaspirationen, die mit Aufstiegserwartungen verbunden sind, bei den Integrierten zu finden. Bei ihnen wird Wert auf eine ordentliche Facharbeiterausbildung der Kinder gelegt, die der eigenen Qualifikation entspricht. Unter den »Randständigen« und »Außenseitern«, die teils aus dem Kleinbürgertum in das Werftarbeitermilieu hineingeraten sind, finden sich allerdings solche Aufstiegsaspirationen, und in die Ausbildung der Kinder wird bei ihnen viel Mühe und Erwartung investiert. Das gilt auch für einige »Milieuprotagonisten«, die jedoch keine kleinbürgerliche Motivation für solche Aspirationen haben, sondern mit ihrem kulturellen Kapital die Bedeutung verbesserter Bildung für ihre Kinder einschätzen können und die gleichzeitig darin einen Aspekt ihrer Bemühungen um eine generelle Besserstellung der Arbeiterschaft sehen. Wir entdecken also in der Entwicklung des Bremer Werftarbeitermilieus sowohl in der Arbeitswelt als auch in der außerbetrieblichen Lebenswelt in den 1950er Jahren durchaus auch Tendenzen hin zu einer Modernisierung im Sinne von Individualisierung, Rationalisierung und Differenzierung, die allerdings erst in den folgenden Jahrzehnten zur vollen Wirksamkeit gelangen sollten. Diese Tendenzen - besonders der »Etatisierungsprozeß« - beginnen, das Milieu zu schwächen. Ihnen steht aber noch eine große Persistenz traditioneller Strukturen, Mentalitäten und habitueller Momente entgegen, die für das Bremer Werftarbeitermilieu eine erstaunliche Beharrungskraft erkennen lassen.

2. Die Entstehung eines »autonomen Milieus«

Abhängig von den jeweils unterschiedlichen konkreten Forschungsfragen haben die vorstehende sozialgeschichtliche Rekonstruktion wie die Beschreibung und Interpretation von Akteurstypologien für den Milieuraum der Belegschaft der Schiffswerft-Neptun Veränderungsprozesse mehr oder weniger deutlich werden lassen. Zusammenfassend läßt sich sagen, daß die Wandlungen des Milieus tiefgreifender waren als die Persistenz desselben. Das ist ein zunächst trivialer und erwarteter, zugleich jedoch ein unerwarteter und neuer Befund. Zu rechnen war mit Wandel allein schon wegen der generellen Veränderung der Macht- und Eigentumsverhältnisse und der damit verbundenen »Verstaatlichung« der Arbeiterbewegung.[6] Diese

---

6 Christoph Kleßmann, Die »verstaatlichte Arbeiterbewegung«. Überlegungen zur Sozialgeschichte der Arbeiterschaft in der DDR, in: Karsten Rudolph und Christl Wickert (Hrsg.), Geschichte als Möglichkeit. Über die Chancen von Demokratie, Essen 1995, S. 108-119. Unter anderen Vorzeichen wurden damit Auflösungsprozesse der klassischen Arbeiterbewegung, die in der NS-Zeit einen Höhepunkt erreicht hatten, fortgesetzt (vgl. Ulrich Herbert, Arbeiterschaft im »Dritten Reich«:

Vorgänge enthielten für die Entwicklung von Arbeitermilieus Ambivalenzen. Hätte etwa die mit den politischen Verhältnissen angestrebte Hegemonie der Arbeiterklasse auf eine Stabilisierung bzw. Neubelebung klassischer Arbeitermilieus hinauslaufen können, so stand dem u.a. mit dem Verlust der Betriebsräte der Wegfall von traditionellen Kommunikationsmöglichkeiten der Arbeiterschaft entgegen. Die Wirkungen der zweifellos gravierenden Änderungen der politischen und institutionellen Rahmenbedingungen auf das Arbeitermilieu wurden in der Neptunwerft in keinem geringen Grad dadurch paralysiert, daß zumindest noch in den 1950er Jahren die Arbeit und die Arbeitsbeziehungen im wesentlichen die alten waren. Insofern ist die Dominanz der Wandlung des Milieus nicht selbstverständlich. Außerdem ließen sich bemerkenswert ausgeprägte Kontinuitätslinien in vielen Betriebsstrukturen wie eine gezielte Traditionspflege beobachten.

Die Wandlungsprozesse waren auf eigentümliche Weise mit einer Konsolidierung des Milieus verbunden. Das Arbeitermilieu der Neptunwerft gewann in der zweiten Hälfte der 1940er und in den 1950er Jahren, sowie sehr wahrscheinlich weit darüber hinausreichend, eine nach allen gesellschaftlichen Veränderungen überraschende Stabilität und eine ausgeprägte Vitalität. Ein mehr an der Oberfläche liegendes Zeichen dieser Stabilität und Vitalität bildete beispielsweise die lange Dauer der Beschäftigung vor allem der Facharbeiter. Sie war Ausdruck einer engen Verbundenheit mit der Werft, die offensichtlich häufig nicht nur die dort Beschäftigten, sondern Ehepartner und auch weitere Familienangehörige gleichermaßen empfanden.

Stabilität und Vitalität des Milieus drückten sich in einer hohen Integrationsfähigkeit aus. Viele Interviews deuten die Möglichkeit an, daß das Milieu nicht nur, wie die analysierten schriftlichen Quellen schlüssig belegen, in den späten 1940er und in den 1950er Jahren integrativ wirkte, sondern die Befähigung bis zum Ende der DDR bewahrte. Die Integration verlief dabei zunehmend zunächst über die Einbindung in eine Brigade bzw. eine gleichrangige Ar-

---

Zwischenbilanz und offene Fragen, in: Geschichte und Gesellschaft 15 [1989], H. 3, S. 320-360).

beitsgruppe. Insbesondere von der Arbeitswelt gingen eine Reihe von Bedingungen und Mechanismen aus, welche die Inklusion begünstigten und erleichterten. Für den Reproduktionsbereich ist dies weitaus differenzierter zu sehen, vor allem die Wohnverhältnisse ließen in den 1950er Jahren und noch einige Zeit später teils nur sehr lockere Bindungen von Arbeiterehefrauen an das Milieu zu.

Auffällig war auch die kohäsive Fähigkeit des Milieus. Sie ging allerdings einher mit einem politisch bewirkten Trend zur Egalisierung in der Gesellschaft der DDR. Dieser Trend zeigte sich im Werftarbeitermilieu über die 1950er Jahre hinaus in mindestens zwei Richtungen. Einerseits blieben Aufsteiger mit und ohne berufliche Weiterbildung ihrem Herkunftsmilieu verhaftet, andererseits wurden durch die nivellierende Tendenz der Lohn- und Sozialpolitik neue Aufstiege behindert.[7] Neben der Tendenz zur Nivellierung von Ungleichheiten ergaben sich jedoch aus der konkreten Stellung im Produktionsprozeß der Werft auch bemerkenswerte Unterschiede, die für Hierarchien im Milieu nicht ohne Bedeutung waren.[8] Ein demonstratives Zusammengehörigkeitsgefühl wurde offenbar auch zur Abgrenzung von anderen Werftbelegschaften, insbesondere jener der Warnowwerft gebraucht. Ob der Zusammenhalt im Milieu bis zum Ende der DDR erhalten blieb, wie die Interviews - bei einigen Hinweisen auf andere Möglichkeiten - nahelegen, läßt sich noch nicht mit einiger Sicherheit bestimmen. Dazu bedarf es flankierender sozialgeschichtlicher Untersuchungen über die 1950er Jahre hinaus und zumindest für den Akteurstyp des »neuen Integrierten« einer breiteren Interviewbasis.

---

7 Letzteres hoben auch Petra Clemens, Peter Hübner und Nikola Knoth in der sehr interessanten Zusammenfassung ihrer Forschungsergebnisse zu Industriearbeitern der Niederlausitz hervor (vgl. Petra Clemens, Peter Hübner und Nikola Knoth, Strukturen und Erfahrungen. Zur Sozialgeschichte der Niederlausitzer Industriearbeiterschaft, in: Die DDR als Geschichte. Fragen - Hypothesen - Perspektiven, hrsg. v. Jürgen Kocka und Martin Sabrow, Berlin 1994, S. 86-91, hier S. 88).

8 Die Problematik der Stellung im Produktionsprozeß hat seinerzeit sehr im Blickfeld der soziologischen Forschung in der DDR gestanden (vgl. dazu beispielsweise: Manfred Lötsch, Über die soziale Struktur der Arbeiterklasse. Einige Schwerpunkte und Probleme der soziologischen Forschung, in: Soziologische Probleme der Klassenentwicklung in der DDR, Berlin (Ost) 1975, S. 89-110).

Die Konsolidierung des Arbeitermilieus der Neptunwerft ging mit der Bewahrung mancher traditioneller Erscheinungsformen klassischer Arbeitermilieus einher.[9] Loyalität gegenüber dem gesellschaftlichen System, mindestens jedoch gegenüber der Werftleitung, begleitet von Distanzhalten und in besonderen Situationen Verweigerung bis hin zum Protest gehörte genauso dazu wie Kollegialität und Solidarität untereinander. Proletarischer Habitus war mit dem Selbstbewußtsein der Facharbeiter verbunden. In der alltäglichen Lebensweise hatten Streben nach geordneten Verhältnissen, Sparsamkeit und teils große Bescheidenheit, aber auch Nutzung von Chancen Bedeutung. Freude an der Geselligkeit miteinander blieb ein Merkmal. Eine spezielle sozialdemokratische bzw. kommunistische »Milieukultur« ließ sich nicht entdecken. Sie hat entweder im Betriebsmilieu so nicht existiert oder sie brach mit den gesellschaftlichen Umbrüchen der 1930er und 1940er Jahre ab und ging dauerhaft verloren.

Wir meinen, das Arbeitermilieu der Neptunwerft als autonomes Milieu kennzeichnen und beschreiben zu können. Die Eigenschaft »autonom« hat vielfältige Dimensionen, von denen einige mit den Handlungsspielräumen der Arbeiter unter den politischen Bedingungen der SBZ/DDR eng verknüpft, andere hingegen allgemeinerer Natur sind. Zu denen allgemeinerer Art gehören in erster Linie die sich aus dem Arbeitsprozeß selbst ergebenden. Der schiffbauliche Produktionsprozeß ließ schon seit Beginn des Großschiffbaus den Arbeitern viele Handlungsspielräume sowohl in Hinsicht auf die Schaffung von Freiräumen in der Arbeitszeit als vor allem zur selbständigen Mitwirkung bis hin zu eigenständigen Entscheidungen.

---

9   Von den traditionellen Erscheinungsformen klassischer Arbeitermilieus haben sich Michael Vester, Michael Hofmann, Dieter Rink und weitere Mitarbeiter und Mitarbeiterinnen des Forschungsvorhabens vermutlich bei der Bestimmung von zwei Typen von Arbeitermilieus leiten lassen. Sie unterschieden das »paternalistisch orientierte Arbeitermilieu« und das »traditions- und berufsorientierte Facharbeitermilieu« (vgl. u.a. Michael Vester, Michael Hofmann, Irene Zierke [Hrsg.], Soziale Milieus in Ostdeutschland. Gesellschaftliche Strukturen zwischen Zerfall und Neubildung, Köln 1995). Wir haben ein Arbeitermilieu in einem Betrieb mit langer Geschichte untersucht und hätten folgerichtig ein »traditions- und berufsorientiertes« Milieu entdecken müssen. Das war, wie sowohl die soziologischen als auch die sozialhistorischen Untersuchungen belegen, nicht der Fall.

Diese Freiräume und »Zwänge« waren in den späten 1940er und in den 1950er Jahren eher größer denn kleiner geworden, weil sie nun mit besonderen Systembedingungen verbunden waren. Die Werftarbeiter bekamen wie andere Arbeiter der Industriebetriebe der DDR die Schwachstellen des ökonomischen Systems des »realen Sozialismus« unmittelbar zu spüren. Um den schiffbaulichen Produktionsprozeß in Gang zu halten, mußten sie nicht nur widersprüchliche, zu spät getroffene oder sonst gestörte Planungsentscheidungen der Werftleitung, häufiger aber übergeordneter wirtschaftsleitender Organe und konstruktive Fehler ausbügeln, sondern die Folgen eines diskontinuierlichen Produktionsablaufes glätten. Der diskontinuierliche Produktionsablauf, teils in der Werft selbst verursacht, mehr aber herrührend aus der Stellung der Werft am Ende einer langen Kette von Zulieferbetrieben, die ihre Lieferverpflichtungen keineswegs immer termin-, sortiments- und qualitätsgerecht einhielten, verlangten den Arbeitern ein hohes Maß an Arbeitswissen, Initiative und autonomer Entscheidung ab. Das mochte bei der simpel anmutenden Frage, ob eine Schraube etwas anderer Größe für den betreffenden Arbeitsgang denn auch geeignet sei, beginnen und konnte enden bei einem selbständigen Eingreifen in die Materialbeschaffung. Nicht zuletzt aus diesen Verhältnissen resultierte eine gehörige Portion Selbstbewußtsein, welche ganz offensichtlich nicht nur Werftarbeiter in der DDR kennzeichnete.[10] Diese aus den konkreten Arbeitsabläufen und Arbeitsanforderungen sich ergebende Autonomie erscheint uns besonders symptomatisch.

Die Herausbildung und Entwicklung eines autonomen Arbeitermilieus zog sich über einen längeren Zeitraum hin und war um 1960 kaum abgeschlossen. Auf dem Wege dahin zeichnen sich einige Einschnitte ab, an denen vorherige Entwicklungen zwar nicht gerade umschlugen, aber doch durch das Hinzukommen neuer Aspekte wie das Ablegen bisheriger verändert wurden. Die Einschnitte betreffen

---

10 Alf Lüdtke beispielsweise entdeckte das gleiche Selbstbewußtsein bei Interviews mit Arbeitern der S.M. Kirow-Werke Leipzig und gab es u.a. mit den durchaus treffenden und auch andernorts zu hörenden Arbeiterworten: »Wir haben aus Dreck Bonbons gemacht«, wieder (vgl.: Alf Lüdtke, »Helden der Arbeit« - Mühen beim Arbeiten. Zur mißmutigen Loyalität von Industriearbeitern der DDR, in: Sozialgeschichte der DDR, hrsg. v. Hartmut Kaeble, Jürgen Kocka und Hartmut Zwahr, Berlin 1994, S. 202).

die ersten Nachkriegswochen, -monate und -jahre, die Jahre 1949/50, sowie die Zeit nach dem 17. Juni 1953. Für die Jahrzehnte nach 1960 stehen die für eine zeitliche Bestimmung von Veränderungen erforderlichen sozialhistorischen Untersuchungen noch aus.

In der ersten Nachkriegszeit mit ihren tiefgreifenden gesellschaftlichen Änderungen, in der Neptunwerft deutlich sichtbar an der teilweisen Demontage und dem anschließenden Wiederaufbau als SAG-Betrieb, war die Richtung der Entwicklung des Arbeitermilieus noch nicht bestimmt. Zwar erwies sich der Weg einer Beharrung angesichts der Verluste durch das NS-Regime eher verschlossen, dennoch gab es verschiedene Alternativen. Vor allem zwei seinerzeit miteinander verwobene Möglichkeiten - eine straffe Etatisierung bzw. eine Ausprägung autonomer Züge des Milieus - hatten eine reale Perspektive. Das zeigt deutlich das Wirken der damaligen »Protagonisten« des Milieus, von denen einige unmittelbar nach dem 1. Mai 1945 in Leitungsfunktionen der Werft gelangten und gewissermaßen ein Machtvakuum ausfüllten, andere Funktionen im Betriebsrat bzw. im Gewerkschaftsausschuß übernahmen und der Akzeptanz ihres Wirkens durch das Milieu. Verantwortungsbewußt und selbständig griffen sie Vorschläge der bei Abbrucharbeiten auf dem Gelände der Werft beschäftigten Arbeiter zum Erhalt des Werftstandortes auf, entwickelten eigene Ideen, berieten darüber mit den vom sowjetischen Werftkommandanten zur Leitung der Werft eingesetzten Ingenieuren und vertraten ihre Vorschläge, offensichtlich in der Gewißheit, ihre jeweilige Partei hinter sich zu haben, gegenüber der Schweriner Landesverwaltung. Diese akzeptierte die parteipolitisch gebundenen Arbeitervertreter nicht nur, sondern entließ sie mit einer Empfehlung an die Arbeiter der Neptunwerft. Sukzessive, beispielsweise an die Zurückdrängung und schließliche Auflösung des Betriebsrates der Werft geknüpft, gingen die Möglichkeiten der »Etatisierung des Milieus« jedoch verloren.

Das wurde bereits in Verbindung mit der Art des Umgangs mit dem Belegschaftsschub 1949 offensichtlich. Wie wir beschrieben haben, war die Werftleitung von der Entwicklung im Betrieb überfordert. Auch die betrieblichen Leitungen der SED und des FDGB waren nicht Herren der Situation. Die Betriebsorganisation der SED befand sich ohnehin noch in einer Aufbauphase und war durch Instabilität in der Besetzung der Funktionen gekennzeichnet. In der alltäglichen Arbeit standen nicht politische und ideologische Aktivitäten im Vordergrund, sondern der Versuch, Aufgaben zu lösen, die eigentlich in die Kompetenz der Werftleitung fielen.[11] Die Arbeiter mußten viele der Schwierigkeiten, die im Produktionsablauf wegen der Belegschaftsaufstockung entstanden, selbst lösen.

Die Integration so vieler neuer Arbeiter in die Werftbelegschaft, verbunden mit der schließlichen Bewältigung der Produktionsaufgaben beim Logger- und Pontonbau, gehört trotz etlicher Probleme und anfänglicher Reibereien zwischen Arbeitern, Vorarbeitern und Meistern zu den größten Leistungen der Arbeiterbelegschaft in der Nachkriegsgeschichte der Werft. Hier liegen entscheidende Anfänge der Herausbildung eines autonomen Arbeitermilieus der Neptunwerft. Die Eigenschaft »autonom« ist dabei zu diesem Zeitpunkt durchweg positiv besetzt. Daran ändert auch die Tatsache nichts, daß die Integrationsleistung gewissermaßen durch die Umstände erzwungen war. Die dramatische Erhöhung der Beschäftigtenzahl ging vonstatten, ohne daß Ingenieure, Techniker, Meister oder Verwaltungspersonal in einer Zahl eingestellt worden wären, die in einem auch nur annähernden Verhältnis zu jener der eingestellten Arbeiter gestanden hätte. Arbeiter, die teils kriegsbedingt über wenig Berufserfahrung und manchmal über noch weniger Erfahrung mit Werftarbeit verfügten, mußten in die Bresche springen und meisterten die Aufgabe. Viele berufliche Weiterbildungen, die zu betrieblichen Aufstiegen führten, sind in dieser Zeit angelegt worden, und zwar in einer Weise, daß sich egalitäre Verhältnisse zwischen aufgestiegenen und anderen Arbeitern herausbildeten. Sie werden die »neuen Protagonisten« mit einer widersprüchlichen Stellung im Milieu. Sie bildeten intermediäre Instanzen bei der Vermittlung von Milieu und System, wobei sie deutlich auf der Seite des Milieus standen und damit dessen neue Autonomie förderten. Während der Belegschaftsaufstockung wurden viele neue Erfahrungen von Kollegialität und Solidarität gesammelt, die weit über die Anfangsjahre trugen. Außerdem sind gewissermaßen »werftspezifische« Wurzeln selbstbe-

---

11 Archiv NIR, K6/75.

wußter, nach Autonomie strebender und autonom handelnder Brigadiere zu finden.

Die Handlungsautonomie der Brigadiere und Brigaden zeigte sich in den folgenden Jahren am klarsten bei der Aushandlung der Normen, wie überhaupt in der Lohngestaltung und damit bei der Beschaffung von Arbeitsaufträgen. Wir haben sowohl im Vergleich zur Vorkriegszeit wie zwischen der Neptunwerft und der AG »Weser« festgestellt, daß Handlungsspielräume der Arbeiter bei der Lohngestaltung weder historisch neu noch in anderer Weise »DDR-spezifisch« waren. Doch sie erweiterten sich im Verlauf der 1950er Jahre permanent. Eine Dynamik, die das Entgleiten der Normentwicklung nahezu unumkehrbar machte, war mit den Ereignissen um den 17. Juni 1953 verbunden. Die Rücknahme der für alle Betriebe verfügten Erhöhung der Normen und die Festlegung der Zustimmung der Arbeiter zu Normerhöhungen war ein sehr weitreichender Kompromiß, der auf unterschiedlichen Interessenlagen fußte. Nach dem Schock der Ereignisse suchte die Staats- und Parteiführung, die Arbeiter durch soziale Zugeständnisse ruhigzustellen und von politischen Bestrebungen abzuhalten.

Peter Hübners Einschätzung, wonach Beziehungen zwischen der Arbeiterschaft und dem politischen Regime ein ständiges Austarieren einer politisch-sozialen Interessenbilanz verlangten, treffen den Kern wie seine Überlegung, daß es seitens des politischen Regimes darum gehen mußte, Interessenkompromisse unterhalb der politischen Konfliktschwelle anzustreben.[12] Dieses Austarieren war nach dem 17. Juni eindeutig mit einem Autonomiegewinn der Arbeiter in den Betrieben verbunden. Im Grunde erfolgte eine Festschreibung und partielle Erweiterung umfassender innerbetrieblicher Dispositionschancen bei den Löhnen, die von Brigaden und ähnlichen Arbeitsgruppen besonders gut genutzt werden konnten. Daß dieser Erfolg bei der Lohnsicherung und beim Lohnzuwachs durchaus zwiespältig war, scheint seinerzeit nicht in Erwägung gezogen worden zu sein. Anders als bei der Belegschaftsaufstockung hatte der Zugewinn

---

12 Peter Hübner, Konsens, Konflikt und Kompromiß. Soziale Arbeiterinteressen und Sozialpolitik in der SBZ/DDR 1945-1970, Berlin 1995, besonders S. 205-210 und 239-245.

an Autonomie durch die Arbeiter langfristig Folgen, die zur Destabilisierung des Wirtschaftssystems der DDR beitrugen.

Die Basisstruktur des Milieus der Werftarbeiterbelegschaft wurde mehr und mehr die Brigade und zwar bereits zu einem Zeitpunkt, als sie ganz auf die produktive Funktion ausgerichtet war.[13] Hier agierten die »neuen Integrierten« mit ihrem beträchtlichen sozialen Kapital in einer Weise, daß sie im Ergebnis den Autonomisierungstrend vorantrieben entwickelten. Alles deutet darauf hin, daß mit der Bewegung der »Brigaden der sozialistischen Arbeit« seit Ende der 1950er Jahre durch das Hinzutreten einer edukativen Funktion die Handlungsspielräume erneut erweitert werden konnten.

Die These der Herausbildung und Entwicklung eines autonomen Milieus dürfte auch für viele andere Industriemilieus der DDR greifen. Selbst wenn wir eingangs festgestellt haben, daß der Wandel die Kontinuität überwog, so trifft das nicht das Wesentliche des Milieus. Das Milieu mit seiner herausgebildeten neuen Autonomie war beharrend und wies nur geringe Modernisierungstendenzen auf.

3. Gebrochene Modernisierung. Eine Zusammenfassung

Die beiden vorangegangenen Abschnitte belegen eine interessante Kontrastentwicklung: Deutsche Arbeitermilieus gerieten tatsächlich in die »Systemdynamik«. Das westdeutsche Arbeitermilieu beginnt in den 1950er Jahren zu *erodieren* - allerdings sehr viel langsamer, als die gängigen Analysen erwarten lassen. Das ostdeutsche Nachkriegsarbeitermilieu *stabilisiert sich* - freilich durchaus nicht systemkonform, sondern geradezu »gegenkulturell«. In beiden gesellschaftlichen Konfigurationen bekommt das Arbeitermilieu einen erstaunlichen Einfluß, im Westen durch einen nachvollziehbaren Prozeß der »*Etatisierung*«, im Osten durch die völlig unerwartete Durch-

---

[13] Mit anderem Forschungsansatz als Jörg Roesler und Peter Hübner gelangten wir ebenfalls zu dem Ergebnis, daß sich die Brigaden zu »sozialen Subkulturen« in Industriebetrieben der DDR entwickelten.

setzung »*autonomer*« Gestaltungselemente. Überraschend erscheint, daß die erfolgreiche Verstaatlichung proletarischer Tradition und Kultur gerade nicht im sozialistischen Teil Deutschlands gelingt, sondern in einer sozialstaatlich abgefederten Variante des Kapitalismus. Fast wirkt es wie ein Treppenwitz der Geschichte, daß sich das ideologisch gehätschelte Arbeitermilieu der DDR »antietatistisch« verselbständigt und den wirtschaftlichen Rationalitäten einer zentralen Planwirtschaft entzieht, während das westdeutsche Proletariat seine kulturelle Eigenständigkeit verliert und zu beträchtlichen Teilen in den breiten Block sozialer Milieus einmündet, die die neuen Mittelschichten bilden. In beiden Fällen können wir einen Entwicklungsprozeß konstatieren, der sich am ehesten mit dem Begriff der »*gebrochenen Modernisierung*« charakterisieren läßt.

Unbestreitbar werden die Sozialstrukturen beider deutscher Nachkriegsgesellschaften modernisiert. Die drastische Konfrontation sozialer Eliten mit der arbeitenden Bevölkerung, die die 1920er Jahre noch kennzeichnet, wird in der neosozialistischen DDR durch einen normativen Egalitarismus verdrängt, der proletarische Soziallagen deutlich aufwertet. In der westdeutschen Bundesrepublik verhindert eine fulminante Sozialstaatsentwicklung die reale und selbst die symbolische Fortsetzung traditioneller Klassenkampfszenarien. Die »Versozialdemokratisierung« der Gesellschaft (auch unter christlichsozialem Vorzeichen) relativiert die konventionellen Klassenprofile und integriert das Proletariat bis zur fast vollständigen Diffusion seiner angestammten kulturellen und politischen Autonomie.

Der Effekt dieses erstaunlichen Integrationsprozesses in beiden deutschen Gesellschaften ist freilich für jedes der unterschiedlichen politischen Systeme *à la longue* hochambivalent. In der DDR zerstört es sukzessive die Rationalität wirtschaftlicher Planung und bringt die Gesellschaft früh an den Rand des ökonomischen Reproduktionsrisikos. Dabei führt die bemerkenswerte informelle Autonomie der Arbeiterschaft keineswegs zum sichtbaren Zugewinn von Rationalität und Zivilität. Angesichts der faktischen Gestaltungsmacht auf betrieblicher Ebene bleibt das Defizit an politisch-demokratischer Mitbestimmungsbereitschaft erklärungsbedürftig. Die subtile Spannung zwischen den Teilmilieus der »neuen Protagonisten« und der »neuen Integrierten« und die erstaunliche Hegemonie des auf Autonomie bestehenden zweiten Akteurstypus zeigen, daß sich hier postkonventionelle Entwicklungschancen und Retraditionalisierungsprozesse die Waage halten. Die moralische Ökonomie des erfolgreichen Autonomiestrebens der »neuen Integrierten« bleibt defensiv. Es knüpft an die Garantie der Befriedigung von Basisbedürfnissen an, die bereits zur *longue durée* vormodernen plebejischen Widerstands gehört.[14] Qualifikationsstreben, wie es die erstaunliche Fortbildungsbereitschaft der »neuen Protagonisten« auszeichnet, ist in dieser Mentalität unterentwickelt. Stagnierende oder eben »gebrochene« soziale Modernisierungsprozesse sind die notwendige Folge. Gesellschaftliche Entwicklung verkümmert.

In der westdeutschen Bundesrepublik führt die in den 1950er Jahren einsetzende Integration des Arbeitermilieus zu einer »Öffnung des sozialen Raums«[15]. Traditionelle Soziallagen verwischen und beginnen, sich allmählich aufzulösen. Die in unserer Studie beobachtete »Etatisierung« des Arbeitermilieus wird in den Folgedekaden durch eine politische Alimentierung von Bildungsaufstiegen gestützt, die zwar die klassischen Milieugrenzen verschiebt, allerdings auch die Dynamik im sozialen Raum relativiert: Der Aufstiegstrend wird durch seine Inflationierung entwertet. Einmündungschancen in den Arbeitsmarkt verknappen zusehends. Qualifizierungszwänge führen zu unumkehrbarer sozialer Ausgrenzung am unteren Ende der Qualifikationspyramide[16].

Solche offensichtlichen Brechungen sozialstruktureller Modernisierung haben durchaus Wurzeln in den 1950er Jahren. Die Spannung zwischen dem Akteurstypus der »Protagonisten« und den traditionalistischen »Integrierten« ist hier aufschlußreich. Sie zeigt, daß

---

14 Vgl. stellvertretend Wolfgang Kaschuba, Volkskultur und Arbeiterkultur als symbolische Ordnungen. Eine volkskundliche Anmerkung zur Debatte um Alltags- und Kulturgeschichte, in: Alf Lüdtke (Hrsg.), Alltagsgeschichte. Zur Rekonstruktion historischer Erfahrungen und Lebensweisen, Frankfurt a.M. und New York, S. 197ff; auch Peter Alheit, Zivile Kultur. Verlust und Wiederaneignung der Moderne, Frankfurt a.M. und New York 1994, S. 111ff.
15 Vgl. Michael Vester et al., Soziale Milieus im gesellschaftlichen Strukturwandel. Zwischen Integration und Ausgrenzung, Köln 1993, S. 38ff; Alheit, Zivile Kultur, a.a.O., S. 237ff.
16 Vgl. dazu ausführlicher Peter Alheit, Die Ambivalenz von Bildung in modernen Gesellschaften: Strukturprinzip kumulativer Ungleichheit oder Potential biographischer Handlungsautonomie?, in: Pädagogische Rundschau 47 (1993), S. 53-67.

auch die bundesrepublikanische Entwicklung nur als gebrochene Modernisierung gedeutet werden kann. Der heimliche Erfolg der »Protagonisten« besteht nämlich in erstaunlichen Resultaten *institutioneller* Modernisierung, nicht jedoch in parallel laufenden Erfahrungen *individueller Modernisierung*[17]. Nicht einmal für sich selbst ratifizieren die »Protagonisten« ihre zentrale Rolle im Modernisierungsprozeß des Milieus. Der Widerspruch von institutioneller Modernisierung und mentalem Traditionalismus prägt eine Gesellschaft, deren Fassade in atemberaubendem Tempo verändert wird, deren mentale Disposition jedoch mehrheitlich strukturkonservativ bleibt. Und das Arbeitermilieu gehört - selbst im objektiven Auflösungsprozeß - eindeutig zu den beharrenden gesellschaftlichen Akteursgruppen.

Ein zwar neues, moralökonomisch freilich »klassisches« Arbeitermilieu in der DDR, ein zerfallendes und gleichwohl mental strukturkonservatives Milieu in der BRD stehen im Zentrum ökonomischer, politischer und institutioneller Modernisierungsprozesse in beiden deutschen Nachkriegsgesellschaften und verlieren zunehmend den Akteurstatus, der dem Proletariat der klassischen Moderne gemeinhin zugeschrieben wird. Vielleicht liegt hier einer der Gründe, warum die deutsche Gesellschaft nach der Vereinigung äußerlich nach wie vor hochmodern erscheint, angesichts der sozialen Herausforderungen der Zeitgeschichte, der Gefährdung von Demokratie und Sozialstaat, nach innen jedoch unflexibel, perspektivlos, fatalistisch, beinahe unbeweglich wirkt.

Diese eigenartige Spannung zwischen Struktur und Mentalität, die das Phänomen *gebrochener Modernisierung* erst verständlich macht, rechtfertigt am Ende unserer Studie noch einmal die methodische Anlage[18]: Die Konfrontation struktureller Rahmenparameter der beiden untersuchten Milieus auf der Basis klassischer sozialgeschichtlicher Methoden mit den biographischen Rekonstruktionen

---

17 Zum diesem Begriff vgl. ausführlicher Peter Alheit, »Individuelle Modernisierung« - Zur Logik biographischer Konstruktion in modernisierten modernen Gesellschaften, in: Stefan Hradil (Hrsg.), Differenz und Integration. Die Zukunft moderner Gesellschaften. Verhandlungen des 28. Kongresses der Deutschen Gesellschaft für Soziologie in Dresden 1986, Frankfurt a.M. und New York 1997, S. 941-951.
18 Vgl. dazu noch einmal Kapitel 1.

der Akteure im Feld erschließt die eigensinnige und durchaus widersprüchliche Dynamik einer zeitgeschichtlichen Periode, deren Bedeutung noch immer weitgehend unterschätzt wird. Vom »methodischen Feldherrnhügel«[19] aus wäre diese Spannung nicht sichtbar gewesen. Auch im »Schützengraben« des Milieus bliebe sie ein blinder Fleck. Erst die Kontrastierung struktureller Modernisierung mit einer erstaunlichen mentalitären Persistenz macht das Zwitterphänomen deutscher Nachkriegsarbeitermilieus transparent und vergleichbar.

---

19 Vgl. hier noch einmal unser Eingangskapitel.

Anhang

Anhang

Quellenübersicht

Benutzte Archive

Angesichts des Umfangs der eingesehenen und ausgewerteten Archivbestände verzichten wir an dieser Stelle auf den Einzelnachweis der einzelnen Archivalien. Dieser findet sich in den Fußnoten im Text. Im folgenden geben wir daher nur eine Übersicht der benutzten Archive:

Archiv der Hansestadt Rostock (AHR)
Archiv der Industriegewerkschaft Metall für die Bundesrepublik Deutschland Frankfurt a. M. (IGMA)
Archiv der Neptun Industrie Rostock GmbH (Archiv NIR)
Archiv der PDS, Berlin (PDSA)
Archiv des VEB Schiffswerft-»Neptun«
Bildarchiv des Landesmuseums für Kunst und Kulturgeschichte - Focke-Museum, Bremen
Bildarchiv der Winkler-Photostudios, Bremen
Firmenarchiv der Schichau-Seebeck Werft, Bremerhaven
Historisches Archiv der Fa. Krupp, Essen (HA Krupp)
Landesarchiv Greifswald (LA Greifswald)
Landeshauptarchiv Schwerin (LHA Schwerin)
Schulzentrum Waller Ring, Bremen
Senator für Soziales der Freien Hansestadt Bremen
Staatsarchiv Bremen (StAB)
Stadtbibliothek Bremen, Zweigstelle Gröpelingen
Statistisches Landesamt der Freien Hansestadt Bremen
Vereinsarchiv des Turn- und Rasensportvereins Bremen e.V. (TURA)
Wissenschaftliches Institut für Schulpraxis der Freien Hansestadt Bremen

Zeitungen

Bremer Bürgerzeitung, Bremen, 1950-1955
Bremer Nachrichten, Bremen, 1949-1960
Bremer Volkszeitung 1955-1960
Gröpelinger Wochenblatt, Bremen, 1951-1960
Metall, 1952-1959
Schaffendes Volk (einzelne Ausgaben 1953)
Streik-Nachrichten (hrsg. von der IG Metall, Bezirksleitung Hamburg) 1953
Tribüne der Demokratie, Bremen, 1949 - 1956
Werft-Echo (Betriebszeitung der Neptunwerft Rostock)
Werft-Echo (Zeitung der KPD-Betriebsgruppe AG »Weser«), Juli 1951 bis Februar 1957
Weser-Kurier, Bremen, 1949-1960

Interviews

42 lebensgeschichtliche narrative Interviews mit ehemaligen Beschäftigten der AG »Weser« in Bremen, bzw. mit deren Familienangehörigen, im Umfang von ein bis vier Stunden

25 lebensgeschichtliche narrative Interviews mit ehemaligen Beschäftigten der Neptunwerft in Rostock, bzw. mit deren Familienangehörigen, im Umfang von einer halben bis zu vier Stunden

Expertengespräche

Klaus Achilles (Universität Bremen, Zentrale Betriebseinheit Hochschulsport)
Karl-Heinz Bernards (ehemaliger Werkmeister, seit 1947 auf der AG »Weser«) am 8. April 1997
Horst Holzapfel, Seniorenbeauftragter beim Turn- und Rasensportverein Bremen e.V.) am 6. September 1994
Ursel Leitzow (Vorsitzende der Freien Humanisten Bremen)
Heinz Meinking (DGB-Kreisjugendsekretär in Bremen 1955-1968)
Hans Mumme (ehemaliger Direktor des Gymnasiums am Waller Ring) am 5. August 1996
Herr Pape (Personalabteilung der Schichau-Seebeck-Werft, Bremerhaven) am 31. Oktober 1995

Heinz Rolappe (ehemaliger Oberwerkmeister, seit 1954 auf der AG »Weser«) am 8. April 1997
Enno Schäfer, Bremen, am 9. November 1994
Herbert Seguin (ehemaliger Prokurist der GEWOBA, Bremen) am 20. September 1995
Hermann Stichweh (ehemaliger Lehrer an der Schule am Halmer Weg in Bremen-Gröpelingen), am 15. August 1996

Literatur

A.G. »Weser« Bremen 1843-1968, Bremen 1968
Abelshauser, Werner: Die Langen Fünfziger. Wirtschaft und Gesellschaft der Bundesrepublik Deutschland 1949-1966, Düsseldorf 1987
Abelshauser, Werner: Wirtschaftsgeschichte der Bundesrepublik Deutschland 1945-1980, Frankfurt a. M. 1983
Adamietz, Horst: Das erste Kapitel, Bremer Parlamentarier 1945-1950, Bremen 1975
Adamietz, Horst: Die fünfziger Jahre. Bremer Parlamentarier 1951-1959, Bremen 1978
Adorno, Theodor W.: Soziologische Schriften 1, Werke, Bd. VIII, Frankfurt a.M. 1972, S. 343ff.
AG Weser, Werk Seebeck (Hrsg.): 75 Jahre Seebeckwerft 1876 bis 1951, o.O., o.J.
Aktien-Gesellschaft »Weser« Bremen (Hrsg.): 1872-1922, Bremen o.J. [1922]
Aktien-Gesellschaft »Weser« Bremen, Bremen 1912
Alheit, Peter: Alltag und Biographie. Studien zur gesellschaftlichen Konstitution biographischer Perspektiven. Zweite, ergänzte Auflage. Forschungsreihe des Forschungsschwerpunkts »Arbeit und Bildung«, Bd. 4, Bremen 1990
Alheit, Peter: Alltagsleben. Zur Bedeutung eines gesellschaftlichen Restphänomens, Frankfurt a.M. 1983
Alheit, Peter: Changing basic rules of biographical construction: Modern biographies at the end of the 20th century, in: *Ansgar Weymann und Walter R. Heinz:* Society and Biography. Interrelationships between Society, Institutions and the Life Course, Weinheim 1996, S. 85ff.
Alheit, Peter: Erzählform und »soziales Gedächtnis«: Beispiel beginnender Traditionsbildung im autobiographischen Erinnerungsprozeß, in: *Peter Alheit und Erika M. Hoerning (Hrsg.):* Biographisches Wissen. Beiträge zu einer Theorie lebensgeschichtlicher Erfahrung, Frankfurt a.M./New York 1989
Alheit, Peter: Individuelle Modernisierung. Zur Logik biographischer Konstruktionen in modernisierten modernen Gesellschaften, in: *Stefan Hradil (Hrsg.):* Differenz und Integration. Die Zukunft moderner Gesellschaften. Verhandlungen des 28. Kongresses der Deutschen Gesellschaft für Soziologie, Frankfurt a.M./New York 1997, S. 941ff.
Alheit, Peter: Ist die Bundesrepublik Deutschland eine zivile Gesellschaft?, in: *Detlev Ipsen u.a. (Hrsg.):* Zivile Stadt - Ziviles Land, Kassel 1997 (im Druck)

Alheit, Peter: Le »syndrome allemand«. Problèmes structurels de la »réunification culturelle«, in: Revue Suisse de Sociologie, Vol.19 (1993), S. 365-387

Alheit, Peter: Opportunities and risks of a new political culture: Not intended learning processes in changing industrial societies, in: *Peter Alheit und Hywel Francis (Hrsg.)*: Adult Education in Changing Industrial Regions, Marburg 1989, S. 39-50.

Alheit, Peter: Taking the Knocks. Youth Unemployment and Biography - A Qualitative Analysis, London 1994

Alheit, Peter: Theoretically Founded Applied Biographical Research. The Conceptual Strategy of the Institute for Applied Biographical and Lifeworld Research, Bremen 1997

Alheit, Peter: Zivile Kultur. Verlust und Wiederaneignung der Moderne, Frankfurt a.M./New York 1994

Alheit, Peter, und Bettina Dausien: Arbeiterbiographien. Zur thematischen Relevanz der Arbeit in proletarischen Lebensgeschichten: Exemplarische Untersuchungen im Rahmen der »biographischen Methode«. Dritte, leicht überarbeitete Auflage, Bremen 1990

Alheit, Peter, und Bettina Dausien: Die biographische Konstruktion der Wirklichkeit. Überlegungen zur Biographizität des Sozialen, in: *Erika M. Hoerning (Hrsg.)*: Biographische Sozialisation, Stuttgart 1997 (im Druck)

Alheit, Peter, und Christian Glaß: Beschädigtes Leben - Soziale Biographien arbeitsloser Jugendlicher: Ein soziologischer Versuch über die »Entdeckkung« neuer Fragestellungen, Frankfurt a.M./New York 1986

Alheit, Peter, und Erika M. Hoerning (Hrsg.): Biographisches Wissen. Beiträge zu einer Theorie lebensgeschichtlicher Erfahrung, Frankfurt a.M./New York 1989

Alheit, Peter, und Hywel Francis (Hrsg.): Adult Education in Changing Industrial Regions, Marburg 1989

Alheit, Peter, und Dietrich Mühlberg: Arbeiterleben in den 1950er Jahren. Konzeptionen einer »mentalitätsgeschichtlichen« Vergleichsstudie biographischer Verläufe in Arbeitermilieus der Bundesrepublik Deutschland und der DDR. Unter Mitarbeit von *Kaspar Maase, Ina Merkel, Gerlinde Petzoldt und Klaus Spieler,* Bremen 1990

Altvater, Elmar, Jürgen Hoffmann und Willi Semmler: Vom Wirtschaftswunder zur Wirtschaftskrise. Ökonomie und Politik in der Bundesrepublik, Berlin (West) 1979

Andersen, Arne, und Uwe Kiupel: IG Metall in Bremen. Die ersten hundert Jahre, Bremen 1991

Andersen, Arne: »Lieber im Feuer der Revolution sterben als auf dem Misthaufen der Demokratie verrecken!« Die KPD in Bremen von 1928-1933. Ein Beitrag zur Sozialgeschichte, München 1987

Andretta, Gabriele, Martin Baethge und Stepanie Dittmer: Übergang wohin? Schwierigkeiten ostdeutscher Industriearbeiter bei ihrer betrieblichen Neuorientierung, in: SOFI-Mitteilungen, Nr. 21, März 1994

Apitzsch, Ursula: Migration und Biographie. Zur Konstitution des Interkulturellen in den Bildungsgängen junger Erwachsener der zweiten Migrantengeneration. Habilitationsschrift, Bremen 1990

Arbeiterwohlfahrt Landesverband Bremen (Hrsg.): Arbeiterwohlfahrt 1920-1980. 60 Jahre soziale Arbeit, Bremen 1988

Arbeitsgemeinschaft Bremer Geschichtsgruppen (Hrsg.): Entdeckte Geschichte. Bremer Stadtteile/Betriebe und ihre Geschichte. Geschichtsgruppen stellen sich vor, Fischerhude 1986

Arbeitsgruppe Abrüstung an der Universität Bremen: Der Kaiser ging, der Führer ging - die Waffenschmieden blieben. Rüstungsproduktion in Bremen vom Kaiserreich bis heute, Bremen 1984

Arbeitsgruppe Bildungsbericht am Max-Planck-Institut für Bildungsforschung: Das Bildungswesen in Deutschland. Strukturen und Entwicklungen im Überblick, Reinbek 1994

Arendt, Hans-Jürgen: Zur Entwicklung der Bewegung der Hausfrauenbrigaden in der DDR 1958 bis 1961/62. Eine besondere Form der Einbeziehung nichtberufstätiger Frauen in die Lösung volkswirtschaftlicher Aufgaben beim Aufbau des Sozialismus, in: Jahrbuch für Wirtschaftsgeschichte 1979/I, S. 53-70

Arndt, Fritz: »...es ist doch erforderlich, Arbeiterwohnungsbaugenossenschaften zu bilden«. Zur Vorgeschichte der AWG des VEB Warnowwerft in Rostock-Warnemünde, in: WZ, 8/1984, S. 54-57

Augustine, Dolores L.: Frustrierte Technokraten. Zur Sozialgeschichte des Ingenieurberufs in der Ulbricht-Ära, in: *Richard Bessel und Ralph Jessen (Hrsg.)*: Die Grenzen der Diktatur. Staat und Gesellschaft in der DDR, Göttingen 1996

Badstübner-Peters, Evamarie: »...aber stehlen konnten sie ...« Nachkriegskindheit in der Sowjetischen Besatzungszone, in: Mitteilungen aus der kulturwissenschaftlichen Forschung, Jg. 16, H. 33, 1993, S. 233-272

*Baier, Gerhard:*Der Demonstrations- und Generalstreik vom 12. November 1948. Im Zusammenhang der parlamentarischen Entwicklung Westdeutschlands, Frankfurt a.M./Köln 1975

Ballerstedt, Eike und Wolfgang Glatzer: Soziologischer Almanach. Handbuch gesellschaftlicher Daten und Indikatoren, unter Mitwirkung von *Karl-Ulrich Mayer* und *Wolfgang Zapf*, 3. Auflage, neu bearbeitet von *Helga Cremer-Schäfer und Erich Wiegang*, Frankfurt a.M./New York 1979

Bangert, Albrecht: Der Stil der 50er Jahre. Bd. 1: Möbel und Ambiente. Bd. 2: Design und Kunsthandwerk, München 1983

Bänisch, Dieter (Hrsg.): Die fünfziger Jahre. Beiträge zu Politik und Kultur, Tübingen 1985

Baring, Arnulf: Der 17. Juni 1953, Bonn 1957

Barthel, Horst: Die wirtschaftlichen Ausgangsbedingungen der DDR, Berlin 1979

Bartholomäi, Reinhard (Hrsg.): Sozialpolitik nach 1945, Bonn 1977

Bartram, Christine, und Heinz-Hermann Krüger: Vom Backfisch zum Teenager - Mädchensozialisation in den 50er Jahren, in: *Heinz-Hermann Krüger (Hrsg.):* »Die Elvis-Tolle, die hatte ich mir unauffällig wachsen lassen«. Lebensgeschichte und jugendliche Alltagskultur in den fünfziger Jahren, Opladen 1985

Baumert, Gerhard: Deutsche Familien nach dem Kriege, Darmstadt 1954

Bausinger, Hermann: Volkskultur in der technischen Welt. Neuauflage Frankfurt a.M./New York 1986

Bausinger, Hermann, Markus Braun und Herbert Schwedt: Neue Siedlungen. Volkskundlich-soziologische Untersuchungen des Ludwig-Uhland-Instituts Tübingen, Stuttgart 1959

Beck, Ulrich: Jenseits von Stand und Klasse? Soziale Ungleichheiten, gesellschaftliche Individualisierungsprozesse und die Entstehung neuer sozialer Funktionen und Identitäten, in: *Reinhard Kreckel (Hrsg.):* Soziale Ungleichheiten, Göttingen 1983, S. 35-74

Beck, Ulrich: Risikogesellschaft. Auf dem Weg in eine andere Moderne, Frankfurt a.M. 1986

Beck, Ulrich, und Elisabeth Beck-Gernsheim (Hrsg.): Riskante Freiheiten. Zur Individualisierung von Lebensformen in der Moderne, Frankfurt a.M. 1993

Beck-Gernsheim, Elisabeth: Das halbierte Leben. Männnerwelt Beruf - Frauenwelt Familie, Frankfurt a. M. 1980

Bednarik, Karl: An der Konsumfront. Zwischenbilanz des modernen Lebens, Stuttgart 1957

Bednarik, Karl: Der junge Arbeiter von heute - ein neuer Typ, Stuttgart 1953

Beirat für Jugendfragen (Hrsg.): Erhebung über Lage. Tätigkeiten und Freizeitwünsche der Jugend von 14-21 Jahren, Wiesbaden 1951

Belwe, Katharina: 40 Jahre Gleichberechtigung der Frauen in der DDR, in: Deutsche Studien, 28. Jg. (1990), S. 143-160

Benjamin, Walter: Zur Kritik der Gewalt und andere Aufsätze. Nachwort von Herbert Marcuse, Frankfurt a.M. 1968

Benz, Wolfgang: Deutschland seit 1945. Entwicklungen in der Bundesrepublik und in der DDR. Chronik, Dokumente, Bilder, München 1990

Benz, Wolfgang: Zwischen Hitler und Adenauer. Studien zur deutschen Nachkriegsgesellschaft, Frankfurt a.M. 1993

Benz, Wolfgang (Hrsg.): Die Geschichte der Bundesrepublik Deutschland, 4 Bde., aktualisierte und erweiterte Neuausgabe, Frankfurt a.M. 1989

Berger, Peter A.: Klassen und Klassifikationen, in: Kölner Zeitschrift für Soziologie und Sozialpsychologie, 1/1987

Bessel, Richard, und Ralph Jessen (Hrsg.): Die Grenzen der Diktatur, Göttingen 1996

Betriebsgeschichte der AG »Weser«, maschinenschriftl. Manuskript., o.O., o.J. (vermutlich Bremen 1939)

Birke, Martin: Betriebliche Technikgestaltung und Interessenvertretung als Mikropolitik. Fallstudien zum arbeitspolitischen Umbruch, Wiesbaden 1992

Blandow, Jürgen: Von Friedrich Ebert zu Ella Ehlers. 75 Jahre Bremer AWO, Bremen 1995

Blasius, Jörg, und Joachim Winkler: Gibt es die »feinen Unterschiede«? Eine empirische Überprüfung der Bourdieuschen Theorie, in: KZfSS 41 (1989), S. 72-94

Blücher, Viggo Graf: Industriearbeiterschaft in der Sowjetzone, Stuttgart 1959

Bock, Gisela, und Barbara Duden: Arbeit aus Liebe - Liebe als Arbeit: Zur Entstehung der Hausarbeit im Kapitalismus, in: Frauen und Wissenschaft - Beiträge zur Berliner Sommeruniversität für Frauen im Juli 1976, Berlin 1977

Bohnsack, Ralf: Generation, Milieu und Geschlecht. Ergebnisse aus Gruppendiskussionen mit Jugendlichen, Opladen 1989

Bohnsack, Ralf: Rekonstruktive Sozialforschung. Einführung in Methodologie und Praxis, 2. Auflage, Opladen 1993

Boie, Cai: Schiffbau in Deutschland 1945-1952. Die verbotene Industrie, Bad Segeberg 1993

Boll, Friedhelm (Hrsg.): Arbeiterkulturen zwischen Alltag und Politik. Beiträge zum europäischen Vergleich in der Zwischenkriegszeit, Wien/München/Zürich 1986

Bollenbeck, Georg: Zur Bedeutung der Ernährung in den Arbeiter-Lebenserinnerungen, in: sowi 14 (1985), S. 110-117

Bollenbeck, Georg, u.a.: Arbeiterkultur - vom Ende zum Erbe?, Frankfurt a.M. 1989

Bolte, Karl Martin: Soziologische Gegenwartsfragen: Sozialer Auf- und Abstieg, Stuttgart 1957
Borchardt, Knut: Die Bundesrepublik in den säkularen Trends der wirtschaftlichen Entwicklung, in: *Werner Conze und Rainer M. Lepsius (Hrsg.):* Sozialgeschichte der Bundesrepublik Deutschland. Beiträge zum Kontinuitätsproblem, Stuttgart 1983, S. 20-45
Born, Claudia, Helga Krüger und Dagmar Lorenz-Meyer: Der unentdeckte Wandel. Annäherung an das Verhältnis von Struktur und Norm im weiblichen Lebenslauf, Berlin 1996
Borsdorf, Ulrich, und Lutz Niethammer (Hrsg.): Zwischen Befreiung und Besatzung, Wuppertal 1976
Böttcher, Ulrich: Anfänge und Entwicklung der Arbeiterbewegung in Bremen von der Revolution 1848 bis zur Aufhebung des Sozialistengesetzes 1890, Bremen 1953
Bourdieu, Pierre: Die biographische Illusion, in: Bios, Jg. 3 (1990), S. 75-81
Bourdieu, Pierre: Die feinen Unterschiede. Zur Kritik der gesellschaftlichen Urteilskraft, Frankfurt a.M. 1987
Bourdieu, Pierre: Die verborgenen Mechanismen der Macht. Schriften zu Politik und Kultur 1, Hamburg 1992
Bourdieu, Pierre: Ökonomisches Kapital, kulturelles Kapital, soziales Kapital, in: *R. Kreckel (Hrsg.):* Soziale Ungleichheiten (Sonderband 2 der Sozialen Welt). Göttingen 1983
Bourdieu, Pierre: Politisches Kapital als Differenzierungsprinzip im Staatssozialismus, in: *Ders.:* Die Intellektuellen und die Macht. Hrsg. von *Irene Dölling,* Hamburg 1991
Bourdieu, Pierre, u.a. (Hrsg.): Titel und Stelle. Über die Reproduktion sozialer Macht. Frankfurt a.M. 1981
Brandt, Peter: Antifaschismus und Arbeiterbewegung. Aufbau, Ausprägung, Politik in Bremen 1945/46, Hamburg 1976
Brandt, Peter: Betriebsräte, Neuordnungsdiskussion und betriebliche Mitbestimmung 1945-1948. Das Beispiel Bremen, in: Internationale wissenschaftliche Korrespondenz zur Geschichte der deutschen Arbeiterbewegung, 20. Jg., Juni 1984, H. 2, S. 156-202
Braun, Hans: Das Streben nach »Sicherheit« in den 50er Jahren. Soziale und politische Ursachen und Erscheinungsweisen, in: Archiv für Sozialgeschichte Bd. XVIII (1978), S. 279-306
Bremer Ausschuß für Wirtschaftsforschung (Hrsg.): Am Abend der Demontage, Bremen 1951
Bremer Ausschuß für Wirtschaftsforschung (Hrsg.): Reparationen, Sozialprodukt, Lebensstandard, Bremen 1948

Bremer Ausschuß für Wirtschaftsforschung (Hrsg.): Wirtschaftsdaten 1953, Bremen 1953

Bremer Ausschuß für Wirtschaftsforschung (Hrsg.): Wirtschaftsdaten 1957, Bremen 1957

Bremer Ausschuß für Wirtschaftsforschung (Hrsg.): Wirtschaftsdaten 1961, Bremen 1961

Bremer Vulkan (Hrsg.): 150 Jahre Schiffbau in Vegesack, Bremen 1955

Bremische Biographie 1912 –1962, hrsg. von der Historischen Gesellschaft zu Bremen und dem Staatsarchiv, Bremen 1969

Bremische Zentralstelle für die Verwirklichung der Gleichberechtigung der Frau (Hrsg.): Frauen-Kulturgeschichte in Bremen. Darstellungen und Quellen. Stand: 1990, Bremen 1990

Brock, Ditmar: Der schwierige Weg in die Moderne. Umwälzungen in der Lebensführung der deutschen Arbeiter zwischen 1950 und 1980, Frankfurt a.M./New York 1991

Brock, Ditmar: Vom traditionellen Arbeiterbewußtsein zum individualisierten Handlungsbewußtsein. Über Wandlungstendenzen im gesellschaftlichen Bewußtsein der Arbeiterschaft seit der Industrialisierung, in: Soziale Welt 39 (1988), S. 413-443

Broszat, Martin (Hrsg.), Zäsuren nach 1945. Essays zur Periodisierung der deutschen Nachkriegsgeschichte, München 1990

Brünneck, Alexander von: Politische Justiz gegen Kommunisten in der Bundesrepublik Deutschland 1945-1956, Frankfurt a.M. 1978

Bruss, Regina: Mit Zuckersack und Heißgetränk. Leben und Überleben in der Nachkriegszeit in Bremen 1945-1949, Bremen 1989

Buchheim, Christoph: Die Wiedereingliederung Westdeutschlands in die Weltwirtschaft 1945-1958, München 1990

Busch, Frank-Peter: Leben und Wirken Albrecht Tischbeins (II), in: 140 Jahre Eisenschiffbau in Rostock. Symposium am 31. März 1990 in der Schiffswerft Neptun/Rostock, hrsg. von der Pressestelle der Schiffswerft Neptun/Rostock, Berlin 1991, S. 26-30

Butterwegge, Christoph: Friedenspolitk in Bremen nach dem Zweiten Weltkrieg, Bremen 1989

Butterwegge, Christoph, u.a. (Hrsg.): Bremen im Kalten Krieg. Zeitzeug(inn)en berichten aus den 50er und 60er Jahren: Westintegration, Wiederbewaffnung, Friedensbewegung, Bremen 1991

Castell, Adelheid: Unterschichten im »Demographischen Übergang«: Historische Bedingungen des Wandels der Fruchtbarkeit und Säuglingssterblichkeit, in: *H. Mommsen und W. Schulze (Hrsg.)*: Vom Elend der Handarbeit, Stuttgart 1981

Chaussy, Ulrich: Jugend, in: *Wolfgang Benz (Hrsg.):* Die Geschichte der Bundesrepublik Deutschland, 4 Bde., aktualisierte und erweiterte Neuausgabe, Frankfurt a.M. 1989, Bd. 3: Gesellschaft, S. 207-244

Clemens, Bärbel: Sozialstrukturwandel und neue soziale Milieus, in: Forschungsjournal Neue Soziale Bewegungen, H. 3 (1990)

Clemens, Petra: »Die haben es geschafft, uns an unserm Ehrgeiz zu packen ...«. Alltag und Erfahrungen ehemaliger Betriebsfrauenausschuß-Frauen in der Nachkriegs- und Aufbauzeit, in: *Agnes Joester und Insa Schöningh (Hrsg.)*: So nah beieinander und doch so fern. Frauenleben in Ost und West, Pfaffenweiler 1992

Clemens, Petra: Frauen helfen sich selbst. Betriebsfrauenausschüsse der fünfziger Jahre in kulturgeschichtlicher Sicht, in: Jahrbuch für Volkskunde und Kulturgeschichte, 30. Jg. (1987), S. 107-142

Clemens, Petra, Peter Hübner und Nikola Knoth: Strukturen und Erfahrungen. Zur Sozialgeschichte der Niederlausitzer Industriearbeiterschaft, in: *Jürgen Kocka und Martin Sabrow (Hrsg.)*: Die DDR als Geschichte. Fragen - Hypothesen - Perspektiven, Berlin 1994, S. 86-91

Conert, Hansgeorg: Reformismus und Radikalismus in der bremischen Sozialdemokratie vor 1914. Die Herausbildung der »Bremer Linken« zwischen 1904 und 1914, Bremen 1985

Conze, Werner: Vom »Pöbel« zum »Proletariat«. Sozialgeschichtliche Voraussetzungen für den Sozialismus in Deutschland, in: *Hans-Ulrich Wehler (Hrsg.)*: Moderne deutsche Sozialgeschichte, Köln 1966, S. 111-136

Conze, Werner und Rainer M. Lepsius, (Hrsg.): Sozialgeschichte der Bundesrepublik Deutschland. Beiträge zum Kontinuitätsproblem, Stuttgart 1983

Cornelsen, Doris: Die Volkswirtschaft der DDR: Wirtschaftssystem - Entwicklung - Probleme, in: *Weidenfeld, Werner und Hartmut Zimmermann (Hrsg.):* Deutschland-Handbuch. Eine doppelte Bilanz 1949-1989, Bonn 1989

Czerny, Jochen: Der Aufbau des Eisenhüttenkombinats Ost 1950/51, Diss. phil. Universität Jena 1970 (Ms.)

Czerny, Jochen: Die Herausbildung sozialistischer Kollektive und Arbeiterpersönlichkeiten beim Aufbau des Eisenhüttenkombinates Ost (EKO) 1950-1952, in: Jahrbuch für Geschichte, Berlin 1977, S. 419-463

Czerny, Jochen (Hrsg.): Brüche, Krisen, Wendepunkte: Neubefragung der DDR-Geschichte. Leipzig/Jena/Berlin 1990

Dahrendorf, Ralf: Arbeiterkinder an deutschen Universitäten, in: Recht und Staat 302/303, Tübingen 1965

Dahrendorf, Ralf: Soziale Klassen und Klassenkonflikt in der industriellen Gesellschaft, Stuttgart 1957

Danto, Arthur C.: Analytical Philosophy of History, Cambrigde 1965

Danto, Arthur C.: Historisches Erklären, historisches Verstehen und die Geisteswissenschaften, in: *Paolo Rossi (Hrsg.)*: Theorie der modernen Geschichtsschreibung, Frankfurt a.M. 1987, S. 27-56

Daten zu Wirtschaft - Gesellschaft - Politik - Kultur der Bundesrepublik Deutschland 1950-1975, bearb. u. erläutert v. *Franz Neumann*, Baden-Baden 1976

Dausien, Bettina: Biographie und Geschlecht. Zur biographischen Konstruktion sozialer Wirklichkeit in Frauenlebensgeschichten, Bremen 1996

Deissmann, Gerhard: Bremen im Wiederaufbau 1945-1957, Bremen 1958

Delille, Angela, und Andrea Grohn: Blick zurück auf's Glück. Frauenleben und Familienpolitik in den fünfziger Jahren, Berlin 1985

Deppe, Frank: Autonomie und Integration. Materialien zur Gewerkschaftsanalyse, Marburg 1979

Deppe, Frank, Georg Fülberth und Jürgen Harrer (Hrsg.): Geschichte der deutschen Gewerkschaftsbewegung, 4., aktualisierte und wesentlich erweiterte Auflage Köln 1989

Deppe, Frank, Georg Fülberth und Stefan Knaab: Lokales Milieu und große Politik zur Zeit des Kalten Krieges am Beispiel ausgewählter hessischer Arbeiterwohngemeinden, in: *Peter Assion (Hrsg.)*: Transformationen der Arbeiterkultur, Beiträge der 3. Arbeitstagung der Kommission »Arbeiterkultur« in der Deutschen Gesellschaft für Volkskunde in Marburg vom 3. bis 6. Juni 1985, Marburg 1986, S. 198-219,

Deppe, Frank, und Klaus Dörre: Klassenbildung und Massenkultur im 20. Jahrhundert, in: *Klaus Tenfelde (Hrsg.)*, Arbeiter im 20. Jahrhundert, Stuttgart 1991, S. 726-771

Deppe, Wilfried: Drei Generationen Arbeiterleben. Eine soziobiographische Darstellung, Frankfurt a.M./New York 1982

Der 17. Juni - vierzig Jahre danach. Podiumsdiskussion mit Lutz Niethammer (Leitung und Berichterstattung) Arnulf Baring, Jochim Czerny, Monika Kaiser, Armin Mitter, Ilse Splittmann, in: *Jürgen Kocka und Martin Sabrow (Hrsg.)*: Die DDR als Geschichte. Fragen - Hypothesen - Perspektiven, Berlin 1994, S. 40-60

Der Weg nach Pankow. Zur Gründungsgeschichte der DDR. Mit Beiträgen von *P. Bender, M. Broszat, A. Fischer, W. Leonhard, H. Möller, H. Rudolph, H. Weber*, München 1980

Deutsche Schiff- und Maschinenbau A.-G. (Deschimag), o.O. [Bremen] November 1930

Die Roten und die Blauen. Stadtteilgeschichte am Beispiel der Sportgemeinschaft Oslebshausen, in: Entdeckte Geschichte. Bremer Stadtteile/Betriebe und ihre Geschichte, hrsg. von der *Arbeitsgemeinschaft Bremer Geschichtsgruppen*, Bremen 1986

Dierßen, Elke, und Jutta Friemann-Wille: Die Bedeutung von Bildung für den Wandel von Arbeitermilieus. Eine empirische Arbeit, Diplomarbeit Universität Bremen 1997
Diewald, Martin: »Kollektiv«, »Vitamin B« oder »Nische«? Persönliche Netzwerke in der DDR, in: *Johannes Huinink, Karl Ulrich Mayer u.a. (Hrsg.)*: Kollektiv und Eigensinn. Lebensverläufe in der DDR und danach, Berlin 1995, S. 223-260
Dirk Wegner (Hrsg.): Gesprächsanalysen, Hamburg 1977
Dittrich, Gottfried: Die Anfänge der Aktivistenbewegung, Berlin-Ost 1987
Dittrich, Gottfried: Die bewußte, planmäßige Gestaltung einiger Prozesse der sozialistischen Entwicklung der Arbeiterklasse in der DDR (1948/1949) bis 1955, in: Jahrbuch für Geschichte (1974), S. 169-211
Dittrich, Gottfried: Zu den Reproduktionsquellen und einigen Veränderungen in der sozialen Struktur der Arbeiterklasse der DDR während der Übergangsperiode vom Kapitalismus zum Sozialismus (1945 bis 1961), in: Jahrbuch für Wirtschaftsgeschichte, II, Berlin-Ost 1981, S. 243-279
Divo: Der westdeutsche Markt in Zahlen. Ein Handbuch für Forschung, Werbung und Verkauf, Frankfurt a.M. 1958
Donat, Helmut, und Andreas Röpcke (Hrsg.): »Nieder die Waffen - die Hände gereicht!«. Friedensbewegung in Bremen 1898-1958, Bremen 1989
Dorner, Rainer: Halbstark in Frankfurt, in: *Götz Eisenberg und Hans-Jürgen Linke (Hrsg.)*: Fuffziger Jahre, Gießen 1980, S. 221-234
Drechsel, Wiltrud, u.a. (Hrsg.): Beiträge zur Sozialgeschichte Bremens, Heft 5: Arbeit, Teil 1: Zwangsarbeit, Rüstung, Widerstand 1931-1945, Bremen 1983
Dröge, Franz, und Thomas Krämer-Badoni: Die Kneipe. Zur Soziologie einer Kulturform oder »Zwei Halbe auf mich!«, Frankfurt a.M. 1987
Dunkelmann, Henning: Die erwerbstätige Ehefrau im Spannungsfeld von Beruf und Konsum. Dargestellt an den Ergebnissen einer Befragung, Tübingen 1961
Dyck, Klaus, und Jens Joost-Krüger: »Unsrer Zukunft eine Gasse«. Eine Lokalgeschichte der Bremer Maifeiern, in: *Inge Marßolek (Hrsg.)*: 100 Jahre Zukunft. Zur Geschichte des 1. Mai, Frankfurt a.M./Wien 1990
Ebbighausen, Rolf, und Friedrich Tiemann (Hrsg.): Das Ende der Arbeiterbewegung in Deutschland? Ein Diskussionsband zum sechzigsten Geburtstag von Theo Pirker, Opladen 1984
Eberwein, Wilhelm, und Jochen Tholen: Borgwards Fall. Arbeit im Wirtschaftswunder. Borgward, Goliath, Lloyd, Bremen 1987
Eckert, Gerhard, und Fritz Niehus (Hrsg.): Zehn Jahre Fernsehen in Deutschland. Dokumentation - Analyse - Kritik, Frankfurt a.M. 1963

Einfeldt, Anne-Kathrin: Zwischen alten Werten und neuen Chancen. Häusliche Arbeit von Bergarbeiterfrauen in den fünfziger Jahren, in: *Lutz Niethammer (Hrsg.)*: »Hinterher merkt man, daß es richtig war, daß es schiefgegangen ist« - Nachkriegserfahrungen im Ruhrgebiet, Berlin/Bonn 1983

Eisenberg, Götz, und Hans-Jürgen Linke (Hrsg.): Fuffziger Jahre, Gießen 1980

Elmers, Willi: Arbeitskämpfe bei Borgward, in: *Heinz-Gerd Hofschen, und Almut Schwerd (Hrsg.)*: Zeitzeugen berichten: Die Bremer Arbeiterbewegung in den fünfziger Jahren (= Bremer Vorträge zur Politischen Bildung. Schriftenreihe der Bremer Volkshochschule und der Bildungsvereinigung Arbeit und Leben [DGB/VHS] e.V., Band 2), Marburg 1989

Endlich Urlaub. Die Deutschen reisen. Katalog zur Ausstellung im Haus der Geschichte der Bundesrepublik, Köln 1996

Engels, Friedrich: Die Lage der arbeitenden Klasse in England, MEW, Bd. 2, S. 225-506.

Engler, Wolfgang: »Kommode Diktatur« oder »totalitäres System«? Die DDR im Kreuzverhör der Enquete-Kommission, In: Soziologische Revue, 19. Jg. (1996), H. 4, S. 443-449

Eppelmann, Rainer (Hrsg.): Die DDR. Ergebnisse der Enquete-Kommission des Deutschen Bundestages. Aufarbeitung von Geschichte und Folgen der DDR-Diktatur in Deutschland, Köln 1994

Erker, Paul: Zeitgeschichte als Sozialgeschichte. Forschungsstand und Forschungsdefizite, in: Geschichte und Gesellschaft 19 (1993), S. 202-238.

Erziehungs- und Kulturarbeit in Bremen, hrsg. i. A. des Senators für das Bildungswesen und des Senators für das Jugendwesen von Wilhelm Berger, Bremen 1956

Faulenbach, Bernd, Markus Meckel und Hermann Weber (Hrsg.): Die Partei hatte immer recht. Aufarbeitung von Geschichte und Folgen der SED-Diktatur, Essen 1994

Fischer, A. (Hrsg.): Studien zur Geschichte der SBZ/DDR, Berlin 1993

Fischer-Rosenthal, Wolfram: Wie man sein Leben erlebt. Erleben als biographietheoretischer Fundierungsbegriff, in: Bios, Jg. 2, H. 1, S. 3-13

Flachmann, Albert: Linkssozialistische und anarchistische Gruppen in der Nachkriegszeit, in: *Heinz-Gerd Hofschen, und Almut Schwerd (Hrsg.)*: Zeitzeugen berichten: Die Bremer Arbeiterbewegung in den fünfziger Jahren (= Bremer Vorträge zur Politischen Bildung. Schriftenreihe der Bremer Volkshochschule und der Bildungsvereinigung Arbeit und Leben [DGB/VHS] e.V., Band 2), Marburg 1989, S. 133 ff.

Flick, Uwe: Triangulation, in: *Ders., u.a. (Hrsg.)*, Handbuch Qualitative Sozialforschung, München 1991

Frauenalltag und Frauenbewegung im 20. Jahrhundert: Materialsammlung zu der Abteilung 20. Jahrhundert im Historischen Museum Frankfurt, Bd. IV. Frauen in der Nachkriegszeit und im Wirtschaftswunder 1945-1960, zusammengestellt und kommentiert von *Anette Kuhn und Doris Schubert,* Frankfurt a.M. 1980

Freie Hansestadt Bremen, Statistisches Landesamt: Bremen im statistischen Zeitvergleich 1950-1976, Bremen 1978

Freier, Anna-Elisabeth, und Annette Kuhn (Hrsg.): Frauen in der Geschichte V: »Das Schicksal Deutschlands liegt in der Hand seiner Frauen« - Frauen in der deutschen Nachkriegszeit, Düsseldorf 1984

Frevert, Ute: Frauen-Geschichte. Zwischen bürgerlicher Verbesserung und neuer Weiblichkeit, Frankfurt a.M. 1986

Freyberg, Jutta von, u.a.: Geschichte der deutschen Sozialdemokratie. Von 1863 bis zur Gegenwart, 3. überarb. u. erw. Aufl., Köln 1989

Friedrich, Thomas, u.a. (Hrsg.): Entscheidungen der SED 1948. Aus den stenographischen Niederschriften der 10. bis 15. Tagung des Parteivorstandes der SED, Berlin 1995

Fröhner, Rolf, unter Mitarbeit von *Wolfgang Eser, Karl-Friedrich Flockenhaus*: Wie stark sind die Halbstarken? Beruf und Berufsnot, politische, kulturelle und seelische Probleme der deutschen Jugend im Bundesgebiet und Westberlin, dritte Emnid-Untersuchung zur Situation der deutschen Jugend, Bielefeld 1956

Fuchs, Werner: Arbeiterleben nach 1945. Lebensgeschichten in der Geschichte der Arbeiterschaft in Offenbach am Main seit dem Zweiten Weltkrieg. Projektplan, Marburg 1979

Fülberth, Georg: KPD und DKP 1945-1990, Heilbronn 1990

Fülberth, Georg, und Jürgen Harrer: Geschichte und Besonderheiten der demokratischen und der Arbeiterbewegung in der Bundesrepublik, in: *Ulrich Albrecht, u.a.:* Beiträge zu einer Geschichte der Bundesrepublik, Köln 1979

Fulbrook, Mary: Popular Discontent and Political Activism in the GDR, in: Contemporary European History, 2 (1993), S. 265-282

Gatter, Frank, und Mechthild Müser (Hrsg.): Bremen zu Fuß. 20 Streifzüge durch Geschichte und Gegenwart, Hamburg 1987

Geiger, Theodor: Die Klassengesellschaft im Schmelztiegel, Köln/Hagen 1949

Geiger, Theodor: Die soziale Schichtung des deutschen Volkes, Stuttgart 1932

Gemeinsam begann es 1945. »Der Aufbau« schrieb das erste Kapitel. Originalgetreuer Nachdruck des »Aufbau«, Organ der Kampfgemeinschaft gegen den Faschismus (KGF), Bremen 1945/46, Frankfurt a.M. 1978

Gerdes, Johann, u.a.: Betriebsstillegung und Arbeitsmarkt. Die Folgewirkungen der Schließung der AG »Weser« in Bremen, Bremen 1990

Gerstner, Ingeborg, Heinz-Gerd Hofschen, Wolfgang Jung und Jörg Wollenberg: Gustav Böhrnsen. Ein Videofilm aus der Reihe »Bremer Arbeiterbiographien«. Produziert vom Kooperationsbereich Arbeiterkammer / Universität Bremen, Bremen 1991

Gerstner, Ingeborg, und Heinz-Gerd Hofschen: Heinz und Lu Kundel. Ein Videofilm aus der Reihe »Bremer Arbeiterbiographien«. Produziert vom Kooperationsbereich Arbeiterkammer / Universität Bremen, Bremen 1990

Geschichte der deutschen Arbeiterbewegung: Bd. 7 und 8, Berlin-Ost 1966

Geschichte der Landesparteiorganisation der SED Mecklenburg 1945-1952: hrsg. von den Bezirksleitungen der SED Neubrandenburg, Rostock, Schwerin, Rostock 1986

Geschichte der Sozialistischen Einheitspartei Deutschlands. Abriß: Berlin-Ost 1978

Gesellschaft für Wirtschaftsförderung (Hrsg.): Bremen - Bremerhaven. Häfen am Strom, Bremen 1960

Geulen, Dieter: Typische Sozialisationsverläufe in der DDR. Einige qualitative Befunde über vier Generationen, in: Aus Politik und Zeitgeschichte B 26-27/1993

Gläbe, Friedrich: Bremen - einst und jetzt, Bremen 1955

Glaser, Barney G.: Theoretical Sensitivity - Advances in the Methodology of Grounded Theory, Mill Valley 1978

Glaser, Barney G., und Anselm L. Strauss: The Discovery of Grounded Theory. Strategies for Qualitative Research, New York 1967

Glaser, Hermann: Aus den Trümmern zur Post-Moderne. Zur Kulturgeschichte der Bundesrepublik Deutschland, München 1986

Glaser, Hermann: Kultur und Gesellschaft in der Bundesrepublik. Eine Profilskizze 1945-1990, in: Aus Politik und Zeitgeschichte B 1-2/1991

Glaser, Hermann: Kulturgeschichte der Bundesrepublik Deutschland, Bd. 2: Zwischen Grundgesetz und Großer Koalition 1949-1967, München 1986

Glastetter, Werner: Die wirtschaftliche Entwicklung der Bundesrepublik Deutschland im Zeitraum 1950 bis 1975. Befunde und Aspekte, Berlin/Heidelberg/New York 1975

Goch, Stefan: Ende der Arbeiter(bewegungs)kultur?, in: *Georg Bollenbeck u.a.:* Arbeiterkultur - vom Ende zum Erbe?, Frankfurt a.M. 1989, S. 9-47

Grabas, Margit: »Zwangslagen und Handlungsspielräume«. Die Wirtschaftsgeschichtsschreibung der DDR im System des real existierenden Sozialismus, in: Vierteljahresschrift für Sozial- und Wirtschaftsgeschichte, 78. Band (1991), S. 501-531

Graf, Otto: Die Lebensbedingungen von Jungarbeitern, in: Soziale Welt, Jg. 1, Heft 3, April 1950, S. 43-50

Grammdorf, Gerda: Zu einigen Veränderungen in der sozialen Gliederung der Bevölkerung im Bezirk Rostock zwischen 1952 und 1962, in: WZ, 7 (1983), S. 33-36

Grammdorf, Gerda: Zur dynamischen Veränderung der sozialen Struktur der Stadt Rostock im Prozeß des Aufbaus des Sozialismus in den Jahren 1945-1970, Phil. Diss. Universität Rostock 1972

Greeven, Heinrich (Hrsg.): Die Frau im Beruf. Tatbestände, Erfahrungen und Vorschläge zu drängenden Fragen in der weiblichen Berufsarbeit und in der Lebensgestaltung der berufstätigen Frau, Hamburg 1954

Groehler, Olaf: Rostock im Luftkrieg (1941-1944), in: Beiträge zur Geschichte der Stadt Rostock, N.F. 9, 1988, S. 17-40

Groschopp, Horst: Der singende Arbeiter im Klub der Werktätigen. Zur Geschichte der DDR-Kulturhäuser, in: Mitteilungen aus der kulturwissenschaftlichen Forschung, Jg. 16, H. 33, S. 86-129

Groschopp, Horst: Deutsche Einigung - Ende einer verstaatlichten Arbeiterbewegungskultur, in: Loccumer Protokolle 8/91, Rehburg-Loccum 1991 (Dokumentation der Tagung »Historische Orientierung und Geschichtskultur im Einigungsprozeß« vom 5.-7.4.1991 in der Evangelischen Akademie Loccum)

Grotum, Thomas: Die Halbstarken. Zur Geschichte einer Jugendkultur der 50er Jahre, Frankfurt a.M./New York 1994

Grube, Frank, und Gerhard Richter: Die Gründerjahre der Bundesrepublik. Deutschland zwischen 1945 und 1955, Hamburg 1981

Grundmann, Siegfried, Manfred Lötsch und Rudi Weidig: Zur Entwicklung der Arbeiterklasse und ihrer Struktur in der DDR, Berlin-Ost 1976

Grundmann, Siegfried: Ungleiche Regionen (Ost), in: *Peter Marcuse und Fred Staufenbiel (Hrsg.):* Wohnen und Stadtpolitik im Umbruch. Perspektiven der Stadterneuerung nach 40 Jahren DDR, Berlin 1991, S. 117-133

Gruppe Arbeiterpolitik (Hrsg.): Arbeiterpolitik. November 1948 - Juli 1950. Reprint mit einer Einleitung der Gruppe Arbeiterpolitik, [Bremen] 1975

Haack, Hanna: Arbeitergeschichte als Gesellschaftsgeschichte: das Beispiel Rostock 1918 bis 1933, in: *Klaus Tenfelde (Hrsg.):* Arbeiter im 20. Jahrhundert, Stuttgart 1991

Haack, Hanna, und Gudrun Schucany: Das Produktionsaufgebot 1961/1962 in den Betrieben der Seewirtschaft, in: Wissenschaftliche Zeitschrift der Universität Rostock, 23. Jg. (1973), Gesellschafts- und sprachwissenschaftliche Reihe, H. 6, S. 577-585

Habermas, Jürgen: Kultur und Kritik. Verstreute Aufsätze. Frankfurt a.M. 1973

Habermas, Jürgen: Theorie des kommunikativen Handelns, 2 Bände, Frankfurt a.M. 1981

Habermas, Jürgen: Zur Logik der Sozialwissenschaften. Materialien, Frankfurt a.M. 1970, S. 270

Hagemann, Karen: Frauenalltag und Männerpolitik. Alltagsleben und gesellschaftliches Handeln von Arbeiterfrauen in der Weimarer Republik, Bonn 1990

Hahn, Tony, G. Kalok und J. Müller: Sozialistische Lebensweise in der DDR in den 70er/80er Jahren, in: Soziologie und Sozialpolitik. Beiträge aus der Forschung, H. 2 (1989)

Hain, Simone, und Stephan Stroux: Die Salons der Sozialisten. Kulturhäuser in der DDR. Fotoessay von *Michael Schroedter*, Berlin 1996

Hamm, Bernd: Betrifft: Nachbarschaft. Verständigung über Inhalt und Gebrauch eines vieldeutigen Begriffs, Düsseldorf 1973

Handke, Horst, Hans Heinrich Müller und Heinzpeter Thümmler: Strukturprobleme der Arbeiterklasse. Bericht, in: Jahrbuch für Wirtschaftsgeschichte, IV, Berlin 1964, S. 130-155

Hannemann, Christine: Die Platte. Industrialisierter Wohnungsbau in der DDR, Göttingen 1996

Hans-Ulrich Wehler (Hrsg.): Moderne deutsche Sozialgeschichte, Köln 1966

Hartwich, Hans-Hermann: Sozialstaatspostulat und gesellschaftlicher status quo, 2. Aufl. Opladen 1977

Haug, Wolfgang Fritz, und Kaspar Maase (Hrsg.): Materialistische Kulturtheorie und Alltagskultur, Berlin W. 1980

Hausen, Karin: Die Polarisierung der »Geschlechtscharaktere« - Eine Spiegelung der Dissoziation von Erwerbs- und Familienleben, in: *Werner Conze (Hrsg.)*: Sozialgeschichte der Familie in der Neuzeit Europas, Stuttgart 1976, S. 363-393

Häuser, Iris, Michael Schenkel und Winfried Thaa: Legitimitäts- und Machtverfall des DDR-Sozialismus, in: *Gerd Meyer, Gerhard Riege und Dieter Strützel (Hrsg.)*: Lebensweise und gesellschaftlicher Umbruch in Ostdeutschland. Erlangen und Jena 1992

Häußermann, Hartmut und Werner Petrowsky: Hauseigentum, Mobilität und Belegschaftsstruktur. Eine Fallstudie bei Werftarbeitern in Bremen von 1900 bis heute, in: *Axel Schildt und Arnold Sywottek (Hrsg.)*, Massenwohnung und Eigenheim. Wohnungsbau und Wohnen in der Großstadt seit dem Ersten Weltkrieg, Farnkfurt/Main und New York 1988, S. 63 ff.

Häußermann, Hartmut, und Werner Petrowsky: Die Bedeutung der Wohnverhältnisse für die Bewältigung der Arbeitslosigkeit. Endbericht über ein von der VW-Stiftung gefördertes Projekt, Bremen 1990

Hawkins, Nicola: Die Relevanz der Familie in der biographischen Selbstdeutung von Männern, in: *M. Kohli und G. Robert (Hrsg.):* Biographie und soziale Wirklichkeit. Neue Beiträge und Forschungsperspektiven, Stuttgart 1984, S. 217-238

Hentschel, Volker: Das System der sozialen Sicherung in historischer Sicht 1880 bis 1975, in: Archiv für Sozialgeschichte XVIII (1978), S. 307-352

Herbert, Ulrich: Arbeiterschaft im »Dritten Reich«: Zwischenbilanz und offene Fragen, in: Geschichte und Gesellschaft 15 (1989), Heft 3, S. 320-360

Herbert, Ulrich: Zur Entwicklung der Ruhrarbeiterschaft 1930 bis 1960 aus erfahrungsgeschichtlicher Perspektive, in: *Lutz Niethammer und Alexander v. Plato (Hrsg.):* »Wir kriegen jetzt andere Zeiten«. Auf der Suche nach der Erfahrung des Volkes in nachfaschistischen Ländern (=Lebensgeschichte und Sozialkultur im Ruhrgebiet 1930 bis 1960, Bd. 3), Berlin W./Bonn 1985, S. 19-52

Herbig, Rudolf: Wirtschaft, Arbeit, Streik, Aussperrung an der Unterweser. Aus der Wirtschafts-, Sozial- und Gewerkschaftsgeschichte zwischen 1827 und 1953, Wolframs-Eschenbach 1979

Herbst, Andreas, Winfried Ranke und Jürgen Winkler: So funktionierte die DDR, 3 Bde., Reinbek 1994

Herbst, Ludolf, Friedrich Kahlenberg und Hermann Weber: Aufgaben und Perspektiven der Zeitgeschichtsforschung nach der politischen Umwälzung in Osteuropa und in der DDR, in: Vierteljahreshefte für Zeitgeschichte. 38. Jg. (1990), H. 3, S. 509-514

Hermand, Jost: Kultur im Wiederaufbau. Die Bundesrepublik Deutschland 1945-1965, München 1986

Hermann, Thomas: »Neue Berufe« im Raum der sozialen Positionen, in: Forschungsjournal Neue Soziale Bewegungen, H. 3 (1990)

Hermsdörfer, Alfred, und Heinz-Karl Düßmann: Die Entwicklung des Sozialen Wohnungsbaus in Bremen 1945-1954 am Beispiel der westlichen Vorstadt, Diplomarbeit, Universität Bremen 1981

Heseler, Heiner, Hans Jürgen Kröger und Hans Ziegenfuß (Hrsg.): »Wer kämpft, kann verlieren, wer nicht kämpft hat schon verloren«, Hamburg 1984

Heseler, Heiner, und Hans Jürgen Kröger (Hrsg.): »Stell Dir vor, die Werften gehörn uns ...« Krise des Schiffbaus oder Krise der Politik, Hamburg 1983

Heyne, Martin: Die Errichtung der ökonomischen Grundlagen des Sozialismus in Rostock 1951-1955, Phil. Diss. Universität Rostock 1966

Heyne, Martin: Werftarbeiter, in: *Ulrich Bentzien und Siegfried Neumann:* Mecklenburgische Volkskunde, Rostock 1988

Hille, Barbara: Familie und Sozialisation in der DDR, Opladen 1985

Hockerts, Hans Günter: Sicherung im Alter. Kontinuität und Wandel der gesetzlichen Rentenversicherung 1889-1979, in: *Werner Conze und Rainer M. Lepsius (Hrsg.):* Sozialgeschichte der Bundesrepublik Deutschland. Beiträge zum Kontinuitätsproblem, Stuttgart 1983, S. 296-323

Hoecker, Beate, und Renate Meyer-Braun: Bremerinnen bewältigen die Nachkriegszeit. Frauenalltag, Frauenarbeit, Frauenpolitik, Bremen 1988

Hoerning, Erika M. und Peter Alheit: Biographical Socialization, in: Current Sociology (Special Volume: Biographical Research), Vol. 43 (1995), H. 2/3, S. 101-114

Hoffmann, Dierk: Sozialpolitische Neuordnung in der SBZ/DDR. Der Umbau der Sozialversicherung 1945-56, München 1996

Hofmann, Michael, und Dieter Rink: Die Auflösung ostdeutscher Arbeitermilieus, in: Aus Politik und Zeitgeschichte B 26-27/93, S. 29-36

Hofschen, Heinz-Gerd: Bremer Arbeiterbiographien auf Video. Begleitheft zur Videofilmreihe »Bremer Arbeiterbiographien« von *Ingeborg Gerstner, Heinz-Gerd Hofschen, Wolfgang Jung, Mechtild Müser und Jörg Wollenberg,* Bremen 1991

Hofschen, Heinz-Gerd: Lebensgeschichten. Bremer Arbeiterbiographien auf Video, in: *Arbeitsgemeinschaft Bremer Geschichtsgruppen (Hrsg.),* Jenseits von Roland und Schütting. Aus der Arbeit Bremer Geschichtsgruppen, Bremen 1992, S. 49-54

Hofschen, Heinz-Gerd: Werftarbeiterstreik, Gewerkschaftsausschlüsse und die Absetzung des Betriebsrats der AG »Weser« 1953, in: 1999. Zeitschrift für Sozialgeschichte des 20. und 21. Jahrhunderts, H. 2/1990, S. 36-59

Hofschen, Heinz-Gerd: »Zum ersten Male nach zwölf Jahren der Knechtung können wir wieder frei atmen...«. Bremer Antifaschisten und der Neuaufbau 1945, in: *Hartmut Müller und Günther Rohdenburg (Hrsg.),* Kriegsende in Bremen, Bremen 1995, S. 161-175

Hofschen, Heinz-Gerd (Red.): Bremen wird hell. 100 Jahre Leben und Arbeiten mit Elektrizität (Veröffentlichungen des Bremer Landesmuseums für Kunst und Kulturgeschichte - Focke-Museum, Nr. 92, hrsg. von *Jörn Christiansen*), Bremen 1993

Hofschen, Heinz-Gerd und Almut Schwerd (Hrsg.): Zeitzeugen berichten: Die Bremer Arbeiterbewegung in den fünfziger Jahren (= Bremer Vorträge zur Politischen Bildung. Schriftenreihe der Bremer Volkshochschule und der Bildungsvereinigung Arbeit und Leben [DGB/VHS] e.V., Band 2), Marburg 1989

Hofschen, Heinz-Gerd, Erich Ott und Hans Karl Rupp: SPD im Widerspruch. Zur Entwicklung und Perspektive der Sozialdemokratie im System der BRD, Köln 1975

Hopf, Christel und Elmar Weingarten (Hrsg.): Qualitative Sozialforschung, Stuttgart 1979

Hörning, Karl H. (Hrsg.): Der neue Arbeiter. Zum Wandel sozialer Schichtstrukturen, Frankfurt a.M. 1973

Hradil, Stefan: Sozialstrukturanalyse in einer fortgeschrittenen Gesellschaft. Von Klassen und Schichten zu Lagen und Milieus, Opladen 1987

Hradil, Stefan (Hrsg.): Zwischen Bewußtsein und Sein. Die Vermittlung »objektiver« und »subjektiver« Lebensweisen, Opladen 1992

Hübner, Irene, und Heinz Schäfer: Frauen in der DDR. Frankfurt a.M. 1986

Hübner, Peter: Arbeiter und sozialer Wandel im Niederlausitzer Braunkohlenrevier von den dreißiger Jahren bis zur Mitte der sechziger Jahre, in: ders. (Hrsg.): Niederlausitzer Industriearbeiter 1935 bis 1970. Studien zur Sozialgeschichte, Berlin 1995

Hübner, Peter: Konsens, Konflikt und Kompromiß. Soziale Arbeiterinteressen und Sozialpolitik in der SBZ/DDR 1945 bis 1970, Berlin 1995

Hübner, Peter: Soziale und politische Veränderungen der Arbeiterklasse der DDR von 1949 bis 1955, Phil. Diss. A Universität Leipzig 1972

Hübner, Peter: Sozialgeschichte in der DDR - Stationen eines Forschungsweges, in: Beiträge zur Geschichte der Arbeiterbewegung. 34. Jg. (1992), H. 3, S. 43-54

Hübner, Peter: Um Kopf und Kragen. Zur Geschichte der innerbetrieblichen Hierarchien im Konstituierungsprozeß der DDR-Gesellschaft, in: Mitteilungen aus der kulturwissenschaftlichen Forschung, 16. Jg., H. 33, S. 210-232

Hübner, Peter: Umworben und bedrängt. Industriearbeiter in der SBZ , in: *A. Fischer (Hrsg.)*: Studien zur Geschichte der SBZ/DDR, Berlin 1993, S. 195-209

Hübner, Peter: Zur Entwicklung der sozialen Aktivität von Produktionsarbeitern in den kohle- und energieproduzierenden Betrieben der DDR 1957 bis 1960/61. Probleme der Dialektik von materieller Produktion und politischer Macht in der Übergangsperiode, in: Jahrbuch für Geschichte. 31. Jg., S. 71-102

Hückstädt, Harald: Leben und Wirken Albrecht Tischbeins (I), in: 140 Jahre Eisenschiffbau in Rostock. Symposium am 31. März 1990 in der Schiffswerft Neptun/Rostock, hrsg. von der Pressestelle der Schiffswerft Neptun/Rostock, Berlin 1991, S. 17-25

Huinink, Johannes, Karl Ulrich Mayer u.a. (Hrsg.): Kollektiv und Eigensinn. Lebensverläufe in der DDR und danach, Berlin 1995

Huster, Ernst-Ulrich, u.a.: Determinanten der Restauration 1945-1949, Frankfurt a.M. 1972

Ifo-Institut für Wirtschaftsforschung (Hrsg.), Fünf Jahre Deutsche Mark. Der Wiederaufbau der westdeutschen Wirtschaft seit der Währungsreform, Berlin und München 1953

Iggers, Georg G. (Hrsg.): Ein anderer historischer Blick. Beispiele ostdeutscher Sozialgeschichte, Frankfurt a.M. 1991

Institut für Demoskopie Allensbach: Eine Generation später. Bundesrepublik Deutschland 1953-1979, Allensbach 1981

Ipsen, G. (Hrsg.): Daseinsformen der Großstadt, Tübingen 1959

Jaide, Walter: Generationen eines Jahrhunderts. Wechsel der Jugendgenerationen im Jahrhunderttrend. Zur Geschichte der Jugend in Deutschland 1871 bis 1985, Opladen 1988

Jansen, Hans G.: Bürgermeister Kaisens Reise in die Vereinigten Staaten im Frühjahr 1950 - Ursache der Aufhebung der Schiffbaurestriktionen?, in: *Peter Kuckuk, Hartmut Roder und Hochschule Bremen (Hrsg.):* Von der Dampfbarkasse zum Containerschiff. Werften und Schiffbau in Bremen und der Unterweserregion, Bremen 1988

Jansen, Hans G., und Renate Meyer-Braun: Bremen in der Nachkriegszeit. 1945-1949. Politik, Wirtschaft, Gesellschaft. Unter Mitarbeit von *Beate Hoecker* und *Frauke Rubart,* Bremen 1990

Jarausch, Konrad, und Hannes Siegrist (Hrsg.): Amerikanisierung und Sowjetisierung in Deutschland 1945-1970, Frankfurt a.M./New York 1997, S. 275-289

Jenkis, Helmut W.: Wohnungswirtschaft und Wohnungspolitik in beiden deutschen Staaten, Hamburg 1976

Jonas, Wolfgang: Das Leben der Mansfeld-Arbeiter. Aus der Geschichte der Fabriken und Werke, Bd. 1, Berlin 1957

Junkereit, Ralf: Auf dem Weg zur Einheit im Sport. Landessportbund Bremen 1945-1950, Bremen 1989

Jurczyk, Karin: Frauenarbeit und Frauenrolle, Frankfurt a.M./München 1976

Kaelble, Hartmut, u.a. (Hrsg.): Sozialgeschichte der DDR, Stuttgart 1994

Kaisen, Wilhelm: Meine Arbeit, mein Leben, 2. Auflage, München 1969

Kalbitz, Rainer: Die Arbeitskämpfe in der BRD. Aussperrung und Streik 1948-1968, Diss. Universität Bochum 1972

Kalbitz, Rainer: Tarifpolitik, Streik, Aussperrung. Die Gestaltungskraft der Gewerkschaften des DGB nach 1945, Köln 1991

Kallmeyer, Werner, und Fritz Schütze: Zur Konstruktion von Kommunikationsschemata der Sachverhaltsdarstellung. Exemplifiziert am Beispiel von Erzählungen und Beschreibungen, in: *Dirk Wegner (Hrsg.):* Gesprächsanalysen, Hamburg 1977, S. 159-274

Karlsch, Rainer: Allein bezahlt? Die Reparationsleistungen der SBZ/DDR 1945-53, Berlin 1993

Kaschuba, Wolfgang: Arbeiterkultur heute: Ende oder Transformation?, in: *Wolfgang Kaschuba, Gottfried Korff und Bernd Jürgen Warneken (Hrsg.)*: Arbeiterkultur seit 1945 - Ende oder Veränderung?, Tübingen 1991

Kaschuba, Wolfgang: Lebenswelt und Kultur der unterbürgerlichen Schichten im 19. und 20. Jahrhundert, München 1990

Kaschuba, Wolfgang: Volkskultur und Arbeiterkultur als symbolische Ordnungen. Einige volkskundliche Anmerkungen zur Debatte um Alltags- und Kulturgeschichte, in: *Alf Lüdtke (Hrsg.)*: Alltagsgeschichte. Zur Rekonstruktion historischer Erfahrungen und Lebensweisen, Frankfurt a.M./New York 1989

Kaschuba, Wolfgang, und Thomas Scholze (Hrsg.): Alltagskultur im Umbruch, Weimar/Köln/Wien 1996

Kehl, Anton: Die Arbeitswelt, in: *Wolfgang Benz (Hrsg.)*: Die Geschichte der Bundesrepublik Deutschland, 4 Bde., aktualisierte und erweiterte Neuausgabe, Frankfurt/M. 1989, Bd. 2: Wirtschaft, S. 294-325

Keiderling, Gerhard: Vom Kommunal- zum Volkssport: Entwicklung in der Ost-Zone Deutschlands. Stationen der Herausbildung der Einheitssportbewegung in der Sowjetischen Besatzungszone von 1945 bis 1948, in: *Franz Nitsch und Lorenz Peiffer (Hrsg.)*: Die roten Turnbrüder. 100 Jahre Arbeitersport. Dokumentation der Tagung vom 1. bis 3. April 1993 in Leipzig, Marburg 1995

Kelle, Udo: Empirisch begründete Theoriebildung. Ein Beitrag zur Logik und Methodologie interpretativer Sozialforschung, Bremen, Diss. phil. 1992 (auch: Weinheim 1994)

Keller, Dietmar, Hans Modrow und Herbert Wolf (Hrsg.): Ansichten zur Geschichte der DDR, Bd. 1, Bonn und Berlin 1993

Kern, Horst, und Michael Schumann: Industriearbeit und Arbeiterbewußtsein. Eine empirische Untersuchung über den Einfluß der aktuellen technischen Entwicklung auf die industrielle Arbeit und das Arbeiterbewußtsein, Frankfurt a.M. 1985

Kirchner, Jürgen: Zur Bedeutung der Betriebsfrauenausschüsse für die gleichberechtigte Teilnahme der Frauen am planmäßigen Aufbau der Grundlagen des Sozialismus in der DDR (1952-1955), in: Jahrbuch für Wirtschaftsgeschichte. 1976/II, S. 33-52

Kirschenmann, Jörg: Architektur und Städtebau, in: *Karl-Ludwig Sommer (Hrsg.)*: Bremen in den fünfziger Jahren. Politik, Wirtschaft, Kultur, Bremen 1989, S. 124-151

Kirschenmann, Jörg: Wohnungsbau in Bremen, in: *Architektenkammer der Freien Hansestadt Bremen u.a. (Hrsg.)*: Flugdächer und Weserziegel. Architektur der 50er Jahre in Bremen, Worpswede 1990

Kirschenmann, Jörg, und Wolfram Voigt: Geschichte des sozialen Wohnungsbaus. Das Beispiel Bremen 1945-1980. Vom Vorbild an den Rand der Pleite, in: arch+, Nr. 57/58, 1981

Kiupel, Uwe: Ankerwinsch und Elektrokarren. Zur Elektrifizierung der Schiffahrt und des Hafenumschlags, in: *Heinz-Gerd Hofschen (Red.):* Bremen wird hell. 100 Jahre Leben und Arbeiten mit Elektrizität, Bremen 1993 (=Veröffentlichungen des Bremer Landesmuseums für Kunst und Kulturgeschichte, Focke-Museum, Nr. 92, hrsg. v. *Jörn Christiansen*), S. 251 ff.

Klages, Helmut: Der Nachbarschaftsgedanke und die nachbarliche Wirklichkeit in der Großstadt, 2. Aufl. Stuttgart/Berlin W./Köln/Mainz 1968

Kleefisch, Heinrich: Arbeiter und Muße. Eine Untersuchung zur Freizeitproblematik des Arbeiters, Diss. Univ. Köln 1959

Kleinpeter, Oswald: Zur Dynamik der sozialökonomischen Struktur der Stadt Rostock in den Jahren 1945 bis 1966, Phil. Diss. Universität Rostock 1969

Kleßmann, Christoph: Die »verstaatlichte Arbeiterbewegung«. Überlegungen zur Sozialgeschichte der Arbeiterschaft in der DDR, in: *Karsten Rudolph und Christel Wickert (Hrsg.):* Geschichte als Möglichkeit. Über die Chancen von Demokratie. Festschrift für Helga Grebing, Essen 1995

Kleßmann, Christoph: Die doppelte Staatsgründung. Deutsche Geschichte 1945-1955. Göttingen 1986

Kleßmann, Christoph: Zwei Diktaturen in Deutschland, in: *Deutschland-Archiv,* 25 (1992), S. 601-606

Kleßmann, Christoph: Zwei Staaten, eine Nation. Deutsche Geschichte 1955-1970, Göttingen 1988

Kleßmann, Christoph, und Georg Wagner (Hrsg.): Das gespaltene Land. Leben in Deutschland 1945-1990. Texte und Dokumente zur Sozialgeschichte, München 1993

Klocksin, Jens-Ulrich: Kommunisten im Parlament. Die KPD in Regierungen und Parlamenten der westdeutschen Besatzungszonen und der BRD 1945-1956, Bonn 1993

Kluth, Heinz: Arbeiterjugend - Begriff und Wirklichkeit, in: *Helmut Schelsky (Hrsg.):* Arbeiterjugend gestern und heute, Heidelberg 1955

Knebel, Hans-Joachim: Soziologische Strukturwandlungen im modernen Tourismus, Stuttgart 1960

Knorring, Ekkehard v.: Strukturwandlungen des privaten Konsums im Wachstumsprozeß der deutschen Wirtschaft seit der Mitte des 19. Jahrhunderts, in: *Walther G. Hoffmann (Hrsg.),* Untersuchungen zum Wachstum der deutschen Wirtschaft, Tübingen 1971, S. 167-191

Koch, Petra, und Hans Günther Knöbel: Familienpolitik der DDR im Spannungsfeld zwischen Familie und Berufstätigkeit von Frauen. Pfaffenweiler 1988

Kocka, Jürgen: Arbeitsverhältnisse und Arbeiterexistenzen. Grundlagen der Klassenbildung im 19. Jahrhundert, Bonn 1990

Kocka, Jürgen: Lohnarbeit und Klassenbildung. Arbeiter und Arbeiterbewegung in Deutschland 1800-1875, Berlin und Bonn 1983

Kocka, Jürgen: Vereinigungskrise. Zur Geschichte der Gegenwart, Göttingen 1995

Kocka, Jürgen (Hrsg.): Historische DDR-Forschung. Aufsätze und Studien, Berlin 1994

Kocka, Jürgen, und Gerhard A. Ritter (Hrsg.): Sozialgeschichtliches Arbeitsbuch, Bd. 4: Materialien zur Geschichte Deutschlands 1945-1980, bearb. von *Ray Rytlewski und Manfred opp de Hipt*, München 1986

Kocka, Jürgen, und Martin Sabrow (Hrsg.): Die DDR als Geschichte. Fragen, Hypothesen, Perspektiven, Berlin 1994

Kohli, Martin, und Günther Robert (Hrsg.): Biographie und soziale Wirklichkeit. Neue Beiträge und Forschungsperspektiven, Stuttgart 1984

Kohli, Martin: Institutionalisierung und Individualisierung der Erwerbsbiographie. Aktuelle Veränderungstendenzen und ihre Folgen, in: *Dietmar Brock u.a. (Hrsg.),* Subjektivität im gesellschaftlichen Wandel, München 1989, S. 272f.

Köppen, Peter: Zur Entwicklung der Seewirtschaft in der DDR in den Jahren von 1952 bis 1955, in: Jahrbuch für Wirtschaftsgeschichte 1978/I, S. 265-279

Koschnick, Hans (Hrsg.): Zuversicht und Beständigkeit. Wilhelm Kaisen. Eine Dokumentation, unter Mitarbeit von *Wilhelm Lührs, Hartmut Müller, u.a.,* Bremen 1977

Kowalczuk, Ilko-Sascha (Hrsg.): Paradigmen deutscher Geschichtswissenschaft. Ringvorlesung an der Humboldt-Universität zu Berlin im Wintersemester 1991/92, Berlin 1994

Kozicki, Norbert: »Als wenn Elvis nach Wanne käme ...« Jugend zwischen Rock'n'Roll, Jazz und Wirtschaftswunder. Ein Bild der fünfziger Jahre im Revier, Herne 1988

Kraushaar, Wolfgang: Die Protest-Chronik 1949-1959. Eine illustrierte Geschichte von Bewegung, Widerstand und Utopie, München 1996

Krawietz, Walter: Die wirtschaftliche Entwicklung des Schiffbaus an der Unterweser von 1800 bis 1960, Diss. rer. pol. Universität Erlangen-Nürnberg 1966

Kreimeier, Klaus: Kino und Filmindustrie in der BRD. Ideologieproduktion und Klassenwirklichkeit nach 1945, Kronberg/Ts. 1973

Krellenberg, Hans-Ulrich: Die Eingliederung der Umsiedler in das gesellschaftliche und politische Leben in Mecklenburg 1945-49 (Dargestellt an den Kreisen Parchim und Malchin). Phil. Diss. Universität Rostock 1971

Kreuter, Wolfgang, und Joachim Oltmann: Coca-Cola statt Apfelmost. Kalter Krieg und Amerikanisierung westdeutscher Lebensweise, in: Englisch-Amerikanische Studien 6 (1984), S. 22-35

Krüger, Heinz-Hermann: »Es war wie ein Rausch, wenn alle Gas geben«. Die 'Halbstarken' der 50er Jahre, in: *Schock und Schöpfung:* Jugendästhetik im 20. Jahrhundert. Hrsg: Deutscher Werkbund e.V. und Württembergischer Kunstverein Stuttgart, Darmstadt/Neuwied 1986, S. 269-274

Krüger, Heinz-Hermann (Hrsg.): »Die Elvis-Tolle, die hatte ich mir unauffällig wachsen lassen«. Lebensgeschichte und jugendliche Alltagskultur in den fünfziger Jahren, Opladen 1985

Krüger, Helga, Claudia Born und Udo Kelle: Sequenzmuster in unterbrochenen Erwerbskarrieren von Frauen, Universität Bremen 1989

Krüger, Helga: Bilanz des Lebenslaufs: Zwischen sozialer Strukturiertheit und biographischer Selbstdeutung, in: Soziale Welt 3/1993, S. 375-391

Kuckuk, Peter: Bremen in der Deutschen Revolution 1918-1919. Revolution, Räterepublik, Restauration, Bremen 1986

Kuckuk, Peter: Die A.G. »Weser« 1914 -1933, Bremen 1987

Kuckuk, Peter: Die A.G. »Weser« bis 1914. Von der Maschinenfabrik zur Großwerft, Bremen 1987

Kuckuk, Peter: Die AG »Weser« von 1945 bis 1951/53. Schiffbauverbot - Wiederaufbau -Neubauerlaubnis, Manuskript (erscheint 1998 im Band 16 der »Beiträge zur Sozialgeschichte Bremens«

Kuckuk, Peter: Die Demontage der Deschimag-Werft AG »Weser« (Oktober 1945 - April 1948), Manuskript (erscheint 1998 im Band 16 der »Beiträge zur Sozialgeschichte Bremens«)

Kuckuk, Peter: Verkauf der Krupp-Beteiligungen an der Deschimag und der Norddeutschen Hütte an die Stadt Bremen?, in: Bremisches Jahrbuch, Band 70, Bremen 1991, S.149 ff.

Kuckuk, Peter und Hartmut Pophanken: Die AG »Weser« 1933 bis 1945: Handels- und Kriegsschiffbau im Dritten Reich, in: *Peter Kuckuk (Hrsg.),* Bremer Großwerften im Dritten Reich (=Beiträge zur Sozialgeschichte Bremens, H. 15), Bremen 1993

Kuckuk, Peter und Hartmut Roder: Die goldenen Nachkriegsjahre des bremischen Schiffbaus, in: *Karl-Ludwig Sommer (Hrsg),* Bremen in den fünftziger Jahren. Politik, Wirtschaft, Kultur, Bremen 1989, S. 174 ff.

Kuckuk, Peter, Hartmut Roder und Günther Scharf: Spanten und Sektionen. Werften und Schiffbau in Bremen und der Unterweserregion im 20. Jahrhundert, Bremen 1986

Kuckuk, Peter, Hartmut Roder und Hochschule Bremen (Hrsg.): Von der Dampfbarkasse zum Containerschiff. Werften und Schiffbau in Bremen und der Unterweserregion, Bremen 1988

Kuhn, Annette (Hrsg.): Frauen in der deutschen Nachkriegszeit, 2 Bde., Düsseldorf 1984

Küller, W., und G. Hendl (Hrsg.): Strukturwandel der Frauenarbeit 1890-1990, Frankfurt a.M./New York 1985

Kulturladen Gröpelingen (Hrsg.): Gröpelingen 1860-1945. Ein photographischer Streifzug, Bremen 1996

Kulturpolitik der Länder 1961-62, hrsg. vom Sekretariat der ständigen Konferenz der Kultusminister der Bundesrepublik Deutschland, Bonn 1963

Labahn, Karin: Die Herausbildung der Zweiggruppe der Arbeiterklasse in den Ostseewerften auf dem Territorium der späteren Deutschen Demokratischen Republik 1945-1952, Phil. Diss. Universität Rostock 1979

Labahn, Karin: Zu einigen Problemen der Strukturveränderung der Arbeiterklasse in den Ostseewerften auf dem späteren Territorium der DDR. 1945 bis 1949/50, in: Jahrbuch für Wirtschaftsgeschichte, II, Berlin (Ost) 1978, S. 223-240

Labahn, Karin: Zur Entwicklung der Arbeiterklasse in den Ostseewerften 1945 bis 1950, in: 140 Jahre Eisenschiffbau in Rostock. Symposium am 31. März 1990 in der Schiffswerft Neptun/Rostock. Berlin 1991, S. 83-86

Labahn, Karin: Zur Entwicklung der Arbeiterklasse in den Werften des Ostseebezirkes Rostock von 1945-1952, in: Ingenieurschule für Seefahrt Warnemünde/Wustrow, 15, Rostock/Warnemünde 1980, S. 1-61

Labahn-Thomsen, Karin: Historische Dimensionen der Arbeitslosigkeit in Rostock von 1918 bis 1951, unveröfftl. Ms. 1996

Labov, William, und J. Waletzky: Erzählanalyse. Mündliche Versionen persönlicher Erfahrung, in: *J. Ihwe (Hrsg.),* Literaturwissenschaft und Linguistik, Bd. 2, Frankfurt a.M. 1973, S. 78-126

Langer, Ingrid: Die Mohrinnen hatten ihre Schuldigkeit getan. Staatlich-moralische Aufrüstung der Familien, in: *Dieter Bänisch (Hrsg.):* Die fünfziger Jahre. Beiträge zu Politik und Kultur, Tübingen 1985, S. 108-130

Langer, Ingrid: Familienpolitik - ein Kind der fünfziger Jahre, in: Perlonzeit. Wie die Frauen ihr Wirtschaftswunder erlebten, Berlin 1985

Langewiesche, Dieter: »Arbeiterkultur« - Kultur der Arbeiterbewegung im Kaiserreich und in der Weimarer Republik. Bemerkungen zum Forschungsstand, in: Ergebnisse 26 (1984), S. 9-29

Lauschke, Karl: »Wir sind heute mehr Mensch als früher.« Unternehmenskultur in einem montanmitbestimmten Großbetrieb der fünfziger Jahre, in: Jahrbuch für Wirtschaftsgeschichte 1993/H. 2, S. 137-157

Lauschke, Karl und Thomas Welskopp: Einleitung, in: *Dies. (Hrsg):* Mikropolitik im Unternehmen. Arbeitsbeziehungen und Machtstrukturen in industriellen Großbetrieben des 20. Jahrhunderts (=Bochumer Schriften zur Unternehmens- und Industriegeschichte, Bd. 3), Essen 1994

Lauschke, Karl, und Thomas Welskopp (Hrsg.): Mikropolitik im Unternehmen. Arbeitsbeziehungen und Machtstrukturen in industriellen Großbetrieben des 20. Jahrhunderts (=Bochumer Schriften zur Unternehmens- und Industriegeschichte, Bd. 3), Essen 1994

Lefort, Claude: Die Frage der Demokratie, in: *Ulrich Rödel (Hrsg.):* Autonome Gesellschaft und libertäre Demokratie, Frankfurt a.M. 1990

Lehmann, Albrecht: Erzählstruktur und Lebenslauf. Autobiographische Untersuchungen, Frankfurt a. M./New York 1983

Leinweber, Ralf R.: Das Recht auf Arbeit im Sozialismus. Die Herausbildung einer Politik des Rechts auf Arbeit in der SBZ/DDR 1945 bis 1961, Marburg 1983

Leisering, Lutz: Sozialstaat und demographischer Wandel. Wechselwirkungen, Generationenverhältnisse, politisch-institutionelle Steuerung, Frankfurt a.M./New York 1992

Lepsius, M. Rainer: Parteiensystem und Sozialstruktur. Zum Problem der Demokratisierung der deutschen Gesellschaft, in: *ders.,* Demokratie in Deutschland. Soziologisch-historische Konstellationsanalysen. Ausgewählte Aufsätze, Göttingen 1993 (Erstdruck 1966)

Lepsius, Rainer M., u.a. (Hrsg.): Der Plan als Befehl und Fiktion. Wirtschaftsführung in der DDR, Opladen 1994

Lewin, Kurt: Der Übergang von der aristotelischen zur galileischen Denkweise in Biologie und Psychologie, in: Kurt-Lewin-Werkausgabe, Bd. 1, hrsg. von *Alexandre Métraux,* Bern/Stuttgart 1981, S. 233-278

Liebau, Eckhard: Laufbahn oder Biographie? Eine Bourdieu-Lektüre, in: Bios, Jg. 3 (1990), S. 85

Liedtke, Jürgen: Narrationsdynamik. Analyse und Schematisierung der dynamischen Momente im Erzählprodukt, Diss. phil. Bremen 1989

Lietzmann, Hans: Die 50er Jahre: Aufbruch und Restauration, in: Vorgänge 3/1989, S. 112 ff.

Lilge, Herbert (Hrsg.): Deutschland 1945-1963, Hannover 1967

Löbe, Karl: Seeschiffahrt in Bremen. Das Schiff gestaltet Hafen und Stadt, Bremen 1989

Lohmann, Ulrich: Das Arbeitsrecht der DDR, Berlin 1987

Loos, Peter: Zwischen pragmatischer und moralischer Ordnung. Der männliche Blick auf das Geschlechterverhältnis im Milieuvergleich, Bremen 1996

Lösche, Peter: Einführung zum Forschungsschwerpunkt: Solidargemeinschaft und Milieu, in: Franz Walter, Sozialistische Akademiker- und Intellektuellenorganisationen in der Weimarer Republik, Bonn 1990

Lötsch, Manfred: Über die soziale Struktur der Arbeiterklasse. Einige Schwerpunkte und Probleme der soziologischen Forschung, in: Soziologische Probleme der Klassenentwicklung in der DDR, Berlin (Ost) 1975, S. 89-110

Lüdtke, Alf: »Helden der Arbeit« - Mühen beim Arbeiten. Zur mißmutigen Loyalität von Industriearbeitern in der DDR, in: *Hartmut Kaelble u.a. (Hrsg.)*: Sozialgeschichte der DDR, Stuttgart 1994, S. 188-213

Lüdtke, Alf: Arbeit, Arbeitserfahrungen und Arbeiterpolitik. Zum Perspektivenwechsel in der historischen Forschung, in: *ders.*: Eigen - Sinn: Fabrikarbeit, Arbeitererfahrungen und Politik vom Kaiserreich bis in den Faschismus. Ergebnisse, Hamburg 1993

Lüdtke, Alf: Eigen - Sinn: Fabrikarbeit, Arbeitererfahrungen und Politik vom Kaiserreich bis in den Faschismus. Ergebnisse, Hamburg 1993

Lüdtke, Alf: Hunger, Essens-»Genuß« und Politik bei Fabrikarbeitern und Arbeiterfrauen. Beispiele aus dem rheinisch-westfälischen Industriegebiet 1910-1940, in: sowi 14, S. 118-126

Lüdtke, Alf: Wo blieb die »rote Glut«? Arbeitererfahrungen und deutscher Faschismus, in: *ders.*: Eigen-Sinn: Fabrikarbeit, Arbeitererfahrungen und Politik vom Kaiserreich bis in den Faschismus. Ergebnisse, Hamburg 1993

Lüdtke, Alf (Hrsg.): Alltagsgeschichte. Zur Rekonstruktion historischer Erfahrungen und Lebensweisen, Frankfurt/New York 1989

Lüdtke, Alf, und Peter Becker (Hrsg.): Akten, Eingaben, Schaufenster. Die DDR und ihre Texte. Erkundungen zu Herrschaft und Alltag, Berlin 1996

Lutz, Burkart: Der kurze Traum immerwährender Prosperität. Eine Neuinterpretation der industriell-kapitalistischen Entwicklung im Europa des 20. Jahrhunderts, Frankfurt a.M./New York 1984

Maase, Kaspar: »Persönlicher Sinn« - »Lebenswelt« - »Habitus«. Zu Forschungsproblemen einer kulturwissenschaftlichen Analyse der Lebensweise, in: *IMSF (Hrsg.)*, Alltag - Lebensweise - Kultur. Kulturwissenschaftliche Beiträge aus der Ungarischen Volksrepublik und der Bundesrepublik Deutschland, 124-164, Frankfurt a.M. 1988

Maase, Kaspar: »Persönlicher Sinn« und individuelle Existenznotwendigkeiten. Ein Diskussionsbeitrag zum Ansatz kulturwissenschaftlicher Lebensweiseforschung, in: Weimarer Beiträge 34, S. 654-664

Maase, Kaspar: Amerikanisierung der Jugend. Eine Studie zur kulturellen Verwestlichung der Bundesrepublik in den fünfziger Jahren. Habil. Bremen 1992

Maase, Kaspar: Arbeitszeit - Freizeit - Freizeitpolitik, Frankfurt a.M. 1976

Maase, Kaspar: Bravo Amerika. Erkundungen zur Jugendkultur in der Bundesrepublik in den fünfziger Jahren. Hamburg 1992

Maase, Kaspar: Freizeit, in: *Wolfgang Benz (Hrsg.):* Die Geschichte der Bundesrepublik Deutschland, 4 Bde., aktualisierte und erweiterte Neuausgabe, Frankfurt a.M. 1989, Bd. 3: Gesellschaft, S. 345-383

Maase, Kaspar: Klassenformierung und »Individualisierung« im Reproduktionsbereich. Überlegungen zu einer Problemskizze, in: Freizeit als Lebensraum arbeitender Menschen im Sozialismus - ihr Platz in der Freizeitkultur des 20. Jahrhunderts, S. 88-100, (Mitteilungen aus der kulturwissenschaftlichen Forschung 22) Manuskriptdruck Berlin/DDR 1987

Maase, Kaspar, Gerd Hallenberger und Mel van Elteren: Amerikanisierung der Alltagskultur? Zur Rezeption US-amerikanischer Populärkultur in der Bundesrepublik und in den Niederlanden, Hamburg 1990

Maenz, Paul: Die 50er Jahre. Formen eines Jahrzehnts, überarb. Neuauflage Köln 1984

Mahnkopf, Birgit: Arbeiterkultur in der Bundesrepublik, in: *Arno Herzig und Günter Trautmann (Hrsg.):* »Der kühnen Bahn nur folgen wir...«, Bd. 1, S. 332ff., Hamburg 1989

Mannheim, Karl: Das Problem der Generationen, in: *Ders.:* Wissenssoziologie, Auswahl aus dem Werk, hrsg. v. *Kurt H. Wolff,* Neuwied/Berlin W. 1964, S. 509-565

Mannheim, Karl: Strukturen des Denkens, hrsg. von *David Kettler, Volker Meja und Nico Stehr,* Frankfurt a. M. 1980

Mannheim, Karl: Wissenssoziologie. Auswahl aus dem Werk, Berlin / Neuwied 1964

Marßolek, Inge, und René Ott: Bremen im Dritten Reich. Anpassung, Widerstand, Verfolgung, Bremen 1986

Marx, Karl: Das Kapital, Erster Band (=Marx-Engels-Werke, hrsg. vom IML beim ZK der SED, Band 23), Berlin 1970

Marx, Karl: Ökonomisch-philosophische Manuskripte, in: MEW, Erg. Bd. I, Berlin 1974, S. 465 ff.

Mecklenburgische Volkskunde: hrsg. von *Ulrich Bentzien* und *Siegfried Neumann,* Rostock 1988

Mehnert, Klaus, und Heinrich Schulte (Hrsg.): Deutschland-Jahrbuch 1953, Essen 1953

Mehringer, Hartmut (Hrsg.): Von der SBZ zur DDR. Studien zum Herrschaftssystem in der Sowjetischen Besatzungszone Deutschlands (=Schriftenreihe der Vierteljahreshefte für Zeitgeschichte, Sondernummer), München 1995

Meinicke, Wolfgang: Zur Integration der Umsiedler in die Gesellschaft 1945-52, in: Zeitschrift für Geschichtswissenschaft. 36. Jg. (1988), S. 867-878

Merkel, Ina: ...und Du, Frau an der Werkbank. Die DDR in den 50er Jahren, Berlin 1990

Merkel, Ina: Leitbilder und Lebensweisen von Frauen in der DDR, in: *Hartmut Kaeble, Jürgen Kocka und Hartmut Zwahr (Hrsg.)*: Sozialgeschichte der DDR, Stuttgart 1994

Merkel, Wolfgang, und Beenhard Oldigs: Morgen rot! 80 Jahre Bremer Arbeiterjugendbewegung. 40 Jahre Bremer Landesjugendring, hrsg. vom Landesjugendring Bremen, Bremen 1987

Meurer, Bernd: Wie Alltagskultur versteinert - die 50er Jahre in der BRD, in: *Hanns-Werner Heister und Dietrich Stern (Hrsg.)*, Musik der 50er Jahre, Berlin W. 1980, S. 7-25

Meyer, Gerd, Gerhard Riege und Dieter Strützel (Hrsg.): Lebensweise und gesellschaftlicher Umbruch in Ostdeutschland. Erlangen/Jena 1992

Meyer, Hanns: Schaffendes Bremen, 2. Aufl., Bremen 1960

Meyer, Sybille, und Eva Schulz: Von Liebe sprach damals keiner. Familienalltag in der Nachkriegszeit, München 1985

Meyer, Sybille, und Eva Schulz: Wie wir das alles geschafft haben. Alleinstehende Frauen berichten über ihr Leben nach 1945, München 1984

Meyer-Braun, Renate: 1945 - Die Stunde der Frauen? Politik und Politikerinnen im Nachkriegs-Bremen, in: dies. (Hrsg.): Frauen - Geschichte - Bremen, Bremen 1991, S. 163-186

Meyer-Braun, Renate: Die Bremer SPD 1949-1959. Eine lokal- und parteigeschichtliche Studie, Frankfurt a.M./New York 1982

Meyer-Braun, Renate: Eine Arbeiterpartei an der Macht. Die Entwicklung der Bremer SPD in den 50er Jahren, in: *Heinz-Gerd Hofschen und Almut Schwerd (Hrsg.): Zeitzeugen berichten: Die Bremer Arbeiterbewegung in den fünfziger Jahren* (= Bremer Vorträge zur Politischen Bildung. Schriftenreihe der Bremer Volkshochschule und der Bildungsvereinigung Arbeit und Leben [DGB/VHS] e.V., Band 2), Marburg 1989, S. 73 ff.

Meyer-Braun, Renate: Frauen und Frauenbewegung in Bremen während der 50er und 60er Jahre, in: *Christoph Butterwegge und Hans G. Jansen (Hrsg.)*, Neue Soziale Bewegungen in einer alten Stadt, Bremen 1992

Meyer-Braun, Renate: Frauengeschichte - Männergeschichte. Geschlechterrollen in der Nachkriegszeit am Beispiel Bremen, in: *Wissenschaftliche Einheit Frauenstudium und Frauenforschung (Hrsg.)*: Neue Ansätze in der Frauenforschung, Bremen 1988

Meyer-Braun, Renate: Koalitionspolitik der Bremer SPD in den 50er Jahren - eine kritische Würdigung der Aufbauphase, in: Veröffentlichungen des Fachbereichs Allgemeinwissenschaftliche Grundlagenfächer der Hochschule Bremen, Bd. 2: Beiträge zur Geschichte der Bremer Arbeiterbewegung (1906 bis 1959), Bremen 1985, S. 123-159

Meyer-Braun, Renate: Zur Rolle von Symbolik und Parteitradition in der Transformationsphase der SPD, dargestellt am Beispiel der Bremer Parteiorganisation der 50er Jahre, in: Veröffentlichungen des Fachbereichs Allgemeinwissenschaftliche Grundlagenfächer der Hochschule Bremen, Bd. 2: Beiträge zur Geschichte der Bremer Arbeiterbewegung (1906 bis 1959), Bremen 1985, S. 92-121

Meyer-Braun, Renate (Hrsg.): Frauen - Geschichte - Bremen, Bremen 1991

Meyer-Braun, Renate, Inge Marßolek und Henrik Marckhoff (Hrsg.): Jahrgang 1864 - aber nicht von gestern. Geschichts-, Geschichten-, Bilder- und Lesebuch der SPD Bremen und Bremerhaven. 125 Jahre SPD, hrsg. von der SPD-Landesorganisation Bremen, Bremen/Bremerhaven 1989

Meyer-Buer, Wilhelm: Die KPD-Bürgerschaftsfraktion in den 50er Jahren, in: *Heinz-Gerd Hofschen und Almut Schwerd (Hrsg.):* Zeitzeugen berichten: Die Bremer Arbeiterbewegung in den fünfziger Jahren (= Bremer Vorträge zur Politischen Bildung. Schriftenreihe der Bremer Volkshochschule und der Bildungsvereinigung Arbeit und Leben [DGB/VHS] e.V., Band 2), Marburg 1989, S. 91ff.

Meyer-Rentschhausen, Elisabeth: Die Reaktion der Arbeiter auf die Weltwirtschaftskrise am Beispiel der Arbeiter der AG Weser Bremen, Hausarbeit, Universität Bremen 1976

Michel, Karl Markus: Unser Alltag. Nachruf zu Lebzeiten, in: Kursbuch 41 (1975), S. 1-40

Miller, Susanne, und Heinrich Potthoff: Kleine Geschichte der SPD. Darstellung und Dokumentation 1848-1983, 5. Auflage, Bonn 1983

Mitter, Armin, und Stefan Wolle (Hrsg.): Der Tag X. Quellen und Forschungen zum 17. Juni 1953, Berlin 1994

Mitterauer, Michael: Familie und Arbeitswelt in historischer Sicht in: *ders.:* Familie und Arbeitsteilung. Historischvergleichende Studien, Wien/Köln/Weimar 1992

Mollenhauer, Klaus: Sozialisation und Schulerfolg, in: *Heinrich Roth (Hrsg.):* Begabung und Lernen. Ergebnisse und Folgerungen neuerer Forschungen. Gutachten und Studien der Bildungskommission des Deutschen Bildungsrats, Bd. 4, Stuttgart 1969 (3. Aufl.)

Mooser, Josef: Abschied von dem »Proletariat«. Sozialstruktur und Lage der Arbeiterschaft in der Bundesrepublik in historischer Perspektive, in: *Werner Conze und Rainer M. Lepsius (Hrsg.):* Sozialgeschichte der Bundesrepublik Deutschland. Beiträge zum Kontinuitätsproblem, Stuttgart 1983, S. 143-186

Mooser, Josef: Arbeiterleben in Deutschland 1900-1970. Klassenlagen, Kultur und Politik, Frankfurt a.M. 1984

Mooser, Josef: Auflösung der proletarischen Milieus. Klassenbindung und Individualisierung in der Arbeiterschaft vom Kaiserreich bis in die Bundesrepublik Deutschland, in: Soziale Welt 34 (1983), S. 270-306

Moring, Karl-Ernst: Die Sozialdemokratische Partei in Bremen 1890-1914. Reformismus und Radikalismus in der Sozialdemokratischen Partei Bremens, Hannover 1968

Morsey, Rudolf: Die Bundesrepublik Deutschland. Entstehung und Entwicklung bis 1969, 3. überarb. u. erw. Auflage, München 1995

Müller, A.: Geschichten und Kategorien der Sozialwissenschaft, Frankfurt a.M./Bern/New York 1986

Müller, Albert: Der Weg zur Volkspartei. Die Politik der Bremer SPD und die innerparteilichen Auseinandersetzungen in den 50er Jahren, in: *Heinz-Gerd Hofschen und Almut Schwerd (Hrsg.):* Zeitzeugen berichten: Die Bremer Arbeiterbewegung in den fünfziger Jahren (= Bremer Vorträge zur Politischen Bildung. Schriftenreihe der Bremer Volkshochschule und der Bildungsvereinigung Arbeit und Leben [DGB/VHS] e.V., Band 2), Marburg 1989, S. 63ff.

Müller, Dagmar: Zur Rekonstruktion von Habitus-'Stammbäumen' und Habitus-'Metamorphosen', in: Forschungsjournal Neue Soziale Bewegungen, H.3 (1990)

Müller, Hartmut (Hrsg.): Bremer Arbeiterbewegung 1918-1945: Trotz alledem. Katalogbuch zur gleichnamigen Ausstellung im Bremer Rathaus, Berlin 1983

Naujeck, Klaus: Die Anfänge des sozialen Netzes 1945-1952, Bielefeld 1984

Nave-Herz, Rosemarie (Hrsg.): Wandel und Kontinuität der Familie in der Bundesrepublik Deutschland, Stuttgart 1988

Negt, Oskar: Lebendige Arbeit, enteignete Zeit. Politische und kulturelle Dimensionen des Kampfes um die Arbeitszeit, Frankfurt a.M./New York 1984

Negt, Oskar, und Alexander Kluge: Öffentlichkeit und Erfahrung. Zur Organisationsanalyse von bürgerlicher und proletarischer Öffentlichkeit, Frankfurt a.M. 1972

Neue Gesellschaft für Bildende Kunst (Hrsg.): Wunderwirtschaft. DDR-Konsumkultur in den 60er Jahren, Köln/Weimar/Wien 1996

Neue Heimat (Hrsg.): »So möchte ich wohnen«. Ergebnisse einer wohnungswirtschaftlichen Befragung der Bevölkerung in 11 Städten, Bd. 1, Hamburg 1955

Neumann, Frank: Die abgebrochene Schulreform, in: *Karl-Ludwig Sommer, (Hrsg.):* Bremen in den fünfziger Jahren. Politik, Wirtschaft, Kultur, Bremen 1989

Neutsch, Erik: Spur der Steine, Halle 1966

Nickel, Hildegard Maria: Frauen in der DDR, in: Aus Politik und Zeitgeschichte B 16-17/1990

Niehuss, Merith: Kontinuität und Wandel der Familie in den 50er Jahren, in: *Axel Schildt und Arnold Sywotteck (Hrsg.),* Modernisierung im Wiederaufbau. Die westdeutsche Gesellschaft der 50er Jahre, Bonn 1993

Niethammer, Lutz: »Normalisierung« im Westen. Erinnerungsspuren in die 50er Jahre, in: *Dan Diner (Hrsg.),* Ist der Nationalsozialismus Geschichte? Zu Historisierung und Historikerstreit, 153-184, Frankfurt a.M. 1987

Niethammer, Lutz: Annäherung an den Wandel. Auf der Suche nach der volkseigenen Erfahrung in der Industrieprovinz der DDR, in: *Alf Lüdtke (Hrsg.):* Alltagsgeschichte. Zur Rekonstruktion historischer Erfahrungen und Lebensweisen, Frankfurt a.M./New York 1989, S. 137-168

Niethammer, Lutz: Fragen - Antworten - Fragen. Methodische Erfahrungen und Erwägungen zur Oral History, in: *Lutz Niethammer und Alexander v. Plato (Hrsg.):* »Wir kriegen jetzt andere Zeiten«. Auf der Suche nach der Erfahrung des Volkes in nachfaschistischen Ländern (Lebensgeschichte und Sozialkultur im Ruhrgebiet 1930 bis 1960, Bd. 3), Berlin W./Bonn 1985, S. 392-445

Niethammer, Lutz: Kommentar zu Pierre Bourdieu, Die biographische Illusion, in: Bios 3 (1990), H.1, S. 92.

Niethammer, Lutz: Rekonstruktion und Desintegration: Zum Verständnis der deutschen Arbeiterbewegung zwischen Krieg und Kaltem Krieg, in: *Heinrich August Winkler (Hrsg.):* Politische Weichenstellung im Nachkriegsdeutschland 1945 bis 1953 (Geschichte und Gesellschaft, Sonderheft 5), Göttingen 1979

Niethammer, Lutz (Hrsg.): »Die Jahre weiß man nicht, wo man die heute hinsetzen soll«. Faschismus-Erfahrungen im Ruhrgebiet (Lebensgeschichte und Sozialkultur im Ruhrgebiet 1930 bis 1960, Bd. 1), Berlin/Bonn 1983

Niethammer, Lutz (Hrsg.): »Hinterher merkt man, daß es richtig war, daß es schiefgegangen ist«. Nachkriegs-Erfahrungen im Ruhrgebiet (Lebensgeschichte und Sozialkultur im Ruhrgebiet 1930 bis 1960, Bd. 2), Berlin/Bonn 1983

Niethammer, Lutz, u.a.: Die volkseigene Erfahrung. Eine Archäologie des Lebens in der Industrieprovinz der DDR, Berlin 1991

Niethammer, Lutz, Ulrich Borsdorf und Peter Brandt (Hrsg.): Arbeiterinitiative 1945. Antifaschistische Ausschüsse und Reorganisation der Arbeiterbewegung in Deutschland, Wuppertal 1976

Niethammer, Lutz, und Alexander v. Plato (Hrsg.): »Wir kriegen jetzt andere Zeiten«. Auf der Suche nach der Erfahrung des Volkes in nachfaschistischen Ländern (Lebensgeschichte und Sozialkultur im Ruhrgebiet 1930 bis 1960, Bd. 3), Berlin W./Bonn 1985

Nitsch, Franz: Entwicklung des Arbeitersports nach 1945, in: Arbeitersport gestern und heute (Materialien zum Sport in Nordrhein-Westfalen 6), Köln 1982, S. 20-39

Noelle, Elisabeth, und Erich Peter Neumann (Hrsg.): Jahrbuch der öffentlichen Meinung. Bd. 1: 1947-1955. Bd. 2: 1957. Bd. 3: 1958-1964, Allensbach 1956-1964

Noelle-Neumann, Elisabeth, und Edgar Piel: Eine Generation später. BRD 1953-1979, München 1983

Nolting-Hauff, Wilhelm: Senator für die Finanzen der Freien Hansestadt Bremen 1945-1962 (=Schriften der Wittheit zu Bremen, Neue Folge, Bd. 3), Bremen 1972

Obertreis, Gesine: Familienpolitik in der DDR 1945/1980, Opladen 1986

Oevermann, Ulrich: Sprache und soziale Herkunft. Ein Beitrag zur Analyse schichtspezifischer Sozialisationsprozesse und ihrer Bedeutung für den Schulerfolg, Frankfurt a.M. 1972

Oltmann, Joachim: Kalter Krieg und kommunale Integration. Arbeiterbewegung im Stadtteil Bremen-Vegesack 1945-1956, Marburg 1987

Oppen, Dietrich v.: Familien in ihrer Umwelt. Äußere Bindungen von Familien im Prozeß der industriellen Verstädterung einer Zechengemeinde, Köln/Opladen 1958

Osterland, Martin: Gesellschaftsbilder in Filmen. Eine soziologische Untersuchung des Filmangebots der Jahre 1949-1964, Stuttgart 1970

Osterland, Martin, u.a.: Materialien zur Lebens- und Arbeitssituation der Industriearbeiter in der BRD, Frankfurt a.M. 1973

Parisius, Bernd: Mythos und Erfahrung der Nachbarschaft. Auf der Suche nach Nachbarschaften, die nicht zertrümmert wurden, in: *Lutz Niethammer (Hrsg.):* »Die Jahre weiß man nicht, wo man die heute hinsetzen soll«. Faschismus-Erfahrungen im Ruhrgebiet (Lebensgeschichte und Sozialkultur im Ruhrgebiet 1930 bis 1960, Bd. 1), Berlin und Bonn 1983, S. 297-325

Parmalee, Patty Lee: Brigadeerfahrungen und ostdeutsche Mentalitäten, in: Beiträge zur Geschichte der Arbeiterbewegung (BZG), 38. Jg., H. 4/1996, S. 70 ff.

Patemann, Reinhard: Bremische Chronik 1957-1970. Veröffentlichungen aus dem Staatsarchiv Bremen, Bd. 41, Bremen 1973

Paulmann, Christian: Die Sozialdemokratie in Bremen 1864-1964, Bremen 1964

Peirce, Charles S.: Schriften zum Pragmatismus und Pragmatizismus, hrsg. von *Karl-Otto Apel,* Frankfurt a.M. 1991

Pelc, Ortwin: Rostock wird Großstadt. Stadtplanung und Wohnungsbau in den 1920er und 1930er Jahren, in: *ders. (Hrsg.):* 777 Jahre Rostock. Neue Beiträge zur Stadtgeschichte, Rostock 1995

Perlonzeit: Wie die Frauen ihr Wirtschaftswunder erlebten, hrsg. von *Angela Delille u.a.,* Berlin 1985

Peters, Fritz: Zwölf Jahre Bremen 1945-1956. Eine Chronik, Bremen 1976

Peuckert, Rüdiger: Der soziale Wandel der Familienformen in der BRD seit der Nachkriegszeit, in: Gegenwartskunde 2/1989, S. 153 ff.

Peukert, Detlev K.: Die Lage der Arbeiter und der gewerkschaftliche Widerstand im Dritten Reich, in: *Klaus Tenfelde, u.a.,* Geschichte der deutschen Gewerkschaften von den Anfängen bis 1945, hrsg. von *Ulrich Borsdorf* unter Mitarbeit von *Gabriele Weiden,* Köln 1987, S. 447 ff.

Pfeil, Elisabeth: Nachbarkreis und Verkehrskreis in der Großstadt, in: Daseinsformen der Großstadt. Typische Formen sozialer Existenz in Stadtmitte, Vorstadt und Gürtel der industriellen Großstadt, bearbeitet von *Rainer Mackensen u.a.,* S. 158-225, Tübingen 1959

Pfliegensdörfer, Dieter: Die ökonomische Neuordnungskonzeption der deutschen Sozialdemokratie in der unmittelbaren Nachkriegszeit. Inhalte, Realisierungsversuche und Determinanten der Niederlage in Bremen 1945-1951, Dipl. Arbeit Universität Bremen 1979

Pfliegensdörfer, Dieter: Rüstungsproduktion und Widerstand auf der AG »Weser«, in: *Heiner Heseler, Hans Jürgen Kröger und Hans Ziegenfuß (Hrsg.),* »Wer kämpft, kann verlieren, wer nicht kämpft hat schon verloren«, a.a.O., S. 112

Pfliegensdörfer, Dieter: Vom Handelszentrum zur Rüstungsschmiede. Wirtschaft, Staat und Arbeiterklasse in Bremen 1929 bis 1945, Bremen 1986

Plato, Alexander von: Fremde Heimat. Zur Integration von Flüchtlingen und Einheimischen in die Neue Zeit, in: *Lutz Niethammer und Alexander v. Plato (Hrsg.):* »Wir kriegen jetzt andere Zeiten«. Auf der Suche nach der Erfahrung des Volkes in nachfaschistischen Ländern (Lebensgeschichte und Sozialkultur im Ruhrgebiet 1930 bis 1960, Bd. 3), Berlin W./Bonn 1985, S. 172-219

Plumpe, Werner, und Christian Kleinschmidt (Hrsg.): Unternehmen zwischen Markt und Macht. Aspekte deutscher Unternehmens- und Industriegeschichte im 20. Jahrhundert (=Bochumer Schriften zur Unternehmens- und Industriegeschichte, Bd. 1), Essen 1992

Poiger, Uta G.: Rock'n'Roll, Female Sexuality and the Cold War Battle over German Identities, in: Journal of Modern History, vol. 68, Nr. 3, September 1996, S. 577-616

Pollack, Detlef: Politischer Protest. Politisch alternative Gruppen in der DDR, Opladen 1994

Popitz, Heinrich, Hans-Paul Bahrdt, Ernst August Jüres und Hanno Kesting: Das Gesellschaftsbild des Arbeiters. Soziologische Untersuchungen in der Hüttenindustrie, Tübingen 1957

Popitz, Heinrich, Hans-Paul Bahrdt, Ernst August Jüres und Hanno Kesting: Technik und Industriearbeit. Soziologische Untersuchungen in der Hüttenindustrie, Tübingen 1957

Postel, Andree: »Alles andere is Tünkrom und ward aflehnt«. Der Bremer Werftarbeiterstreik 1953. ArbeiterInnen zwischen Klassenkampf und Antikommunismus, Hausarbeit, Universität Göttingen 1995

Precht, Hans-Hermann: Atlas-Werke 1945-1965. »Wir haben ja nicht nur ganz schöne Schiffe gebaut«, Bremen 1987

Preuß-Lausitz, Ulf, u.a.: Kriegskinder, Konsumkinder, Krisenkinder. Zur Sozialisationsgeschichte seit dem 2. Weltkrieg, Weinheim/Basel 1983

Projektgruppe Betriebsgeschichte des Bremer Flugzeugbaus: Wellblech und Windkanal. Arbeit und Geschäfte im Bremer Flugzeugbau von 1909 bis 1989, Bremen 1989

Prüser, Hermann: Werftarbeiterstreik und Absetzung des Betriebsrats. Die AG »Weser« 1952/53, in: *Heinz-Gerd Hofschen und Almut Schwerd (Hrsg.):* Zeitzeugen berichten: Die Bremer Arbeiterbewegung in den fünfziger Jahren (= Bremer Vorträge zur Politischen Bildung. Schriftenreihe der Bremer Volkshochschule und der Bildungsvereinigung Arbeit und Leben [DGB/VHS] e.V., Band 2), Marburg 1989

Quasthoff, Uta M.: Erzählen in Gesprächen. Linguistische Untersuchungen zu Strukturen und Funktionen am Beispiel einer Kommunikationsform des Alltags, Tübingen 1980

Rackow, Gerd, Martin Heyne und Oswald Kleinpeter: Rostock. 1945 bis zur Gegenwart, Rostock 1969

Raif, Karl-Friedrich: Zerstörungen durch Luftangriffe von 1941-1945, in: Sozialistisches Rostock 1 (1972)

Rank, Monika: Sozialistischer Feierabend? Aspekte des Freizeitverhaltens von Industriearbeitern des Senftenberger Braunkohlenreviers in den 1950er Jahren, in: *Peter Hübner (Hrsg.)*: Niederlausitzer Industriearbeiter 1935 bis 1970. Studien zur Sozialgeschichte, Berlin 1995, S. 263-284

Rau, Rainer: Der private Verbrauch in der Bundesrepublik Deutschland. Verflechtungstabellen nach Ausgabearten und Branchen 1950-1967 (=Schriftenreihe des Rheinisch-Westfälischen Instituts für Wirtschaftsforschung Essen), Berlin 1971

Reigrotzki, Erich: Soziale Verflechtungen in der Bundesrepublik. Elemente der sozialen Teilnahme in Kirche, Politik, Organisationen und Freizeit, Tübingen 1956

Reiners, Johann: Kampf gegen Restauration oder Sozialpartnerschaft? Die Politik der IG Metall in Bremen, in: *Heinz-Gerd Hofschen und Almut Schwerd (Hrsg.)*: Zeitzeugen berichten: Die Bremer Arbeiterbewegung in den fünfziger Jahren (= Bremer Vorträge zur Politischen Bildung. Schriftenreihe der Bremer Volkshochschule und der Bildungsvereinigung Arbeit und Leben [DGB/VHS] e.V., Band 2), Marburg 1989

Revelli, Nuto: Il mondo dei vinti, Turin 1977

Rible, W.: Skizze eines anwendungsbezogenen makrostrukturellen Textmodells, in: Die Neueren Sprachen 73 (1974), S. 410-429

Riesman, David: Die einsame Masse, Reinbek 1958

Ritter, Gerhard A.: Workers' Culture in Imperial Germany. Problems and points of departure for research, in: Journal of Contemporary History 13 (1978), S. 166-189

Ritter, Gerhard A., und Klaus Tenfelde: Arbeiter im Deutschen Kaiserreich 1871-1914, Bonn 1992

Roberts, James S.: Wirtshaus und Politik in der deutschen Arbeiterbewegung, in: *Gerhard Huck (Hrsg.)*: Sozialgeschichte der Freizeit. Untersuchungen zum Wandel der Alltagskultur in Deutschland, Wuppertal 1980, S. 123-139

Rödel, Ulrich (Hrsg.): Autonome Gesellschaft und libertäre Demokratie. Frankfurt a.M. 1990

Roder, Hartmut: Bremer Vulkan 1933-1958. Vom Faschismus zum Schiffbauboom der 50er Jahre, Bremen 1989

Roder, Hartmut: Technischer Wandel im deutschen Schiffbau zwischen den Weltkriegen, in: Peter Kuckuk und Hartmut Roder, Von der Dampfbarkasse zum Containerschiff. Werften und Schiffbau in Bremen und der Unterweserregion, Bremen 1988

Roesler, Jörg: Butter, Margarine und Wirtschaftspolitik. Zu den Bemühungen um die planmäßige Lenkung des Butter- und Margarineverbrauchs in der DDR zwischen 1950-1965, in: Jahrbuch für Wirtschaftsgeschichte 1988/I, S. 33-47

Roesler, Jörg: Die Produktionsbrigaden in der Industrie der DDR. Zentren der Arbeitswelt?, in: *Hartmut Kaeble, Jürgen Kocka und Hartmut Zwahr*: Sozialgeschichte der DDR, Stuttgart 1994, S. 144- 170

Roesler, Jörg: Inszenierung oder Selbstgestaltungswille? Zur Geschichte der Brigadebewegung in der DDR während der 50er Jahre (=Hefte zur DDR-Geschichte 15), Berlin 1993

Roesler, Jörg: Privater Konsum in Ostdeutschland 1950-1960, in: *Axel Schildt und Arnold Sywottek (Hrsg.)*: Modernisierung im Wiederaufbau: Die westdeutsche Gesellschaft der 50er Jahre, Bonn 1993, S. 290-303

Roesler, Jörg: Zum Umsiedlerproblem in der Wirtschafts- und Sozialpolitik der SED 1945 bis 1949/50, in: Jahrbuch für Wirtschaftsgeschichte 1988/2

Roper, Michael: Yesterday's Model. Product Fetishism and the British Company Man 1945-1985, in: *Michael Roper und John Tosh (Hrsg.)*, Manful Assertions. Masculinity in Britain since 1800, London/New York 1991, S. 190-211

Rosenbaum, Heidi: Formen der Familie. Untersuchungen zum Zusammenhang von Familienverhältnissen, Sozialstruktur und sozialem Wandel in der deutschen Gesellschaft des 19. Jahrhunderts, Frankfurt a.M. 1982

Rosenberg, Franz: Stadt- und Landesplanung in Bremen, in: Bauwelt, H. 38/1958

Rosenthal, Gabriele: Erlebte und erzählte Lebensgeschichte. Gestalt und Struktur biographischer Selbstbeschreibungen, Frankfurt a.M./New York 1995

Rossi, Paolo (Hrsg.): Theorie der modernen Geschichtsschreibung, Frankfurt a.M. 1987

Rossow, Silke: Untersuchungen zum Alltag der Rostocker Arbeiterfamilien in der Zeit der Weimarer Republik: das Grundbedürfnis Wohnen, Phil. Diss. Universität Rostock 1989

Roth, Karl Heinz (Hrsg.): Die Wiederkehr der Proletarität. Dokumentation einer Debatte, Hamburg 1994

Ruhl, Klaus-Jörg: Verordnete Unterordnung. Berufstätige Frauen zwischen Wirtschaftswachstum und konservativer Ideologie in der Nachkriegszeit (1945-1963), München 1994

Ruhl, Klaus-Jörg (Hrsg.): Frauen in der Nachkriegszeit 1945-1963, München 1988

Rupieper, Hermann-Jost: Der besetzte Verbündete. Die amerikanische Deutschlandpolitik 1949-1955, Opladen 1990

Rupp, Hans Karl: Politische Geschichte der Bundesrepublik Deutschland. Entstehung und Entwicklung, Stuttgart/Berlin W./Köln/Mainz 1978

Rüsen, Jörn: Narrativität und Modernität in der Geschichtswissenschaft, in: *Paolo Rossi (Hrsg.):* Theorie der modernen Geschichtsschreibung, Frankfurt a.M. 1987, S. 230-237

Rytlewsky, Ralf, und Manfred Opp de Hipt: Die Bundesrepublik Deutschland in Zahlen 1945/49-1980. Ein sozialgeschichtliches Arbeitsbuch, München 1987

Saldern, Adelheid von: Arbeiterkulturbewegung in Deutschland in der Zwischenkriegszeit, in: *Friedhelm Boll (Hrsg.):* Arbeiterkulturen zwischen Alltag und Politik. Beiträge zum europäischen Vergleich in der Zwischenkriegszeit, Wien/München/Zürich 1986

Saldern, Adelheid von: Häuserleben. Zur Geschichte des städtischen Arbeiterwohnens vom Kaiserreich bis heute, Bonn 1995

Saldern, Adelheid von: Massenfreizeitkultur im Visier. Ein Beitrag zu den Deutungs- und Einwirkungsversuchen während der Weimarer Republik, in: Archiv für Sozialgeschichte, Bd. 33, 1993, S. 21-58

Schäfers, Bernhard: Wandel der bundesrepublikanischen Gesellschaft 1949-1989, in: Gegenwartskunde 2/1989, S. 141ff.

Schapp, Wilhelm: In Geschichten verstrickt. Zum Sein von Mensch und Ding, Wiesbaden 1953

Schardt, Alois, und Manfred Brauneiser: Zwischenbilanz der Bildungspolitik. Schule und Universität in der Bundesrepublik, München 1967

Scharmann, Dorothea-Luise: Konsumverhalten von Jugendlichen, München 1965

Schelsky, Helmut: Auf der Suche nach Wirklichkeit. Gesammelte Aufsätze, Düsseldorf/Köln 1965

Schelsky, Helmut: Die skeptische Generation. Eine Soziologie der deutschen Jugend, Düsseldorf/ Köln 1957

Schelsky, Helmut: Gesellschaftlicher Wandel, in: ders.: Auf der Suche nach Wirklichkeit. Gesammelte Aufsätze, Düsseldorf/Köln 1965, S. 337-351

Schelsky, Helmut: Wandlungen der deutschen Familie in der Gegenwart, Stuttgart 1953

Schiffbauer, Seeleute und Hafenarbeiter machen Geschichte: Autorenkollektiv unter Leitung von *Dr. Peter Köppen,* hrg. von der Kommission zur Erforschung der Geschichte der örtlichen Arbeiterbewegung bei der Bezirksleitung Rostock der SED, Berlin 1979

Schildt, Axel: Gründerjahre. Zur Entwicklung der westdeutschen Gesellschaft in der »Ära Adenauer«, in: Blätter für deutsche und internationale Politik, 34. Jg. (1992), S. 22-34

Schildt, Axel: Moderne Zeiten. Freizeit, Massenmedien, Zeitgeist in der Bundesrepublik der 50er Jahre, Hamburg 1995

Schildt, Axel: Vom Wiederaufbau zur »neuen Wohnungsnot«. Entwicklungen und Probleme im Wohnungsbau nach 1945, in: Gegenwartskunde 4/1989, S. 461ff.

Schildt, Axel, und Arnold Sywottek (Hrsg.): Massenwohnung und Eigenheim. Wohnungsbau und Wohnen in der Großstadt seit dem Ersten Weltkrieg, Frankfurt a.M./New York 1988

Schildt, Axel, und Arnold Sywottek (Hrsg.): Modernisierung im Wiederaufbau. Die westdeutsche Gesellschaft der 50er Jahre, Bonn und Berlin 1994

Schildt, Axel, und Arnold Sywottek: »Wiederaufbau« und »Modernisierung«. Zur westdeutschen Gesellschaftsgeschichte in den fünfziger Jahren, in: Aus Politik und Zeitgeschichte - Beilage zur Wochenzeitung »Das Parlament«, B 6-7, S. 18-32

Schildt, Gerhard: Die Arbeiterschaft im 19. und 20. Jahrhundert (=Enzyklopädie deutscher Geschichte, Band 36), München 1996

Schmidt, Eberhard: Die verhinderte Neuordnung 1945-1952, Frankfurt a.M. 1971

Schmidt, Georg: Als Bremen amerikanisch war. Zwischen Krieg und Wirtschaftswunder. Bilder von 1945-50, Bremen 1989

Schmidt, Georg: Bremen nach der Stunde Null. Bilddokumente aus den Jahren 1945-60, Bremen 1983

Schmidt, Jürgen: Stammarbeiterschaft als Arbeiteraristokratie? Zwei Konzepte der Arbeiterforschung im empirischen Test, in: Zeitschrift für Unternehmensgeschichte, 39. Jg. , S. 1-17

Schmidtchen, Gerhard, Elisabeth Noelle, Herta Ludwig und Hans Schneller: Die Freizeit. Eine sozialpsychologische Studie unter Arbeitern und Angestellten, Allensbach 1958

Schmucker, Helga: Die langfristige Struktur des Verbrauchs der privaten Haushalte in ihrer Interdependenz mit den übrigen Bereichen einer wachsenden Wirtschaft, in: *Fritz Neumark (Hrsg.),* Strukturwandlungen einer wachsenden Wirtschaft, Erster Band, 106-183, Berlin W. 1964

Schneider, Eberhard: Die politische Funktionselite der DDR. Eine empirische Studie zur SED-Nomenklatura, Opladen 1994

Schneider, Michael: Kleine Geschichte der Gewerkschaften. Ihre Entwicklung in Deutschland von den Anfängen bis heute, Bonn 1989

Scholl, Lars U. (Hrsg.): Technikgeschichte des industriellen Schiffbaus in Deutschland, Band 2: Hauptmaschinen und Hilfsmaschinen - Schiffpropulsion - Elektrotechnik an Bord (=Schriften des Deutschen Schiffahrtsmuseums, Bd. 35), Hamburg 1996

Schroeder, Klaus (Hrsg.): Geschichte und Transformation des SED-Staates. Beiträge und Analysen, Berlin 1994

Schroeder, Wolfgang: Einheitsgewerkschaft und Sozialkatholizismus. Zur Enttraditionalisierung der politischen Kultur in den fünfziger Jahren, in: Aus Politik und Zeitgeschichte B 45/1992

Schulte am Hülse, Heinrich: Die sechsjährige verbindliche Grundschule in Bremen als Politikum (1949-1957), München 1981

Schultz, Helga: Zur Herausbildung der Arbeiterklasse am Beispiel der mittleren ostelbischen Handelsstadt Rostock (1769-1870), in: Jahrbuch für Geschichte 13 (1975)

Schulz, Dieter: Zur Entwicklung von Ständigen Produktionsberatungen in sozialistischen Industriebetrieben der DDR von 1957/58 bis 1965, in: Zeitschrift für Geschichtswissenschaft, 28. Jg. (1980), S. 842-850

Schulz, Günther: Kontinuitäten und Brüche in der Wohnungspolitik von der Weimarer Zeit bis zur Bundesrepublik, in: *Hans-Jürgen Teuteberg (Hrsg.):* Stadtwachstum, Industrialisierung, Sozialer Wandel. Beiträge zur Erforschung der Urbanisierung im 19. und 20. Jahrhundert, Berlin (West) 1986, S. 135-173

Schulz, Günther: Wiederaufbaupolitik in den Westzonen und in der Bundesrepublik von 1945 bis 1957 (=Forschungen und Quellen zur Zeitgeschichte, Bd. 20), Düsseldorf 1994

Schulze, Winfried (Hrsg.): Sozialgeschichte, Alltagsgeschichte, Mikro-Historie. Eine Diskussion, Göttingen 1994

Schütze, Fritz: Das narrative Interview in Interaktionsfeldstudien. Kurseinheit 1, Fernuniversität Hagen 1987

Schütze, Fritz: Kognitive Figuren des autobiographischen Stegreiferzählens, in: *Martin Kohli und Günther Robert (Hrsg.):* Biographie und soziale Wirklichkeit. Neue Beiträge und Forschungsperspektiven, Stuttgart 1984, S. 78-117

Schütze, Fritz: Narrative Repräsentation kollektiver Schicksalsbetroffenheit, in: *Eberhard Lämmert (Hrsg.),* Erzählforschung. Ein Symposion, Stuttgart 1982, S. 568-590

Schütze, Fritz: Prozeßstrukturen des Lebensablaufs, in: *Joachim Matthes u.a. (Hrsg.):* Biographie in handlungswissenschaftlicher Perspektive, Nürnberg 1981, S. 67ff.

Schwarz, Hans-Peter: Die Ära Adenauer. Epochenwechsel 1957-1963, mit einem einleitenden Essay von Johannes Gross, Stuttgart/Wiesbaden 1983 (Geschichte der Bundesrepublik Deutschland, Bd.3)

Schwarz, Hans-Peter: Die Ära Adenauer. Gründerjahre der Republik 1949-1957, mit einem einleitenden Essay von Theodor Eschenburg, Stuttgart/Wiesbaden 1981 (Geschichte der Bundesrepublik Deutschland, Bd. 2)

Schwarz, Klaus: Wirtschaftliche Grundlagen der Sonderstellung Bremens im deutschen Wohnungsbau des 19. Jahhunderts, in: Bremisches Jahrbuch 54 (1976)

Schwarzer, Oskar: Der Lebensstandard in der SBZ/DDR 1945-1989, in: Jahrbuch für Wirtschaftsgeschichte, 1995/II, S. 119-146

Schwarzwälder, Herbert: Geschichte der Freien Hansestadt Bremen, 4 Bände, Hamburg 1976-1983

Schweitzer, Rosemarie von, und Helge Pross: Die Familienhaushalte im wirtschaftlichen und sozialen Wandel. Rationalverhalten, Technisierung, Funktionswandel der Privathaushalte und das Freizeitbudget der Frau, Göttingen 1977

Senator für das Bauwesen (Hrsg.): Die Neugestaltung Bremens. Heft 2: Der Wohnungsbau, Bremen 1949/50

Senator für das Bauwesen (Hrsg.): Die Neugestaltung Bremens. Heft 5: Die westliche Vorstadt, Bremen 1955

Senator für das Bauwesen (Hrsg.): Die Neugestaltung Bremens. Heft 7: Stephani-Gebiet, Gartenstadt Vahr, Neue Vahr, Bremen 1959

Siepmann, Eckhard (Hrsg.): Kalter Krieg und Capri-Sonne. Die fünfziger Jahre, Politik - Alltag - Opposition, Berlin 1981

SINUS-Lebensweltforschung: Institutionalisierung der Lebensweltforschung. Heidelberg 1991

SINUS-Lebensweltforschung: SINUS-Lebensweltforschung. Ein kreatives Konzept, Heidelberg o.J.

Sobkowiak, Bettina: Die städtische Arbeiterklasse in Mecklenburg während der Weimarer Republik. Eine Untersuchung zu Anzahl und Zusammensetzung der Arbeiterklasse auf der Grundlage der Volks-, Berufs- und Betriebszählungen 1925 und 1933, Phil. Diss. Universität Rostock 1984

Solga, Heike: Auf dem Weg in die klassenlose Gesellschaft. Klassenlagen und Mobilität zwischen Generationen in der DDR. Berlin 1995

Sommer, Karl-Ludwig: Wiederbewaffnung im Widerstreit von Landespolitik und Parteilinie. Senat, SPD und die Diskussion um die Wiederbewaffnung in Bremen und im Bundesrat 1948/49 bis 1957/58, Bremen 1988

Sommer, Karl-Ludwig: Politik im Zeichen des Bündnisses von »Kaufleuten und Arbeiterschaft«, in: ders. (Hrsg.): Bremen in den fünfziger Jahren. Politik, Wirtschaft, Kultur, Bremen 1989

Sommer, Karl-Ludwig (Hrsg.): Bremen in den fünfziger Jahren. Politik, Wirtschaft, Kultur, Bremen 1989

Sommerkorn, Ingrid N.: Die erwerbstätige Mutter in der Bundesrepublik: Einstellungen und Problemveränderungen, in: *Rosemarie Nave-Herz (Hrsg.)*: Wandel und Kontinuität der Familie in der BRD, Stuttgart 1988

Sontheimer, Kurt: Die Adenauer-Ära. Grundlegung der Bundesrepublik, München 1991

SPD - Sozialdemokratische Partei Deutschlands (Hrsg.): Planungsdaten für die Mehrheitsfähigkeit der SPD. Ein Forschungsprojekt des Vorstandes der SPD (durchgeführt von SINUS Heidelberg und INFRATEST München). Zusammenfassender Bericht, Bonn 1984

Stahl, Joachim: Neptunwerft, ein Rostocker Unternehmen im Wandel der Zeit, Rostock 1995

Staritz, Dietrich: Die Gründung der DDR. Von der sowjetischen Besatzungsherrschaft zum sozialistischen Staat, München 1984

Staritz, Dietrich: Geschichte der DDR 1949 bis 1985. Frankfurt a.M. 1985

Statistisches Bundesamt (Hrsg.): Bevölkerung und Wirtschaft 1872-1972, Mainz 1972

Statistisches Bundesamt (Hrsg.): Von den zwanziger zu den achtziger Jahren. Ein Vergleich der Lebensverhältnisse der Menschen, Mainz 1987

Statistisches Landesamt Bremen (Hrsg.), Statistisches Handbuch der Freien Hansestadt Bremen, Ausgabe 1937, Bremen 1937

Statistisches Landesamt Bremen (Hrsg.), Statistisches Handbuch für das Land Freie Hansestadt Bremen 1950 bis 1960, Bremen 1961

Steininger, Rudolf: Deutsche Geschichte 1945-1961. Darstellung und Dokumente in zwei Bänden, Frankfurt a.M. 1983

Steinweg, Gerhard: Die deutsche Handelsflotte im Zweiten Weltkrieg, Göttingen 1954

Stolper, Gustav, u.a.: Deutsche Wirtschaft seit 1870, 2. Auflage Tübingen 1966

Storbeck, Dietrich: Soziale Strukturen in Mitteldeutschland. Eine sozialstatistische Bevölkerungsanalyse im gesamtdeutschen Vergleich. Berlin 1964

Strauss, Anselm L.: Grundlagen qualitativer Sozialforschung. Datenanalyse und Theoriebildung in der empirischen soziologischen Forschung, München 1991

Strauss, Anselm L.: Qualitative Analysis for Social Scientists, Cambridge 1987

Strauss, Anselm L., und Juliet Corbin: Grounded Theory Research. Procedures, Canons and Evaluative Criteria, in: Zeitschrift für Soziologie 19 (1990), S. 418-427

Strobel, Dietrich, und Günter Dame: Schiffbau zwischen Elbe und Oder, Herford 1993

Strohmeier, Klaus Peter: Quartier und soziale Netzwerke. Grundlagen einer sozialen Ökologie der Familie, Frankfurt a.M./New York 1983

Südbeck, Thomas: Motorisierung, Verkehrsentwicklung und Verkehrspolitik in der Bundesrepublik der 1950er Jahre. Zwei Beispiele: Hamburg und das Emsland, Diss. phil. Universität Hamburg 1992

Südbeck, Thomas: Motorisierung, Verkehrsentwicklung und Verkehrspolitik in der Bundesrepublik Deutschland der 1950er Jahre, Stuttgart 1994

Sywottek, Arnold: Konsum, Mobilität, Freizeit. Tendenzen gesellschaftlichen Wandels, in: *Martin Broszat (Hrsg.),* Zäsuren nach 1945. Essays zur Periodisierung der deutschen Nachkriegsgeschichte, München 1990

Teichler, Hans-Joachim, und Gerhard Hauk (Hrsg.): Illustrierte Geschichte des Arbeitersports, Berlin/Bonn 1987

Tenbruck, Friedrich H.: Alltagsnormen und Lebensgefühle in der Bundesrepublik, in: *Richard Löwenthal und Hans-Peter Schwarz (Hrsg.),* Die zweite Republik. 25 Jahre Bundesrepublik Deutschland - eine Bilanz, Stuttgart 1974, S. 289-310

Tenfelde, Klaus: Anmerkungen zur Arbeiterkultur, in: *Wolfgang Ruppert (Hrsg.),* Erinnerungsarbeit, Opladen 1982, S. 107-134

Tenfelde, Klaus: Sozialgeschichte und vergleichende Geschichte der Arbeiter, in: Historische Zeitschrift - Sonderheft 15. Arbeiter und Arbeiterbewegung im Vergleich. Berichte zur internationalen Forschung, München 1986, S. 13-62

Tenfelde, Klaus: Vom Ende und Erbe der Arbeiterkultur, in: *Susanne Miller und Malte Ristau (Hrsg.):* Gesellschaftlicher Wandel - Soziale Demokratie - 125 Jahre SPD, Köln 1988

Tenfelde, Klaus (Hrsg.): Arbeiter und Arbeiterbewegung im Vergleich, München 1986

Tenfelde, Klaus: (Hrsg.): Arbeiter im 20. Jahrhundert, Stuttgart 1991

Thomas, Konrad: Die betriebliche Situation der Arbeiter, Stuttgart 1964

Thompson, Edward P.: Die Entstehung der englischen Arbeiterklasse, Frankfurt a.M. 1987

Topfstedt, Thomas: Städtebau in der DDR 1955 - 1971, Leipzig 1988

Trappe, Heike: Emanzipation oder Zwang? Frauen in der DDR zwischen Beruf, Familie und Sozialpolitik, Berlin 1996

Über die Meere, durch die Jahre. Geschichte des VEB Deutfracht Seereederei Rostock,: Autorenkollektiv unter Leitung von *Peter Köppen,* hrsg. von der Geschichtskommission des VEB Deutfracht/Seereederei Rostock, Berlin 1982

Uffelmann, Uwe: Gesellschaftspolitik zwischen Tradition und Innovation in der Gründungsphase der Bundesrepublik Deutschland, in: Aus Politik und Zeitgeschichte, B 6-7/1989

Uliczka, Monika: Berufsgeographie und Flüchtlingsschicksal: VW-Arbeiter in der Nachkriegszeit, hrsg. vom Arbeitskreis Geschichte des Landes Niedersachsen, Hannover 1993

Urban, Georg: Die katholischen Arbeitervereine und die christlich-soziale Bewegung in Bremen von 1904 bis 1945, Bremen 1979

Verein Nachbarschaftshaus Bremen e.V. (Hrsg.): Das Nachbarschaftshaus. Aufgabe und Bedeutung für die Gröpelinger. Mit Beiträgen von Ella Ehlers, u.a., Bremen 1983

Verkehrsverein der Hansestadt Bremen, und Gesellschaft für Wirtschaftsförderung (Hrsg.): Schaffendes Bremen, Bremen/Frankfurt a.M. 1952

Vester, Michael: Modernisierung der Sozialstruktur und Wandel der Mentalitäten. Zwischenergebnisse einer empirischen Untersuchung in der westlichen Bundesrepublik, Ms., Hannover 1991

Vester, Michael, Michael Hofmann und Irene Zierke (Hrsg.): Soziale Milieus in der Wende. Ostdeutschland zwischen Tradition und Modernisierung, Köln 1994

Vester, Michael, Peter v. Oertzen, Heiko Gerling, Thomas Hermann und Dagmar Müller: Soziale Milieus im gesellschaftlichen Strukturwandel. Zwischen Ausgrenzung und Integration, Köln 1993

Vogel, Angela: Familie, in: *Wolfgang Benz (Hrsg.):* Die Geschichte der Bundesrepublik Deutschland, 4 Bde., aktualisierte und erweiterte Neuausgabe, Frankfurt a. M. 1989, Bd. 3: Gesellschaft, S. 35-86

Vom Werden und Wachsen der Neptunwerft. Eine Chronik der 130jährigen Entwicklung, Hrsg. Leitung der Grundorganisation der SED. Kommission für Betriebsgeschichte VEB Schiffswerft »Neptun«, Rostock o.J.

Wagner, Andreas: Arbeit und Arbeiterexistenz im Wandel. Zur Geschichte der Belegschaft der Rostocker Brauerei Mahn & Ohlerich 1878 bis 1955, Diss. Universität Hamburg 1995 (Ms.)

Wald, Renate: Industriearbeiter privat. Eine Studie über Lebensformen und Interessen, Stuttgart 1966

Wallenhorst, Hans Joachim: Die Chronik der Gewoba 1924-1992, Bremen 1993

Warneken, Bernd Jürgen: Populare Autobiographik. Empirische Studien zu einer Quellengattung der Alltagsgeschichtsforschung, Tübingen 1985

Weber, Hermann: Die DDR 1945-1990, 2., überarb. und erw. Auflage, München 1993

Wee, Hermann van der: Der gebremste Wohlstand. Widerraufbau, Wachstum, Strukturwandel 1945-1989, München 1984

Wehling, Peter (1992:) Die Moderne als Sozialmythos. Zur Kritik sozialwissenschaftlicher Modernisierungstheorien, Frankfurt a.M./New York 1992

Weidenfeld, Werner (Hrsg.): Handbuch zur deutschen Einheit, Frankfurt a.M./New York 1993

Weidenfeld, Werner, und Hartmut Zimmermann (Hrsg.): Deutschland-Handbuch. Eine doppelte Bilanz 1949-1989. Bonn 1989

Weisz, Christoph (Hrsg.): OMGUS-Handbuch. Die amerikanische Militärregierung in Deutschland 1945-1949, München 1994

Welskopp, Thomas: Der Betrieb als soziales Handlungsfeld. Neuere Forschungsansätze in der Industrie- und Arbeitergeschichte, in: Geschichte und Gesellschaft, Bd. 20 (1994)

Wendt, Inge: Vom Abwrack- zum Kriegsschiff. Zur Entwicklung der Rüstungsindustrie in Rostock 1933 bis 1939 unter besonderer Berücksichtigung der Neptunwerft, in: Beiträge zur Geschichte der Stadt Rostock N.F. 10, 1990, S. 41-51

Wendt, Inge: Zur Entwicklung der Stadt Rostock im zweiten Weltkrieg 1939 bis 1945, Phil. Diss. Universität Rostock 1990

Wengst, Udo: Der Aufstand am 17. Juni 1953 in der DDR. Aus den Stimmungsberichten der Kreis- und Bezirksverbände der Ost-CDU im Juni und Juli 1953, in: Vierteljahreshefte für Zeitgeschichte, 1993 (41), S. 277-321

White, Hayden: Das Problem der Erzählung in der modernen Geschichtstheorie, in: *Paolo Rossi (Hrsg.):* Theorie der modernen Geschichtsschreibung, Frankfurt a.M. 1987, S. 57-106

Wildt, Michael: Der Beginn der Konsumgesellschaft, Hamburg 1994

Willis, P.: Shopfloor Culture, Masculinity and the Wage Form, in: *J. Clarke, C. Critcher und R. Johnson (Hrsg.):* Working Class Culture. Studies in History and Theory, London 1991

Willms-Herget, Angelika: Frauenarbeit. Zur Integration der Frauen in den Arbeitsmarkt, Frankfurt a.M./New York 1985

Winkler, Heinrich August (Hrsg.) Politische Weichenstellung im Nachkriegsdeutschland 1945 bis 1953 (Geschichte und Gesellschaft, Sonderheft 5), Göttingen 1979

Wolf, Richard: Zur Lebenssituation der Industriearbeiterfamilie. Eine Untersuchung aufgrund von Erhebungen in einer Arbeiterwohnsiedlung Münchens, München 1963

Wollenberg, Jörg: »Wir wollen mitbestimmen, was aus der Wirtschaft werden soll«. Zum Wiedergründungsprozeß der Gewerkschaften nach 1945 am Beispiel Bremens, in: Werden. Jahrbuch der Gewerkschaften 1985, Köln 1985

Wollenberg, Jörg, u.a.: Von der Krise zum Faschismus. Bremer Arbeiterbewegung 1929-1933, Frankfurt a.M. 1983

Wollenberg, Jörg, und Gerwin Möller (Red.): Die AG »Weser« zwischen Sozialpartnerschaft und Klassenkampf, hrsg. von den Jungsozialisten in der SPD, Unterbezirksvorstand Bremen-West und Landesvorstand Bremen, Berlin-West/Bremen 1984

WSI (Hrsg.): Die Tarifbewegungen im Jahre 1954, in: WSI-Mitteilungen 4/1955, S. 27 ff.

WSI (Hrsg.): Die Tarifbewegungen im Jahre 1955, in: WSI-Mitteilungen 4/1956, S. 73 ff.

WSI (Hrsg.): Die Tarifbewegungen im Jahre 1956, in: WSI-Mitteilungen 4/1957, S. 87 ff.

WSI (Hrsg.): Die Tarifbewegungen im Jahre 1957, in: WSI-Mitteilungen 4/1958, S. 87 ff.

WSI (Hrsg.): Die Tarifbewegungen im Jahre 1958, in: WSI-Mitteilungen 4/1959, S. 91 ff.

WSI (Hrsg.): Die Tarifbewegungen im Jahre 1959, in: WSI-Mitteilungen 4,5/1960, S. 91 ff.

WSI (Hrsg.): Die Wohnungsversorgung der Arbeiterfamilien in der Bundesrepublik, in: WSI-Mitteilungen 4,5/1960, S. 77 ff.

WSI (Hrsg.): Preisentwicklung und Lebenshaltungskosten in Westdeutschland im Jahre 1955, in: WSI-Mitteilungen 1/1956, S. 13 ff.

WSI (Hrsg.): Probleme des Freizeitverhaltens, in: WSI-Mitteilungen 1/1957, S. 11 ff.

Zank, Wolfgang: Wirtschaft und Arbeit in Ostdeutschland 1945-1949. Probleme des Wiederaufbaus in der Sowjetischen Besatzungszone Deutschlands, München 1987

Zapf, Wolfgang: Die Wohlfahrtsentwicklung in Deutschland seit der Mitte des 19. Jahrhunderts, in: *Werner Conze und Rainer M. Lepsius (Hrsg.)*: Sozialgeschichte der Bundesrepublik Deutschland. Beiträge zum Kontinuitätsproblem, Stuttgart 1983, S. 46-65

Zaunschirm, Thomas: Die fünfziger Jahre, München 1980

Zirpel, Herbert: Unternehmensstrategie und Gewerkschaftspolitik um Lohn und Leistung. Entwicklung der Entlohnungsmethoden und Leistungskontrolle in der deutschen Metallindustrie bis zum Ersten Weltkrieg, Marburg an der Lahn 1985

Zur Struktur der Arbeiterklasse in Deutschland zur Zeit der Weimarer Republik: Kolloquium am 1. und 2. Dezember 1987, Rostock 1988

Transkriptionsnotation

-	prosodische Zäsur
--	kurze Pause
---	längere Pause
((Pause/sec.))	längere Pause oder Unterbrechung der Erzählung (mit Angabe der Entstehungsgründe und der Dauer in Sekunden)
=	Trennungszeichen (um Verwechslung mit »-« für Zäsur zu vermeiden
.	fallende Intonation zur Markierung eines Satzendes
?	Frageintonation
Unterstreichung	emphatische Betonung oder besonders deutliche Artikulation eines Wortes oder Syntagmas
(einfache Klammer)	Textteil, der zwar semantisch noch dekodierbar, aber phonologisch nicht mehr transkribierbar ist.
(...)	unverständliche Textteile (bei längeren unverständlichen Passagen mit Angabe von Sekunden)
[...]	Textauslassung
[Hinzufügung]	Ergänzung oder Kommentar der Verfasser(innen)
Wortabbru_	Markierung eines Abbruchs innerhalb einer Wortgrenze
äh (oder entsprechendes Phonem)	gefüllte Pause
=e	nicht phonemische Dehnung am Wortende, vor allem bei »und« (und=e)
/das war stark ((lachend))/	Notierung einer kommentierten Passage
I:	Interviewer(in)
E:	Erzähler(in)